U0361856

近代以来 1840-1911
中国农村变迁史论

总 主 编 宋洪远　　　　本卷主编 王思明

清华大学出版社
北京

内 容 简 介

本卷是《近代以来中国农村变迁史论》的开篇之卷，主要探讨自鸦片战争到中华民国成立七十余年间中国农村变迁史。以农村为中心、以农民为主体、以农业为主线，晚清既是百年变迁的起点，也是百年变迁的环境和条件。本卷主要内容包括人口、土地、自然灾害、土地制度、经营制度、农业生产、农村市场、交通运输、农村金融、农民生活、农村文化、农业科技、农业改良等，重点围绕"农村变迁"这一主题，记述农村生活变化及其特点，比较全面系统地反映晚清社会转型中的"三农"演变过程及全景全貌；力求探究影响晚清时期农村变迁的历史轨迹和推动因素；着重分析了旧体系如何在晚清时期发挥主导作用，新因素如何发展壮大并逐渐产生越来越重要的影响。

本书封面贴有清华大学出版社防伪标签，无标签者不得销售。

版权所有，侵权必究。侵权举报电话：010-62782989　13701121933

图书在版编目（CIP）数据

近代以来中国农村变迁史论：1840—1911/ 宋洪远总主编；王思明本卷主编 . —北京：清华大学出版社，2019

ISBN 978-7-302-51342-1

Ⅰ . ①近…　Ⅱ . ①宋…②王…　Ⅲ . ①农村－社会变迁－研究－中国－1840—1911　Ⅳ . ① C912.82

中国版本图书馆 CIP 数据核字 (2018) 第 229203 号

责任编辑：周　菁
封面设计：贺维彤
责任校对：王荣静
责任印制：李红英

出版发行：清华大学出版社
　　　　网　　　址：http://www.tup.com.cn, http://www.wqbook.com
　　　　地　　　址：北京清华大学学研大厦 A 座　　　　邮　　编：100084
　　　　社 总 机：010-62770175　　　　邮　　购：010-62786544
　　　　投稿与读者服务：010-62776969, c-service@tup.tsinghua.edu.cn
　　　　质量反馈：010-62772015, zhiliang@tup.tsinghua.edu.cn
印 装 者：三河市金元印装有限公司
经　　销：全国新华书店
开　　本：185mm×260mm　　　　印　张：28.25　　　　字　数：498千字
版　　次：2019年6月第1版　　　　印　次：2019年6月第1次印刷
定　　价：168.00元

产品编号：081089-01

《近代以来中国农村变迁史论》
编辑委员会

主　任：陈锡文　韩　俊

总主编：宋洪远

委　员（按姓氏拼音排序）：

曹幸穗　陈　洁　崔晓黎　段应碧　冯开文　郭书田

何秀荣　何宇鹏　黄道霞　刘　奇　孟庆国　孙金荣

王景新　王思明　王亚华　魏　唯　武　力　尹成杰

张红宇　张晓山　郑有贵

本卷编写工作组

主　编：王思明

副主编：李昕升

成　员：朱　绯　刘馨秋　黄　颖　周红冰　刘启振　朱冠楠

总　序

从 1911 年辛亥革命结束封建君主专制制度，到目前全面建设小康社会进而阔步走向现代化，中国已经走过了一百多年的发展历程。百年来，伴随着共和国的发展，中华大地发生了沧桑巨变，中国农村几经变迁，走过了极不平凡的历程。回顾百年来中国经济社会发展变迁的历史和农村发展变迁的历史，可以欣喜地看到：经过新中国六十多年和十二个"五年计划"的建设，中国综合国力稳步提升，已成为全球经济发展最快最好最有活力的第二大经济体；中国农村面貌已经发生翻天覆地的变化，我们在农业领域为世界创造了辉煌和奇迹；农业发展为国家工业化、城市化和现代化发展奠定了坚实基础，农村早已告别贫穷落后的面貌，农村小康社会正在变为现实。

1. 项目课题设立的背景

目前，中国社会正处于新的起点，正走上伟大复兴之路，农村正与城市一起向着全面小康的方向发展。在此之际，梳理农村发展变迁的历史，特别是对"三农"政策和农村制度发展演进等进行系统的研究，从中汲取历史智慧，以史为鉴，对中国全面建成小康社会无疑具有重要的参考借鉴价值。

农村经济社会变迁始终是中国历史变迁的主体内容。农村经济社会发展状况在很大程度上决定了中国社会转型的状态和发展的整体质量。从已有研究来看，对百年中国农村发展和制度变迁史进行系统研究目前在学术界还是一项空白。

面向未来，悠久的农业历史、源远流长的农业和农村传统文化、与时俱进的农村制度变迁、历经波折积累下来的政策经验等，还将在国家现代化进程中继续发挥作用，这是一批老前辈、老领导和农经学者的共识，也是本项研究得以开启的重要原因。

2. 课题内容和承担单位

2012 年初，在段应碧主任的倡议下，在陈锡文和韩俊两位院领导的亲自谋划下，清华大学中国农村研究院设立重大研究项目"近代以来中国农村经济社会变迁史研究"。该项目以农业农村部农村经济研究中心为牵头单位，由宋洪远主任担任主持人，项目集合了南京农业大学、中国农业大学、浙江师范大学、山东农业大学、中国社会科学院当代中国研究所、中国农业博物馆等国内多家研究机构和农业技术史、农业经济史、农村社会学、当代农业农村问题等领域的专家学者，组建了四个子课题组，形成跨学科的研究团队。

2012 年 6 月，"近代以来中国农村经济社会变迁史研究"项目正式启动。在宋洪远主任的组织协调和统筹安排下，项目组承担起课题申报、内容确定、组织方式确立、沟通协调联络、组织拟定编写大纲和编写体例、文献资料收集、开展研究和书稿撰写等大量烦琐的工作。根据研究工作的需要，课题主要分为两大内容：一是系统收集和梳理可资利用的有关晚清、民国、新中国三十年以及改革开放后的农村变迁历史的文献目录库。二是在总的研究框架下分时段设置四个子课题，分别由不同的单位牵头承担。

项目子课题一：晚清时期中国农村经济社会变迁史研究。由南京农业大学中华文明研究院王思明教授牵头，开展晚清和民国数据库建设以及晚清农村变迁史的研究。

项目子课题二：民国时期中国农村经济社会变迁史研究。由全国农业博物馆研究员曹幸穗牵头，开展民国时期农村变迁史的研究。

项目子课题三：新中国三十年中国农村经济社会变迁史研究。由浙江师范大学农村研究中心原主任王景新教授和车裕斌教授、中国农业大学农业经济史学科冯开文教授共同牵头，开展新中国三十年农村变迁史的研究。

项目子课题四：改革开放以来中国农村经济社会变迁史研究。由中国社会科学院当代中国研究所郑有贵研究员、农业农村部农村经济研究中心陈洁研究员共同牵头，开展改革开放以来中国农村变迁史的研究。

到 2013 年 6 月，中国农村变迁史资料库初步建成，其中晚清数据文献库近 14 万字、民国数据文献库近 14 万字、中华人民共和国成立到改革开放前数据文献库 10 余万字、农村改革开放以后数据文献库近 5 万字，基本涵盖海内外学者对于中国农村变迁史研究的绝大部分文献资料。到 2015 年底，四个时段的课题研究工作基本结束，向委托方提交课题报告成果。

近代以来中国农村变迁史的研究时间跨度大，对晚清至民国（1840—1911）、民国至中华人民共和国成立（1911—1949）、新中国三十年（1949—1978）、农村改革开放以来（1978—2012）四个时段进行了长时间的研究，全景式展现了传统农业在近代化、现代化过程中的演进更迭、发展变化，展现了近代以来中国农村变迁的漫长画卷，描绘了百年农村发展和制度变迁的历史。项目课题研究涉及单位7家，参与研究工作50余人，具体执笔撰写的老中青三代学者48人，在充分沟通协调的基础上，内外联动，分工合作，完成了百年中国农村变迁史这一大型研究项目。

3. 课题成果和各卷内容

在做好一系列研究准备工作的基础上，课题组于2013年正式启动本书各卷的编撰工作。经过四年的努力，在合作单位的通力协作下，全书编撰工作进展顺利，取得了卓有成效的工作成果。2016年以来，在清华大学中国农村研究院和各位领导的建议下，课题组继续对各卷进行修订完善，并积极申报国家出版基金项目。经过国家出版基金评审专家评审并报国家出版基金管理委员会批准，2018年2月，本书最终获得2018年度国家出版基金的正式资助，并拟于2019年出版。

《近代以来中国农村变迁史论》重点围绕"农村变迁"主线，书写和刻画了近代以来中国农村经济社会变迁史，记述与经济社会相关的农村生活变化及其特点，全面反映一百多年中国社会转型中的"三农"演变过程及全景全貌。研究成果由反映四个时段相关情况的四卷组成。研究以时间为顺序，以农村发展、制度演进为主线，从人地关系、人口布局、土地布局、资源环境、土地制度、农业结构、农村商品经济、城镇化和工业化、农村财政与金融、"三农"政策等多方位全视角展开。研究揭示了近代以来封建主义、资本主义、工业化、城市化、市场化、国际化浪潮等对中国农业、农村和农民的影响，反映了近代以来中国在农业基本经营制度、农业科技与教育、农村基础设施建设、农业经济与农村发展等方面的演进情况，梳理了中国农村制度变迁的历史和现实情况，阐释了近代以来中国农业衰落、农村凋敝的深层次原因，分析了新中国三十年农业农村变迁的经验与教训，总结了中华人民共和国成立以来特别是改革开放以来农业农村发展的成就和"三农"政策的成功经验，展现了制度变迁对农业和农村经济社会发展的巨大作用，加深了对当前农村制度现状的深刻认识和全面理解，对未来中国农村制度变迁提供了有益启示并指明了方向。

下面主要介绍本书各卷的框架结构。

第一卷：《近代以来中国农村变迁史论（1840—1911）》。该卷概述了传统农业的历史地位及面临的挑战，指出人地关系是中国农业的基本命题，人地矛盾加剧对农业生产的挑战刺激了近现代农业发展。晚清是中国社会由传统迈向现代的起点，自晚清以来，中国的社会性质、社会结构、经济结构、价值观、社会生活均在发生巨变。晚清农村社会变迁实际上就是中国近代化进程中的农村变迁，这一视角的选择非常重要，它描绘了中国百年前农村变迁的图景，也可作为研究同时代东亚最重要的国家之一———中国的近现代化历程的重要参考文献。

第二卷:《近代以来中国农村变迁史论（1911—1949）》。该卷主要揭示民国时期农村变迁的原因和动力，揭示这一时期的乡村制度、经济基础、科技进步、文化演替、教育兴起等因素对于乡村社会变迁所产生的深刻作用，以及对后来的新中国产生的重要影响。

第三卷:《近代以来中国农村变迁史论（1949—1978）》。该卷首先分析了中华人民共和国成立后农村发展的起始条件、中国国情、国际背景，在此基础上解释了为什么新中国三十年选择了重工业化的发展战略和推行农业集体化、城乡二元户籍制度、"统购统销"、社队企业发展等农村政策制度。1949—1978年的农村变迁历程，基本可以划分为土地改革、农业合作化、人民公社化三个阶段。土地改革是以工业化为核心的制度体系建立的预备阶段，农业合作化是这一制度体系的初步构成阶段，此后的人民公社是这一制度固化乃至僵化的阶段。

第四卷:《近代以来中国农村变迁史论（1978—2012）》。该卷通过对制度层面的农村基本经营制度、农村土地管理制度、农产品市场制度、农业支持保护制度、农村财税金融制度、乡村治理机制、农村领导管理体制、农业法制以及发展层面的现代农业建设、新农村建设、农村工业化和城镇化、农村扶贫开发、农民的全面发展、农业对外开放等中国农村改革和发展变迁重大成果的展示，呈现了1978—2012年中国农村改革和发展变迁轨迹，系统反映了中国农村在三十四年时间里的巨大变化。该卷还把农村改革和发展变迁纳入国家工业化进程进行考察，对农村为什么率先进行改革、农村改革改了什么和农村改革成功的原因以及农村发展变迁影响因素和经验进行了分析。

4. 主要发现和基本观点

（1）晚清农村社会变迁是多种因素交织互动的结果，晚清农村社会变迁反映了中国近代化进程。

晚清时期是近代中国社会动荡、瓦解与新生的历史时期，也是中国传统社会发生转型的关键时期。晚清是由传统迈向现代的起点，其社会性质、社会结构、经济结构、价值观、社会生活均在发生巨变，呈现出向近代社会转型的特点。晚清卷（1840—1911）作者提出，晚清农村社会变迁受到来自政治、经济、思想等多方面的综合性因素影响。在政治统治方面，封建的中央集权制度逐渐瓦解；在经济活动方面，封建社会的自然经济统治地位已经动摇；在思想禁锢方面，儒家思想的统治地位已遭遇多方挑战。在旧体制解体过程中，晚清政府的社会整合能力削弱，加剧了社会失序。

晚清农村社会出现了近代化趋向，以机器工业为代表的资本主义经济成分已经出现；在西方商品化大潮冲击下，传统自然经济逐渐瓦解，单一小农经济不再一统天下；近代工商业开始在经济结构中占据一席之地，社会中出现了买办阶级、新型工商业者和近代产业工人。沿海沿江、通商口岸和交通枢纽地区的商品经济获得较大发展，社会近代化程度和速度存在从沿海到腹地递减的态势。

晚清人地矛盾加剧，通过平面扩展、开发边疆和边缘土地，扩大了土地面积，通过引进西方近代农业科技、开展精耕细作、提高农田水利水平等，提高了土地利用率，促进了传统农业向近代农业的转化。但晚清乡村社会矛盾和冲突不绝，社会动荡，造成农村破败，生产、投资和消费受到抑制，农村呈现"普遍贫困化"。

晚清农村社会新旧风俗杂陈。随着西方民主思想、政治理论引入，新式学堂兴起，科举制度废除，外来宗教开始渗入，新型知识分子群体应运而生，新知识、新思想突破了传统社会思想和文化价值观的藩篱。近代城市经济兴起和近代工商业、交通运输发展，城乡商品和要素流动加速，对农村传统思想观念产生影响。但农村仍沿袭传统习俗和生活方式，孔孟之道、儒家学说是占据主体的价值观。

（2）民国农村变迁史很短，乡村社会边缘化、乡村阶层结构劣质化，乡村社会危机重重。

民国卷（1911—1949）作者认为，民国历史虽短，但它站在历史的转折点上，结束了两千多年"帝皇家天下"的封建统治，开启了共和立国的时代，使中国以"落后国家"的身份进入"世界版图"，在中华历史上是第一次。辛亥革命胜利，中华民国成立，标志着绵延两千多年的封建专制统治结束，开启了中华民族的历史新篇章。但民国时期并没有脱去旧时代的烙印，民国的三十八年间政权更迭频繁，民国政府历经南京临时政府、北洋军阀政府以及南京国民政府三个阶段，各政权虽然采取了不同于清王朝的治理模式，但受自身的局限，终究不能引领中国走向富强，乡村社会变革也以失败告终。

民国时期的中国社会处于半殖民地半封建时代，从以手工劳动为基础的小生产到社会化大生产，从以一家一户为单位的农业与家庭手工业紧密结合的自然经济到商品市场经济，从传统的家庭的血缘为主的宗法关系到由"法治"所保障的自由、独立的人际关系，从迷信到科学，从专制到民主，从封闭到开放，从地域性联系到世界性联系，民国开启的是一个由旧制向新制转型的过渡时代。

辛亥革命后，传统社会政治结构发生变化，乡村社会出现了多重权力中心，社会秩序的稳定结构受到了影响。与此同时，乡村阶层结构的变化整体上呈现出乡村劣质化演变的特点。在国家推行现代化的进程中，乡村社会被隔离在外，农民利益被置于一边，造成乡村社会不断破败、边缘化，乡村社会危机重重，农民境遇悲惨。民国农民在封建势力统治下，处于保守、停滞的极端落后的状态，同辛亥革命以前并无根本不同。民国时期，政府主导开展了地方自治和农村建设，一些有识之士也进行了乡村建设的尝试，但这些均在战乱中无法延续。

（3）中华人民共和国成立前中国共产党的农村政策日益向着重视农民、发动农民的方向演化。

建党初期，中国共产党就开始关注农民问题，但早期中国共产党更重视工人运动，对于农村和农民在中国革命中的地位尚未认识。随着斗争的演进，农民阶级在中国革命中的地位凸显。共产党肯定了农民阶级的伟大革命潜力及其工人阶级可靠同盟军的阶级地位，认识到"国民革命不得农民参与，也很难成功"。

第一次国共合作时期，国民党改组完成，成为工人、农民、小资产阶级和民族资产阶级四个阶级的革命联盟。中共四大决议指出，要保障农民政治上经济上的利益。此后明确了在土地问题上的主张："没收大地主军阀官僚庙宇的田地交给农民"，认为不实现耕地农有，农民就不能成为革命的拥护者。这是共产党第一次树立起自己关于解决农民问题的旗帜，呼吁保护农民的政治经济权利，并提出了土地问题是农民问题的根本。由于斗争形势变化和认识差别，在不同时期党内对于土地问题的主张认识都不同。1947年《中国土地法大纲》极大地推动了解放区的土改运动。土地改革的胜利，标志着农村土地所有制和阶级关系发生了根本的变化，农村封建剥削制度已在解放区消失。这极大地鼓舞了农民的生产热情，他们迫切要求组织互助合作以发展生产。中华人民共和国成立后推行的一系列农村土地改革和合作化运动是中华人民共和国成立前解放区革命实践的延续，对中华人民共和国成立初期国家农业生产的恢复发展，对在全国农村推行社会主义改造，开展土地改革和农村合作化，均提供了宝贵的历史借鉴。

（4）新中国三十年的历史功绩不可磨灭。

新中国三十年卷（1949—1978）通过分析中华人民共和国成立后农村发展的起始条件、中国国情、国际背景等，解释了当时选择重工业化的发展战略和推行农业集体化、城乡二元户籍制度、"统购统销"、社队企业发展等农村政策制度的社会根源。中华人民共和国成立伊始，中国经济起点低、经济剩余少、资金资源短缺，分散的个体农业经济和手工业经济在国民经济中居于主体地位，内忧外患促使新中国把工业化作为当务之急。农村土地改革后，中国农村经济全面恢复，主要农产品产量达到甚至超过中华人民共和国成立前的最高水平，农业剩余增加。在从外部获得资源不可能的情况下，农业剩余成为国家工业化积累最重要的来源。在重工业为主体的国家工业化战略主导下，通过统购统销、农业税费、价格剪刀差和城乡二元户籍制度，农业为国家工业化和城市建设提供了重要的制度依托。在这一阶段，农村经济社会发展对国民经济和社会发展起到全面支撑的作用：农业发展为国民经济发展提供了稳定的物质和资金供给；农民通过为国家工程建设提供义务工支援工业和基础设施建设；农民通过农村临时吸纳城市人口和"农民事业农民办"为国家经济社会发展作出隐性贡献。

新中国三十年的农村发展变迁虽有起伏波动，但成就辉煌。在农村发展变迁的过程中，中国共产党积累了宝贵的经验与历史教训，包括农业基础地位认识的形成、农业生产关系与生产力发展之间关系的认识、尊重农民的选择和创造等。

（5）改革开放以来的制度变迁对中国农村发展变迁起到根本性的推动作用，使农村现代化水平大幅度提高。

农村改革开放以来卷（1978—2012）对中共十一届三中全会至十八大的三十四年间的中国农村发展变迁进行研究。这一时期农村发展变迁最为显著的特征是：农民、农业和农村现代化水平显著提升，实现了由长期受温饱困扰到小康水平的重大历史性跨越，并朝着全面建成小康社会的目标迈进。1978—1984年，以实行家庭承包经营为主的农村改革率先成功突破，使农村发展变迁在新的生产经营体制下展开；1985—2002年，以取消农产品统派购制度而率先运用市场机制为主的改革，使农村发展变迁在资源配置由计划为主向市场为主的转变中展开；2002—2012年，实行以统筹城乡经济社会发展、促进城乡一体化发展、工业反哺农业为新取向的政策并深化的改革使农村发展变迁按照建设社会主义新农村的要求全面展开。

农村实现巨大发展变迁的首要原因在于改革解放和发展了农村社会生产力，激发和释放了微观经济主体的活力，使之成为推动农村巨大发展变迁的生力军。制度创新植根于农村、来自于农民。在经济发展进入工业化中期阶段之后，中国共产党提出了统筹城乡经济社会发展的方略，做出了"两个趋向"的重大论断，做出了中国已进入工业支持农业、城市支持农村阶段的重大判断，从而促进了从"农业是国民经济的基础"到"重中之重"、从城乡兼顾到统筹城乡、从工业的发展要依靠农业提供积累到"两个趋向"的思想和论断的演进，在实践中推进农业养育工业向工业反哺农业、城乡分割到城乡一体化发展的政策转变。这是中国农村实现巨大发展变迁的另一重要原因。这些宝贵的理论与思想财富将在中国实现"两个一百年"奋斗目标的过程中继续发挥指导和引领作用。

本书着眼于晚清大变局以来的中国农村变迁。无论是对充实当下国内的农村变迁史研究和农村政策理论研究，还是对更好更深入地开展农村现实研究，都具有非常重要的意义。

本书是集体智慧的结晶。本书编辑委员会审定了编写大纲，提出了一些建设性的意见。在编写和修改过程中，各位领导和专家提出了许多宝贵的修改意见。清华大学出版社周菁编辑、沈葆华老师在国家出版基金申报、书稿审校等方面给予了专业性的建议和指导。在此一并表示衷心的感谢！

农村制度变迁问题涉及经济学、社会学、政治学、史学、科技和乡土文化等学科，不同专业背景的人员在写作风格、叙述习惯等方面也有很大不同。我们努力在全书编写过程中统一体例，进行统筹安排，但仍有挂一漏万的情况。由于编写者水平所限，本书编写中存在不尽如人意之处，恳请读者批评指正。

宋洪远

2018 年 9 月 20 日

近代以来中国农村变迁史论（1840—1911）

本卷编写说明

　　本卷是清华大学中国农村研究院重大项目"近代以来中国农村变迁史论"子课题一的研究成果。该子课题由南京农业大学中华农业文明研究院承担，王思明院长负责，南京农业大学李昕升等八位专业人员组成课题组。

　　课题的研究思路和框架结构由王思明院长提出，提交项目主持人并经全书编委会审定，宋洪远主任对有关章节提出了修改意见和建议。课题组成员经充分交流讨论后明确分工，分头开展专题研究。课题组系统收集了晚清时期有关农村经济社会变迁历史研究的文献和资料，对文献资料进行归类整理和编目，形成约15万字的"晚清民国历史资料数据库"。

　　晚清时期是指从鸦片战争到中华民国成立七十余年的时间段。本卷从农村经济社会变迁的角度，记述了晚清时期与经济社会相关的农村生活的变化及其特点，全面反映了晚清时期社会转型中的"三农"演变过程及全景全貌。主要内容包括中国晚清时期的人口状况、自然灾害、土地制度、经营制度、农业生产、农村市场、交通运输、农村金融、农民生活、农村文化、农业科技和农业改良等。框架结构采取专题式写作，但各章联系紧密，既注重宏观总体考察，也关注微观案例分析，统分结合，力求反映影响晚清时期农业农村变迁的历史轨迹和推动因素。着重分析了旧体系如何仍然在发挥主导作用，新因素如何发展壮大并逐渐产生越来越重要的影响。

　　编写工作由王思明（南京农业大学教授、中华农业文明研究院院长）全面负责，李昕升（南京农业大学中华农业文明研究院讲师、博士后）负责第四章、第九章和第十章，刘馨秋（南京农业大学中华农业文明研究院副教授、博士后）负责第二章和第六章，黄颖（南京农业大学人文学院讲师、博士）负责第十一章和第十二章，朱绯（中国农业科技出版社编辑、博士）负责第一章和第八章，朱冠楠（南京农业大学中华农业文明研究院讲师、博士后）负责第七章，周红冰（南京农业大学中华农业文明研究院博士生）负责第五章，刘启振（南京农业大学中华农业文明研究院博士后）负责第三章。

因本卷由八位专业人员分别撰写，写作风格和叙述习惯等因人而异，全卷统稿虽已尽量统筹，但恐仍有不尽如人意之处，还请读者谅宥。

目　录

近代以来中国农村变迁史论（1840—1911）

引　论

国以民为本，民以食为天，农业是人类生存繁衍以及文明形成和发展的物质基础和条件。中国是世界农业的八大起源中心之一，一万年前已开始农耕和畜牧，世界最重要的 640 种作物中，有 136 种源自中国，占世界重要作物总数的五分之一。谈到中国对世界的贡献，以水稻、大豆、蚕丝、茶叶为代表的中国"农业四大发明"，对世界文明的影响决不在西方人界定的中国"四大发明"之下。[①]

中国自古以农立国，有着悠久的农耕传统。夏商周文明就以"粟文化"为特征，"江山社稷"显示的就是土地和作物在经济和社会发展中的极端重要性。因为人口的不断增长，早在 2000 多年以前的春秋战国时期，中国就走上了土地连种、精耕细作的道路，较之欧洲早了 1800 多年。汉代，随着石磨的普及和冬小麦的培育，小麦由北至南推广，及至唐代逐渐取代小米，成为北方最重要的粮食作物。宋元以后，随着稻作经济的崛起，中国经济中心转移至南方，由"苏湖熟，天下足"，进而推进至"湖广熟，天下足"，南方人口由原来占中国人口的 40% 增长到 60%。明清时期，因多熟种植等精耕细作的农法的普及以及玉米、番薯、马铃薯等美洲高产作物的引进推广，中国的传统农业高速发展，创造出了桑基鱼塘、果基鱼塘、稻田养鱼、稻田养鸭等多种形式的生态农业系统，将传统农业发展到了极致。也正因为如此，迟至 1820 年中国经济总量仍然高达世界经济总量的 32%。

然而，历史的荣耀代表不了未来的机遇，有时恰恰相反，过往的光环让人沉迷，僵化的观念阻碍创新。欧洲文艺复兴以后，资本主义和近代工业飞速发展，世界日新月异。虽然这些作用于近代科技和工业的东西暂时未能触及传统农业经济的生产领域，但为此后的差距埋下了伏笔。中国传统经济的优势在经济转型的过程中渐渐成为劣势，制度依赖逐渐凝固为制度锁定，最终以激烈冲突的形式爆发。1840 年和 1856 年两次鸦片战争使得中国沦为半封建半殖民地社会。

---

① 王思明：《中国传统农业对世界农业文明发展的影响》，载《内蒙古社会科学》，2017（1）。

引论

事实使中国人认识到中国已然落后，西方有可取之处，这直接引发了 1861 年的洋务运动。然而，当时朝廷并没有真正认识到问题的本质所在，将中国的失败归因于没有洋枪洋炮，中国的制度文化没有问题，因此，需要的是"中学为体，西学为用""师夷人之长技以制夷"。然而，经过几十年的努力，甚至在构建了"强大的"北洋水师之后，中国仍连连败于西方列强，1895 年甲午海战中，还败给了昔日的"学生"日本。严酷的历史事实使国人猛醒，从而引发晚清的"戊戌变法"及尔后"科学"与"民主"的新文化运动。中国迈向现代化的进程才真正得以起步。

晚清时期，中国经济占主导地位的仍然是传统的农业经济。虽然 19 世纪 60 年代开始了洋务运动，但引进和学习西方科技主要集中了枪炮和工业制造，只是从"戊戌变法"以后才开始关注农业。从表面上看，晚清时期，中国近代农业技术起步甚晚，乏善可陈，但事实上有着十分重要的作用，因为它不仅是中国农业与农村变化的起点，也奠定了农业农村历史变革必不可少的环境和条件。

首先，晚清奠定了中国农业农村变革的重要思想基础。鸦片战争以后，中国逐渐融入世界经济体系，在中外互动的过程中，国人逐渐认识到中国在现代工业经济、科学技术乃至相关制度方面已然落后，中国应该痛定思痛，奋起直追，这也是洋务运动、戊戌变法、实业救国、棉铁政策和"五四"运动兴起和深化的重要原因，也奠定了重大社会变革不可或缺的重要思想基础。

其次，晚清开启了中国农业现代化的进程。清代中期中国传统农业虽然已经发展到历史高点，但基本上是在传统路径和技术体系中的扩展，难有根本性的突破。因为"西学东渐"，中国开启了现代科技教育体系的构建，以学习和引进西方现代农学、改进现代农业的农学会纷纷涌现，农学刊物陆续刊发，各类农业学堂如雨后春笋建立，为而后中国农业专门人才的培养，农业科学研究的纵深发展奠定了人才和学术基础。

其三，在这一重要历史时期，中国经济社会被迫走出闭关自守的封闭状态，逐步融入世界经济体系。因为近代工业落后，中国传统优势还在农业经济方面，期间中国对外主要出口物品基本上都是农产品，尤其是蚕丝、茶叶、大豆等，19 世纪后期中国蚕丝和茶叶占据了西方蚕丝和茶叶市场的 80%~90%，大豆及大豆制品也占据 90%；上海、无锡、武汉等城市近代轻纺工业的快速发展与栽桑养蚕和棉花种植的扩展有着密不可分的关系。如同日本将明治维新后的日本蚕桑业称之为"功勋产业"一样，晚清时期，中国的传统农业对近代工业资本的积累和近代工业的发展也作出了突出的贡献。

最后，洋务运动以降，中国交通和工业建设的发展，改善了农业物资流通和农业产业化发展的条件，促进了商业性农业的发展。

总之，1840—1911 年的 70 年，是中国几千年历史中一个非常重要的时期。它见证了中国从一个历史高点跌落至历史低点，然后又开始了一个由历史低点向上奋力攀登的过程。它既是中国由传统农业社会向现代工业社会转折的起点，也是中国传统经验农业向现代实验农学历史转变的起点。它奠定了中国历史性变革的经济基础、社会基础和思想基础。

第一章　传统农业的历史地位及面临的挑战

传统农业平稳地发展了几千年，在不断发展中前行、总结，形成了精耕细作的农业体系，多种经营的农业模式，构成了以农业为主体层次分明的社会。在此基础上形成了传统农业文化，进而形成了中国传统文化。这种文化不仅是农业文化、农村文化、农民文化，还包含了城市文化和不同阶层的文化，其核心是紧紧围绕农业存在的。

在生产力水平不高的时期，农业作为提供生活和生产资料的产业，是备受皇权社会推崇的，人民更多地从事农业生产，可以保证更多的人食可果腹、衣可蔽体。早期的农业形成基于黄河、长江的地理位置和河流纬度，造就了河岸文明及沿河发展的密集型农业。[①] 以家庭为单位的血缘性社会网络，以"细胞分裂"的方式不断扩展到周围区域。

在传统社会，农业是最重要的经济部门，其主要方式是自给自足。农业和手工业相辅相成，农业主要是耕种，手工业主要是纺织，保证了家庭的衣食需求。马克思曾说："小农业和家庭工业的统一形成了生产方式的广阔基础。"《管子·轻重甲》篇曰："一农不耕，民或为之饥；一女不织，民或为之寒。""男耕女织"是传统社会生产，尤其是传统社会后期的基本经济形式。

第一节 传统农业的历史地位和主要贡献

俗话说"民以食为天"，农业是国家之根本。"社稷"中的"社"是指土地，而"稷"则是指五谷之首——粟。古代以农为本，与农业联系紧密的祭祀社稷活动很受重视。

---

① 许倬云：《中国古代文化的特质》，21~24 页，北京，新星出版社，2006。

土地和粮食是关系国家兴衰的关键，解决不好土地和粮食的问题，江山社稷就可能要拱手让人。

一、传统农业的主导地位

在人类发展史上，农业是为人们提供物质基础的，有稳定而持续发展的农业，才能促使文明和文化的产生。石声汉先生在《中国农学遗产要略》中总结道："农业为人们生活提供了保证、为文化活动提供了物质基础、为文化创作提供了素材。"

"中国自古以农立国，从秦汉至明清，历代统治者都执行重农抑商政策，如果认为中国传统文化属于农业文化类型，是有充分理由的。"这是张岱年先生在《中国农业文化》序言中所阐述的。张岂之先生也曾说过："农业，是中国文化的根基所在。"

中华民族的发展是基于发达的农业，早在一万年前，中国就有种植活动，考古发现了迄今为止世界上最早的稻谷和粟的遗存。夏商时期，人们对农业的依赖逐渐加深，尤其到了商代晚期，中原地区农业已经取代游牧和渔猎，成为生产的主要方式。中国持续发展的农业生产技术，促进了传统文化的发展。中国是最早养蚕缫丝的国家，是独立发展的古老的农业中心之一，也是世界栽培作物起源中心之一。中国栽培植物共136种，占全世界的20.4%。现在的稻、粟、大豆、黍、麻等重要作物都原产于中国。

自春秋战国起就强调"民以食为天""农为国之本"，历代的统治者关注粮食生产，这也是重农思想的基础。春秋时期，齐国管仲进行改革，迅速提高齐国国力，成就齐国的霸主地位。

《史记·秦始皇本纪》载："皇帝之功，劝劳本事。上农除末，黔首是富。普天之下，抟心揖志。"秦商鞅变法之后，历代国君都把农业作为治国之本，重视水利建设。据《睡虎地秦墓竹简》和《战国策·赵策一》记载，秦大力推广铁器和牛耕。《吕氏春秋》也有关于农业生产的《上农》《任地》《辩土》《审时》四篇。农业发达，秦国才能通过国力的提升，进而统一六国。

到了汉代，汉文帝曰："夫农，天下之本也，其开藉田，朕亲率耕，以给宗庙粢盛"(《汉书·文帝纪》),汉景帝曰:"农,天下之本也。黄金珠玉,饥不可食,寒不可衣……其令郡国务劝农桑,益种树,可得衣食物"(《汉书·景帝纪》),这充分说明统治者对农业生产的重视。

魏晋南北朝时期,南方统治者推行劝课农桑、奖励耕织、兴修水利、安置流民等一系列发展农业政策。唐太宗主张轻徭薄赋、劝课农桑、兴修水利。宋元时期,统治者开始注意引种和进行农业指导,建立专门负责农业技术推广的机构——大司农司。

明清时期,统治者更关注农业制度的调整和屯垦的发展,使农业经济水平达到新的高度。古代中国一直都是农业社会,"重农抑商,以农为本"的思想长期占据主导地位,历代统治者都十分重视农业。农业经济的稳定与否直接关系着统治者地位的稳固与否,所以明清统治者制定了一系列的稳固农业、促进农业生产的制度和措施,推动了中国古代农业的发展。这在一定程度上缓和了阶级矛盾,巩固了统治阶级的地位。

重农抑商是中国历代封建王朝最基本的经济指导思想,主张重视农业、以农为本,限制工商业的发展。从李悝变法、商鞅变法规定的奖励耕种,汉文帝的重农措施,到清初恢复经济的调整,都是重农抑商政策的体现。春秋战国、汉、魏晋、唐、宋、元、明等朝代都是农业技术大发展时期,同时中国文化也不断发展。即便在战争频仍、灾害频发的时期,统治者和农民起义领袖都会关注农业生产和水利发展,甚至在短暂的太平天国时期,也进行农业制度改进和农业技术培训。正是由于农业基础稳固、农业技术发展,中国悠久的文化与历史才能经历多次严峻考验,从未中断。比较而言,古巴比伦文化产生的两河流域——迦南新月地带,因为土地开垦造成的盐碱化,农业衰退、文明消逝。欧洲虽然有早期发达的古希腊和古罗马文明,但因为农业技术发展缓慢、粗放式的开垦,造成欧洲文化发展较慢。而中国汉代、魏晋时期的北方旱作体系和唐代以后南方的水田体系使农业不断发展,推动中国社会不断前进。

中国传统社会是以农为本的社会,农业始终是传统文化产生和发展的经济基础,是许多民族文化和地域文化形成和存续的基础。在长达几千年的中国传统社会,稳定的农业生产方式、牢固的土地制度和根深蒂固的宗法伦理观念是中华民族传统文化得以延续的重要原因。

二、传统农业的主要贡献

中国自古以农立国，传统农业通过传承、总结、应用生产活动中积累的经验，洞察农业内部的能量循环与再生产，充分利用畜力和农具，形成了独具特色的中国农业模式，并产生了很多先进的观点、理论，如围绕农业发展的农具畜力、水利工程、农业技术、物候历法等。

（一）农具的发展

农具的发展推动了生产发展、社会进步，在古代经济发展中也充分体现了科技是第一生产力。传统农具具有配套性、地域性、通用性、轻便性和高效性等特点，因地制宜，形式多样，种类丰富。除利用人力畜力外，还利用风力和水力做动力。

原始社会，山顶洞人已掌握磨制、钻孔技术。到商周时期，产生了木、石、骨、蚌制作的农具及零星的青铜农具。这一时期的青铜农具有锛、耒、斧、锨、镈、铲、耨、镰、犁形器等。到了西周晚期，开始使用铁器。春秋时开始使用铁制农具，有铁锄、铁斧等，并开始使用牛耕。战国时期这些农具得到推广，中原地区普遍使用桔槔灌溉农田，极大地促进了农业的发展。秦朝时铁器传到珠江流域，两汉时期传播到了西域。到魏晋南北朝时，西北嘉峪关已采用二牛一人或一牛一人犁耕法。马钧改进了翻车用于灌溉，水碓、水磨应用于谷物加工。宋代高承《事物纪原》说："晋杜预作连机之碓，驱水转之。"唐朝时，在直辕犁基础上改制了曲辕犁，并促进了筒车用于灌溉。宋代灌钢技术出现，提高了铁农具的坚韧和锋利程度，农具种类极大丰富，并有不少创新和改良。宋代在曲辕犁的基础上增加了钩环，增强了犁的灵活性，同时创造了一大批新的整地农具——具有良好的破土和切断根株作用的犁刀，分土起垄、中耕耥地的耥头，水田中耕农具耘荡，旱地中耕农具耧锄。这些新式农具的出现，有力地促进了宋代农业生产的发展。明清时期，农具的发展主要体现在耕地农具的改进，出现了代耕架代替畜力进行耕作，还出现了深耕犁，耕作技术进一步提高。

1.高效的取水设备和机具

引水灌溉最重要的是设法把低处的水引向高处。水车出现于东汉、三国时期，今天在黄河沿岸还可见到，大约有千年以上历史。元代《王祯农书》里记载的水转翻车、牛转翻车、驴转翻车、高转筒车，构造比较复杂，效率比较高，都是从翻车和筒车变化出来的。"大可下润于千顷，高可飞流于百尺。架之则远达，穴之则潜通。世间无不救之田，地上有可兴之雨。"[1]

2. 耕翻平整土地的农具

耒耜、臿、铲、犁是常用的工具。汉武帝时赵过推广"二牛三人耕"的耦犁。汉代的犁是直辕长辕犁，不够灵活，起土费力，效率不是很高。到唐代创制了新的曲辕犁，又叫作"江东犁"。唐代陆龟蒙在《耒耜经》中详细记述了它的部件、尺寸和作用。此种犁一直沿用至清末，现在在很多博物馆仍可见到。翻土工具还有镬和铁搭等。广东连县西晋墓中出土的陶水田犁耙模型，犁和耙都用牛牵引。水田操作使用的秒，魏晋时在南方也已较普遍了。

3. 播种农具

楼车是汉武帝时搜粟都尉赵过大力推广的新农具之一。据东汉崔寔《政论》记载："其法，三犁共一牛，一人将之，下种挽楼，皆取备焉。日种一顷，至今三辅犹赖其利。"

4. 中耕除草农具

钱、铲和铫，需运用手腕力量贴地平铲以除草松土，也可用来翻土。除草农具还有耨、铸和锄等。《王祯农书·农器图谱·钱铸门》中有楼锄图，楼锄是一种用畜力牵引的中耕除草和培土农具（《种苘直说》）。

5. 收获农具

铚与镰出现于新石器时代，几千年来，其形制上基本没有多大变化。宋代以前，还出现了拨镰、翳镰、推镰、钩镰等收获农具。《王祯农书·农器图谱》中记载的艾麦器用于收获小麦。《诗经》："维南有箕（箕斗，星名，二十八宿之一），不可以簸扬。"古人利用风力，用箕颠扬分出糠秕。

（二）农田水利工程

1. 灌溉渠系工程

中国历代王朝都很重视水利工程建设，如汉武帝亲往黄河工地视察，命令随行将军、大臣负草堵河，自己作歌鼓动。隋炀帝兴修大运河。清代康熙帝亲自研究水利学和测量学，为组织治理黄河和永定河六次南巡，到治河工地监察。

商周时期，农田中的沟洫分别起到向农田引水、输水、配水、灌水以及排水的作用。战国时期，列国争霸，为达到富国强兵目的，各国对水利事业都十分重视，大型渠系建设迅速兴起。魏国西门豹在今河北临漳一带主持兴建漳水十二渠，此为中国最

---

[1]　徐光启：《农政全书》卷十七《水利·灌溉图谱》。

早的大型渠系。春秋战国时期，中原地区已普遍采用桔槔灌溉农田，吴王夫差开邗沟，魏国开有鸿沟，秦国蜀郡守李冰在成都修都江堰，水工郑国在秦国咸阳附近修郑国渠。秦朝开通了灵渠。汉武帝治理黄河、王景治黄。三国时期吴国开凿江南运河。

隋朝开通大运河，长四五千里，以洛阳为中心，北通涿郡，南达余杭，沟通了永济渠、通济渠、邗沟、江南河，是世界上最早、最长的运河。运河成为南北交通大动脉，既有利于南北经济文化交流，又有利于社会稳定和经济的发展。唐朝的大运河、筒车等都是著名的灌溉工程或先进的灌溉工具，保证了农业生产的正常发展。唐朝还设专职官员管理水利事业，各地兴修了不少水利工程，仅江南兴建和修复的水利工程，就大大超过了六朝的总和。

后梁、后晋、后汉、后周、北宋都定都汴州，称汴京。北宋以汴河为骨干，建成包括广济河、金水河、惠民河在内的汴京四渠，向南沟通了淮水、扬楚运河、长江、江南河等，向北沟通了济水、黄河、卫河。

京杭大运河始建于元，完善于明，到清代仍然是南北交通最重要的干线。大运河将全国政治中心和经济文化最发达的地区连接在一起，沟通了海河、黄河、淮河、长江、钱塘江五大水系，推动了经济文化的发展，对促进南北经济文化繁荣，加强国家统一，有巨大的作用。[1][2]

2. 圩田系统

太湖流域以太湖为中心，包括江苏省南部、浙江省北部和上海市大部分地区，面积 36 500 平方公里。战国《禹贡》曾将全国分为九州，太湖流域属九州中的扬州，属最差的"下下"等。而到了宋、元、明时期，太湖流域有了很大的改观，"苏湖熟、天下足""上有天堂，下有苏杭"说的就是这种变化。究其原因，得益于历朝历代对太湖流域的治理与疏浚。《越绝书·外传记吴地传》记载："无锡湖者，春申君治以为陂，凿语昭渎以东到大田。田名胥卑。凿胥卑下以南注大湖，以泻西野。"此便是早期的水利工程。三国时，吴国组织兴建的农田水利工程赤山湖,在今江苏省句容县境内。六朝时建有众多的湖、塘、泾、浦等水利工程，可灌可排，水利条件大大改善，农业生产有了较大的发展。唐、宋、元、明、清各代，太湖流域发生水灾的频率是唐朝20 年发一次，北宋 6~7 年发一次，南宋 4~9 年发一次，元朝 3~5 年发一次，明朝 3~7

① 《明史·河渠书》。
② 据彭德清:《中国航海史》的统计，由海路北运到京的南粮，至元二十年（1283）为 4 万多石，至元二十三年（1286）为 43 万多石，至元二十七年（1290）为 153 万多石，增加速度很快。河运也由十几万石增加到几十万石。

近代以来中国农村变迁史论（1840—1911）

年发一次,清朝 4 年发一次。[①] 宋代范仲淹在《答手诏条陈十事》(1043)中记载:"江南旧有圩田,每一圩方数十里,如大城。中有河渠,外有闸门。旱则开闸引江水之利,涝则闭闸拒江水之害,旱涝不及,为农美利。"北宋初,太湖流域塘浦圩田废而不治,中期又着手修治。南宋时大盛,做了不少疏浚港浦和围田置闸之类的工程。元、明、清三代都把疏浚太湖流域下游的水道作为农田水利工作的重点。

3. 陂塘工程

陂塘水利适建于丘陵地区,起始于淮河流域。从云南、四川出土的东汉陶陂池模型可看出,当时已在陂池中养鱼,进行综合利用。芍陂兴建于春秋战国,是最早的一个大型筑堤蓄水灌溉工程。"陂有五门,吐纳川流"。其直径大约百里,周围约三百多里,今天的安丰塘是残存部分。汉代陂塘兴筑已很普遍。东汉以后,陂塘水利加速发展。《淮南子·说林训》中有关于陂塘灌溉面积的描述:"十顷之陂,可以灌四十顷。"中小型陂塘适于小农经济的农户修筑,南方地区雨季蓄水以备干旱时用,修筑尤多。明代仅江西一地就有陂塘数万个。总之,古代遍布各地的陂塘,对农业生产的作用不可低估。

4. 海塘工程

海塘在中国东南沿海地区的经济开发过程中占有相当重要的地位。五代吴越国钱镠在位时,曾在杭州候潮门和通江门外筑塘防潮,所用"石囤木桩法"以木栅为格,格内填进砖石,经涨沙充淤后,就成为远比土塘坚固的土石塘。北宋时,石塘技术又改进为"坡坨法",即海塘为斜坡石级式,塘身稳定性优于壁立式海塘,坡阶又起消力作用。明清时,海塘工程更受重视,投入的人力、物力之多以及技术上的进步,都超过其他历史时期。

5. 井灌

战国以来,北方井灌相当流行,历代政府也提倡凿井。明清时,在今陕西关中,山西汾水下游,河北、河南平原地区形成了井灌区。方承观《棉花图》:"植棉必先凿井,一井可溉田四十亩。"新疆地区最严重的问题是雨量稀少。为了发展农业,历代新疆各族人民非常重视水利建设,或修建明渠引河水灌溉农田,或穿凿坎儿井引地下水滋润庄稼。《汉书·西域传下》中记载汉武帝时,在天山南麓的轮台"有溉田五千顷以上"。灌溉这样多的土地,水利设施的规模当然不会太小。而坎儿井是以地下水为水源的自流灌溉工程,是气候特别干燥的斜坡地上最理想的水利设施。清代,林则徐曾在吐鲁

① 详见缪启愉:《太湖塘浦圩田史研究》,70~89 页,北京,中国农业出版社,1985。

番一带大力推广坎儿井，对炎热干旱的吐鲁番农业发展起到了很大推动作用。目前，吐鲁番和哈密两盆地的坎儿井共约 1 000 多个，暗渠的总长度约 5 000 公里，可与历史上的万里长城和京杭大运河媲美。

综上所述，早在夏商时期，我国人民就掌握了原始的水利灌溉技术。元、明、清时期大型水利工程虽不及宋前为多，但仍有不少，且地方小型农田水利工程的兴建数量越来越多。各种形式的水利工程在全国几乎到处可见，具有显著效益。开展公共水利工程建设，是古代中国国家管理具有决定性意义的重要内容和重要职能。

（三）农业技术

发展精耕细作有两个要点：提高种植技术，改良种质资源。

1. 提高种植技术

夏商周时期，人们已懂得施用粪肥、草木灰和绿肥。隋唐时期圩田和两年三熟耕作制被普遍推广，使农产品产量大幅度提高。这一时期，北方旱地耕作技术有耕、耙、耢、压、锄，南方水田耕作技术有耕、耙、耖、耘、耥，还有提高灌溉水平、改良水利设施的北方引水灌溉技术和南方陂塘堰坝水利蓄水灌溉技术等。

2. 改良种质资源

古人通过穗选法、种子田、一穗传技术，动物的杂交育种等进行种质改良。

中国为世界栽培植物重要起源地之一。起源于中国的农作物有粟、黍、稻、荞麦，豆类有大豆、毛黄豆，蔬菜有白菜、萝卜，果树有桃、杏、李、梨、柑橘、荔枝等。中国的农作物种类很多，品种更多，现今水稻品种有 40 000 多个，粟有 15 000 多个。这些都是采用存优汰劣留种和选种技术选育出来的。

中国各地的优良家畜家禽种类之多、品种资源之丰富，过去以及今天都受到世界各国的重视。马、牛、羊、鸡、犬、猪"六畜"，中国在五千多年前就已全部饲养了。中国是最早饲养猪、鸡、鸭、马的国家之一，也是最早用杂交方法培育骡的国家。《夏小正》中的"攻驹"就是给马去势。日本学者认为，世界上马的阉割以中国为最早。中国还有一些特殊的家畜饲养技术很受重视，如马蹄铁的发明，使骑乘马匹更加便捷和安全，推动了骑兵的发展，提升了冷兵器时代的作战速度，进而改变了世界格局。中国的兽医自成体系。周代兽医已从医学中独立出来。《周礼·天官》中有"兽医"，职掌治疗"兽病"（内科）、"兽疡"（外科）。

在选育品种的同时，古人也注意引种。汉代，西域的葡萄、石榴、苜蓿、胡豆、胡瓜、胡麻等陆续移植内地。唐代，外来作物莴苣、菠菜等得到种植。宋元时期，从越南引进的占城稻传到江淮地区。明代美洲作物逐渐传入，如玉米、甘薯、马铃薯、烟草等。

中国是最早养蚕、种桑、缫丝的国家。园艺方面，嫁接技术在中国出现比较早，《齐民要术》对嫁接原理、方法已有比较详细的记述。

（四）农业思想

1."三才"理论

《吕氏春秋·审时》曰："夫稼为之者人也，生之者地也，养之者天也。"说明农业生产的三大要素是天、地、人，而且把人的因素列为首要地位。汉代晁错说："粟米布帛生于地，长于时，聚于力。"中国历代农学家都在农业生产中强调人力作用，进一步发展成为"三宜"原则，则是在春秋战国时期。明代农学家马一龙对之作了详尽阐述："合天时、地脉、物性之宜，而无所差失，则事半而功倍。""三才"理论运用在农业生产中，为精耕细作的优良传统奠定了理论基础，对农业生产的发展产生了巨大的影响。

2.经营思想

战国初期，李悝在魏国为相时，作"尽地力"之教，是最早的集约耕作思想的代表。汉代，通过推广"代田法"和"区田法"等，把精耕细作推向一个新的高度。《氾胜之书》第一次记述了区田，以后历代都有试种者，尤其到明清盛极一时，先后有二十处以上。"量力而行"的思想提出也较早。晋代傅玄（217—278）提出"不务多其顷亩，但务修其功力"，即主张以提高单位面积产量为目的，合理施肥，增强地力，投入劳动，进而建立间作套种和轮作复种体系，提高单位面积土地利用率。

"扬长避短，发挥优势"也是中国农业经营的传统思想之一。因地制宜发展各项农业生产，扬长避短。我国传统的农业结构是以农为主，农牧结合。在北方草原地区，游牧民族以畜牧为主，也进行不定期的农业生产；黄河流域、长江中下游以及东南沿海地区，则以农业种植为主，兼事渔业。随着时间的推移，这样的农业结构并未发生重大改变，只是种植业逐步扩展，畜牧业和渔业的比重逐渐降低。

多种经营是中国古代农业经营思想的又一重要组成部分。《淮南子·缪称训》："人之情，于害之中争取小焉，于利之中争取大焉。"传统农业的主体是谷物种植，即主要生产的是粮食作物。粟、黍、麦、稻、梁是饮食的保证，各个朝代对于粮食作物的生产都很重视，并且会建立常平仓等以防范饥荒。同时，统治者们也重视其他作物的种植，桑、麻、棉是生活必需品，为人们的生活提供保障；园艺作物、果树等增加农民收入。《孟子·梁惠王上》："五亩之宅，树之以桑，五十者可以衣帛矣，鸡豚狗彘之畜，无失其时，七十者可以食肉矣。"

（五）古农书

据《中国古农学书录》统计，中国古农书有542种；《中国古农书联合目录》统计有643种。

1. 农家月令书

东汉崔寔的《四民月令》，将一年十二个月必须进行的农业生产操作事项，按时令缓急，依次安排。这种书注重时间安排，技术性知识显得分散。

2. 农业技术书

农业技术书首推贾思勰的《齐民要术》。该书着重于各项技术知识的系统记录，技术全面，知识性强。《陈旉农书》于南宋高宗绍兴十九年（1149）著成，强调人力的作用，认为尽到人力就可使地力"常新壮"。元代大司农司编写的《农桑辑要》是元代第一部农书。《王祯农书》综合考察了黄河流域旱农和江南泽农两方面的情况写成。该书现在通行本约11万字，分为三部分，即"农桑通诀"（农业总论）、"百谷谱"（农业各论）和"农器图谱"。明代徐光启的《农政全书》是一部集大成的巨著。

3. 通书

现存的通书以唐末韩鄂的《四时纂要》为最早。选择广义农业各门类中的一项或相关几项作题材的"专业农书"，最早着重于相马、相六畜、养鱼等方面，后有农具方面专书，如唐代陆龟蒙的《耒耜经》。宋代秦观的《蚕书》是现存最早谈养蚕的专书，从浴种到养蚕、缫丝都有简明切实的叙述，对缫车的结构和用法记载特别详细。南宋有韩彦直的《橘录》。明代有《种树书》《便民图纂》《多能鄙事》《学圃杂疏》《群芳谱》《农说》《宝坻劝农书》等。清代有《秘传花镜》《广群芳谱》《江南催耕课稻编》，还有山西祁寯藻的《马首农言》，陕西杨屾的《豳风广义》和杨秀元的《农言著实》等小型农书。

4. 救灾、治蝗书

明清时期，灾害频仍，救荒和治蝗专书应运而生。明代朱橚的《救荒本草》是一部记载食用野生植物的专书，共四卷，记录植物414种。陈芳生《捕蝗考》、陈仅《捕蝗汇编》等治蝗专书都是清代以后的作品。

三、传统农业的特征与发展

传统农业是农业发展到一定历史阶段的产物，它不同于刀耕火种的原始农业和相对粗糙的轮荒农业，它不仅形成了稳定的经营形态和制度，也拥有了比较系统和成熟的技术体系。在中国，它特指春秋战国以后至现代农业兴起之前，以精耕细作、用养结合为代表的农业生产体系，这一体系形态稳定而持久，长期传承，不断丰富，成为传统农业文明重要的物质基础。

（一）传统农业的特征

传统农业孕育于一定的社会条件和地域环境，因而具有显著的历史和地域特征。南方与北方，旱作与水田，汉民族与少数民族地区农业有共同点，也有区别。这些千百年积累的农业文化因人口迁徙而扩散，因相互交流而融合，最终构成了中国多元交汇的农业文明体系。这一体系既包括有形的农业文化遗产，如农业物种、农业工具、农村聚落、农田水利、农业景观，也包含农学思想、农业技术、农业民俗等诸多非物质文化遗产的内容。它们与一定时空结合，形成了丰富多彩的农业类型和农耕文化，展示着中华农业文明的基本特征。

1. 传统农业的基本特征

精耕细作是中国传统农业的精髓，也是最基本的特征。中国因为山多地少、人多地少的缘故，从春秋战国时期就逐渐放弃轮耕，走上了土地连作的道路。农户经营制度普遍建立，男耕女织成为农业发展的基本模式，也是农村社会稳定的基石。因为较之畜牧业，农耕可以供养更多的人口，秦汉以后农作物生产在整个农业生产系统中越来越重要。要在有限的土地上生产更多的农产品，必须不断提高土地的利用率和产出率。通过增加生产资本、劳力等，多种多收，提高产量，区田法的出现、轮作复种及铁犁牛耕的推广就是这些努力的具体表现。随着经验的不断累积，农业生产管理、集约经营使传统农业拓展出此后诸多立体农业和循环农业的生产形式，尤其明清以后，随着农业工具、农田水利、畜力、肥料、品种资源等不断被投入农业生产中，人们对农业生产的认识更为清晰，轮作复种、间作套种、一年多熟、农牧结合、稻田养鱼、稻田养鸭、果基鱼塘、蔗基鱼塘等农业复合系统不断发展，精耕细作传统达到了前所未有的高度。

精耕细作能够形成并不断发展，主要还是缘于人们对农业生产的认识不断提升，能够充分研究自然规律，在不同地区，因地制宜，充分利用自然资源，并改造成适宜农业生产的要素。由此总结形成了传统农学思想，即注重人与自然的和谐统一，所谓"天人合一"。在满足了农民的基本生存需要的同时，既保证了土地资源的充分利用，又维持地力不竭，保护和发展了土地这一重要的生产要素。农业传播与交流，也推动了精耕细作的发展，提供了更多适宜的资源和技术。小农经济时期，限于一般农户的土地资源无法迅速增加，是促使精耕细作成为传统农业核心体系的重要因素。从精耕细作产生的地域来看，一般都是"人多地少"的地区，人们将更多的劳力投入狭小的土地上，以期提升收益。当然，在农业生产中，人口的增加带来了更多收入，而土地不能扩展，这也就带来了生存压力。所以精耕细作缓解了一些地区的人口压力，并促进了人口的增长。明代，除了末期战乱影响，人口有所下降外，中国人口都是稳步增长。17世纪初，中国人口突破2亿，到清道光三十年（1850），中国人口增至4.3亿。[1]

　　2. 传统农业的经济特征

　　中国传统农业经济有着劳动密集型生产的特点，这一方面可以提高农产品产量，增加农民收入；另一方面也缓解了人口生存和就业的压力。早期的农业基本上是围绕生活需求而展开的。一般农业产品以粮食作物为主，基本都用于生产投入、生活消费，只有极少量剩余流入市场，形成农业商品。随着农业技术和农业交流的发展，汉代已经有部分农户从事经济作物生产；宋元时期，随着良种传播，以棉花、蚕桑、麻类、茶叶生产为代表，经济作物专区开始形成；城市商旅和非粮食生产户对商品粮需求增加，粮食开始以商品的形式在市场上大量流通，农产品商品化趋势逐渐提升。同时经济作物生产增加，也促进了手工业的发展，部分家庭开始专门从事手工业，进一步加强了社会的职业分工。[2]

　　传统农业社会农产品分配主要途径有赋税、地租、自用和市场。除了自用之外，其他三种都是流向外部的。《管子·治国》有云："夫富国多粟，生于农；故先王贵之。凡为国之急者，必先禁末作文巧；末作文巧禁，则民无所游食；民无所游食，则必事农；民事农，则田垦；田垦，则粟多；粟多，则国富；国富者兵强；兵强者战胜；战胜者地广。"西汉时期，通过法令打击商人，完全确立了重本抑末的政策；南北朝时期逐步

①　王思明：《如何看待明清时期的中国农业》，载《中国农史》，2014（1），3~12页。
②　郑林：《试论中国传统农业的基本特征》，载《古今农业》，2002（2），27~33页。

实行均田制；唐代中叶实行租庸调制。[①] 明代实行"一条鞭法者，总括一州县之赋役，量地计丁，丁粮毕输于官。一岁之役，官为佥募，力差，则计工食之费，量为增减；银差，则计其交纳之费，加以增耗。凡额办、派办京库岁需与存留、供亿诸费，以及土贡方物，悉并为一条，皆计亩征银，折办于官，故谓之一条鞭。"清代前期沿用明制，后来有了一些改革，变化重大的为康熙五十一年（1712）的"滋生人丁永不加赋"和雍正年间的"摊丁入亩"政策，从而改变了长达几千的习惯，出现了人丁与赋役不相连，人丁与田亩的数字逐步在统计中实际化，人身依附的消解解放了社会生产力，促进了农业的长足发展。

明清时期中国传统农业虽然发展迅速，商品率有所提升，但因为社会经济结构没有根本性变化，商品农业的进展仍然十分有限。1840年，中国粮食的商品化率也仅为10%，到20世纪初也不超过22%，与同期美国相比（80%）相距甚远。这说明中国农村经济的本质仍然是自然经济占据主导地位。加之战乱不断，兵燹连连，导致晚清农村经济日渐衰落，亦成为中国农业现代化发展的重要阻力之一。[②]

3. 传统农业的社会特征

传统农业社会结构是以家庭为中心、以血缘关系为纽带形成的逐渐扩散的卫星式结构，家长是结构的支配者。由此延伸出宗族，宗族是依照血缘关系远近确立家族内部权利义务关系的一种力量。在缺乏外力作用下，家庭趋向最大限度地扩增人口，提升收入。而在公共事务方面，乡村组织是由乡绅等宗族精英为主导的基层结构，通过乡规民约等规范农村社会土地、人口等各方面内容。完善的伦理规范作用于农村世俗生活，社会比较稳定，人与人关系较为和谐。稳定与和谐又为经济、文化的积累和发展创造了条件。在此基础上，儒家提出"三纲五常""修齐治平"等规范，形成传统农业文化的基本网络。

在国家治理层面，传统农业社会表现为皇权、族权和绅权治理的统一。三者以皇权为主导，通过中央集权加强对基层社会的控制；族权和绅权形成乡村自治组织，进

---

① 租庸调制是以均田制的推行为基础的赋役制度。此制规定，凡是均田人户，不论其家授田是多少，均按丁缴纳定额的赋税并服一定的徭役。它的内容是：每丁每年要向国家交纳粟二石，称作租；交纳绢二丈、绵三两或布二丈五尺、麻三斤，称作调；服徭役二十天，是为正役，国家若不需要其服役，则每丁可按每天交纳绢三尺或布三尺七十五分的标准，交足二十天的数额以代役，这称做庸，也叫"输庸代役"。国家若需要其服役，每丁服役二十天外，若加役十五天，免其调，加役三十天，则租调全免。若出现水旱等严重自然灾害，农作物损失十分之四以上免租，损失十分之六以上免调，损失十分之七以上，赋役全免。
② 王思明：《如何看待明清时期的中国农业》，载《中国农史》，2014（1），3~12页。

行乡村治理。晚清时期,国家势力渐弱,对地方控制能力亦渐弱[1],乡村自治组织兴起,但是对于传统农业的发展并未有太大影响。乡村社会的核心力量——族权,既不能有效建立国家与乡村的联系,对农村经济的繁荣也没有起到预期的作用。农村经济处于崩溃的边缘,社会动荡不安。

4.传统农业的文化特征

文化是对环境的适应,包括适应方式和适应能力两个方面。传统农业文化包括经验、知识、技术,是人类长期积累的文化遗产。传统农业文化又分为几个方面:农业物质文化、农业制度文化、农业观念文化,等等。[2] 农业文化不仅是农村的文化、农民的文化,也是城市文化,是士农工商等社会各阶层的文化,它贯穿古今,渗透在社会生活的各个领域,是中国文化中历史最悠久、内涵最丰富的文化。传统农业文化既有继承性、保守性,成为维护旧传统的力量;同时,又有革新性、创造性,使文化不断向前发展,创造新的文化传统。

(1)传统农业文化的内涵。农业生产有赖于自然条件。天时、地利、物性、人力的关系,是农业生产的基本关系,人的作用必须尊重自然规律,顺应自然,才能风调雨顺,五谷丰登。传统农业文化就是围绕农业生产发展起来的,如提高农业技术、增加农产品质量和数量,协调人地关系等,同时关注实际可操作性和成果产出。传统农业文化表现在人们衣食住行、家庭婚姻、社会交往、娱乐方式、生产方式等方方面面,是世世代代流传下来的、习惯成自然的、比较稳定的、深层次的文化,源于农业生产和生活,并以其为载体世代传承。农业作为物质生产部门,能够传承文化,保护文化多样性,是许多民族文化和地域文化形成和存续的基础。

(2)农业文化的传承。 文化传承是一个动态过程,离不开生产和生活实践。农业文化传承主要就是通过保护传统农业技术与经验、传统农业生产工具、特有农作物品种、具有历史文化底蕴的古建筑、自然环境以及农耕仪式、生活习俗、民间文艺等非物质文化方式进行的。前人总是在生产实践中向后人传授生产知识,而后人也总是在对前人继承的基础上进行总结和发展。尤其是农业形式一旦形成就很难改变,如农村的节庆仪式、风俗习惯、饮食习惯等,都体现着当地村民的价值理念,农业的持续发展使农业文化得以传承和保护,在特定农业生产方式或独特民族、地域文化的区域

① 潘虹:《社会结构与现代化型塑——近现代中日农村现代化比较研究》,载《前沿》,2010(14),142~144页。
② 易钢:《农业文化及其在中国传统文化中的地位》,载《农业现代化研究》,1998,19(6),371~373页。

近代以来中国农村变迁史论(1840—1911)

表现显著，体现了不同的生产、生活方式、价值观、道德观和审美观，蕴含着深刻的人与自然、人与社会以及人与人之间和谐相处的理念。

农业文化的传承途径主要是环境熏陶、口耳相传、文献记载。各地的人们在不同的农业文化环境中成长，必定在大环境下耳濡目染，熟悉当地的民俗、信仰、礼仪。农业文化传承对于一个国家和民族的形成、保持和弘扬自身优秀的文化传统有重要意义，它可以促进人类文明演进，展现世界文化的多样性，同时又具有生态价值、经济价值和社会效益。

（二）传统农业的发展

人们一直在探讨为什么世界许多古老的文化形态中断了、消亡了？为什么唯有中国传统文化源远流长延续至今？不仅从来没有中断，而且不断发展。其重要原因就是稳定的农业生产方式、稳固的社会组织形式、强烈的宗法伦理观念始终维系着中华民族的生存和发展。中国社会几千年的发展，农业的基础性地位始终没有改变，自然经济的生产方式，宗法家族制度为核心的社会组织形式，重农轻商的经济观念一代一代的传承延续，充分展现了传统农耕文化的稳定性和可持续性。

1.传统农业稳定发展的基本条件

（1）国家的统一和社会的安定。一般来说，在王朝建立初期，统治者都注重农业发展，出台相应扶持政策，轻徭薄赋鼓励生产，使农业有较大发展，出现盛世之象。统治者比较关注农业生产要素，如农具、技术、水利等，在政府层面进行推广、兴建等，督促农民积极进行农业生产，促进农业发展。

（2）高水平的土地开发与利用。在传统农业生产中，通过圩田、屯垦等，增加农田面积，并对盐碱、沙砾等土地进行改良，尤其明清时期，由于新品种的引入，很多山林、滩涂被开发利用，极大地扩增了农田面积。

（3）人口基数庞大且增长迅速。各地区的农业发展程度与人口密切相关，一般人口密度大的地区，劳力充足，技术先进，农业发展较好。在明代以前，中国人口一般都在 6 000 万左右；明代以后，耕地面积增加，生产技术提升，人口增长迅速，到晚清时人口已超过 4 亿。

2. 传统农业持续发展的动因[1]

（1）土地生产率日益提高。明清时期，为缓解人口压力，人们大力推广多熟制，

---

① 王思明：《如何看待明清时期的中国农业》，载《中国农史》，2014（1），3~12 页。

通过提升作物复种指数来提高土地利用的效率。作物复种指数从宋代的 100% 提升至清代的 140%，江南部分地区甚至可达 253%。在 19 世纪末，中国的土地利用率和产出率远高于同时期的欧洲和美国。

（2）肥料技术的不断进步。由于多熟种植的发展，土地对肥料的需求更高。明清时期，肥料品种大幅增加，肥料的施用量也有所增加，肥料投入也有所提升。耕作技术更为成熟，尤其肥料的施用，更为细化，有针对性。

（3）美洲作物的引种与推广。耐瘠高产的玉米、甘薯、马铃薯等美洲作物的引入，使很多山地和沙地可以被利用，很多边际土地得到开发，至清末时，美洲作物在中国粮食作物中占比已超过 20%，在缓解粮食不足对人口的压力方面作用巨大。

（4）生态农业与多种经营模式的扩展。明清时期，太湖地区发展出很多复合种养模式，通过立体、循环的经营理念，将稻、桑、鱼（鸭）等结合在一起，形成节能环保的农业生产系统。在西北关中地区，也有农牧结合的复合模式，使土地保持地力，可持续开展农业活动，达到减少投入，提升收益的目的。

第二节　人地矛盾加剧对农业生产的挑战

人地矛盾是人地关系发展到一定阶段出现的一种紧张状态。在人口达到一定数量以后，人口与土地的关系开始紧张，人口密度、土地的负载能力都超过了最佳值，对人口发展与土地开发的可持续性造成威胁。然而人地矛盾是一个相对的概念，随着农业技术改进、生产力水平提高，土地可以承载人口量也会增加，人地矛盾的程度也会随之变化，但土地是不可再生资源，可开发程度是有限的，所以可以承载人口量也是有限的。

一、人口、资源与农业发展的关系

从世界人口来看，公元元年至 1000 年，人口从 1.7 亿增至 2.65 亿，几乎处于停滞状态。公元 1000—1800 年，世界人口从 2.65 亿增至 9 亿，人口和经济开始了相伴

近代以来中国农村变迁史论（1840—1911）

的增长。从中国来看，在明代以前，人口数量几乎是保持在 6 000 万左右，到清中叶人口增长到 2 亿。公元 500—1870 年，西欧的人口一直增长。Notestein 在《人口：长期的观点》中提出：在前工业社会时期，人口是高出生率和高死亡率。全球经济总量在相当长时间内，和人口一样以相当缓慢的速度增长，从 1820 年开始，世界经济无论是从总量上还是从人均量上都开始了大幅度的增长。但是，亚洲、非洲以及拉丁美洲区域的经济依旧还在延续着 17、18 世纪的低速增长模式。目前的发达国家如美国、德国、法国等，在 18 世纪末，人均工业产值都表现出迅猛增长。这一时期，世界经济开始分化。

在人口学上，人口有三种含义：一是劳动力人口；二是农业人口；三是消费者人口。而资源则囊括了促进人类社会发展的全部客观要素，包括地质、土壤、水源、生物和气候等自然要素，还有人口、民族、风俗、经济、政治等人文要素。"人地系统"指具有主观能动性的主体与客观环境之间相互联系所构成的有机统一体。"人"与"地"是对立统一的关系，地理环境是人口发展的物质基础，人口发展则可促进或减退地理环境的内在根基。

人地关系有七种：①人口数量与土地面积的关系；②人力资源与土地资源的关系；③人口与资源的关系；④人口增长与食物供应的关系；⑤人口增长与生活资料的关系；⑥由人口与资源关系和人口与生活资料关系进一步扩展，人地关系也就成了人口与经济的关系；⑦人口与环境的关系。

中国的人地关系问题研究，以卜凯的《中国农家经济》和《中国的土地利用》最具代表性。中国古代重视人、地这两个农业生产力主要因素的增长，这是社会经济在一定时期内得以发展，甚至出现繁荣局面的决定性条件。土地的开发和利用程度与劳动人口一样，同是中国古代经济兴衰、国力强弱的标志。发达兴盛之时必是户口殷繁，桑柘满野；而萧条衰败之时则是千里无烟，鞠为茂草。

传统农业讲求的是精耕细作，大量农业劳动力在农田耕耘或收获，以节约土地、利用劳动、集约经营的方式来解决人地关系矛盾。农业产量靠农业技术的进步和边疆地区的开垦有一定程度的增加。随着中国人地比例的不断增大，发展农田水利、救荒等措施及调整农业政策成为维持社会和谐发展的主要手段。

通过精耕细作，中国在相当长一段时间内在世界范围内保持着一个令人羡慕的经济发展水平。从汉代一直到清中期，中国不仅在经济总量上保持着世界领先的地位，人均收入也高于世界平均水平。这种长期优势的保持，很大程度上就是得益于中国传统农业这种不断发展和不断强化的精耕细作的农业生产体系。1400—1820 年，中国耕地面积增长了 3 倍，而粮食总产增长了 5.3 倍，其中，粮食单产增长 77%，大体与人口增长保持了同步[1]（表 1-1）。

表 1-1　明清时期中国农业发展概况（1400—1820）

年份	粮食产量 / 千吨	耕地面积 / 百万公顷	单产 / 千克每公顷
1400	20 520	19.8	1 038
1650	35 055	32.0	1 095
1750	74 100	48.0	1 544
1820	108 585	59.0	1 840

从中国近代农业生产、劳动和土地的边际生产率，可以看出人地关系问题比较突出。这段时期，人口增加迅速，农业的增长主要不是通过规模化生产，而是通过耕织结合的生产制度、精耕细作的高土地利用率、耕地开垦、农田水利水平的提高和引进美洲作物来实现的。这对亚洲其他国家也产生了巨大的影响，形成了农业发展的亚洲模式，即以节约土地、提高土地利用率为手段，进一步促进了人口与资源的逆向演进，形成了不同于马尔萨斯人口理论和报酬递减理论的发展方向（表 1-2）。1840—1910 年，中国农业的劳动边际生产率在不断提升，而土地的边际生产率则保持在一定水平。

表 1-2　1840—1910 年中国农业生产、劳动、土地的边际生产率

年份	农 业 生 产		劳动的边际生产率 /%	土地的边际生产率 /%
	数量 /10 亿卡	增长率 /%		
1840	264 503	4.52	256.80	135.87
1850	272 282	2.94	264.35	135.02
1860	268 346	-1.45	284.72	130.16
1870	260 316	-2.99	290.86	129.94
1880	261 353	0.40	284.08	133.68
1890	275 070	5.25	289.55	133.64
1900	281 638	2.39	281.64	137.83
1910	306 220	8.73	289.57	137.01

二、人地矛盾的形成与变化

国以农为本，农业自古以来一直是国民经济的基础。威廉•配第在《赋税论》亦指出："土地是财富之母，劳动是财富之父"，农业生产离不开土地和劳力。中国自春

[1]　王思明：《如何看待明清时期的中国农业》，载《中国农史》，2014（1），3~12 页。

秋战国实行"初税亩"以后，土地私有制度基本确立，土地分散与集中随朝代更替而波动。与此同时，重农抑商的国家政策和多子均分等继承制度对人口增长产生了很强的刺激作用。虽然历史上中国的耕地面积在陆续增长，但相对而言，人口增长更为迅速，导致人多地少的矛盾日渐加剧。[1] 精耕细作农业对劳动力的需求对人口的增长也起到了推波助澜的作用。

（一）耕地的变化

清代，我国耕地面积整体上是增加的。耕地面积由清初的 5 492 577 顷增至 19 世纪末的 8 477 606 顷，提升了 54.35%。据统计，在嘉庆十七年（1812）以前，清代各省耕地面积均呈逐年扩大的发展趋势。[2] 咸丰、同治两朝各省耕地面积的大幅度减少，是这个时期战乱影响的结果（表 1-3）。

表 1-3 清代各省耕地面积　　　　　　　　　　　　　　单位：顷 *

时　　间	耕地面积
顺治十八年（1661）	5 492 577
康熙二十四年（1685）	6 078 429
雍正二年（1724）	7 236 429
嘉庆十七年（1812）	7 913 939
咸丰元年（1851）	7 716 254
同治十二年（1873）	7 703 515
光绪十三年（1887）	8 477 606

* 1 顷 = 50 亩（清代 1 亩约为 705.9 平方米，1 顷约为 35 295 平方米）

但是，耕地的分配受多种因素支配，导致人地关系的紧张。中国传统农村社会，农户拥有的土地一般是较小且较为分散的。地权的集中程度受两项机制左右：一是市场机制，即地价与粮价间的关系变动，决定了农户积累田产的速度；二是诸子均分制，决定了田产的分散速度。自宋代以来，地权有分散化的趋向，考察影响地权分散的因素发现，人口增长对地权影响较大。而由于战争等原因造成人口激减，抛荒较多，对地权积累和兼并有积极作用。除了一般农户，官员和皇家也会通过各种渠道兼并土地，使土地资源紧张。清朝初年，内务府所辖官庄数量有限，如近畿官庄只有 132 处。到光绪朝中期，据内务府会计司统计，由内务府管辖的官庄共 886 个，占有土地 3 360 965 亩，仅畿辅一带就有官庄 373 处，有地 758 739 亩。[3] 依靠镇压太平天国而崛起的一大批"军功"地主，如总督张树声、提督张树珊兄弟，

① ［德］马克斯·韦伯：《儒教与道教》，128 页，北京，商务印书馆，2003。
② 李文治：《中国近代农业史资料 第一辑（1840—1911）》，60 页，北京，生活·读书·新知三联书店，1957。
③ 《清朝续文献通考》卷 6，《田赋考·八旗田制》。

巡抚刘铭传，提督周盛传、周盛波兄弟，提督唐殿奎、唐定奎兄弟等均聚集了大量土地。最大的地主还是李鸿章兄弟，李家分布在合肥东乡原籍的土地就有 50 多万亩，占该乡全部土地的 2/3。[①]

土地兼并迫使大批中小土地占有者失去生产资料，大大加强了大地主土地所有制，激化了阶级矛盾、社会矛盾，对农业生产造成了直接的威胁。

（二）人口的变化

中国人口在西汉时期（公元 2 年）就已近 6 000 万，之后的 1 400 年中，人口数量因朝代更迭、灾荒等多种原因，不断发生变化，到北宋大观四年（1110）人口达到 1 亿人，到明初恢复到 6 000 万人。明朝时人口较稳定地持续增加，清朝是中国历史上人口增长最快、增长幅度最大的时期，主要集中在乾隆时期（表 1-4）。乾隆三年（1738）全国人口 1.43 亿，这时中国总人口再次超过 1 亿人。乾隆五十六年（1791）3.13 亿，道光二十年（1840）4.12 亿。带着 4 亿多人口的沉重负担，中国历史步入近代。

表 1-4　明清人口数量变迁　　　　　　　　　　　单位：亿人

年份	人口数量
1400	0.72
1650	1.23
1750	2.60
1820	3.81
1840	4.12
1850	4.36
1873	5.90
1893	3.86
1911	4.05

近代中国是一个特殊时期，内忧外患，社会动荡。中国农业虽然取得了一定的发展，但并没有实现由传统农业向现代农业的过渡，由此从漫长历史上发展而来的人地之间的矛盾问题并没有得到有效解决，此时农业的增长主要不是依靠技术进步、规模化发展，而是在人口大量增加的条件下，通过开发边疆土地、精耕细作等方式实现的。

① 郭汉鸣等：《安徽省之土地分配与租佃制度》，引自李文治：《中国近代农业史资料 第一辑（1840—1911）》，182~183 页，北京，生活·读书·新知三联书店，1957。

三、人地矛盾的升级与应对

历史上中国缓解人地矛盾的主要做法是鼓励开垦荒地或边疆土地。例如，明初，全国垦田数达 8.5 亿亩，明太祖鼓励垦荒，减免赋税，实行屯田。清代则奖励垦荒，清初以督垦荒地的成绩，作为对地方官吏奖惩的标准。清初一百多年，全国耕地面积增加 40%，即 3 亿多亩。耕地面积的扩大，促进了农业正常有序的发展，进而促进了人口的增长。

但是，过度开垦也造成了自然植被的破坏。黄河流域本是一个宜农宜牧的地区，随着人口的不断增长，消耗的木材、粮食日益增加，也加速了开垦土地的速度，砍伐森林，毁坏草原，严重破坏了黄河流域的生态平衡，造成了黄土裸露，水土流失日益增加，使环境恶化。而长江流域上游高产旱地作物的引进、人口膨胀、山地陡坡垦殖等造成了水土流失严重，影响了人类的生存环境。

晚清时期，由于人地矛盾日益严重，很多地区开展了多熟种植、立体种植、耕织结合等经营性的农业活动。但对于华北地区，日益增加的人口数量给生活带来了很大的压力（表 1-5）。华北地区土地与人口关系的严重失调，主要归因于传统农业的生产方式和思想观念。人口的增加，加重了土地零细化，使农民积累生产资本能力渐弱，土地不足现象日趋显著，人们的最低生活保障都难以维持，最后促使一部分人离开故土，寻找自己的生活空间。[1] 通过闯关东、走西口等方式，开垦边疆土地，增加可耕地面积，华北人口的迁移，也促进了东北地区的开发与发展。

表 1-5　冀鲁豫三省人口与耕地面积指数（1893—1913）（1873=100）

省别	1893 年		1913 年	
	人口	耕地	人口	耕地
河北	112	98	122	100
山东	119	103	122	105
河南	104	99	110	117

资料来源：实业部中央农业实验所：《农情报告》第 2 卷第 5 期，40 页，1934；第 2 卷 12 期，117 页，1934。

晚清时期导致华北人口外迁的另一个诱因是自然灾害。从《清史稿》记载宣统三年（1911）一年的赈灾记录可知，四月、五月、九月均有灾害发生，尤以九月灾害饥

① 何旭艳：《论清末新政农业政策对中国近代农业的影响》，载《内蒙古师范大学学报（哲学社会科学版）》，2002，31（2），32～38 页。

荒为重，赈银二十四万两，遍及九省。华北经常出现干旱，降水量不足，已经对农业发展产生较大影响。从全国范围来看，自然灾害也是影响农业生产、促使人们迁移的诱因之一。据统计，1840—1911年，我国发生较大水灾 236 次，黄淮、长江经常发生水患，不仅淹没农田，还殃及城镇。1877 年，中国北方发生了空前的旱灾，仅山西一省，有灾民五六百万人。当然还有农业减产、政府赋税增加等原因。

针对土地的需求，清政府解除了"禁耕令"，设立专门机构大规模出售土地。放垦的范围主要是东三省、内蒙古禁垦地和东南沿海盐场荡地。1902 年东南盐场宣布放垦，1904 年开放奉天牧场、吉林围场和黑龙江荒地及内蒙古旗地，并宣布了屯田、旗地买卖的合法性，鼓励农垦公司创办并认购土地。张謇的海通农垦公司在 1910 年总垦田数30 413 亩，公司有统一的垦殖计划，部署大规模的围垦工程如挖河、筑堤、建闸、修路等，公司还决定种植的作物品种，并指导农户种植，所产之棉还可直接收购。这些垦殖公司还有相应的工业生产，比如张謇创办的大生纱厂、孙多森创办的阜丰面粉厂等，1858—1911 年，设立资本在 1 万元以上的民营工矿企业 953 家。正是通过垦殖土地，让一些公司短期达到了原始积累，促进了民族工业的发展。移民对东北的影响，除了土地开发以外，也提供了大量的劳动力，为东北地区的工矿业发展提供了较多的人力资源。

第三节　门户开放与农村自然经济的变化

中国几千年中一直处于农耕社会，"以农为本""重农抑商"的思想根深蒂固，农桑结合、男耕女织的自然经济结构极为强固。[①] 1840 年鸦片战争爆发以后，中国被迫门户开放，逐渐融入世界经济体系，西方文明的进入对中国农村社会和传统文化造成了巨大冲击与震荡。

一、门户开放对农村经济的影响

中国传统农业生产基本上是靠"天"吃饭。农村经济以自然经济为特征，农业和

① 周伟权：《简评中国乡村建设运动的得与失》，载《中共银川市党校学报》，2007，9（1），22~25 页。

手工业结合，自给自足。《管子·轻重甲》篇中的"一农不耕，民或为之饥；一女不织，民或为之寒"就生动阐释了农村自给自足的自然经济的特点。这种自然经济的生产和生活方式一直延续到近代。

18 世纪末，美国、德国、法国等发达国家经济迅猛增长。以英国为例，其极力向外扩张，寻求更广阔的海外市场，而人口众多、经济水平良好的清王朝成了英国的首选对象。由于中国的茶叶、丝绸等贸易产品为清王朝带来了大量的白银，造成了英国在世界市场扩张受阻，促使英国发动了入侵中国的鸦片战争。鸦片战争后，中国农产品出口受挫，国内市场被迫开放，一些国家的农产品被倾销到中国。以茶叶的种植波动为例，光绪二十年（1894）以前茶叶一直占据我国出口商品的第一位，中国茶占世界总出口量的 50%；而到了 1920 年，这一比例下降到 6.2%，在茶叶生产日益亏本的情况下，大量茶树被砍伐。

第一次鸦片战争以后，战争赔款加重了人民负担，尤其是加大了农民负担，鸦片泛滥、白银外流，银贵钱贱日益加重。1842 年，中国的进口商品总值估计为 25 000 万银元，其中，鸦片占 55.2%，棉花占 20%。进口棉纱从 1868 年的 54 212 担，增长到 1894 年的 1 159 596 担，增长了 20 多倍。进口棉纺织品在国内市场上所占比例一直上升，达到 32%。[①]

（一）"门户开放"的提出

1899 年，美国政府先后对英、俄等六国政府提出在中国实行"门户开放"政策，要求贸易机会均等。美国以承认列强在中国的"势力范围"和已有特权为交换条件，要求获得同等优惠。门户开放主要包括：对任何条约、口岸或任何既得利益不加干涉；各国货物，一律按中国政府现行税率征收关税；各国在各自"势力范围"内，对他国船只、货物运费等征收高于本国的费用。

1900 年 7 月 3 日，美国向各国发出第二个"门户开放"照会，主要内容包括："拯救处于危险中的美国官员、传教士及其他美侨；期待中国各地给予美国人生命财产以一切可能的保护；保卫美国一切合法权益；协助防止骚乱蔓延至中国其他各省及灾难的重演"。其声称："美国政府的政策是寻求一种解决方法以促成中国的永久和平与安全，保持中国的领土和行政完整，保障条约和国际公法所担保给予友好国家的一切权利，并为全世界维护与中华帝国各地进行平等与公平贸易的原则。"[②]

---

① 严中平：《中国棉纺织史稿》，77 页，北京，科学出版社，1955。
② 熊志勇：《中国与美国》，83 页，郑州，河南人民出版社，1995。

在西方列强和日本瓜分中国的时候，美国和西班牙在菲律宾争夺利益，所以错过了在中国获得"势力范围"和优惠条件的机会，美国的对华贸易受到了严重的影响。而通过门户开放政策，在1895—1899年，美国对华贸易量增长了近两倍，美国的货物有三分之二通过天津等港口进入华北地区。

从表1-6可以看出，1902—1911年，米谷的进口总量大于出口总量，差额在117万~389万担，大量米谷被倾销到中国市场。而小麦在1909年以前进口总量小于出口总量，但是从1910年开始，小麦的进口总量大于出口总量，1911年总量差额急剧上升，由37 213担升至1 082 498担。进口农产品大量增加致使国内农业生产受到冲击。

表1-6　1902—1911年上海等四埠米谷、小麦国内贸易统计　　　单位：担

	米　谷							
年份	上海		天津		武汉		广州	
	进口	出口	进口	出口	进口	出口	进口	出口
1902	493 978	1 934 191	2 187 196		71 219	1 097 562	2 144 693	
1903	1 922 743	5 255 863	2 560 520		400 040	4 194 735	6 767 661	19 715
1904	2 003 649	3 624 957	2 868 206		329 417	2 520 949	2 229 823	
1905	1 843 463	3 516 954	2 804 164		32 707	1 169 721	3 903 912	
1906	425 506	3 482 286	2 618 005	8	228 917	137 552	3 132 726	9 197
1907	561 874	1 213 174	1 143 176	4 500	34 587	1 000	650 529	
1908	1 938 113	3 232 316	2 313 557		2 118	42 259	1 871 375	
1909	1 469 566	3 285 229	2 609 402		77 817	19 110	2 143 170	
1910	948 710	1 666 930	1 157 622		161 969		961 346	
1911	1 680 399	2 777 818	1 880 652	239	9 614	3	553 396	199

	小　麦							
年份	上海		天津		武汉		广州	
	进口	出口	进口	出口	进口	出口	进口	出口
1902	326 185	960 408	524 882			219 738	141 879	
1903	79 284	614 928	10 646			144 288	180 901	330
1904	261 046	290 015	2 768		1 282	443 231	103 814	
1905	563 837	427 737	6 446			557 558	176 033	
1906	148 502	286 879	66 038			134 518	38 618	
1907	164 284	230 547	55 912	1 135		259 946	62 408	
1908	411 268	144 993	9 901	9 817		462 719	1 113	
1909	224 110	167 926	3 340	2 561	7 714	126 956	1 204	
1910	65 067	56 171	3 459		8 423	6 424	22 859	
1911	792 884	28 705	7 639	268	833 701	524 199	1 446	

（二）门户开放对农村经济的影响

1873 年，资本主义世界爆发了严重的经济危机。为了缓解国内矛盾和压力，资本主义国家通过倾销过剩商品的办法转嫁危机。其中，以纺织品为代表的大量商品涌入中国市场。外国棉纱、棉布等的涌入，严重影响了中国的手工纺织业。随着外国棉纱进入中国市场，中国的纺织业开始以外国棉纱为原料生产棉布，也有一部分用于出口。19 世纪 70 年代以前，洋纱仅限于华南各埠，清光绪二十一年（1895）进口洋纱 113.2 万担，1913 年达到 268.5 万担，增长了 1.37 倍。洋纱遍及中国市场，导致了中国城乡大批手工业纺织者破产，进而又促进了洋纱市场的扩张。在洋纱代替土纱的过程中，洋布因其华丽的色彩和低廉的价格，对土布市场也产生了冲击。洋布进口也在迅速增加。1894 年洋布进口为 1 334 万匹，到 1913 年则已达 3 075 万匹。19 世纪中期以前，中国基本垄断了英国茶叶市场，随着英国在印度殖民地的资源掠夺、印度公司的兴起，中国茶叶对外贸易受到了极大冲击。中国传统的经济作物在国际市场上出口量减少，出口农产品结构发生较大变化。

农业经济的商品化发展一方面导致中国传统自然经济解体，资本主义国家侵略不断增加；另一方面也促进了中国商品经济的发展。但商品经济的发展并没有给农民带来生活的幸福，广大农民仍然生活在贫困之中，农村经济的发展非常缓慢，中国农村的传统手工业受到冲击。资本主义商品对农村经济的冲击，战争、灾害的影响，使农村经济凋敝。[①] 另外，农产品商品化过程中，粮食的商品化程度提高，其流通规模、范围都有较大扩展，长沙、武汉、芜湖等地成为著名的粮食集散中心。

二、门户开放与农业生产的变化

随着门户开放的提出和实施，中国的农业受到了极大影响，主要表现在农业的商品化方面，作物品种的推广与发展，尤其是经济作物的大量种植，对中国经济产生了重要的影响。作为中国经济支柱的农业，也在西方科技的影响下，发生了较大的转变。

19 世纪 90 年代，美国对华贸易额大幅度增长。最大的两股商业力量应属美中开发公司与美国棉纺织品出口商。中国是美国棉制品主要出口国，是美国棉纺织

---

① 严中平等编：《中国近代经济史统计资料选辑》，361 页，北京，科学出版社，1955。

品的最大市场。就中国海关报告册所载粗布进口数量观察，可知 1902 年前，中国粗布来源全在美国，其比重常在 80% ~ 90%，日货占数不及 1%。1902 年后，日本纺绩联合会实行棉布输华津贴制度，日货在中国市场上的比重，立即提高至 5% 以上。不过美货独占的情势未因此动摇。[1] 没有任何其他国家能比得上中国对美的进口量。

（一）种质改良与机械引进

美棉的引入，促进了我国棉种改良的进程。金陵大学育成"金大 26 号"。这是我国最早用近代科学育种方法育成的一个作物良种。引进选种、育种新方法主要力量集中在稻、麦、棉二种作物上。门户开放之后，因为租界区外国人日益增多，饮用牛奶需求日益增加，我国开始引入高产奶牛品种，并开展城市周边的养殖业，如上海的"牛奶棚"等。而且伴随养殖业兴起的，还有牛奶检疫、奶牛疾病防疫等食品卫生及兽医相关机构。这一时期，也有很多果蔬品种被引入，丰富了种植品种。

近代采用机器耕田首见于光绪六年（1880），光绪二十六年（1900）前后，清政府提倡振兴实业，鼓励官商投股或利用华侨资本购置机器，兴办垦殖企业，并给予优惠政策，促进了现代垦殖公司的创建，曾在全国范围出现兴办垦殖公司的热潮。典型代表是张謇，他通过成立垦殖公司，开垦大片价格低廉的盐碱地，种植美棉，成立纺织公司，之后相继成立了纺织学校、银行、航运公司等一系列机构。至 1912 年，各类型农业垦殖公司达 170 家，申报的资本逾 600 万银元。[2]

（二）美洲作物的推广

玉米、甘薯、马铃薯、南瓜等美洲作物虽然早已传入中国，但真正大面积推广主要在晚清和民国时期，尤其在东北、西北和西南地区，它们不仅使原来一些瘠薄或边际土地得到了充分利用，提升了农业产量，也与传统农业结合，进入中国主要原产作物的轮作复种或间作套种体系，丰富了农业生产的内容，增加了农民收入。例如烤烟，英美烟草公司将烟种发给农家，指导栽培及烤烟的熏烤方法，进一步推进了烟草的种植及烟草专业产区的形成。又如美棉，美棉种植技术的发展和品种的驯化推进了耕地面积的扩展，很多原来闲置的土地被利用起来，一方面增加了棉农的收入；另一方面也推动了棉纺织业和民族资本主义在中国的发展。

---

① 严中平：《中国棉纺织史稿》，77 页，北京，科学出版社，1955。
② 罗振玉：《农事私议》卷上，3 页；汪敬虞：《论近代中国的产业革命精神》，载《近代中国》第 1 辑，16~18 页，上海，上海社会科学院出版社，1991。

（三）门户开放对农业科技和教育的影响

人地矛盾的加剧及传统农业技术的瓶颈使中国不能再故步自封。在洋务运动、西学东渐大的历史背景下，特别是戊戌变法以后，中国农业开始寻求新的变革，西方先进农业科技及管理制度陆续被引进和推广。

庚子赔款资助中国赴美留学的学生日益增多，接受西方教育的学子们，为中国现代教育的建立和现代农业的发展奠定了坚实的基础。

1. 近代农业技术的引进

我国近代选种育种新法的引进，是从光绪十八年（1892）引进美国陆地棉开始的。[1] 19世纪末20世纪初，出使意大利的官员吴宗濂、钱恂曾携回种子苗木试种，吴宗濂还翻译有关桉树著作，撰写了一部《桉谱》，对我国桉树种植的发展，起到了一定的推动作用。[2]

传播推广国外农作物病虫害防治理论知识的同时，外国一些防治病虫害的实用技术和农药也被引进到我国。如法国从1882年开始在波尔多城用硫酸铜石灰液防治葡萄霜霉病，后来就把这种药液定名为"波尔多液"。

我国使用化肥的历史始于1901年，台湾省从日本引进了肥田粉（硫酸铵即氮肥）用在甘蔗田里。1906年，山东自日本购进化学肥料数十种；德国洋行也投入资金和人员在山东各地推销硫酸铵和磷肥。

晚清时期，政府提倡振兴实业，开始对购置机器补贴，促进了农业机械化的进程。渔轮的使用及与之相适应的渔业科学技术的发展也促进了渔业发展，近现代渔业技术由此肇兴。

我国在水利工程方面有着悠久的历史，已经形成了完整的水利工程技术。但到了近代，一些有识之士，开始把西方的测量技术、水文观测技术、河防工程技术、灌溉设施技术以及水利研究领域的新学科引入我国。

晚清时期，我国除了翻译介绍近代畜牧科技著作，宣传近代畜牧科技知识以外，还引进了不少的畜禽良种和牧草品种。畜禽优种以乳牛引进为主（表1-7）。上海乳牛业的发展为其一例。1842年《南京条约》后，外国官员商人等带着家眷纷纷拥至上海，急需大量牛奶。乡民以水牛挤奶挑担零售，是牛奶业的雏形。

---

① 郭文韬，曹隆恭：《中国近代农业科技史》，14页，北京，中国农业科技出版社，1989。
② 黄森木：《桉树引种小考》，见《林史文集》（1），131~132页，北京，中国农业出版社，1989。

表 1-7　近代畜禽品种引进

时　　间	牛	马	猪	羊
道光二十年（1840）			约克夏猪	
同治九年（1870）	爱尔夏牛			
	红白花牛			
光绪十二年（1886）	黄白花奶牛			
光绪十八年（1892）				美利奴羊
光绪二十三年（1897）			盘克夏猪	
光绪二十六年（1900）		阿拉伯血统公马		
光绪二十七年（1901）	黑白花奶牛			
宣统二年（1910）		德国产纯血公马		

2. 农业管理机构的创办和农业教育的兴起

在近代农业经营管理方面，清政府 1903 年设立了负责垦荒、造林、蚕桑等事宜的平均司，1906 年又设立农工商部，并改平均司为农务司，将以前隶属于户部的农桑、屯垦、畜牧及隶属于工部的水利、河工、海塘等归并农务司管理。各省也成立相应农业机构，鼓励兴办农会，促进农业发展。

在近代农业教育方面，戊戌变法以后陆续开办新学。1909 年，已设有高等农业学堂 5 所，学生 530 人，中等农业学堂 31 所，学生 3 226 人，初等农业学堂 59 所，学生 2 272 人。1911 年，各类农业学校和设有农科的实业学校达 112 所，多聘请外国教师，讲授的是外国的教材，并选派留学生去日本留学。学制和课程设置也以仿效日本为主。1902—1910 年，在多地成立农业试验机构，开始进行农业试验。

三、门户开放对农民生活的影响

门户开放后，资本主义国家对中国的输出促使中国近代工商业、交通业等兴起和发展，集中在航运业、银行业、船舶修造业及一些出口产品的加工业等方面，促进了城市经济发展，而城市经济发展反过来又增加了对农产品的需求，推动了农产品商品化和手工业发展。另外，以洋货的输入、土特产品的输出为纽带，借助传统金融机构的资金融通，中国形成了沿海与内地的货物、资金流通网，一定程度上也促进了内地农村经济的发展。

门户开放政策表面上提倡机会均等，实际上是适应美国扩张的需要，是一项帝国主义政策。门户开放挤压了中国小农经济发展空间，使农村经济社会诸多方面出现了"贫困化"趋向。"六十五年间（1863—1928）外国货物输入吾国，竟增至26倍（1863 年进口指数 8.1，1928 年为 209.8，以 1913 年为标准）。"外国商品的冲击、战乱等使农村经济陷入破产之困局，大量农村人口流入城市寻求生计。"皆为新兴之工业逐渐吸收以去，于是农村之大家庭解体，人口集中都市。"[1] 农村经济破产的结果当然是农家的破产，"现在中国农民每年平均总收入很少超过 200 元的，普通约百余元左右，最少者尚有十数元……（物价高涨 20%~30% 灾后）"。"自经兵燹，十室九空，田归富户，富者益富，贫者益贫"。通过种种经济入侵，中国农民进一步受到盘剥，农村经济日益衰败，甚至濒临破产，小农普遍陷于贫困境地。袁聘之认为，中国农村经济破产的主因，不是内在的农业生产之落后，而是外来帝国主义的商品侵入穷乡僻壤，帝国主义对农村不断地残酷榨取造成的。1842 年以前，中国农村经济未曾破产，破产的加速集中在近几年资本主义的长期恐慌、对中国大量倾销的时期[2]。

梁漱溟认为，门户开放对中国乡村和农民的破坏力量有三：一是政治属性的破坏力，即兵祸、匪祸、苛征等；二是经济属性的破坏力，即外国之经济侵略；三是文化侵略的破坏力，即礼俗风尚之改变等。[3] 朱偰认为，在工业化过程中，机器工业以及洋货的倾销剥夺了中国农村副业；入超日趋增加，现银外流，金融益趋紧缩，物价更趋跌落，洋米进口增加，压低国内米价及麦价，摧毁了国内农业。[4] 费孝通指出：中国农村手工业遭受机器工业和外国货的冲击，迅速衰退，城镇和农村之间的经济平衡被打乱，农民连维持一种最低下的生活标准的传统的调整办法也做不到了。[5] 归廷轮指出：我国腹地，无论穷乡僻壤，都充斥着洋货，农民的土产和幼稚的工商业日渐萎缩，自足经济被破坏殆尽了。地主豪绅及商业资本之剥削变本加厉、捐税之繁重，超过农民负担的限度，加速了农村破产和经济崩溃。农作物价格惨落，减少了农民的收入，使农民感到经营农业的绝望。在帝国主义的侵略下，中国农村的丝和茶两种副业一落

---

① 朱偰：《田赋附加税之繁重与农村经济之没落》，载《东方杂志》第 30 卷第 22 号，1933，7~8 页。
② 袁聘之：《论中国国民经济建设的重心问题——重农重工问题之探讨》（1935 年 8 月），见罗荣渠主编《从"西化"到现代化——五四以来有关中国文化趋向和发展道路论争文选》，839~841 页，合肥，黄山书社，2008。
③ 《胡适之先生复信》（1930 年 7 月 29 日），见中国文化书院学术委员会编：《梁漱溟全集》第 4 卷，67 页，济南，山东人民出版社，1992。
④ 朱偰：《农村经济没落原因之分析及救济农民生计之对策》，载《东方杂志》第 32 卷第 1 号，1935，28~32 页，1935。
⑤ 费孝通：《江村经济》，196 页，南京，江苏人民出版社，1986。

千丈。[1] 导致近代农村贫困、农民破产的原因是多重的。[2] 中国门户开放实质上是在帝国主义侵略下的被迫举动，门户开放对农民生活的负面影响毋庸置疑。

第四节 传统农业制度与技术对近代农村经济发展的影响

中国作为有万年农业历史的农业大国，历朝历代对于农业制度的探讨和农业技术的研究都是非常重视的。无论是官方的劝农行为，还是民间的农业推广，都是在大农业的历史背景下展开的。在农业文化的传播上，中国不仅对亚洲周边国家产生过深刻影响，对欧洲各国也有一定的影响。例如，我国最早驯化育成的水稻品种，3 000 年前就传入了朝鲜、越南，大约 2 000 年前传入日本。田间管理技术和措施，有机肥的积制施用技术、绿肥作物肥田技术、作物移栽技术及食品加工技术等，至今仍对现代农业产生着影响。

一、小农经济的优势与局限

中国古代农业主体是自耕农和佃农，古代社会的统治者，对于土地的划分和农民的稳定看得比较重，所以对于土地的分配有着严格的规定。春秋以后，随着生产力的发展，相继实行变法改革，确立了土地私有制度，允许买卖土地。自宋代实行"田制不立"和"不抑兼并"的土地政策，导致土地所有制发生了一系列重大变化，国家正式确立了完全的土地私有制度。地主阶级以隐户奴役制的形式，唐以后又以租佃制的形式剥削在兼并中失去土地的个体农民。因此，中国封建社会的农民一直是由占有少量土地和生产资料的自耕农和依附于地主阶级的佃农（其前身是隐户农民）两种人物构成的，都是一家一户、男耕女织、自给自足的小农经济。

小农经济是从事小块土地经营的个体经济，是以家庭为单位的小规模农事活动。

---

① 归廷轮：《农村经济没落之原因及其救济方案》，载《东方杂志》第 32 卷第 1 号，1935（1），81~86 页。
② 李金铮：《题同释异：中国近代农民何以贫困》，载《江海学刊》，2013（2），160~168 页。

风险预警不足、抗风险能力比较低。在资本主义社会，小农经济仍然存在。随着科技的发展，小农经济的技术也在不断进步。

（一）小农经济的特点

小农经济是农民掌握生产资料和生产工具，在自有土地或租用土地上按照自己意愿生产，生产积极性较高，关注耕作技术的改进，不断累积耕作经验、提升耕作水平。小农经济十分脆弱，在灾害、战争、税赋、徭役、高利贷的盘剥等情况下，多数农民家庭就会陷于贫困，失去土地或破产流亡。其主要特点如下。

1. 以家庭为单位，精耕细作

"五口之家，治百亩之田"。农民以家庭为单位，独立完成主要产品的全部的生产过程，一般没有外部协作，属于个体劳动的性质。农民所耕种的土地，以全家力量所能耕种的面积为限度，经营规模狭小。农民在自己有限的土地上，为维持温饱，努力提高耕作技术，尽可能多地获得产品，为我国农业的精耕细作发展作出了重要贡献。

2. 农业和家庭手工业相结合

以"男耕女织"为经济形式。农民通过农作物种植获得食物和衣物原料，并通过空闲时间的手工业生产，将原料转化为供日常使用的生活必需品。如《天仙配》中《夫妻双双把家还》唱段："你耕田来我织布，你挑水来我浇园。"白居易的《朱陈村》中"机梭声札札，牛驴走纭纭。女汲涧中水，男采山上薪"，充分反映了安居乐业的田园生活情景。在经营农业和家庭手工业的同时，农民还驯养牲畜、种植瓜果及从事布帛麻丝等家庭副业，以满足生活的其他需要并缴纳赋税。

3. 产品自己消费或缴纳赋税

"春耕，夏耘，秋获，冬藏……春不得避风尘，夏不得避暑热，秋不得避阴雨，冬不得避寒冻。四时之间，亡日休息。又私自送往迎来，吊死问疾，养孤长幼在其中。"西汉晁错《论贵粟疏》是农民自给自足生活的真实写照。在封建王朝的统治下，在地主阶级的剥削下，农民的赋税和地租是比较高的，虽然有个别朝代要休养生息，可以十税一，甚至三十税一，但是大多数时期，农民的苛捐杂税要达到收入的一半，再除去地租和生活费用，农民通常处于贫困边缘，甚至有些借高利贷的农民会不堪利息的重负，卖儿鬻女，偿还借款。尤其在灾荒之年，饥馑会造成农民背井离乡，流落成为流民、灾民，甚者会客死异乡。所以小农经济的突出特点是自给自足，一旦发生较大的变化，就会对农民的生存产生影响。

（二）小农经济的优势

小农经济有技术规模较小、技术和生产条件简易、经营管理简单、利益直接、动力和积极性自发、适应能力和再生能力强等特点，使得自身可以长期发展。小农经济在中国封建经济中占主导地位，在较长时期内推动了社会的发展和经济的进步。

1. 持久性和稳定性

中国传统的土地制度和户籍制度是不允许农民随便迁移的，农民的生存与其土地是息息相关的。而且土地是私有的，农民对待自己的土地或长期租种的土地，会通过各种方式投入劳力、财力和智力，以期增加产量，提升收益。并且为了保证土地的生产效率，会竭尽所能地保持地力，增加产出。这也促进了精耕细作农业模式的稳固发展，并推进了农业技术的传播与农业文化的传承发扬。小农经济下，农民有一定的土地和简单的生产资料，具有生产的积极性，在比较贫瘠的自然条件下也可以存在和再生产；又由于它以家庭为生产和生活单位，容易通过勤劳节俭实现生产和消费的平衡，一个农民，只要他不是太懒惰，只要没有什么旱涝灾害，只要家中没有发生什么意外如重大疾病，就基本可以做到衣食无忧，所以小农经济具有稳固性的一面。

2. 独立性与基础性

由于地理条件、自然资源、生产水平、民俗习惯的差异，形成了不同的农业文化区和农业文化类型。如黄河流域文化区和长江流域文化区就有很大的差别，它们分别属于典型的半坡文化和河姆渡文化，即粟文化与稻文化；再如农耕文化、畜牧文化、狩猎文化、渔业文化等都有差异。小农经济的自给自足特点使得农民足不出户就可满足自身的基本生活需要。除盐铁之外，一般不必外求，生活比较稳定。小农经济是封建王朝财政收入的主要来源，农民是国家赋税的主要承担者，是国家徭役和兵役的根本保证。如西汉初年的"休养生息"政策，自汉高祖开始，"免除若干年徭役……减轻田租，十五税一；文景帝时减轻田租，三十税一，甚至十多年不收田租"，结果"海内殷富，国力充实"。

（三）小农经济的局限性

由于经营规模狭小，缺乏积累和储备的能力，小农经济经不起风吹浪打。在农业减产、农产品价格波动的情况下，极容易出现生产和生活危机。

在遭受严重自然灾害时，在面对封建国家沉重的税赋和徭役、商人和高利贷者的盘剥以及封建地主的地租及兼并等情况下，多数农民家庭就会陷于贫困，失去土地或破产流亡。

小农经济又是很不稳定的，随着生产力水平的不断提高，小农经济的经营面临很多的问题与挑战。

二、土地、劳力和技术的发展与问题

明清是中国农业发展的重要历史时期，它继承了中国传统农业中许多好的东西并将其发展到极致。土地、劳力和技术是农业生产的三要素，在晚清时期，随着土地的兼并与人口激增压力的增大，对农业生产与管理技术有了更高要求。

（一）土地、劳力与技术的发展

中国晚清农业的发展基本停留在传统农业阶段，农业有一定的发展，土地不断集中，人口不断增加。精耕细作成为农民发展生产的主要方式，在农业经营中，农民对于生产的投资由1887年的每亩0.38两增至1907年的1.99两，增加了4.2倍。随着资本主义的产生和农产品商品化的发展，为了获得更多的收入，农业生产技术也不断提升。从1892年开始的美棉引进，到西方农业科技的传播及农业人才的培养，晚清时期，农业科技不断发展，并投入生产，促进了一大批农业垦殖公司的成立。

（二）近代农业发展中存在的问题

近代中国处在一个多灾多难的时期：1883年以前，全国多数地方受到农民起义的影响，生产力遭到很大打击，人们流离失所，农业缺乏一个稳定的发展环境，故此时农业产量出现一定的下降。1883—1936年，农业的发展环境相对稳定，产量有一定程度的提高，但是进入北洋政府时期后，受到各地军阀割据等人为因素约束，农业发展受到重创，出现了内地农村破产的趋势。19世纪中叶以前，中国没有现代工业，中国经济的主体是农业经济。19世纪70年代以后，随着中西时空差距的缩小，英国等国家工业革命的完成，外国投入中国市场农产品的价格下降，直接冲击了中国传统农产品的销售和生产。洋货在沿海开放口岸城市及其周边地区流通，动摇了自然经济中耕织结合的核心。1890年农业占中国经济总量的近70%，[①] 中国农业竞争力真正开始落后于西方主要发生在19世纪中期以后，尤其20世纪30年代以后。

近代农业发展中主要问题的核心在于西方科技迅速发展的同时，中国农业科技的

---

① 王思明：《如何看待明清时期的中国农业》，载《中国农史》，2014（1），3~12页。

第一章 传统农业的历史地位及面临的挑战

41

发展缓慢，农业生产力发展更加缓慢，长期停滞在人力、畜力和手工劳动阶段。没有深入研究中国国情，就照搬西方农业生产与管理技术，产生了许多不良影响。原因首先是耕地和水资源短缺，其次是农业科技支撑能力不足，最后是农业生产因为战争的原因受影响较大，同时农民资金较少，用于农业生产的投资不足。

三、传统农业与近代农业的冲突与融合

传统农业与近代农业是相对的两个概念，所谓传统农业是在自然经济条件下，采用人力、畜力、手工工具、铁器等为主的手工劳动方式，靠世代积累下来的传统经验发展，是自给自足的自然经济居主导地位的农业。传统农业中，生产单元也是消费单元，所有生产要素基本在农业和农村内部就可解决。传统农业具有低能耗、低污染等特征，在当今时代依然发挥重要作用。近代农业则不同，它依赖大量外部投入，如化肥、农药、机器，等等。

1840年英国工业革命完成至"二战"前这段时期的世界农业发展称为近代农业，在近代农业的基础上发展起来的以现代科学技术为主要特征的农业是现代农业。近代农业是传统农业与现代农业的过渡阶段。近代农业已经应用了科学技术，并在农业生产中有一定的现代化管理，但是技术水平还没有达到现代化的高度，有一些重要的农产品，尤其是关系到国际贸易的农产品，会随着西方资本主义的进入，而不断发展。以美棉为例，1892年引入中国，通过科学的育种方式和传统的耕作理念，充分利用盐碱地，进行农业垦殖，开发出更多的耕地资源。同时，在纺织业不断发展的前提下，农民的手工业逐渐随着市场的需求转变，由原来的自己纺线、自己织布，逐步转变为应用进口的棉线纺织土布，为逐步兴起的棉纺织业提供更多的产品。

在农业的近代化进程中，也不可避免地产生了很多的矛盾与问题。

（一）传统农业与近代农业的冲突

在近代，农业仍然是国民经济的重要组成部分，农业人口占当时总人口数的80%~90%，农业产值的比重也在80%~90%。这一时期，以小农经济为主体，产品主要用于生产者的消费与缴纳地租，商品率较低。地权集中，但土地分散，经营规模较小。由于农业劳动力的较大比重和工业扩张对资本的占用，在这一阶段，劳动节约型的农业机械的使用受到限制，农业发展主要依赖提高土地产出率为重点的劳动实用型的生物化学技术的应用。虽然从行为经济学的角度来看，传统农业小农经济有很多行为被

认为是不理性的，但是从农民的角度来说，农民凭借自己的经验和意愿进行最优化的资源配置，已经做到能力范围内最好的选择。在其选择之外，为其提供优良的技术和种质资源，农民也愿意接受。

在近代农业肇始阶段，农民更依赖农业经验，作为农业生产的土地拥有者，地主阶级一般不参加农业经营，对于农业生产技术的要求不高，近代农业的引种与施肥技术的应用需要农民投资，无形中提高了农民的生产成本，在农村环境较为闭塞的情况下，农民获得金融支持的比例较小，因此限制了农业生产的近代化进程。在社会板荡的状况下，传统农业的产出率和高额的税赋与地租，使农民难以维持生计，急需能够提高生产收益的方法。尤其是在生产的目标上，传统农业是自给自足经济，能够维持生活即可，因为传统社会的小富即安思想和抑制商业发展的政策，促使农民在维持生活的条件下，不过分追求物质积累和享受。而近代农业，是以提高产量和收益为目的，不断扩大生产规模和提高收益，在传统土地资源的紧缺情况下无法适应新技术，难以达到规模经济状态，从而排斥了社会生产力的发展，也造成了人力的巨大浪费和土地承载收入功能的弱化，进而使农业的近代化无法推进，农业生产率无法大幅度提高。

（二）传统农业与近代农业的融合与发展

近代农业生产工具和耕作方式仍然没有发生重大的革命性变革，农民仍然使用着古老的生产工具，耕作方式也没有重大而普遍的改进，肥料也依然是以人畜粪尿为主。20世纪初已经开始使用化肥和农业机械，但到1949年，全国推广使用仍较少。虽然农业的近代化进程较为缓慢，但是在西方科技的影响下，清政府和北洋政府曾颁布"兴农法令"和奖励条例，也陆续采取了一些发展农业的措施，如建立农业试验场、开办农业学校、翻译出版介绍农业技术的书籍、提倡选种等，并引进了一些新的推广机构。但这些新知识、新技术、新品种、新组织的引入，数量不多、影响不大，最终并未对农业生产发展起到很大作用。虽然外国商品对国内市场产生了一定影响，即便是受冲击极大的纺纱业中，手工纺纱仍占全部消费量的40%以上，而且直至辛亥革命时期，中国人所消费的棉布中，仍有70%以上是由家庭手工业纺织的。农产品及农村经济的商品化主要还是通过普通的兼业实现的。绝大部分农民仍然没有真正脱离农产品生产，家庭仍然是一个独立的经营单位。近代农业是在传统农业的基础上，引入新的技术和品种，以缓慢的速度完善农业生产与管理技术，逐步在经营目标、技术含量和经营规模上，向现代农业发展。

四、近代中国农村经济的衰落

晚清时期，农村经济比较萧条，西方学者认为"农村经济衰败完全是由于技术停滞下的人口增长""中国经济中不存在剩余，中国只能依靠西方资本主义经济影响才能走出均衡陷阱"，这显然是错误的。黄宗智认为"在近代中国农村经济逐渐商品化的过程中，由于交通不便、政权分裂等造成各区域市场的分割，使农产品在售卖流通过程中实现的大部分价值被地主、商人、政府等掠走，农民从商品化中的收益并不高"。[①]

（一）近代农村经济衰落的表现

近代中国农村经济的衰落表现在：农业生产凋敝、农民生活极端贫困。导致这种状况的原因又与当时农村各种过重的经济剥削有关，主要体现在农民的地租、税赋、借贷等方面。农民需要购买种子、食物、车辆、牲畜，还要修缮房屋，筑堤坝、灌溉、排水、偿债、耕植、婚丧，等等，日常生产生活的费用较高，而收入提高不多，甚至难以维持正常生活。近代中国农民收入微薄，生活水平极其低下。[②]

晚清农村基层社会日趋混乱，农民户口逐渐减少（灾荒、工业化和城市化），荒地增加，农业收获量降低，土地分配不均，地租增高，田赋及捐税加重，高利贷的压迫，生活的苦痛，都使农村经济受到了较为严重的影响。

（二）导致农村经济衰落的原因

土地制度、战争、灾害、农业商品化发展，尤其在资本主义的经济掠夺下，近代农村迅速衰落。"人均一亩三分，户均不过十亩"是中国长期面对的现实。土地是农业社会的经济基础，土地制度是农业社会的基本经济制度，是所有制与财富分配制度的集中体现。近代中国因战争沦为半封建半殖民地国家，灾害频繁，导致土地兼并恶性膨胀，地权高度集中。战争和灾荒，往往会促使农民破产，农村经济衰落。传统封建土地制度成为中国农村及农业生存与发展的严重障碍，中国要实行现代化必须调整土地制度。[③]

旧中国农村的地租通常占土地收入的四五成，更有甚者要占到六七成。除正租外，

---

① 黄宗智：《中国农村的过密化与现代化：规范认识危机及出路》，49页，上海，上海社会科学院出版社，1992。
② 吴存浩：《中国近代农业危机表现及特点试论》，载《中国农史》，1994（3），48~55页；伍小涛：《中国近现代三次巨变视角下的农村嬗变》，载《学术论坛》，2005（5），125~128页。
③ 章有义：《海关报告中的近代中国农业生产力状况》，载《中国农史》，1991（2），42~48页。

佃户还受到各种额外剥削，大斗进小斗出，虚增面积。繁重的赋税和摊派也是农民的沉重负担，在农民借贷困难的前提下，高利贷更加加重了农民的受剥削程度，很多中下农户，要靠举债度日，很多农民都吃不上盐，生活极为清苦。在这样的条件下，农民只能维持，甚至不能维持生活，更难以提高生产力水平。

晚清农村经济是封建小农经济，土地不断集中，小地主和自耕农在衰落，而佃农却不断增加。农村经济的衰败，农民的贫困化，蕴含着农业危机。在近代农业的发展中，农具仍以传统农具为主，铁锄、竹耙、铁耙等，稻谷完全是用手工脱粒。其根本原因还是在于土地制度问题。一方面，农村自然经济向半自然半商品经济转化，农民的市场交易行为不断增加，越来越易受到市场风险的影响，需要依靠借贷来调节生活和生产资金；另一方面，由于农民十分贫穷，缺乏贷款抵押和担保品，导致其遭受高利率盘剥，农村经济衰败的状况就一直恶性循环。

中国传统农业经历了漫长的历史发展，积累了丰富的生产技术和管理思想。通过农业交流，农业品种资源得到极大丰富；通过利用农具、畜力，农业生产效率得到提升；通过兴修水利工程，减低了水旱灾害的发生；通过千百年传承发展，形成了"顺天时""量地力""因地制宜""用养结合"的精耕细作的传统农业体系。世界上有四大文明古国，但其他文明或中断或消亡，只有中国，虽历经天灾人祸，终能延续至今。毫无疑问，中国传统农业为中华文明的延续和发展作出了突出的贡献。

有人认为，明清时期中国农业已经趋于停滞和衰落。然而，事实并非如此。迟至 1820 年，中国经济总量仍高居世界第一，约占世界经济总量的三分之一（32%）；从明初到晚清，中国人口增加了约 7 倍，当时中国尚无现代科技和工业，是什么支撑了如此迅速的人口增长？ 当然是中国的传统农业。客观地说，明清时期中国农业不但没有停滞，而且还迅速发展。增长的动因是什么？ 是多熟种植制度的高度发展、高产美洲作物的推广、多种生态农业模式的创新及农田水利建设的成就。

当然，这不是说晚清中国农业不存在问题。由于人地矛盾的日渐加剧，中国传统农业技术已经遭遇重大瓶颈，亟待变革和创新。更重要的是，18 世纪以后，世界资本主义飞速发展，科技日新月异，而中国仍然沉迷于历史的荣耀，长期实行闭关锁国政策，在现代科技与教育发展方面比西方发达国家晚了 200~300 年，在农业科技和教育方面，也晚了 50~100 年，这注定了 20 世纪中国在现代农业的发展方面落到世界发达国家的后面。

鸦片战争以后，中国被迫对外开放，逐步融入世界经济体系。短期内，中国传统农业仍然保持了一定的优势，例如茶叶、蚕丝、大豆等主要农产品出口位居世界第一，蚕丝一度占据西方蚕丝市场的 70%，茶叶和大豆则高达 80%，甚至 90%。但因为对现代农业科技的忽视，相对优势地位很快被日本、法国等国家取代。

另一方面，由于晚清历经鸦片战争、太平天国、甲午战争、八国联军及后来的军阀混战，兵燹连连，民不聊生。割地赔款，国力衰减，使得政治变革、国家振兴的努力化为泡影。加之人地矛盾突出，土地兼并加剧，农民流离失所，社会行将崩溃。在这种民族存亡的紧要关头，19 世纪 60 年代，中国开始了旨在引进西方先进工业和科学技术的"洋务运动"；1898 年甚至尝试进行君主立宪的"戊戌变法"。伴随着西方先进工业和技术的传播，近代农业科技及管理制度也逐渐被引入中国，第一批现代意义的农业学校、农事试验场陆续建立，新的作物品种被引进推广，农业生产与工业发展及出口创汇的关系也越来越密切，中国现代农业已经开始起步。

应该说，晚清中国的农村与农业处在一个重大的历史转折时期。一方面，它是传统农业技术体系发展的一个顶点，继承和发展了传统农业的诸多精华；另一方面，它又面临着先进的西方现代经济和科技的强烈冲击。落后会挨打，变革是方向。但经济、社会转型和技术的变革是一个历史过程，不可能一蹴而就，因此，晚清传统农业与农村不仅是变化的起点，也是变化的重要物质和文化条件，不能将之与现代农业与农村的变迁相割裂。传统农业与现代农业不是非此即彼的对立关系，而是传承与发展、融合与创新的关系，因此，在 20 世纪，乃至 21 世纪现代农业的发展中仍然会发挥其不可忽视的作用。

第二章　晚清人口与土地变迁

人口发展与土地开发有着极为密切的关联。古代中国的土地垦殖需要足够数量的劳动力支持，因此人口越稠密的地区，开发程度也越高。但至晚清时期，超过 4 亿的人口已使绝大部分适宜开发的土地开垦殆尽，因此那些长期被政策限制或条件不适宜的边疆地区，如东北、西南、台湾等，就成了这一时期移民与农业垦殖的主要目标。

第一节　晚清人口数量与布局的变迁

　　人口发展是一个延续的过程，迁移在不断进行，人口数量和布局始终在变化。人口流动和迁移有利于人口形成相对均衡、合理的分布，有利于缓和人地矛盾。中国历史上的人口分布及其演变是自然环境和人类社会政治、经济、文化等各种因素的综合产物。1840 年的鸦片战争是中国由古代进入近代的开始，但从人口发展来看，1840—1850 年的人口增长速度与 1830—1840 年大致相同，均在 5‰左右。剧烈的人口波动发生在太平天国期间，此后直至清代结束，人口数量基本维持增长趋势。这一时期人口布局的变迁主要体现在向东北和台湾的移民。

一、晚清人口变动趋势

　　从宏观方面看，2000 多年来中国人口始终以高出生率、高死亡率、结果为低增长率的模式发展。西汉末年，中国人口增加到约 6 000 万，8 世纪中叶达到 8 000 余万，北宋期间突破 1 亿，13 世纪初达到 1.2 亿；经过宋末元初和元明之际的动乱，明初人口降至约 7 000 万，而至 17 世纪初又增加到 2 亿。[①] 17 世纪初的 30 年间，一系列自然灾害和社会动乱使中国人口长期处于零增长状态，数量在 2 亿左右波动。明崇祯元年（1628）以后，农民起义逐渐演变为大规模的国内战争，至清军南下时，全国大部分地区均沦为战场，有些地方甚至被屠城，如四川人口近乎灭绝。自然灾害不断，人口数量急剧下降，到清初的 1655 年，人口降至 1.19 亿，27 年间减少了 8 000 余万，清代人口数量也在这一时期达到谷底。从 17 世纪中叶到太平天国前夕，全国人口数量保持了 100 多年的持续增长，年平均增长率达到 0.66%，总人口数于太平天国前达到 4.3 亿的高峰。[②]

1850 年年末至 1851 年年初，太平天国运动爆发，在长达 14 年的战争以及战后凋敝的持续影响下，长江中下游人口损失颇巨，甘陕地区人口数量也大幅下降。据吴承明估算，同治十二年（1873）人口数量约为 3.45 亿，比战前减少近 1 亿人。[③] 此后直至清代结束，虽然全国总人口数量稳步回升，但仍未能恢复到战前水平。

总的来说，晚清中国人口数量在太平天国期间发生剧烈波动。1840—1850 年，全国人口仍然继续前朝的增长余势，从 4.1 亿增长至 4.3 亿的峰值，而 4.3 亿也是中国封建王朝人口数量的最高纪录。太平天国期间以及战后的一段时期（1850—1873），人口数量锐减，损失约在 1 亿以上。1873—1893 年是人口恢复期，人口数量由 3.45 亿增长至 3.8 亿。1893 年以后，进入战后新增人口的生育高峰阶段（见图 2-1）。[④]

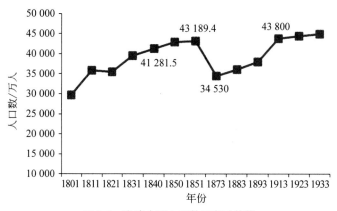

图 2-1　晚清中国人口数量变动趋势

资料来源：1801—1851 年数据来源于姜涛：《清代人口统计制度与 1741—1851 年间的中国人口》，载《近代史研究》，1990（5）；1873—1913 年数据来源于吴承明：《中国近代农业生产力的考察》，载《中国经济史研究》，1989（2）。

① 葛剑雄：《中国人口发展史》，260~264 页，福州，福建人民出版社，1991。
② 葛剑雄：《中国人口发展史》，249~254 页，福州，福建人民出版社，1991。
③ 吴承明：《中国近代农业生产力的考察》，载《中国经济史研究》，1989（2）。
④ 吴承明：《中国近代农业生产力的考察》，载《中国经济史研究》，1989（2）。

二、人口布局变化

在一定时间内，一定数量的人口总是生活在特定的空间范围里，不同地区在人口数量上通常具有一定差异，而且随着人口自身的发展和影响人口发展的各种因素变化，人口的分布也在不断发生变化。[①]

商周至东汉末年，人口分布以黄河中下游最为密集，局部地区已经相对饱和，而南方、西南、西北的大部分地区人口则相当稀少。宋代以后，南方人口在总数和密度上都超过了北方，而且两者差距逐渐增大。元代至顺年间（1330—1332），南北户口比例大致为 8∶2，达到南北差距的顶点。明代人口南北分布差距有所减少，但南方人口仍然占当时全国人口总数的 60%~70%，其中长江三角洲和浙北平原是全国人口密度最高的地区。清乾隆后期直至太平天国起义爆发的咸丰元年（1851），各省人口密度均有较大幅度的增加，并以四川增长速度最快。总的来说，从公元 2 年至 1850 年，中国人口分布重心基本保持向东南移动的趋势。[②]

太平天国以后，安徽、浙江、江西、江苏等省人口大幅度下降，但上海、天津等东部沿海口岸，东北、新疆等边区以及南方的湖南、贵州、广东等省均有增加，各省区之间的差距也逐渐缩小，人口分布相对更趋于均衡。[③] 就人口的生存空间而言，如果除去周边地广人稀的地方，主要人口的居住范围变化不大，以清末同西汉比较，主要只增加了东北和台湾省区的人口。从晚清人口区域分布情况来看，东北和西南是变动最大的区域。1812—1912 年，东北地区人口在全国人口中所占比重由 0.4% 提高至5.4%；西南地区由 9.2% 提高至 17.1%；华北、西北、华东等地的人口比重均有不同程度降低；中南地区人口增长缓慢，占全国人口比重提高不显著。[④]

（一）东北

清政府对东北移民始终存在开发与封禁的矛盾心理。[⑤] 清朝建立之初，为了加强对全国的统治而迁都北京，几乎全部臣民"从龙入关"，从辽沈地区迁往京畿地区，造成原本就人烟稀少的东北变得更为荒凉。顺治六年（1649），清廷为了充实东北地区以巩固后方根据地，曾鼓励汉人迁入辽东一带，又将大量汉族的犯人安置在东北，东北人口数量获得显著增长，基本改变了人户凋敝、土地荒芜的情况。但就在辽东招

① 葛剑雄：《中国人口发展史》，12 页，福州，福建人民出版社，1991。
② 葛剑雄：《中国人口发展史》，347~361 页，福州，福建人民出版社，1991。
③ 葛剑雄：《中国人口发展史》，358 页，福州，福建人民出版社，1991。
④ 丁长清，慈鸿飞：《中国农业现代化之路——近代中国农业结构、商品经济与农村市场》，25~26 页，北京，商务印书馆，2000。
⑤ 范立君：《近代东北移民与社会变迁（1860~1931）》，10 页，浙江大学博士学位论文，2005。

垦初见成效之时，清政府于康熙七年（1668）发布《辽东招民授官永著停止令》，对关内到东北的移民实行消极限制措施，后又于乾隆五年（1740）正式发布了对东北的禁封令，禁止关内人口向东北流动。但由于华北人口迅速增加，封禁政策并未能阻止移民进入东北，在水旱灾害严重时，更只能予以默许。来自山东、直隶等地的移民或"泛海"或"闯关"，逐步向东北迁移，先定居辽河流域，之后渐次进入吉林和黑龙江。据统计，在东北封禁之初的乾隆六年（1741），盛京地区人口数为 359 600 人，四十六年（1781）增加至 792 093 人，嘉庆二十五年（1821）达到 1 757 248 人，道光二十年（1840）又增至 2 158 600 人。[①]

咸丰三年（1853），沙俄侵占黑龙江右岸，并深入乌苏里江地区；咸丰八年（1858），沙俄割占我国黑龙江以北、外兴安岭以南 60 多万平方公里领土，并将乌苏里江以东 40 万平方公里地区划为中俄共管之地，同时取得了在黑龙江、松花江和乌苏里江地区的自由贸易权；咸丰十年（1860），沙俄胁迫清廷签订《中俄北京条约》，将这一"共管"之地侵占。[②] 在列强的武力逼迫下，清政府终于开始主动向东北移民。咸丰十年（1860）开放哈尔滨以北的呼兰河平原，第二年开放吉林西北草原；同治三年（1864）开放伊儿门河流域，同治五年（1866）开放桦皮甸子（今吉林桦甸市北），同治七年（1868）开放盛京围场和吉林围场；光绪四年（1878）和六年又相继解除汉族妇女移居关外的禁令，宣布满汉同等待遇，并制定一系列优惠政策，移民步伐逐步加快。光绪二十三年（1897）中东铁路开始修筑，俄国计划每年向东北移民 60 万，这进一步刺激了清政府加大移民力度。光绪二十九年（1903），中东铁路正式通车，由关内至东北的移民开始大量增加。[③] 据统计，1850—1910 年的 60 年间，东北人口由 2 898 000 人增加至 21 582 000 人。[④]

吴希庸对清代以来中原迁入东北的人口数量进行统计，见表 2-1。

表 2-1　清代以来汉族迁入东北人数统计　　　　　　　单位：人

年份	辽宁	吉林	黑龙江	总计
1771	750 896	44 656	35 284	830 836
1776	764 440	74 631	56 000	895 071
1780	781 093	114 429	80 000	975 522
1907	8 728 744	3 827 862	1 273 391	13 829 997
1910	10 696 004	4 781 766	1 147 538	16 625 308

资料来源：吴希庸：《近代东北移民史略》，载《东北集刊》，1941（2）。

[①]　任继周：《中国农业系统发展史》，106 页，南京，江苏凤凰科学技术出版社，2013。
[②]　范立君：《近代东北移民与社会变迁（1860—1931）》，21 页，浙江大学博士学位论文，2005。
[③]　同上，22~23 页。
[④]　许道夫：《中国近代农业生产及贸易统计资料》，4 页，上海，上海人民出版社，1983。

迁入东北的移民主要来自华北各省，其中以山东、河北和河南的移民人数最多（见表 2-2），定居的人数也逐渐增加。到 1940 年，东北人口已达 4 450 万，其中大多数是移民及其后代。[1]

表 2-2　1929 年东三省移民出生地省籍比较

地区	移入东北人数 / 万人	占总移民数比重 /%
山东	74.2	71
河北	17.6	17
河南	11.6	11
其他	1.0	1
合计	104.4	100

资料来源：吴希庸：《近代东北移民史略》，载《东北集刊》，1941（2）。

（二）西南

清代移民迁入四川，构成西南移民最重要的组成部分。在经历了清代前期"湖广填四川"的移民高潮之后，四川人口数量从康熙二十年（1681）的 50 万增加至六十一年的 232 万，其中移民数量占康熙末年四川总人口的 42%；至乾隆四十一年（1776），四川移民及其后裔数量约为 617 万，占总人口的 62%。在此之后，虽然规模性的人口入川已近停止，但庞大的人口基数使四川人口的自然增长率仍可保持在 20‰以上，高于同期中国人口 7‰左右的年平均增长率 2 倍以上。[2] 至太平天国前夕（1850），四川省实际人口数量已经超过 4 000 万。直至民国年间，四川人口年平均增长率仍高于 5‰~6‰的全国平均水平，保持在 7‰以上。

在从平原向山区迁移的过程中，四川人口逐渐向边远民族地区流动。在西南诸省中，四川腹地经济发展水平稍高，而周边地区以及云南、贵州等地则相对落后，人口也相对稀少（见表 2-3）。因此，乾嘉之际，随着四川腹地人口密度大增，平原与丘陵地区被开垦殆尽，过剩人口逐渐向盆地周边以及地旷人稀的云南、贵州等地迁移，以致嘉道之际"兴义各属已无不垦之山，而四川客民……仍多搬往，终岁不绝，亦尝出示饬属严禁而不能止"[3]。

（三）台湾

清代台湾的移民垦殖是中国移民历史上最重要的事件之一。

台湾北半部属温带或亚热带，南半部属热带，雨量充沛，日照充足，作物生长期长，十分有利于农业发展。然而在 17 世纪中叶以前，台湾原始土著民族仍以采集、狩猎为主，农业处于较为原始的状态。据推测，当时台湾土著人口约为 10 万。[4]

---

① 葛剑雄：《中国人口发展史》，385~386 页，福州，福建人民出版社，1991。
② 曹树基：《中国移民史：第六卷（清民国时期）》，95~103 页，福州，福建人民出版社，1997。
③ （清）贺长龄：《耐庵奏议存稿》卷五，清光绪八年刻本。
④ 曹树基：《中国移民史：第六卷（清民国时期）》，318 页，福州，福建人民出版社，1997。

表 2-3　1812—1912 年西南地区人口统计

地区＼年份	1812		1851		1887		1912	
	人口数/万人	比重/%	人口数/万人	比重/%	人口数/万人	比重/%	人口数/万人	比重/%
四川	2 143.6	—	4 475.2	—	5 000.0	—	5 284.0	—
贵州	528.8	—	543.6	—	480.7	—	1 121.6	—
云南	556.1	—	740.3	—	500.0	—	1 233.0	—
西藏	148.9	—	153.7	—	160.2	—	166.0	—
合计	3 377.4	9.2	5 912.8	13.6	6 140.9	16.3	7 804.6	17.1

资料来源：丁长清，慈鸿飞：《中国农业现代化之路——近代中国农业结构、商品经济与农村市场》，26 页，北京，商务印书馆，2000。

　　明洪武年间（1368—1398），朱元璋采取海禁政策，大陆对台湾的移民被严格禁止。尽管如此，明代仍有相当数量的汉人移居澎湖群岛。据估算，荷据时代（1624—1662）台湾全岛汉人约有 4.5 万~5.7 万。[1] 清顺治十八年（1661）三月，郑成功在大陆抗清失利后，率部数万乘船 200 多艘进军台湾；同年十二月，从荷兰人手中成功收复台湾，台湾由此进入郑氏统治时期。郑氏时代（1661—1683）在进行军队屯垦的同时，还鼓励民间私垦，并招徕大量流民进行垦殖，这一时期移民垦荒的重点位于台湾西南部平原地区，并开始向台中及台北地区作试探性的拓展。据统计，至郑氏时代末期，全岛人口约为 25 万，其中汉族移民增加到 10 万~12 万人。[2]

　　康熙二十二年（1683），清廷平定郑氏政权，颁布台湾清查流民的命令，强制无业游民迁回原籍，近半数台湾汉族人口离开台湾，以致"人去业荒"。不仅如此，清廷还颁布有关审验渡航，限制汉人渡台的条例。然而，由于福建南部和广东东部地区地少人多，田少山多，而迁往台湾或作季节性开垦比去东南亚其他地区方便，所以尽管禁令森严，仍有福建沿海居民"偷渡"台湾。此后，清廷关于台湾移民的法令在"禁"与"开"之间反复。在大陆日益加剧的人口压力下，非法迁移从未停止过，到嘉庆十六年（1811），台湾人口已接近 200 万。[3]

　　1875 年，在日本企图入侵台湾的刺激下，沈葆桢奏除禁止人民渡台及入山垦殖的一切禁令，内地汉人进出台湾不再有任何法律上的限制和障碍，台湾移民也得到了当局的鼓励。台湾于咸丰十三年（1887）建省，当年的统计结果显示，移民及其后裔总数已有 320 万。[4]

① 陈孔立：《清代台湾移民社会研究（增订本）》，133 页，北京，九州出版社，2003。
② 陈孔立：《清代台湾移民社会研究（增订本）》，30 页，北京，九州出版社，2003。
③ 葛剑雄：《中国人口发展史》，386 页，福州，福建人民出版社，1991。
④ 葛剑雄：《中国人口发展史》，386 页，福州，福建人民出版社，1991。

近代以来中国农村变迁史论（1840—1911）

大陆迁台移民主要来自泉州、漳州、厦门以及闽粤山地的客家人。泉州移民入台最早，多分布在平坦肥沃的沿海平原；漳州人和厦门人在郑成功收复台湾之时以及施琅平定台湾之后迁入，分布于距海较远的丘陵地带和河流中上游流域；闽粤山地的客家人迁台时间最晚，主要分布于南部低山和溪谷低洼地带以及北部平原（参见表 2-4 日据时期数据）。[1]

表 2-4　日据时期台湾各地汉人祖籍调查　　　　　单位：百人

祖籍	台北	新竹	台中	台南	高雄	台东	花莲	澎湖	合计
福建	7 161	2 171	7 362	9 793	3 871	37	99	670	31 164
泉州府	3 990	992	3 418	5 374	2 388	23	47	582	16 814
漳州府	2 846	1 065	3 611	4 238	1 293	10	46	86	13 195
汀州府	174	55	83	76	36	—	1	—	425
龙岩州	26	19	61	25	27	—	2	—	160
福州府	67	15	121	35	27	2	3	2	272
兴化府	5	17	5	32	33	1	—	—	93
永春州	53	8	63	13	67	1	—	—	205
广东	43	3 533	1 077	205	920	12	72	1	5 863
潮州府	18	518	547	113	128	2	21	1	1 348
嘉应州	19	1 683	383	71	769	9	35		2 969
惠州府	6	1 332	147	21	23	1	16	—	1 546
其他	56	117	99	106	106	—	—	5	489
合计	7 260	5 821	8 538	10 104	4 897	49	171	676	37 516

资料来源：陈亦荣：《清代汉人在台湾地区迁徙之研究》，见曹树基：《中国移民史：第六卷（清民国时期）》，332 页，福州，福建人民出版社，1997。

三、人口变化的动因

（一）垦地开发

人口迁移是社会、经济、文化等诸多因素共同作用的结果，而地广人稀、土地肥沃、利于开发，则是东北等边疆地区能够容纳移民的首要因素。

晚清时期的东北大移民是人类近代史上规模最大的移民活动之一。东北地处高纬度地区，自然条件相对恶劣，自古以来人烟稀少。17 世纪以后清政府对东北实行封禁政策，更使东北地区在 19 世纪中期以前一直处于荒芜状态。第二次鸦片战争（1856—1860）之后，东北地区前所未有的边疆危机使清政府意识到移民实边的紧迫性和必要性。因此，清政府被迫修改东北地区的封禁政策，允许关内农民迁入，从此揭开了近代东北地区开发和东北大移民的序幕，东北人口规模获得空前增长。[2] 据统计，清军入关时辽

① 曹树基：《中国移民史：第六卷（清民国时期）》，331 页，福州，福建人民出版社，1997。
② 李楠：《血亲网络对近代东北移民经济差异的影响（1845—1934 年）》，载《中国人口科学》，2012（4）。

东人口不超过 30 万人，即使到 1850 年，总人口也不足 300 万人，但 1850—1910 的 60 年间，东北人口增加至 2 000 余万人。[1] 1928 年，东三省人口比重仅占全国的 6.01%[2]，而其总面积占到全国的 12.5%，在全国大部分地区人地矛盾日益尖锐的同时，东北尚有大量土质肥沃的耕地未经开垦，这无疑对想获得土地的农民有着巨大的吸引力。

台湾未被开垦的土地同样吸引大批移民，而大陆移民的开发也使台湾成为中国最富裕的省份之一。以耕地计，荷兰时代末期，台湾有大约 1 万甲（1 甲约等于 11.31 亩），明郑时代结束时为 3 万余甲。清代移民开垦的田地中大多为隐田，升科田地只有 6 万余甲，清代后期刘铭传清理台湾田地时，清出田地近 43 万甲。日据台湾以后，1898—1903 年，共清出台湾耕地 77.7 万甲。以出产计，清代台湾已成为中国主要的商品粮产地，也是中国最大的糖产地之一。[3]

在单位面积产量提高有限的情况下，主要的增产途径是扩大耕地面积。但晚清时期平原地区早已人满为患，农业开垦延伸至丘陵山区和边远地区。而东北、台湾以及西南山区的最终开发，恰好为内地数千万人口提供了合适的移居地，为国家提供了大量粮食和财富，也为清朝以后人口增加到新的高峰作出了贡献。

（二）农业供给能力的提高

美洲高产作物的引种和推广，促使耕地范围由平原扩大至山地，提高了西南山区贫瘠土地的供给能力，为缓解日益严峻的人地矛盾起到了积极作用，同时也促进了人口由平原向山区的迁移。

玉米和番薯是由美洲引入的重要杂粮作物，由于具有高产、易栽培且不与五谷争地等特点，在贫瘠的高山、丘陵地带均可生长，所以自传入后即得到迅速推广。玉米原产于美洲的墨西哥、秘鲁，至迟明代传入我国。明朝末年，西南山地和丘陵地带已广种玉米；至 19 世纪中期，玉米种植已遍及绝大多数省区；晚清至民国时期玉米发展成为我国仅次于水稻和小麦的第三大作物。番薯原产于中、南美洲，明万历年间传入我国并迅速推广，18 世纪末至 19 世纪初期，番薯栽培已遍及全国，并以西南山区发展最为迅速。据清末调查，四川的 142 个厅、州、县中，有种植番薯记载的达 127 个，其中种植 5 万亩以上的厅、州、县有 29 个。[4]

玉米、番薯等外来作物具有耐旱、耐瘠、适应性强、产量极高等特点，在其他粮食作物难以生存的干旱贫瘠土壤和地形崎岖的高岗山地均可种植，且可与多种农作物

① 许道夫：《中国近代农业生产及贸易统计资料》，4 页，上海，上海人民出版社，1983。
② 赵文林，谢淑君：《中国人口史》，512 页，北京，人民出版社，1988。
③ 曹树基：《中国移民史：第六卷（清民国时期）》，373 页，福州，福建人民出版社，1997。
④ 王笛：《跨出封闭的世界——长江上游区域社会研究（1644—1911）》，145 页，北京，中华书局，2001。

间作，不仅增加了我国粮食作物的种类和产量，而且有利于山地和瘠土的利用，极大地拓展了山区的农业生产空间。它们的引种和推广，为平原地区的贫苦农民向丘陵山地迁移创造了条件，大大加快了移民的进程，减轻了平原上的人口压力，对满足日益增长的人口需求起到了至关重要的作用，这也是四川人口数量从嘉庆年间以后急剧增长的主要原因之一。

（三）太平天国等战乱

战争对人口最显著的影响是直接杀伤，晚清人口最大的波动是由太平天国运动导致。道光三十年十二月初十，洪秀全领导的拜上帝会在广西金田发动起义,建号太平天国。起义波及广西、湖南、湖北、江西、安徽、江苏、河南、山西、直隶、山东、福建、浙江、贵州、四川、云南、陕西、甘肃等诸多省份，攻克 600 余座城市。清朝对起义军和支持起义军的民众实行斩尽杀绝、坚壁清野、长期围困的战略。最剧烈的战争和破坏恰好是在中国最富庶、人口最稠密的地区进行，因此对长江中下游地区造成了最为深远的影响。太平天国前的 1851 年，江苏、浙江、安徽三省人口总数约为 11 204 万，战争中人口死亡数达到 4 855 万，占战前人口总数的 43.3%[1]，多地呈现"几千百里无人烟，其中大半人民死亡，室庐焚毁，田亩无主，荒弃不耕"[2] 的景象（见表 2-5）。

表 2-5 太平天国战争期间长江下游部分地区人口损失统计

地点	省区	太平天国前人口 / 人	太平天国后人口 / 人	人口损失 /%
广德	安徽（南）	309 008（1850 年）	50 780（1865 年）	83.6
歙县	安徽（南）	617 111（1827 年）	309 604（1869 年）	50.0
舒城	安徽（中）	396 334（1802 年）	107 196（1869 年）	73.0
寿州	安徽（西北）	765 757（1828 年）	379 663（1888 年）	48.1
青阳	安徽（中南）	432 149（1776 年）	51 032（1889 年）	88.2
颍上	安徽（西北）	271 886（1825 年）	162 679（1867 年）	40.2
泗县	安徽（中北）	588 112（1777 年）	148 291（1886 年）	74.8
杭州（府）	浙江（中）	2 075 211（1785 年）	621 453（1883 年）	70.0
嘉兴（府）	浙江（中北）	2 933 764（1838 年）	950 053（1873 年）	67.7
六合	江苏（中西）	318 683（1781 年）	115 155（1882 年）	63.9
溧水	江苏（西南）	230 618（1775 年）	37 188（1874 年）	83.9

资料来源：葛剑雄：《中国人口发展史》，252 页，福州，福建人民出版社，1991.（录自《1368—1953 年中国人口研究》第十章，表 40，第 239 页。原注资料来源：光绪六年《广德县志》卷 16 页 14 上 ~16 下；1937 年《歙县志》卷 3 页 3 下 ~4 上；光绪三十三年《舒城县志》卷 12 页 2 下 ~3 上；光绪十六年《寿州志》卷 8 页 12 上；光绪十七年《青阳县志》卷 10 页 3 下；光绪四年《颍上县志》卷 3 页 8 下；光绪四年《泗洪合志》卷 5 页 2 下 3 上；1923 年《杭州府志》卷 57；光绪三年《嘉兴府志》卷 30；光绪九年《六合县志》卷 2 页 1 下 ~2 页上；光绪九年《溧水县志》卷 6 页 8 下 ~10 上）。

---

[1] 曹树基：《中国移民史：第六卷（清民国时期）》，469 页，福州，福建人民出版社，1997。
[2] 李文治：《中国近代农业史资料》，第十辑，157 页，北京，生活·读书·新知三联书店，1957。

表 2-5 中的人口数字虽然不一定统计完全，实际减少的幅度应该更大，但其所反映的人口下降百分比仍然可信且具有代表性。据葛剑雄推测，在太平天国持续 14 年的惨烈战争中，清代人口减少了 1.12 亿，下降了 26.05%。[①]

残酷而频繁的战争不仅损失了大量人口，而且破坏了晚清时期的农业生产环境，导致耕地大量荒芜，农业收获量萎缩。1821—1911 年各省夏秋收成都比历史上最高数额低得多，一般只收其五到八成。[②] 为躲避战乱和饥荒，人们只能向更适合生存的地区迁移，从而对人口布局产生影响。

第二节　晚清农用土地的变迁

晚清耕地面积总体呈现增长态势，其中内地省份的土地多已开垦殆尽，因此耕地面积增长有限，增加的耕地量主要集中在东北和西部等边远地区。但因人口的增长速度快于耕地增长，所以这一时期人均耕地持续减少。

一、农业土地变化总趋势

充足的劳动力是农业发展的首要因素，土地的开发与人口数量关系极为密切。直至清代嘉庆年间，全国耕地面积总数始终随着人口和移民的增长而显著增加。此后，社会转入动荡时期，从鸦片战争直至太平天国，内忧外患接连不断，在此影响下，人口急剧减少，田地大片荒芜。太平天国以后，垦殖活动重新大规模展开，因战争影响而荒废的土地获得重建，耕地面积有所回升，但因战前内地大部分地区已达到垦殖极限，因此除新垦区以外，耕地面积总体上扩展不显著。

梁方仲根据清代册载田地数编制的清代各朝各直省田地升降情况表显示，嘉庆十七年（1812）和同治十二年（1873）的耕地面积比雍正二年（1724）分别增加了 9.38、4.56 个百分点（见表 2-6），表明全国耕地总数在嘉庆年间达到最高峰，这种趋势与学界主流结论相符。[③] 另需注意的是，表 2-6 中光绪十三年（1887）的数字超过嘉庆

①　葛剑雄：《中国人口发展史》，253 页，福州，福建人民出版社，1991。
②　李文治：《中国近代农业史资料　第一辑　（1840—1911）》，755~760 页，北京，生活·读书·新知三联书店，1957。
③　周荣：《清前期耕地面积的综合考察和重新估价》，载《中国社会经济史研究》，2001（3）。

近代以来中国农村变迁史论（1840—1911）

十七年（1812），主要源于奉天、黑龙江和新疆等处的耕地在嘉庆以后才进入官方统计。

表 2-6　清代各朝代各直省田地数升降百分比　　　　　　　%

年份 地区	1724	1753	1812	1851	1873	1887
总计	100.00	101.60	109.38	104.54	104.56	126.03
直隶	100.00	94.27	105.66	103.64	104.10	123.47
奉天	100.00	434.73	3 668.37	1 984.68	1 984.67	4 907.52
江苏	100.00	101.12	103.98	93.40	93.40	108.36
安徽	100.00	102.39	121.16	99.65	99.65	120.22
山西	100.00	69.00	112.26	108.21	108.21	114.96
山东	100.00	100.09	99.37	99.21	99.21	126.88
河南	100.00	110.81	109.42	108.98	108.98	108.77
陕西	100.00	95.30	100.07	84.29	84.29	99.79
甘肃	100.00	130.95	108.69	108.01	108.01	129.66
浙江	100.00	100.65	101.34	101.15	101.10	101.95
江西	100.00	100.04	97.37	95.18	95.20	97.51
湖北	100.00	106.03	109.23	107.29	107.29	106.89
湖南	100.00	102.41	101.04	100.15	100.27	111.12
四川	100.00	213.72	216.45	215.69	215.70	215.86
福建	100.00	43.51	43.61	41.73	41.04	42.97
台湾	—	—	100.00	85.46	86.15	—
广东	100.00	103.59	100.87	108.29	108.29	109.34
广西	100.00	109.75	110.35	109.84	109.84	110.24
云南	100.00	104.51	129.07	130.24	130.24	129.12
贵州	100.00	176.93	190.16	184.62	184.62	190.09

　　资料来源：梁方仲：《中国历代户口、田地、田赋统计》，383 页，上海，上海人民出版社，1980。

　　有学者对中国耕地面积进行了估算，见表 2-7。

表 2-7　1812—1914 年中国耕地面积估算　　　　单位：万市亩

年份	耕地面积	
	吴承明估计	章有义估计
1812	79 150	105 025.9
1851	—	107 684.6
1873	114 510	
1887	94 570	112 596
1893	118 890	—
1913	126 790	125 926.9（1914）

　　资料来源：吴承明：《中国近代农业生产力的考察》，载《中国经济史研究》，1989（2）；章有义：《近代中国人口和耕地的再估计》，载《中国经济史研究》，1991（1）。

虽然不同学者对耕地面积的估计值有所不同，但整体趋势基本一致，即认为中国近代耕地面积是一直增加的。

二、农业土地布局的变化

清中叶以后，湖广粮仓的地位由于人口和水患等问题的日益严峻而发生动摇，米粮的输出规模大不如前，相较而言，当地经济作物的发展水平则较为稳定。因此，在粮食生产趋缓甚至停滞的情况下，中游地区逐渐形成以粮食作物为主、棉花等经济作物为辅的农业布局。据统计，同治、光绪年间（1862—1908），江汉平原水、旱田比例约为1.8∶1，其中分别以水稻和棉花占居各类作物之首。[①] 明清时期中游种植结构的变迁，既满足了人口增长的需求，也使这一地区商品粮生产基地的地位得以保持。

明末清初因战乱导致的耕地损失，在经过顺治、康熙两朝大规模推行的垦荒政策影响下，到康熙晚期就基本恢复到明代原有的耕地面积。此后的开发特别是新耕地的拓展主要依靠丘陵山区以及边疆省区的大规模垦种。如表2-6所示，从雍正二年（1724）到嘉庆十七年（1812），江苏、浙江等经济发达地区耕地面积分别增加了3.98、1.34个百分点，而四川、云南、贵州等西南地区则分别增加了116.45、29.07、90.16个百分点，奉天增加的耕地面积更为可观。这表明西南山区和东北边疆等地是清代最具农业开发潜力的地区，而晚清耕地面积的增加也主要集中在西南山区和东北等边疆地区。

通过表2-8和表2-9可以直接看出，1873—1913年，东南地区耕地面积减少较为明显，浙江减少达27%；西南地区耕地的增长势头显著，云南和贵州分别增长33%和21%；青海更增长了74.8%；而东北地区的耕地面积从1873年的49 850 000市亩增至1914年的138 190 000市亩，增长了177%。晚清时期我国耕地开发呈现向东北和西部边区拓展的趋势。

表 2-8　部分省区耕地面积变化　　　　　　　　　　　　　　　单位：万市亩

地区 ＼ 年份	1873	1893	1913	增幅 /%
河北	11 136	10 913	11 136	0.0
山东	10 146	10 451	10 654	5.0
山西	6 625	6 824	7 288	10.0
河南	8 565	8 479	10 021	17.0

---

① 张家炎：《粮棉兼重各业发展——清代中期江汉平原作物结构研究》，载《古今农业》，1991（3）。

年份 地区	1873	1893	1913	增幅 /%
陕西	5 014	4 914	4 763	−5.0
甘肃	2 218	2 573	2 595	17.0
江苏	7 754	7 831	7 909	2.0
安徽	6 835	7 245	7 313	7.0
浙江	5 341	5 448	3 899	−27.0
江西	4 763	4 715	4 429	−7.0
湖北	5 039	5 241	5 493	9.0
湖南	5 706	5 021	5 078	−11.0
福建	2 604	2 500	2 396	−8.0
广东	4 019	4 059	4 059	1.0
广西	2 235	2 347	2 615	17.0
四川	14 132	14 414	14 697	4.0
云南	792	879	1 053	33.0
贵州	1 782	2 049	2 156	21.0
青海	385	651	673	74.8
宁夏	187	187	191	2.1
绥远	1 942	1 845	1 806	−7.0
察哈尔	1 493	1 553	1 672	12.0
合计	108 713	110 139	111 896	2.9

资料来源：吴承明：《中国近代农业生产力的考察》，载《中国经济史研究》，1989（2）。

表 2-9　东北、新疆、台湾耕地面积变化表　　　　　单位：万市亩

年份 地区	1812	1873	1887	1893	1914	1933
东北	228.7	4 985	5 979	7 202	13 819.0	23 825.0
新疆	111.0	732	1 148	1 148	1 072.0	1 491.0
台湾	86.0	75	400	400	1 062.9[①]	1 221.7[②]

资料来源：吴承明：《中国近代农业生产力的考察》，载《中国经济史研究》，1989（2）。
①数据来源于章有义：《近代中国人口和耕地的再估计》，载《中国经济史研究》，1991（1）。
②为 1929—1946 年耕地面积。

　　总的来说，晚清时期我国内地的耕地面积变化不显著，增加的耕地量主要集中在东北和西部地区。严中平等和杜修昌的研究也分别明确指出，19 世纪 70 年代至 20 世纪 30 年代，除东北各省以外，国内耕地面积基本没有变化。[①]

三、人均耕地的变化

　　晚清中国人口数量与耕地面积的变化趋势基本相符，总体都呈增长之势。但由

---

① 杜修昌：《中国农业经济发展史略》，219 页，杭州，浙江人民出版社，1984。严中平等：《中国近代经济史统计资料选辑》，280、354 页，北京，科学出版社，1955。转引自葛全胜、戴君虎等：《过去 300 年中国部分省区耕地资源数量变化及驱动因素分析》，载《自然科学进展》，2003（8）。

于人口与耕地变动的速度和幅度均有不同，因此人口与耕地增长呈阶段性不一致。1840—1873 年，人口减少 16.4%，平均年增长率约为 –5.4‰；1812—1887 年，耕地增长 19.5%，平均年增长率 2.3‰，此阶段人口减少，耕地增加。1873—1893 年，人口增长 10.1%，平均年增长率 4.8‰；耕地增长 3.8%，平均年增长率 1.9‰，人口增加快于土地扩展。1893—1913 年，人口增长 15.2%，平均年增长率 7.1‰；耕地增长 6.6%，平均年增长率 3.2‰，人口增加快于耕地扩展。[1]

虽然 1840—1873 年间人口减少，耕地增加，但因人口基数较大，因此人均耕地面积仍然不断减少。从全国范围看，王笛估算人均耕地面积由乾隆十七年（1752）的 4 亩下降到乾隆四十九年（1784）的 2.65 亩，嘉庆十七年（1812）降为 2.19 亩[2]，咸丰元年（1851）更减至 1.78 亩。[3] 章有义估算嘉庆十七年（1812）人均耕地面积为 2.87 亩，至咸丰元年（1851）降至 2.47 亩，光绪十三年（1887）回升至 2.99 亩，民国初（1912）又有降低，为 2.77 亩[4]，虽略有波动，但总体仍呈减少趋势。

从区域来看，不同省区的人均耕地面积相差较大，北部人均耕地普遍高于南部，南部人均耕地普遍低于全国平均水平（见表 2-10）。

表 2-10　1812—1914 年各区人均耕地面积变化　　　　单位：亩

地区 \ 年份	1812	1851	1887	1912（或 1914）
东北	21.42	5.82	7.71	5.67
华北	4.09	5.03	5.68	4.86
西北	2.88	2.51	5.11	3.80
华东	2.51	2.13	3.28	2.72
中南	2.83	2.55	2.46	2.08
西南	2.30	1.38	1.26	1.90
全国	2.87	2.47	2.99	2.77

资料来源：丁长清、慈鸿飞：《中国农业现代化之路——近代中国农业结构、商品经济与农村市场》，46 页，北京，商务印书馆，2000。

以四川为例，四川人均耕地面积在雍正七年（1729）约有 13.69 亩，乾隆十八年（1753）约 9.51 亩，仍然维持在较为富余的水平；但从乾隆后期开始，四川逐渐出现人满为患的现象，人均耕地面积低于 5 亩。乾嘉时期，由于人口猛增，人均耕地减至 3.76

① 丁长清、慈鸿飞：《中国农业现代化之路——近代中国农业结构、商品经济与农村市场》，30~31 页，北京，商务印书馆，2000。
② 闵宗殿：《明清时期中国南方稻田多熟种植的发展》，载《中国农史》，2003（3）。
③ 王笛：《清代四川人口、耕地及粮食问题（下）》，载《四川大学学报（哲学社会科学版）》，1989（4）。
④ 章有义：《近代中国人口和耕地的再估计》，载《中国经济史研究》，1991（1）。

近代以来中国农村变迁史论（1840—1911）

亩。晚清情况更为严重，全省人均耕地仅 2 亩多（见表 2-11）。[1]

据李中清估算，清末西南耕地面积达到 4 000 万亩以上，是明末耕地面积的 3 倍多，而此期间西南人口从 500 万增加到 2 100 万，因此人均占有的耕地面积从 3 亩下降到 2 亩。[2]

表 2-11　清代四川人均耕地面积变化

年份	耕地面积 / 万亩	人口数 / 万人	人均耕地 / 亩
1728	4 590.3	335.7	13.69
1753	4 595.7	483.3	9.51
1783	4 619.1	941.8	4.90
1812	7 783.8	2 070.9	3.76
1873	9 492.4	3 316.9	2.86
1893	9 682.2	3 992.3	2.43
1910	10 280.8	4 414.0	2.33

资料来源：王笛：《清代四川人口、耕地及粮食问题（下）》，载《四川大学学报（哲学社会科学版）》，1989（4）。

总的来说，清代人均耕地面积在乾隆时期即呈现大减之势，鸦片战争至太平天国期间，虽然因战争导致人口数量锐减，但耕地荒废也极为严重，因此这一时期的人均耕地面积相比嘉庆年间仍持续减少。战后耕地面积虽然有所恢复，但人口数量也在持续增长，而且人口的增长速度大大快于耕地增长，因此人均耕地仍然无法改变持续减少的局面。

 第三节　人地矛盾对晚清农业发展的影响

为了应对人口与耕地之间日益激化的矛盾，如何提高土地利用率和效益，如何以更少的耕地获得更多的收益成为晚清需要解决的重要课题。多熟种植、立体农业、生态农业等先进的耕作形式，以及向边疆移民、开发人口稀疏地区土地等措施，都因此获得了极大发展。然而与此同时，为了扩大农业生产而一味进行掠夺性开发，打破了自然生态系统的平衡，对环境也造成了极为严重的影响。

[1]　王笛：《清代四川人口、耕地及粮食问题（下）》，载《四川大学学报（哲学社会科学版）》，1989（4）。
[2]　李中清、秦树才：《清代中国西南的粮食生产》，载《史学集刊》，2010（4）。

一、推动移民及边疆开发

在一定区域内，人口增长至一定程度会导致生产或生活条件降低，从而产生人口对外迁移的动力，而一些人口稀少且增长缓慢、有开发余地的地区，则可以为更多人口提供生产和生活条件，对外来移民具有吸引力。[1]

清代中叶，人口与耕地矛盾日益突出，而东北地区由于长时间的封禁，仅在辽河流域及辽西地区（柳条边内）进行了一定程度的农业开发，在吉林和黑龙江两地的局部地区有零星开发，其他地区则基本保持森林广布的原始状态。[2] 据吴希庸统计，乾隆三十六年（1771），全国平均人口密度为每平方公里 19 人，东三省仅为 0.7 人，而直鲁豫三省平均人口密度高达 129.2 人。[3] 道光二十年（1840）、光绪二十四年（1898），全国每平方公里平均有 43.63 人、41.29 人，而山东省分别为 207.1 人、246.24 人，河南省为 147.80 人、157.07 人，河北省 97.39 人、111.33 人。[4] 与人口激增不相适应的是，华北地区耕地面积的扩增在 18 世纪中叶已接近顶点，人均耕地持续减少，已无法维持一个人的生命所需。耕地与人口的失调对华北农村造成极大压力，加之清代北方省区几乎无年不灾，大饥不断，因此即使在封禁期间，也不断有移民进入土地肥沃的东北。在咸丰十年（1860）局部开禁以及光绪二十一年（1895）中日甲午战争战败实行全面开禁之后，大规模土地开发伴随洪流般移民的到来而由南到北，先后在奉天、吉林、黑龙江，逐步推进。

大量移民的涌入为东北地区带来了充足的劳动力、先进的农耕技术和优良的农作物品种，加速了东北土地开发与农业发展。耕地面积急剧增长，粮食产量迅速提高，使东北渺无人烟的土地上出现了"但见西陌与东阡，鸡犬家家相毗连"[5] 的田园风光，初步奠定了东北商品粮基地的基础。汤尔和在《黑龙江》一书的前言中写道："当是时，黑龙江全省，实为棒莽之区，山深林密，人迹不至……呼兰河流域，松花江沿岸，今所称为谷仓者也，在当时，惟有灌木丛生，狐兔出没，荒凉寥落，长与终古而已。汉人一至，乃披荆斩棘，以血肉筋力与鸟兽争，与气候争，与洪水争，与土人争，乃至与饥饿疾病争，遂有 1906 年以后之天地。"[6] 这段描述生动地反映了清

① 葛剑雄：《中国人口发展史》，15 页，福州，福建人民出版社，1991。
② 李为等：《清代东北地区土地开发及其动因分析》，载《地理科学》，2005（1）。
③ 吴希庸：《近代东北移民史略》，载《东北集刊》，1941（2）。
④ 赵文林，谢淑君：《中国人口史》，475 页，北京，人民出版社，1988。
⑤ 吴大澂：《皇华纪程》，313 页，长春，吉林文史出版社，1986。
⑥ 汤尔和：《黑龙江》，译者前言，上海，商务印书馆，1931。

近代以来中国农村变迁史论（1840—1911）

末移民艰辛开拓黑龙江省的景象。[①]

据统计，至光绪三十四年（1908），奉天省耕地面积为 36 256 710 亩，吉林省耕地面积为 54 552 990 亩，黑龙江耕地面积为 23 340 990 亩。[②] 1873—1908 年，东北耕地面积由 4 985 万亩增加到 1.14 亿亩，1927 年更增至 1.7 亿亩。[③] 经过清代特别是开禁之后的大规模移民垦殖，至清末，东北广大平原地区已经由荒芜之地变成田连阡陌的农业兴盛之地了。

关内移民进入东北以后，不仅开垦荒地，扩大了土地耕作面积，还带来了中原地区先进的农业生产技术和丰富的农作物品种，促使东北农业由"向习游牧，不讲农桑"的原始状态向先进的耕作方式转变，农作物产量有了明显提高，华北地区主要农作物品种，包括蔬菜瓜果在内，也都已引入东北。

随着农产品商品化和农业生产的发展，清末民初东北出现了一批大量输出剩余农产品的地区。例如，黑龙江省的拜泉县，"土地肥沃，农产品丰富，大量的农副产品除自食自用外，其余均需外销，当时有'拉不完的拜泉县，填不满的安达站'之说"。[④] 奉天省的绥中县盛产粮食，每年输出粮食 5 万石，花生 5 万斤，豆饼 7 万块，被誉为"填不满的山海关，拉不败的中后所（即绥中县）"。[⑤] 清末东北的粮食商品率一般在 30%~40%[⑥]；民国时期，农业生产条件较好的地方可达 70%~80%，一般地区在 50%~60%。[⑦]

随着东北粮食生产商品化的发展，20 世纪初，东北粮食种植结构发生了显著变化，突出表现为大豆和小麦种植面积和产量迅速增加，形成了东北北部麦类种植面积比例较大，南部大豆种植比例较大，即"南豆北麦"的专业化生产格局。北部小麦大量向俄国出口，南部大豆则远销日本、南洋及欧美各地。东北地区作为中国以大豆和小麦为主导产品的商品粮基地初步形成，这为东北成为举世闻名的大豆生产基地、玉米和水稻生产基地，以及由"北大荒"变成"北大仓"，成为世界性的商品粮生产基地奠定基础。可以说，近代东北商品粮基地是在移民垦荒过程中形成和发展起来的，而这

① 范立君：《近代东北移民与社会变迁（1860—1931）》，97 页，浙江大学博士学位论文，2005。
② 李为等：《清代东北地区土地开发及其动因分析》，载《地理科学》，2005（1）。
③ 吴承明：《中国近代农业生产力的考察》，载《中国经济史研究》，1989（2）。
④ 臧国荣：《解放前拜泉县工商业的兴衰概况》，载政协拜泉县文史资料研究委员会：《拜泉文史资料》，第 5 辑，1990。转引自范立君《近代东北移民与社会变迁（1860—1931）》，101 页，浙江大学博士学位论文，2005。
⑤ 衣保中：《东北农业近代化研究》，164 页，长春，吉林文史出版社，1990。
⑥ 衣保中：《中国东北区域经济》，22 页，长春，吉林大学出版社，2000。
⑦ 衣保中：《东北农业近代化研究》，172 页，长春，吉林文史出版社，1990。

一新的粮食供应基地的建成，在清中叶以来黄河流域农业逐渐衰落，长江流域大力发展经济作物而削弱商品粮生产的形势下，具有十分重要的意义。[①]

二、多熟种植高度发展

人口因素是清代南方多熟种植发展的重要原因。入清以后，人口迅速增长，乾隆六年（1741）达到1.4亿，乾隆三十年（1765）增至2亿，乾隆五十五年（1790）又增加到3亿，到道光三十一年（1851）人口达到4.3亿的高峰。[②]虽然在此期间全国耕地面积也有增长，但耕地的增长速度远不及人口。从康熙四十七年（1708）至嘉庆十七年（1812）的104年中，人口增加了248%，而耕地只增加了48%，人口增长速度是耕地增长速度的5.16倍。[③]人口与耕地增速差异导致人均耕地面积迅速下降，据统计，明万历六年（1578）人均耕地为11.56亩，到乾隆十八年（1753）下降为4亩，嘉庆十七年（1812）降为2.19亩[④]，至咸丰元年（1851），人均耕地面积更减至1.78亩。[⑤]

清初张履祥说："百亩之土，可养二三十人。"[⑥]清洪亮吉也称："一人之身，岁得四亩，便可生计矣。"[⑦]也就是说，维持一个人的生活所需耕地约为4亩。而自乾隆以后，人均耕地面积都低于此标准，南方诸省尤为严重。在此严峻形势下，提高土地利用率即成为缓解人地矛盾的重要措施之一。[⑧]

清代土地利用率的提高主要表现在多熟种植的发展，即从清以前的一年一熟制发展成二年三熟制、一年二熟制和一年三熟制，而且多熟种植的发展遍及黄河中下游、长江中下游和闽广地区。[⑨]据不完全统计，清代南方有多熟种植记载的州县数量约占总数的27%；多熟制州县比例较高的省区包括广东、福建和江西，分别为65%、53%和50%；广西和浙江两省也分别达到23.6%和23%。在常年气温较高

① 范立君：《近代东北移民与社会变迁（1860—1931）》，102页，浙江大学博士学位论文，2005。
② 姜涛：《清代人口统计制度与1741—1851年间的中国人口》，《近代史研究》，1990（5）；闵宗殿：《明清时期中国南方稻田多熟种植的发展》，载《中国农史》，2003（3）。
③ 闵宗殿：《明清时期中国南方稻田多熟种植的发展》，载《中国农史》，2003（3）。
④ 闵宗殿：《明清时期中国南方稻田多熟种植的发展》，载《中国农史》，2003（3）。
⑤ 王笛：《清代四川人口、耕地及粮食问题（下）》，载《四川大学学报（哲学社会科学版）》，1989（4）。
⑥ （清）张履祥：《杨园先生全集》卷五，清同治十年江苏书局刊本。
⑦ （清）洪亮吉：《卷施阁文甲集》卷一，见沈云龙主编《近代中国史料丛刊续编》（443），102页，台北，文海出版社，1986。
⑧ 闵宗殿：《明清时期中国南方稻田多熟种植的发展》，载《中国农史》，2003（3）。
⑨ 闵宗殿：《试论清代农业的成就》，载《中国农史》，2005（1）。

近代以来中国农村变迁史论（1840—1911）

的地区，甚至发展到三熟制。如康熙年间广东番禺诸乡已见二季稻加一季旱作的记载（《广东新语·食语》）；光绪《临汀汇考》中记有一季水稻加二季旱作的种植方式；乾隆三十九年《番禺县志》卷十七记载："南方地气暑热，一岁田三熟，冬种春熟，春种夏熟，秋种冬熟，故广州有三熟之禾。"这是连续种植三季稻的最早记载。[①]

多熟种植的发展和推行极大提高了清代土地的利用率，亩产量的提高也极为可观。据统计，在北方两年三熟制地区，土地利用率提高了50%，南方一年两熟制地区提高了100%，而华南一年三熟制地区的土地利用率则提高了200%；粮食亩产量在两年三熟制地区提高约为12%~30%，在稻麦一年两熟制地区提高约为20%~91%，在双季稻地区提高约为25%~50%。[②] 由此可见，虽然人均耕地面积不断降低，但多种类型的种植方式无疑为扩大复种面积、提高复种指数提供了技术保证，也意味着清代土地的承载能力得到了相应的提高。

三、高产美洲作物迅速推广

玉米，禾本科玉米属植物，古称番麦、御麦、玉麦等，原产于美洲的墨西哥、秘鲁，迟至明代传入我国。玉米耐瘠、高产，经济优势明显，因此推广迅速。至19世纪中期，玉米种植已遍及绝大多数省区，并成为西南地区的主要食物来源。道光时期，玉米成为贵州通省都产的作物，如道光七年（1827）《安平府志》所记："伐木山在西堡南六十里，山高而广，林深木蔚，斧声终不绝，今皆垦种包谷。"[③] 光绪时期，广西《镇安府志》载："近时镇属种者渐广，可充半年之食。"[④] 乾嘉时期，玉米种植遍布湖南全省的山区，正如清代陶澍所言："湖南一省，半山半水，滨湖之田畏水不畏旱……至于深山穷谷，地气较迟，全赖包谷、薯、芋杂粮为生。"[⑤] 同治年间，湖北已在全省半数以上的州县种植，如道光《鹤峰州志》所载："邑产包谷"已"十居其八"[⑥]。晚清至民国时期，玉米发展成为我国仅次于水稻和小麦的第三大作物。

---

① 闵宗殿：《明清时期中国南方稻田多熟种植的发展》，载《中国农史》，2003（3）。
② 闵宗殿：《试论清代农业的成就》，载《中国农史》，2005（1）。
③ 佟屏亚：《玉米传入对中国近代农业生产的影响》，载《古今农业》，2001（2）。
④ （清）羊复礼修，梁年等纂：《镇安府志》卷十二，清光绪十八年刊本。
⑤ （清）陶澍：《陶文毅公全集》卷九，清道光二十年两淮淮北士民刻本。
⑥ 郑南：《美洲原产作物的传入及对中国社会影响问题的研究》，48~51页，浙江大学博士学位论文，2009。

番薯，旋花科甘薯属栽培种，又名金薯、朱薯、玉枕薯等，原产于中、南美洲，明万历年间传入我国。由于番薯具有高产、易栽培等特点，且不与五谷争地，在贫瘠的高山、丘陵地带均可生长，所以自传入后即得到迅速推广，18世纪末至19世纪初期，番薯栽培已遍及全国，且在西南地区发展尤为迅速。例如，番薯在乾隆、嘉庆年间才在四川得到普及，但据清末调查，四川的142个厅、州、县中，有种植番薯记载的达127个，其中种植5万亩以上的厅、州、县有29个。[1]

玉米和番薯能够在引进中国之后得以迅速推广，与人地矛盾的日益尖锐密不可分。清代康乾时期社会经济相对稳定，农业生产发展较快，人口数量亦大幅增加，至19世纪中叶，全国人口已突破4亿，人均耕地面积不足2亩。在人口不断增加，耕地严重不足的压力下，美洲耐瘠作物的引入为大量无田农民迁至僻远贫瘠的山地和大规模垦殖活动创造了条件。玉米、番薯都是耐旱、耐瘠、适应性强、产量极高的作物，在其他粮食作物难以生存的贫瘠土壤、高岗山地以及不宜水稻的旱地均可种植，且可与多种农作物间作，因此荒山、丘陵特别是云、贵、川等西南诸省的丘陵荒地得到大规模开发利用，极大拓展了耕地面积和农业生产空间，同时增加了我国粮食作物的种类和产量，为缓解了人口急剧增长对粮食需求的矛盾起到了至关重要的作用。

据统计，民国初年玉米种植面积约为1亿亩，占全国耕地总面积的7.6%，而在清中叶的垦殖高潮期，玉米的实际种植面积远大于民国初年，而且主要分布在山区。[2]再以两湖地区为例，乾隆以后，湖南、湖北落后山区的大部分地区均因种植玉米和番薯而得到大规模开发。清末两湖玉米和番薯的耕种面积至少为100万亩和180万亩，每年可产玉米60余万石，番薯1 080余万石，这些粮食约可养活280万人口，为缓解清代以后由人口激增带来的耕地和粮食压力起到积极作用。[3]此外，玉米、番薯等美洲作物还增加了优良饲料作物的种类，为我国畜牧业的发展作出了重要贡献。

四、充分利用物质循环的生态农业的发展

生态农业是一个讲求平衡的农业系统，是对水陆资源和动植物资源进行综合利用，

---

[1] 王笛：《跨出封闭的世界——长江上游区域社会研究（1644—1911）》，145页，北京，中华书局，2001。

[2] 佟屏亚：《玉米传入对中国近代农业生产的影响》，载《古今农业》，2001（2）。

[3] 龚胜生：《清代两湖地区的玉米和甘薯》，载《中国农史》，1993（3）。

并使其在生产中相互联结成为一个有机整体的农业形式。我国南方地区早在汉代即已出现"利用陂塘灌溉种稻,塘内养鱼种莲,堤上植树"[①] 的人工生态农业雏形。明代以后,为缓解日益加深的人地矛盾,南方低洼地区广泛采用基塘生产方式,即植桑养蚕与池塘养鱼综合经营的高效人工生态模式,以提高土地利用率和效益。"基",指堤坝,用以植桑树、果树及其他作物;"塘",指鱼池,用以养鱼。清代以后,在基塘生产中引入畜禽养殖和大田生产的生态农业模式发展更为完善,并盛行于南方水田农业区,主要包括苏南地区的粮—畜—果—菜,浙北地区的粮—畜—鱼—桑—蚕,珠江三角洲的桑鱼、果鱼、蔗鱼等综合经营模式。[②]

南方地区农业生产合理利用水陆资源和农业生物之间的互养关系,不仅具有良好的生态效益,而且能够以少量耕地获得较高的经济效益。据统计,苏南地区生态农业收入是普通农田的 3 倍,多种经营的收入又"视田之入复三倍"[③];杭嘉湖地区的水稻和桑叶的最高亩产比一般亩产分别高出 30%~50%[④];珠江三角洲的桑基鱼塘生产也取得了 10 倍于禾稼的显著经济效益。即使在清代中后期渔业经济整体下滑,这种渔牧粮园有机结合的生态农业经营模式仍然相当兴盛,并带有商业性与专业性生产的特点。[⑤]

五、梯山为田、围湖造田的发展及其负面影响

在人地矛盾日益尖锐的形势下,为了尽可能地扩大耕地,获得粮食,梯山为田、围湖造田成为我国劳动人民向山要地、向水要地的重要手段。明清时期,缘于对山区的开发逐渐扩大,梯田开始有了较大规模的发展,至康熙年间,长江流域"山谷崎岖之地,已无弃土,尽皆耕种矣"[⑥],甚至连崇山峻岭之地也有平田垦殖于山顶。到 19 世纪早期,梯田在整个西南地区已经非常普遍。梯田的大规模建设极大地增加了丘陵、山区的可耕地面积。围田主要分布在江汉平原、洞庭湖平原、河谷平原以及鄱阳湖平原,明代数量已相当可观,入清以后则进一步扩大。

虽然梯田、围田的开垦是我国古代劳动人民为了谋求自身生存,向荒原索取土地,

① 李根蟠:《中国古代农业》,121 页,北京,商务印书馆,1998。
② 闵宗殿:《试论清代农业的成就》,载《中国农史》,2005(1)。
③ (明)李翔:《戒庵老人漫笔》,卷四,北京,中华书局,1982。
④ 中国农业遗产研究室:《太湖地区农业史稿》,133 页,北京,中国农业出版社,1990。
⑤ 吴存浩:《中国农业史》,1 061 页,北京,警官教育出版社,1996。
⑥ (清)雍正九年敕撰《圣祖仁皇帝圣训》卷八,文渊阁四库全书本。

积极促进农业发展，但不能忽视，无限度的盲目垦殖在使土地资源得到充分利用的同时，也导致原始植被的破坏和森林的毁灭，随之而来的是严重的水土流失、江河淤塞、泛滥，以及生态系统的失衡。如《武宁县志》所载："棚民垦山，深者至五六尺，土疏而种植十倍。然大雨时行，溪流堙淤。十余年后，沃土无存，地力亦竭。今太平山大源洞、果子洞诸处，山形骨立，非数十年休息不能下种。"[1] 光绪六年（1880）浙江《乌程县志》记载："湖州以西一带皆棚民，垦种尤多植包谷。孝丰人云：山多石体，石上浮土甚浅，包谷最耗地力，根入土深，使土不固，土松遇雨则泥沙随雨而下，种包谷三年，则石骨尽露，山头无复有土矣。山地无土，则不能蓄水，泥随而下，沟渠皆满，水去泥留，港底填高，五月间梅雨大至，山头则一泄靡遗，卑下之乡，泛滥成灾，为患殊不细。"[2]

围田的扩张加速了湖区淤积，加剧了长江水患，不仅对生态环境造成严重破坏，而且还限制了农业的发展。正如清代魏源在《湖广水利书》中所述，由于围田的不断扩张，结束了"历代以来有河（黄河）患而无江（长江）患"的历史。[3] 以鄱阳湖流域为例，据不完全统计，东汉至清末共发生农业自然灾害810次，其中有594次发生于明清时期，灾害类型包括水、旱、蝗、风、雹、雪、冻、饥、疫等，发生频率为0.9次／年，较宋元时期提高1.3倍。[4]

这种毁林毁草、陡坡垦殖、围湖造田的掠夺性开发活动，不仅没有给农业带来长足发展，反而使生态平衡遭到严重破坏，导致环境质量不断恶化。如森林的大面积消失导致上游作为生态屏障的功能大幅退化，造成严重的水土流失，以及由此引发的土地石化、沙化丧失农业价值等问题。不仅如此，水土流失还使大量泥沙输入中下游水域，加之中下游大面积湖泊被围垦成田，导致泥沙淤积、湖面湖容缩小，水库蓄洪抗洪能力减弱等问题。

① （清）何庆朝修，葛方绶纂：《武宁县志》卷八，清同治九年刻本。
② 佟屏亚：《玉米传入对中国近代农业生产的影响》，载《古今农业》，2001（2）。
③ 徐旺生：《从间作套种到稻田养鱼、养鸭——中国环境历史演变过程中两个不计成本下的生态应对》，载《农业考古》，2007（4）。
④ 戴天放：《鄱阳湖流域农业环境变迁与生态农业研究》，97~116页，福建师范大学博士学位论文，2010。

第三章　环境变迁及自然灾害对农业的影响

明代至清朝中期以前，由于人口高速增长，日益加剧的人地矛盾使得人们与山争地、与水争田。此期丘陵山区梯田高速扩展，湖区水岸圩田迅速蔓延，过度开发给生态环境带来了不少负面的影响。[①] 时至晚清，此种情形仍在一如既往地继续着，并且大有愈演愈烈之势。中国疆域辽阔，地理条件和气候条件复杂多变，自古以来就是一个自然灾害多发的国家。而人们对生态环境的肆意破坏又大大加重了自然灾害发生的频度、广度和深度，造成晚清短短 72 载内几乎年年称灾，岁岁告荒。

生态环境的变迁（主要是趋于恶化）以及自然灾害的频发，对近代农业的发展产生了巨大而深远的影响。它们严重破坏了农业生产和农村居民的生活乃至生存状况，使得农业经济趋于破产边缘，继而有如"多米诺骨牌"一般引发了一系列的社会问题。中国农业竞争力真正开始落后于西方世界主要发生在 19 世纪中期[②]，这应该说是绝非巧合，各级各类自然灾害的频繁发生，加之农业环境的急剧恶化，无疑成为这一历史进程的重要推手。

第一节　晚清农业环境的变迁

自然生态环境是农业发展的基础，对农产品的生产数量和质量都起决定性的作用。一般来讲，农业环境是指影响农业生物生存和发展的各种天然的以及经过人工改造的自然因素的总体，是人类赖以生存的自然环境中的一个重要组成部分。其中，气候、土壤、水、地形、生物要素及人为因子是农业环境的主要构成要素。农业环境的优劣，

---

① 王思明：《如何看待明清时期的中国农业》，载《中国农史》，2014（1）。
② 王思明：《如何看待明清时期的中国农业》，载《中国农史》，2014（1）。

直接影响农业生产的丰歉。

农业发展与农业环境保护两者之间本来就是一对矛盾关系。自明清时期开始，由于人口高速增长，日益加剧的人地矛盾使得人们与山争地、与水争田。此期丘陵山区梯田高速扩展，湖区水岸圩田迅速蔓延。过度开发给农业环境带来了不少消极的影响。时至晚清，"小冰期"[①] 也已经进入尾声，异常气候加剧。除了这些不可控的自然因素外，人们对生存环境的破坏愈发变本加厉。人口的增加、城镇的繁荣、农田的扩展、资源消耗的加剧等，导致本已失衡的生态环境有如雪上加霜。此外，近代以来，列强不仅强占了中国的大片领土，进行经济侵略，更是大肆掠夺各种资源，严重破坏了农业环境。

一、农业环境变迁的主要表现

晚清时期中国的农业环境变迁表现在方方面面，其中影响比较显著的主要包括以下几点。

（一）森林资源锐减

历史时期的森林分布变迁与人类活动关系十分密切。明清时期，生齿日繁，为了农业生产生活等的需要，大量森林遭到砍伐，很多林区被开垦为耕地。晚清时期，战乱频繁，这又成为森林资源快速减少的一个重要因素。

我国森林资源宝库中资源丰富、价值最高的，当首推东北地区的森林资源。东北三省系指今辽宁、吉林和黑龙江所辖区域，面积 79.18 万平方千米。1700—1850 年的150 年间，东北地区的森林面积由 5 846 万公顷逐渐较少到 5 089 万公顷，年均减少约5 万公顷，森林覆盖率 55% 以上，森林面积占全国同期森林面积的 1/4 左右。1898 年，黑龙江省成立木植总局；1906 年，吉林全省成立林业总公司。1900 年以后，沙俄和日本分别从长白山林区北部、东南部疯狂掠夺优质木材。1903 年，日本强迫清朝政府合资开办"中日义盛公司"，1908 年又合办"鸭绿江采木公司"，江岸两侧 30 公里范围之内的森林任其采伐。多年之后，黑龙江很多地方已经没有森林，或者森林面积大为减少。民国初年，黑龙江省内的龙江、拜泉、讷河、呼兰、绥化、巴彦、望奎、安达、克山、大赉、肇州、青冈、肇东、泰来、林甸、依安、明水、绥滨、胪滨、乌云、奇

[①] 大约从 15 世纪开始至 20 世纪初期为止，全球气候进入一个寒冷时期，通称为"小冰期"（Little Ice Age），在中国也称为"明清小冰期"。"小冰期"时的温度降水变化表现出区域特征和时空差异，对当时社会文明发展、农业经济、民族迁徙、王朝更替等都带来严重影响。

克、景星等县，泰康、甘南、德都、东兴、富裕、克东等设治局辖境已无森林。据统计，至 1915 年，俄国已经侵占了黑龙江省内的 17 258 平方俄里的森林资源。[1]

吉林省境内的森林也未能逃脱厄运，惨遭掠夺。据《珠河县志》记载："珠河境内遍地森林，自俄人敷设东路，所有成材木品砍伐净尽。"再加上百姓私采滥伐，"旋因垦荒伐木，凡属林区，概从斧削。天然林木，今日濯濯。吾民只知取材，不知养林利益，殊为可惜"。[2] 虎林厅"紧接俄疆……而该国则因防护边界，即下江堤河畔禁令甚严，无不取给于我。而我因欲收其税课，凡遇呈报，即填发票照，准其入山。不特如何砍伐，有无损害林区，向无一人问及，即盗砍偷运情事，亦在所多有……现在我边界沿江一带已等不毛，即距江稍远之区亦半被砍尽"。"庚子后日俄侵入，人日速增，交通机关已渐发达，木材之需用输出日以增加，斧斤丁丁时闻幽谷，昔时之葱郁者，今则秃裸矣。"[3]

鸭绿江流域原始森林的优良木材已经被砍伐较多，只有交通不便、搬运不容易之地尚且残存一些针叶树木。另外，很多采伐较早之区，只残存阔叶类的幼小树木，而质量优良的松木等木材已经被砍伐净尽。余安、抚顺、临江、辑安等县各森林"近年渐次砍伐，日渐减少亦"。根据清政府的实地调查可知，鸭绿江流域的临江、辑安、通化、怀仁、宽甸和兴京六县森林大为减少。临江县境内"自错草沟经头、二、三道沟至六道沟以及龙冈与南老岭一带"，"近江二十余里，亦有残木小树，冈峦散布，然地段零星，殊难尽为规括，且成材亦少"；"自六道沟至十五道沟以及龙冈一带"，"近江十五里已不成林"；"自十五道沟至十九道沟，近江十里，亦无森林。再深十里，其林相与前二段相似。……至龙冈附近，树木始渐矮小"；"自双顶子山及林子头至三盆口一带"，"森林运搬容易，采伐较深，约计未施斧斤者，仅居二分之一"。辑安境内的"森林富积之区，皆老冈附近，距鸭、浑两江较近之处，针叶树采伐已竭，所余皆幼树"。通化境内的森林，"自前后驴子沟经新开岭至金厂岭一带"，"两面攻伐，大木几将净尽，间有运搬不易，采伐较难，未施斧斤之处，约其地段不过十分之一二"；"自哈密河及双驴子沟与浑江及西北岔以至库伦"一带之森林，"南半一段亦系两面攻伐，采伐稍深"。在怀仁境内，"横道川以上漏河与里岔沟之沟掌一带"，"甲板料材早已净尽"，"其沿边一带，或烧毁或开垦，每年如蚕之食叶，势必逐渐减少"。宽甸"自滚马岭经蜜蜂沟及白石砬子山一带"

① 辽宁省林学会编著：《东北的林业》，119 页，北京，中国林业出版社，1982。
② 孙荃芳修，宋景文纂：《松江省珠河县志》，457 页，台北，成文出版社，1974。
③ 《吉林行省档案》，1（6~1）320~321，见陈跃：《清代东北地区生态环境变迁研究》，381 页，山东大学博士学位论文，2012。

之森林，"皆系阔叶小树，林相亦颇稠密，而成材甚少，间有一尺以上之木，非树干矮小，即屈曲不正，人所蔑视"。[①]

东南林区的范围主要包括浙江、福建、广东、台湾等省。该林区森林保有面积和蓄积量仅次于东北林区，天然林资源相当丰富，居全国第二位。随着中国森林资源越来越缺乏，木植日贵，自明末以来，经营山林就已成为一个有利可图的事业。乾隆年间，杉木贩运已经成为福建外销产品的三大宗之一，其产地主要在闽江上游建宁府。近代之后，东南地区位于开埠通商的前沿阵地，这里的商品经济和市场快速发展，成为东南林区资源发生重大变迁的首要原因。这一点与近代以前该地区森林资源减少的成因不同，当时主要是迫于日益增多的人口，为解决吃饭问题从而大肆开山伐林造田。

森林树木资源的大肆砍伐，致使晚清时期自然生态环境愈加恶化。其结果必然加剧旱涝蝗等自然灾害的频发；自然灾害的频仍又对生态环境造成极大破坏。如此，生态环境的恶化与自然灾害频仍之间互为因果，成了一个恶性循环。

（二）草原持续退化

中国的草原属于欧亚大陆草原向南延伸的部分，广泛分布在中国的北部和西北部，由东北向西南呈带状分布，北起松嫩平原，向西经西辽河平原、内蒙古高原、鄂尔多斯高原、黄土高原，南至青藏高原。新疆北部还有部分山地草原。清代版图辽阔，拥有极为丰富的草地资源。有清以来，随着蒙地（东北的西部，包括蒙古东部）的逐步开放和草原的渐次开发，地表植被遭到破坏，草原退化、荒漠化和盐渍化日趋严重。

清朝中前期，已经有不少内地农民前往蒙地从事开垦。官方后虽屡有禁止，但是成效甚微。近代以来，东北边疆危机空前严重。清政府为了移民实边，保卫疆土，于1902年正式宣布开禁蒙地，允许在盛京、吉林、黑龙江三将军的主持下设局丈放。从此，东北蒙地开发进入一个新的历史阶段，由被动弛禁转为主动开发。

乾隆以前，清廷对蒙地实行的是禁垦政策，但是在实际执行时并未落实，一是鼓励蒙古人自己开垦蒙地；二是对内地农民出边耕种采取既限制又默许的态度。乾隆后期，被开垦的蒙地已经到达蒙古科尔沁部和郭尔罗斯部地区。嘉庆以后，清廷对完全禁垦政策做出了调整，承认已存在的耕垦事实，禁止扩大私垦；同时还允许部分蒙地招垦。嘉庆四年(1799)，清政府在郭前旗查出2 330户流民，统计已耕垦土地265 648亩。

---

① 王树楠、吴廷燮、金毓黻等纂：《奉天通志》，2 690~2 708 页，东北文史丛书编辑委员会点校、出版，1983。

翌年，清政府承认了这个现状，同时在该地设立长春厅，下辖四个大乡，即沐德、抚安、恒裕、怀惠。四大乡之内的土体又被称为"大荒"或"老荒"，流民们可以任意进入开垦。嘉庆十五年（1810）又有6 953户百姓移入长春一带，而在四大乡之外的农安地方已经积聚流民2万户。于是，农安乡又成为了四大乡之外的一个建制。其地域包括农安县城以北至哈拉海地方，称为"农安荒"或"龙湾荒"。至此，郭前旗出现了长春和农安两块较大的垦区。道光七年（1827），清廷同意开放长春至农安之间的蒙地，当时的民户纷纷向蒙旗"买留牧荒"，蒙古王公允诺"永不堪丈增租"，这吸引了一大批流民涌入此地垦种。光绪年间，这里的夹荒垦地面积已经达到43万余垧。

光绪二十八年（1902），清朝废止了已经施行250余年的关于限制汉民移居蒙地的"边禁"政策，正式开放蒙荒，并改私垦为官垦。清统治者在内蒙古实施的这一所谓"新政"敞开了内地汉民大量涌入草原地区的门户，开始在察哈尔、乌兰察布等西部地区，尔后在昭乌达、哲里木等东部地区有大批汉民移居。在1902—1908年的所谓"移民实边"[①] 浪潮中，内蒙古西部地区共放垦土地757万亩，东部地区放垦土地2 450万亩。

1902—1911年，清政府彻底放弃禁垦政策，全面推行放垦蒙地。光绪二十七年（1901），任命兵部侍郎贻谷为钦命蒙旗督办垦务大臣，率先主持在内蒙古西部乌、伊二盟及察哈尔八旗大规模开垦蒙地。尔后，内蒙古东部盟旗也在地方将军、都统主持下大量开垦蒙地。自此，内蒙古全境放垦。据调查，仅1902—1908年，内蒙古西部地区又放地82 400余顷；东部哲盟八旗在1902—1911年，又放地340多万垧（约340公顷）。

清代末期全面放垦政策使得蒙地开垦合法化，在开垦规模、速度以及破坏程度上都超出清代前期和中期，破坏了蒙旗土地原有自然植被和生态条件，草原大面积减少。这些地区基本属于半干旱灌木草原带，年降雨量仅在400毫米左右，大部分地区适宜放牧，过度耕垦会导致后果严重的生态破坏。

（三）水土流失加剧

水土流失是自然因素和人为活动因素综合作用的结果，主要可以分为水力侵蚀、重力侵蚀和风力侵蚀三种类型。其中，水力侵蚀分布最广泛，在山区、丘陵区和一切有坡度的地面，暴雨时都会产生水力侵蚀，其特点是以地面的水为动力冲走土壤。风

---

① 清朝末年，政府正式开禁蒙地，准许蒙古族在官局主持下出荒，安置难民；鼓励汉人移住蒙地，开荒或租田。此举史称"移民实边"。

力侵蚀主要分布在中国西北、华北和东北的沙漠、沙地和丘陵盖沙地区；其次是东南沿海沙地，再次是河南、安徽、江苏几省的"黄泛区"（历史上由于黄河决口改道带出泥沙形成），其特点是由于风力扬起沙粒离开原来的位置，随风飘浮到另外的地方降落。重力侵蚀主要分布在山区、丘陵区的沟壑和陡坡上，在陡坡和沟的两岸沟壁，其中一部分下部被水流淘空，由于土壤及其成土母质自身的重力作用，不能继续保留在原来的位置，分散地或成片地塌落。受政权更迭、统计技术、政区变动等诸多因素影响，目前我们并无一套完整、详细的关于晚清时期水土流失情况的资料，只能根据目前已有的文献进行初步探讨。

草原遭到破坏、森林被大肆砍伐之后，一旦遇到大雨，往往就会出现山骨露出、山坡坍塌、地表径流逐年枯涸等一系列水土流失的现象。在外国人的游记中经常有关于水土流失景象的记载。1844 年秋天，法国遣使会会士古伯察（Evariste Régis Huc，1813—1860 年）一行到达今内蒙古翁牛特旗一带时，针对当地的环境状况，提出如下看法："进入 17 世纪中叶以后，汉人开始羼入这一地区。当时，这里还是一派雄浑的原始景观：山峰上覆盖着完好的森林，山谷里是丰美的牧场，白色的蒙古包点缀其间。汉人总共也花费不了多少钱，就能够获得准许，在这片荒原上开垦种植。随着垦殖业的扩展，蒙古人被迫退走他处，去放牧他们的羊群和其他牲畜。"

"从此以后，这块地方就完全改换了面貌。所有的树木都被连根除掉，山上的森林从视野中消失，烧荒的火焰把大草原燎得一干二净。新来的农夫开始忙碌起来，消耗着土壤的肥力。这里几乎每一处土地，现在都掌握在汉人手中。我们几乎可以断定，正是这种毁灭性的种植方式，使当地的季候变幻无常，从而又致使这片不幸的土地在今天变得更为荒凉。旱灾连年不断。春天的风吹刮起来，抽干土壤中的水分。老天示以不祥的征兆，眼看着某种可怕的灾难就要降临头上，不幸的民众惶恐万分，而吹来的风则愈加肆虐，有时甚至会一直刮到夏天。尘土飞扬，高入云霄，使得大气变得厚重昏暗，常常在正午时分，你会觉得四周竟像夜晚一样令人恐惧；更确切地说，它会让你紧张，并体会到一种黑暗的感觉，比最黑暗的夜晚还要可怕上千倍。紧随着这些狂风，飘来了雨水，可是，人们对降下的雨水不仅毫不企盼，而且还充满畏惧，因为它会倾盆而下，形成凶猛的洪流。有时就像天突然裂开了口子一样，一面巨大的瀑布直泻而下，流淌出这个季节里蓄积的所有雨水，田地连同上面生长的庄稼顷刻之间便淹没在一片泥海之中，巨大的波涛沿着山谷奔腾，卷走前面的所有障碍。滚滚洪流一闪而过，短短几个小时之后，大地重又浮现，上面的庄稼却已经荡然无存，然而还有比这更为严重的恶果：适宜耕种的土壤也已随波而去。这里只留存有深深的冲沟，里面堆满了砾石，从今以后再也无法下犁耕种。"① 古伯察神父记叙下的上述两段文字，虽有明显的文学加工成分，但对内蒙古地区水土流失的情况进行了非常生动的描述，明确指出当时过当的农业开发对原始植被造成的巨大破坏。

蒙古草原地处内陆干旱半干旱区，气候干燥，风力强劲，大部分地区年降水量在300~400毫米，内陆中心甚至在50毫米以下，生态条件极其脆弱。特别是内蒙古草原沙质土分布广阔，从贺兰山、乌拉山、大青山到大兴安岭西南的几千里地段都是复沙带。这种土壤结构很疏松，有机质及矿质养分都比较贫乏，物理性也不理想，翻耕后容易遭受风力侵蚀，甚至造成流动沙丘。② 据民国《张北县志》记载："查边外土地向为沙漠之区，平原辽远，一望无垠，率皆沙底土壤，厚者不过二三尺，其次者约一二尺许，更有不及盈尺者甚夥。因接近沙漠，春季多起西北风，其势极猛，将地上沙土随风飞扬，久而久之，愈吹愈少，愈少愈薄。土壤厚者不过可经五六十年，土壤薄者可经二三十年，最薄者仅经五六年俱变为硗瘠之地，不堪耕种。然口外农民富而不久、居而不长者，此亦一大原因焉。"③

东北地区水土流失以水力侵蚀为主。辽河曾是东北地区航运开发较早、商业航运量最大的一条河流，是东三省的航运命脉。清初辽河航运业就已经颇具规模了，并于19世纪末20世纪初达到航运规模的历史顶点。然而，殊为可惜的是，辽河航运业的鼎盛局面并未维持多久，自1905年起，便急转直下，迅速走向衰落。有学者指出，造成晚清辽河航运衰落的罪魁祸首当推19世纪末辽河水域水土流失加剧，泥沙淤积造成航道阻塞、河岸变形。④ 19世纪时，辽河干流全长约为1 700千米，其中有1 200千米的流经地区属于草原沙地或山地。1860年以前，这一地区人口稀少，草原、森林植被保护完好，从而保证了辽河每年从开化到封冻的8个月时间里一直保持丰沛的水量。但从1865年起，随着外来移民的增长，西辽河两岸的草原逐渐被垦殖为耕地。由于草原沙地土层较薄，一经开垦，土质随即沙化。每当雨季到来时，大量泥沙随洪水进入河道，使河床升高形成一个个浅滩。至1904年，仅从主流上游通江

① M. Huc, "Travels in Tartary, Thibet, and China, During the Years 1844~5~6", Translated from the French by W. Hazlitt., London: Office of the National Illustrated Library, cl852. pp. 11~12. 转引自辛德勇：《日本学者松本洪对中国历史植被变迁的开拓性研究》，载《中国历史地理论丛》，2012（1）。
② 任美锷：《中国自然地理纲要》，322页，北京，商务印书馆，1999。
③ 陈继淹修、许闻诗纂：《察哈尔省张北县志》，554~555页，台北，成文出版社，1968。
④ 曲晓范、周春英：《近代辽河航运业的衰落与沿岸早期城镇带的变迁》，载《东北师大学报（哲学社会科学版）》，1999（4）。

口至入海口营口这一区间就形成了 162 处浅滩，个别浅滩流沙堆积之高甚至超过两侧河岸 2 米。浅滩的大量出现除了造成航道深浅不一、航行标志难设、加大了行船危险外，还因浅滩阻碍河水通过，使河流被迫改道，在一些区段形成多条支汊，相应分割了主流水量，主流因此变浅，上中游不足 2 米水深，以致无法满足载重船只的吃水要求。

二、影响晚清农业环境变迁的重要因素

农业环境变迁情况是诸多因素共同作用的结果，并且一般情况下这是一个相对缓慢的过程，在生产力尚不十分发达的传统社会更是这样。晚清时期农业生态环境的变迁仍然是之前历史进程的延续，明显有所区别的是这个时候中外战争频发，列强疯狂掠夺。

（一）农业开发过当

农业是传统社会经济系统中最为重要的产业。如果农业垦殖活动顺应自然规律，采用较为科学合理的开发原则，便能够促进自然界与人类生产活动良性循环，使人类获得丰富的物产；反之，如果忽视自然规律，采取盲目、野蛮的开发手段，就会造成自然环境恶化，影响农业乃至整个社会经济的生存与发展。

中国的人口几乎在 2000 年前的西汉时期就达到了 6 000 万，此后长期徘徊在 6 000 万与 1 亿之间。明代的人口在 7 000 万 ~1 亿。清朝"康雍乾盛世"的 110 多年间，中国人口数量由不足 1 亿猛然增至 3 亿，40 多年后的 1840 年则已突破 4 亿大关，成为中国历史上的第二个人口快速增长期。人口的剧增使得农民加速对山地、荒地的开垦进程，尤其是自 16 世纪开始传入我国的诸如玉米、花生、甘薯、马铃薯等适宜山地种植的外来旱地农作物在清朝中期广泛推广之后，山地开发的速度明显加快，逐步形成了以旱地垦殖为主的经济格局。一些地区"遍山漫谷，皆包谷矣"，红薯"处处有之"，而马铃薯的传入更使高寒山地成为种植区，致使大量陡坡旱地、山坡地、丘陵地被耕垦，土壤侵蚀愈演愈烈。除毁林开荒外，伐木烧炭、木材经营、采矿冶炼也是森林破坏、土壤侵蚀加重的重要原因。

清朝中期以后，人口激增与土地严重不足的矛盾愈发突出。为了生存，不仅农民自己用开荒种地的方式获取口粮，而且政府鼓励农民向荒山、草地进军，最后原有的植被遭到严重侵害。这种对自然生态环境的破坏又导致了近代灾荒频仍，且加重了灾

害的危害程度。这种情况在中国北方更为严重，造成的危害也更大。

热河承德府在清初之前，植被状况很好，基本保持原始面貌。清代中期以后，由于人口持续增加，农垦活动日趋活跃，承德附近的森林越来越少。嘉庆年间开始，因为兴建土木而不断砍伐围场的森林，主管官员又乘机偷伐贩卖，外加潜入围场私伐林木、偷猎野兽者变多，使得森林树木渐渐稀少，野生动物数量锐减，使得木兰秋狝长期不能正常举行。同治元年（1862），热河都统瑞麟奏请开围，于是有了开放围场边荒之举，但对围座仍采取保护。光绪三十二年（1906），直隶总督袁世凯奏请朝廷将围场尽数招垦，又立木植局，滥施砍伐，售卖木料谋利。[1] 围场放垦后，移民激增。光绪二十八年（1902）围场人口为 36 399 人，到光绪三十四年（1908）增至 75 728 人。[2] 短短 6 年间此地人口竟然增加了一倍还多！由于移民大量增加，农垦发展很快，致使森林遭受滥伐，牲兽捕杀殆尽。

东北平原的规模化土地垦殖相对较晚，出现在晚清以来的百余年间。有明一代，东北地区的土地开发最远只是到达今辽宁省的开原县城。清朝时期的开垦则是从沈阳西部的平原谷地开始，到了清中叶又开始对松嫩平原的阿城和双城堡等地进行垦殖。1880 年，长春、农安、海龙、辉南、东风等地及长白山的边缘地区相继被开荒耕垦。以吉林省为例，1825 年人口 20 万，垦殖指数 0.15%，森林覆被率达 70%；而 1874 年后，人口增至 50 万，垦殖指数 3%，森林覆被率下降到 60%。[3]

清朝以来的人口剧增，不可避免地驱动农业以快速的进展扩大开发规模，森林、草原等原有植被覆盖也在加速消失。随着地表植被的大面积破坏，生态环境也日趋恶化，水土流失、沙渍化愈发严重，最后导致或者加重各种自然灾害的发生与发展。近代以来，中国很多山地、草原等广大地区普遍经历了上述农业开发过程：人口剧增—耕地扩大—植被破坏。这个过程最终必然导致生态环境退化，自然灾害频发，形成恶性循环。归根结底，这是由单一的农业生产不合理开发山地和草原等带来的严重恶果。

（二）移民运动兴起

清朝乾嘉时期，全国性的人口膨胀愈发严重，东南沿海和长江中下游地区人口增长幅度更大。人口剧增激化了人口与耕地比例失调的矛盾，耕地日趋紧张。

---

[1] 袁森坡：《木兰围场》，《文物集刊》，1980（2）。
[2] 光绪《围场厅志》卷六（钞本，藏北京图书馆）。钮仲勋、浦汉昕：《历史时期承德、围场一带的农业开发与植被变迁》，载《地理研究》，1984（1）。
[3] 穆兴民、高鹏等：《东北 3 省人类活动与水土流失关系的演进》，载《中国水土保持科学》，2009（5）。

同时，人口剧增还造成了全国性的粮食紧缺。北方自不必论，就是历来以产粮著称的江浙地区也常有缺粮之忧，需要从江西、湖广、四川等省份运米接济。大批破产农民被迫背井离乡，流移到地广人稀之处垦荒种地，这是移民产生的一个重要根源。此外，土地兼并、税赋繁重以及各种自然灾害的频发也是近代以来大量移民产生的重要原因。当然，由于躲罪、经商、逃租等加入移民队伍的也存在，不过这些人只占极少数。

清朝后期，东北及内蒙古地区是被移民开发的一个重要区域。清初，清政府为了保护"龙兴之地"，限制人民出关开垦荒地。到了晚清，尤其是光绪年间开始，对东北黑土地实行"新政"，其中心内容是"开放蒙荒""移民实边"，大量直隶、山东地区的流民进入东北开垦土地。东北的放垦，使东北地区耕地大幅度向北推进，面积迅速增加，结果使生态环境遭到空前破坏。黑土缺少植被的覆盖，极易受到水蚀和风蚀的侵害，加重土质恶化和水土流失。这种情况主要表现在坡耕地上，一些坡耕地地区黑土层每年因水蚀减少可达 0.4~0.5 厘米，黑土层由开垦初期的60~70 厘米减少到 20~30 厘米。要知道东北黑土区形成 1 厘米厚的土壤需要 400 年左右。

内蒙古草原是北方游牧民族与中原农耕民族相互交流、彼此影响的交错地带。很久以前就有很多汉人前往蒙古草原垦荒种田。真正对草原地区传统游牧产业和生态环境产生深刻影响的，是晚清时期实行"移民实边"政策后，大规模"走西口"移民的到来。清末直至民国时期的大量移民使得内蒙古地区的农耕和游牧比重发生了根本性变革。科尔沁沙地和毛乌素沙漠的形成与扩大，较为清楚地反映了移民开垦对塞外土地沙化的作用。地处西辽河和西拉木伦河流域的科尔沁沙地，清初时这里还是一片草原森林景观，是哲里木、昭乌达两盟的优良牧场。科尔沁沙地沙漠化发生在 19 世纪以后，主要是由移民开垦人为原因引起的。科尔沁沙地的中心区恰恰位于原来自然条件优越、出塞移民开垦最旺盛的西辽河、西拉木伦河及老哈河谷地。这一重合决非偶然，它正说明了移垦与沙漠化的因果关系。①

移民垦殖基本上是以粮食作物单一种植为主要模式，并且很大程度上带有野蛮开垦和粗放经营的特点。这一运动本身就有很多天生缺陷和消极面，难以避免地对生态环境造成一系列负面影响。

---

① 朱震达、吴正等：《中国沙漠概论》，22~23 页，北京，科学出版社，1980。

（三）战乱频仍与列强的掠夺

晚清时期，国内外战乱频繁发生，这是晚清社会的一个突出特点。正是如此之多的战争，对近代中国的生态环境造成了极大的破坏。

实际上，早在鸦片战争之前，中国一些地区的生态环境破坏就已经相当严重了，这与人口的增加和由此采取的垦荒政策有莫大关系。鸦片战争以后，列强开始不断入侵，后来又爆发了太平天国、捻军、义和团等各种农民起义，连年的战乱使得生态环境的恶化状况更加趋于严重。长期的战争使得很多地区的森林遭到无度砍伐，出现大批童山秃岭，土地连片荒芜。19世纪50—70年代，长江中下游地区、黄河流域，以及西北、西南等区域，经过战火的洗劫之后，很多地方变成一片废墟。向来经济较为发达的苏南地区原来"民稠地密，大都半里一村，三里一镇，炊烟相望，鸡犬相闻"，然而到了19世纪60年代，这里则变成了"一望平芜，荆榛塞路"的惨状。有"人间天堂"之称的苏州府"田野荒芜，遍地荆棘，鸡犬不留，浑似沙漠"。[①] 陕西中部为该省最为富饶的地区，根据巡抚刘蓉的奏报，战前此地是"树木丛生，桠杈成拱"，战后则为一片狼藉破败之象，"或行数十百里，不见一椽一屋一瓦之覆，炊烟尽绝，豺獾夜嗥，气象殆非人境"。[②] 曾国藩在回复友人的一封信中说道："近年从事戎行，每驻扎之处，周历城乡，所见无不毁之屋，无不伐之树。"[③] 由上可知，战争对生态环境的破坏程度极为严重。

另外，列强的入侵给近代中国的生态环境带来了巨大侵害。帝国主义国家通过战争与清政府签订了大量不平等条约，攫取了很多特权，例如在中国修筑铁路、采伐森林，导致很多地区的森林资源被破坏殆尽。根据1858年中法《天津条约》，法国可以在中国西南地区修筑铁路，1903年两国又订立了《滇越铁路章程》。西南地区森林茂密，植被良好，为了给铁路提供地皮、枕木以及日常生活用材等，法国人在云南等省份砍伐了大量木材。如前所述，甲午战争后，俄国人在中国东北地区夺取了修筑中东铁路的特权，铁路沿线大兴安岭、张广才岭、松花江流域、拉林河流域等大片区域的森林被砍伐一空。列强毫无节制的掠夺使得原本郁郁葱葱的青山很快变成了濯濯童山，短时期内难以恢复。

---

① （清）李鸿章：《李文忠公奏稿卷三》，见《李文忠公全集》，同治二年。
② 简又文：《太平天国典制通考》，754页，简氏猛进书屋，1958。
③ （清）李翰章编辑，李鸿章校刊，冯晓林审订：《曾国藩文集》，887页，北京，九州图书出版社，1997。

第二节 晚清时期的农业灾害

农业灾害是灾害系统的一个重要组成部分，它是从承灾体的角度出发划分的一种灾害类型，农用动植物和农业生产环境是其危害对象。凡是直接危害农用动植物和农业生产环境，影响农业生产的正常进行，并进而危及人类生存、生活的灾害，都可以称作农业灾害。中国自古以来就是一个自然灾害多发的国家。据统计，从1644年清军入关，至1911年武昌起义的268年中，较大灾害总计达1 121次。[①] 时至晚清，农业灾害更是频繁，灾情也更为严重。

一、晚清农业灾害概况

从1840年鸦片战争爆发到1912年中华民国成立的70余年间，水、旱、风、霜、雹、虫、震、疫等灾种几乎年年发生，只是灾区面积有大小之分，灾情程度有轻重之别而已。表3-1和表3-2分别是晚清时期黄河流域六省（山东、直隶、河南、山西、陕西、甘肃）和长江流域六省（江苏、浙江、安徽、江西、湖北、湖南）的历年农业灾害统计。

按照惯例，农业收成在五成以下的，才算成灾。根据官方文书，近代每年成灾县份平均在四五百个以上。至于因洪水泛滥而跨州连郡"尽成泽国"，或因连续干旱而"赤地千里"的大灾巨祲，也是史不绝书。据粗略统计，在此期间，黄河、长江大约平均两年漫决一次；位于京师附近的永定河，在从鸦片战争到清王朝灭亡，曾发生漫决33次；至于淮河流域，更是"大雨大灾、小雨小灾、无雨旱灾"，"十年倒有九年荒"的民谣成了这一地区的真实写照。光绪初年连续三年多的大旱灾，席卷了山西、河南、直隶、陕西、山东北方五省，并波及陇东、川北、苏北、皖北等地。从表3-1和表3-2可以看出，晚清时期中国的灾情特征可用类型复杂多样、影响范围广泛、发生频繁集中、造成危害严重等形容。下面分别加以详述之。

① 邓拓：《中国救荒史》，36页，北京，北京出版社，1998。

表 3-1　晚清时期黄河流域六省历年农业灾害（1846—1911）

单位：个

时间/年	直隶			山东			河南			山西			陕西		甘肃	
	灾区		灾别	灾区		灾别	灾区		灾别	灾区		灾别	灾区	灾别	灾区	灾别
	州县	村庄		州县	村庄		州县	村庄		州县	村庄		州县		州县	
1846	—	—	—	—	—	—	—	—	—	—	—	—	—	—	—	—
1847	—	—	—	39	6 008	水、旱、风、雹、沙	60	—	水、旱	—	—	—	2	旱	43	水、旱、雹
1848	48	5 059	水、雹	61	6 804	水、旱、雹	59	—	水	3	—	水	5	—	43	蝗、雹
1849	32	—	旱、雹	—	—	—	—	—	—	—	—	—	—	—	36	雹、霜
1850	36	143	水、蝗	45	—	水、旱、雹、风	—	—	—	—	—	—	—	—	17	旱、霜
1851	29	—	水、雹	51	10 424	水、雹、风、虫	22	—	水	—	—	—	—	—	13	水、旱、雹
1852	35	3 426	水、雹、风	55	17 269	水	25	—	水、雹	1	—	旱	—	—	—	—
1853	—	—	—	7	2 139	连年被水	—	—	—	—	—	旱	—	—	—	—
1854	14	230	水	—	—	—	—	—	—	—	—	—	—	—	—	—
1855	61	7 542	水、雹、蝗	100	47 619	水、蝗	6	—	水	6	—	水、雹	—	—	—	—

时间/年	直隶			山东			河南			山西			陕西		甘肃	
	灾区		灾别	灾区		灾别	灾区		灾别	灾区		灾别	灾区	灾别	灾区	灾别
	州县	村庄		州县	村庄		州县	村庄		州县	村庄		州县		州县	
1856	2	88	水、蝗、风	—	—	—	—	—	—	—	—	—	—	—	—	—
1857	22	1 576	水、旱、雹、蝗	—	—	—	—	—	—	—	—	—	—	—	—	—
1858	—	—	—	—	—	—	—	—	水	—	—	—	—	—	—	—
1859	—	—	—	7	2 922	水	—	—	—	—	—	—	—	—	—	—
1860	—	—	水、旱、雹	—	—	—	—	—	—	—	—	—	—	—	—	—
1862	37	1 903	水	77	33 035	水	—	—	—	3	—	（连年歉收）	—	—	26	水、旱、雹、霜、冻、风
1863	—	—	—	64	18 824	水、旱、雹、蝗	—	—	—	—	—	—	—	—	—	—
1864	41	5 018	水	69	14 655	水、旱、蝗	—	—	水、旱	—	—	—	—	—	—	—
1865	21	3 790	水、旱、雹	—	—	水	58	—	水、旱	—	—	—	—	—	—	—
1866	3	2 595	水	—	—	—	—	—	—	—	—	—	—	—	—	—
1868	13	—	水	—	—	—	—	—	—	5	—	水、雹	—	—	—	—
1870	74	—	水、旱、雹、蝗	62	15 800	水、旱、雹、蝗	—	—	—	4	—	水、旱、雹	—	—	—	—

时间/年	直隶			山东			河南			山西			陕西		甘肃	
	灾区		灾别	灾区		灾别	灾区		灾别	灾区		灾别	灾区	灾别	灾区	灾别
	州县	村庄		州县	村庄		州县	村庄		州县	村庄		州县		州县	
1871	36	7 442	水	—	—	—	—	—	—	—	—	—	—	—	—	—
1872	76	4 828	水、雹	—	—	—	—	—	—	—	—	—	—	—	—	—
1873	71	5 111	水	68	12 660	水	76	—	水、旱	4	—	水、雹	—	—	—	—
1874	3	631	水	—	—	—	—	—	—	—	—	—	—	—	—	—
1875	40	3 756	水、旱	63	—	水、旱、风	75	—	水、旱	—	—	—	—	—	—	—
1876	63	5 616	旱、雹、霜、风、潮	12	—	旱、风	—	—	—	84	—	旱、雹、霜	—	—	—	—
1877	3	1 079	水、旱	82	—	旱、雹、沙	77	—	水、旱	41	—	水、旱、雹、雪	—	—	—	—
1878	17	—	水	9	—	水、雹、风	88	—	水、旱	84	—	频年灾歉、疫、温、民逃	—	—	—	—
1879	5	633	水	57	—	水、旱、蝗	105	—	水、旱、雹	1	64	疫、雹	—	—	—	—
1880	1	13	水	76	13 197	水、旱、雹、蝗、沙、碱	—	—	—	—	—	—	—	—	—	—

时间/年	直隶			山东			河南			山西			陕西		甘肃	
	灾区		灾别	灾区		灾别	灾区		灾别	灾区		灾别	灾区	灾别	灾区	灾别
	州县	村庄		州县	村庄		州县	村庄		州县	村庄		州县		州县	
1881	40	1 695	水、雹	79	8 157	水、蝗、碱、沙	88	—	水、旱	9	121	水、雹	—	旱	—	—
1882	50	2 800	水、雹、蝗	87	10 990	旱、蝗、碱	85	—	水、旱、雹	58	—	水、旱	5	水、雹	—	—
1883	120	7 599	雹、风、蝗	36	7 817	水	86	2 870	水、旱	18	390	水、雹、霜	1	水	—	—
1884	55	3 164	雹、蝗	77	12 239	水、雹、蝗、碱	84	—	水、旱	24	806	水、雹、霜	19	水、霜	15	水、蝗
1885	15	848	水	41	15 928	旱、蝗	85	—	水、旱	21	798	水、雹	—	旱	7	水
1886	31	2 343	水	68	12 312	旱、雹、蝗	79	—	水、旱、雹	24	1 004	水、雹	12	水、雹	11	水、雹
1887	77	9 372	水	54	12 294	旱、蝗	80	—	水、旱	25	—	水、雹、霜	12	水、雹	17	水、雹
1888	44	2 495	水、旱、雹、蝗	59	18 694	水、旱、雹、风、蝗	67	—	水、旱	23	672	水、旱、雹、碱	12	水、雹	5	—
1889	40	3 641	水	55	18 962	水、旱	50	—	水	20	—	水、雹、碱	27	水、雹	3	—

近代以来中国农村变迁史论（1840—1911）

时间/年	直隶			山东			河南			山西			陕西		甘肃	
	灾区		灾别	灾区		灾别	灾区		灾别	灾区		灾别	灾区	灾别	灾区	灾别
	州县	村庄		州县	村庄		州县	村庄		州县	村庄		州县		州县	
1890	98	16 575	水、雹、潮	64	27 921	水、旱	51	—	水、旱、雹、风	16	—	水、雹、碱	10	水、雹	—	—
1891	19	1 607	旱、雹、蝗	—	—	—	52	—	水、旱	19	—	水、雹、碱	20	水、旱、雹	3	旱、雹
1892	88	8 080	水	56	14 360	水、雹、蝗	62	—	水	47	—	旱、霜、雹、碱	29	水、旱、雹、霜	19	水、旱、雹
1893	64	10 384	水	46	9 445	水、雹、旱、风、蝗、碱	54	—	水、旱	19	—	旱、霜、雹、冻、碱	29	旱	6	水、霜
1894	111	14 229	水	48	16 989	旱、碱、水、蝗、沙	53	—	水、旱	17	—	旱、冻、雹、碱	1	雹	—	—
1895	47	4 084	水、雹	62	18 625	旱、风、沙、水	54	—	水	34	—	水、雹、霜、碱	6	水、雹	—	水、雹
1896	48	3 737	水、雹	52	14 681	水、雹、旱、蝗	55	—	水、旱	21	—	水、冻、雹、碱	18	水、雹	24	水、霜、雹
1897	39	2 798	水、雹、蝗	55	7 497	水、旱、风、碱、蝗、沙	54	—	水、旱	10	—	旱、蝗、冻、碱、沙	10	水、旱、雹	12	水、雹

续表

时间/年	直隶			山东			河南			山西			陕西		甘肃	
	灾区		灾别	灾区		灾别	灾区		灾别	灾区		灾别	灾区	灾别	灾区	灾别
	州县	村庄		州县	村庄		州县	村庄		州县	村庄		州县		州县	
1898	55	3 159	水、雹、潮	61	24 131	水、虫、碱、沙	6	1 042	水	16	—	水、旱、雹、碱	71	水、旱、雹	15	水、旱、雹
1899	37	2 067	水、旱	48	7 572	水、旱、雹、碱	44	—	旱、雹	19	—	旱、水、雹、碱	38	水、旱、蝗、霜	28	水、旱、雹
1900	33	3 655	水、旱	—	—		28	—	旱、风	62	—	水、旱、雹、碱	61	旱、雹、霜	41	水、旱、雹、霜
1901	39	—	水	69	13 535	旱、蝗	62	—	水、旱、雹、风	43	—	旱、雹	—	—	20	水、雹
1902	34	780	水、旱、霜、蝗	49	6 797	水、旱	—	—	—	12	—	雹、霜、蝗	26	水、雹、霜	8	水、雹
1903	39	3 145	水	85	—	旱、蝗	61	—	水、旱	28	—	水、雹、风、碱	23	水、雹	11	水、雹
1904	51	2 738	水	84	—	水、蝗	4府	—	水、旱、雹	12	—	水、雹	1	水	10	水、雹
1905	32	1 532	水、霜	94	—	水、旱、蝗、碱、沙	—	—	—	23	—	水、旱、雹、霜	—	—	5	水、雹

时间/年	直隶 灾区 州县	直隶 灾区 村庄	直隶 灾别	山东 灾区 州县	山东 灾区 村庄	山东 灾别	河南 灾区 州县	河南 灾区 村庄	河南 灾别	山西 灾区 州县	山西 灾区 村庄	山西 灾别	陕西 灾区 州县	陕西 灾别	甘肃 灾区 州县	甘肃 灾别
1906	36	2 090	水、旱、蝗	85	12 929	水、旱、蝗、碱	85	—	水	27	—	水、旱、霜、雹、冻	36	水、雹	3	水、雹
1907	39	3 620	水、旱、虫	93	—	水、旱、虫、沙	45	—	水、旱	12	—	水、旱、雹	10	水、旱、雹	10	水、旱、雹
1908	42	4 872	水	93	—	水	—	—	—	14	—	—	13	水、旱、雹、霜	—	—
1909	41	2 591	水、旱、雹	9府3州	—	水、旱、碱、风、沙	—	—	—	8	—	水、雹、霜	24	水、雹	9	水
1910	34	2 356	水、旱、雹	91	—	水、旱、雹、碱、风、虫、沙	39	—	水	38	—	水、雹、霜、冻、碱	1	水	—	—
1911	—	—	—	—	—	—	42	—	水	—	—	—	—	—	—	—

资料来源：根据中国科学院经济研究所藏清代灾荒表编制。参见李文治编：《中国近代农业史资料 第一辑（1840—1911）》，733~735页，北京，生活·读书·新知三联书店，1957。

表 3-2　晚清时期长江流域六省历年农业灾害（1846—1910）

单位：个

时间/年	江苏		浙江		安徽		江西		湖北			湖南	
	灾区州县	灾别	灾区州县	灾别	灾区州县	灾别	灾区州县	灾别	灾区州县	灾区村庄	灾别	灾区州县	灾别
1846	28	水	—	—	—	—	—	—	—	—	—	8	水、旱
1847	51	水、旱、风	17	水、旱、风	43	水、旱	22	水、旱	—	—	—	8	旱
1848	65	水	31	水、旱	38	水	21	水	33	1 577	水	—	—
1849	57	水、风	28	水	36	水、旱	18	水	32	1 858	水	12	水
1850	—	—	—	—	48	水、旱	21	水、旱	33	1 455	水、旱	—	—
1851	55	水	28	水、旱、风、潮	34	水、旱	12	水	32	425	水	1	水
1852	—	—	27	—	26	水、旱	—	水、旱	32	1 742	水、旱	9	水、旱
1853	—	水、旱	—	—	—	—	—	水、旱	—	—	—	—	—
1854	—	水、旱	—	—	—	水、旱	—	—	—	—	—	—	—
1855	—	—	59	水、旱、风、潮	—	水、旱	—	水	—	—	—	—	水、旱
1856	—	旱	—	—	23	水、旱、蝗	—	—	—	—	水、旱	—	—
1857	—	—	96	水、旱、潮、蝗	—	水、旱、蝗	—	—	19	2 255	水	10	水
1858	—	—	—	—	—	—	—	—	—	—	—	13	水
1859	59	水、旱、蝗	78	水、旱、风	—	—	—	—	—	—	—	—	—

时间/年	江苏		浙江		安徽		江西		湖北			湖南	
	灾区州县	灾别	灾区州县	灾别	灾区州县	灾别	灾区州县	灾别	灾区州县	灾区村庄	灾别	灾区州县	灾别
1860	—	风	—	—	—	—	—	—	—	—	水、旱	11	水
1861	—	水、旱	—	—	—	—	—	—	—	—	水	—	—
1862	30	水、旱	—	—	—	—	—	—	—	—	水	—	—
1863	—	—	—	—	—	—	—	水、旱	—	—	—	—	—
1864	—	水	—	—	—	水	—	—	—	—	—	—	—
1865	—	水	38	水、旱、风、蝗	—	—	—	—	—	—	水	—	—
1868	73	水、旱	—	—	—	—	—	—	—	—	—	—	—
1869	40	水、旱	—	—	46	水、旱、风、蝗	—	—	—	—	—	—	—
1870	40	水、旱	—	—	—	—	—	—	—	—	—	—	—
1871	39	水、旱	38	水、旱、风、雹、蝗	—	—	—	—	25	855	水	—	—
1872	39	水、旱	—	—	—	—	—	—	—	—	—	—	—
1873	39	水、旱	—	—	—	—	—	—	23	1 047	水、旱	15	水
1874	39	水、旱	—	—	59	水、旱、风	—	—	—	—	—	—	—
1875	—	—	—	—	—	—	—	—	22	—	水、旱	—	—
1876	—	—	—	—	—	—	—	—	—	—	水、旱	—	—

时间/年	江苏		浙江		安徽		江西		湖北			湖南	
	灾区州县	灾别	灾区州县	灾别	灾区州县	灾别	灾区州县	灾别	灾区州县	灾区村庄	灾别	灾区州县	灾别
1877	—	—	—	—	60	水、旱、蝗	—	—	18	—	水、旱	—	—
1878	—	—	—	—	53	水、旱、蝗	—	—	24	—	水、旱	—	—
1879	—	—	—	—	59	水、旱、蝗	29	水	19	—	水、旱	—	—
1880	84	水、旱、蝗	30	水	—	—	30	水、旱、蝗	25	—	水、旱	—	—
1881	72	水、旱、风	16	水、蝗、潮	66	水、旱	—	—	—	—	—	—	—
1882	62	水、风	47	水、蝗	50	水、旱、蝗	35	水、旱	25	—	水	—	—
1883	57	水、风	—	—	35	水	35	水、旱	22	—	水	—	—
1884	64	水、旱、风	—	—	—	—	19	水、旱	36	1 048	水、旱	15	—
1885	29	水、旱	17	水、风、潮、蝗	89	水、旱、风、蝗	24	水、旱	31	—	水、旱	7	水、雹、蝗
1886	60	水、旱、风	16	水、旱、潮	69	水、旱、蝗	14	水、旱	25	1 464	水、旱	11	水
1887	63	水、旱、风	33	水、旱	18	水、旱、蝗	34	水、旱	37	776	水	17	水、雹
1888	68	水、旱	—	—	34	水、旱	33	水、旱	28	1 168	水、旱	5	—
1889	57	水、旱	68	水、旱、潮	39	水	14	水、旱	26	996	水	15	水

时间/年	江苏 灾区州县	江苏 灾别	浙江 灾区州县	浙江 灾别	安徽 灾区州县	安徽 灾别	江西 灾区州县	江西 灾别	湖北 灾区州县	湖北 灾区村庄	湖北 灾别	湖南 灾区州县	湖南 灾别
1890	55	水、旱、风	69	水、旱、蝗	42	水、旱、风、蝗	18	水、旱	—	—	—	11	水
1891	57	水、旱	27	—	43	—	21	水、旱、风、雹	28	622	水、旱	11	水
1892	62	水、旱	31	水、旱、潦、蝗	29	水、旱、风、蝗	20	水、旱	33	1 052	水、旱	10	水
1893	55	水、旱	29	水、旱、潦、蝗	30	水、旱、风、蝗	21	水、旱	29	508	水、旱	11	水
1894	74	水、旱	54	旱、潦、蝗	43	旱、风、蝗	—	—	31	536	水、旱	13	水
1895	53	水、旱	13	—	38	旱、风、蝗	21	水、旱、蝗	29	—	水、旱	12	旱
1896	57	水、旱	25	水、旱、蝗	36	水、旱、风、蝗	17	水、旱	18	—	水、旱	12	水
1897	57	水、旱	51	水、旱、蝗	37	水、旱、风、蝗	27	水、旱、蝗	35	—	水、旱	12	水
1898	47	水、旱	56	水、旱、蝗	35	水	28	水、旱、蝗	31	—	水、旱	13	水、旱
1899	55	水、旱、风	40	水、蝗	36	水、风	35	水、旱、风、蝗	35	—	水、旱	13	水、旱

续表

时间/年	江苏		浙江		安徽		江西		湖北			湖南	
	灾区州县	灾别	灾区州县	灾别	灾区州县	灾别	灾区州县	灾别	灾区州县	村庄	灾别	灾区州县	灾别
1900	57	水、旱	—	—	—	—	31	水、旱、风、蝗	28	—	水、旱	11	水、旱
1901	62	水	35	水、旱、涝、蝗	44	水、旱、蝗	29	水、旱、风、蝗	24	—	水、旱	15	水
1902	57	水、旱	40	水、旱、风、蝗	33	水、旱、蝗	22	水、旱、风、蝗	38	—	水、旱	—	—
1903	28	水、旱	40	水、旱、风、蝗	36	水、旱	17	水、旱	36	—	水、旱	10	水
1904	59	水、旱	38	水、风、蝗	27	水、旱、风	—	—	38	—	水、旱	—	—
1905	55	水、旱	36	蝗	—	—	27	水、旱	32	—	水、旱	—	—
1906	41	水	18	水、蝗	40	水、旱、蝗	25	水、旱	21	—	水、旱	—	—
1907	61	水、旱	32	水、旱、蝗	32	水、旱、风	24	水、旱	29	—	水、旱	17	水、旱
1908	60	水、旱	—	—	31	水、旱	32	水、旱	29	—	水、旱	9	水、旱
1909	60	水	20	水、旱、蝗	—	—	21	水、旱	26	—	水、旱	13	水
1910	60	水	27	水、旱、风、蝗	56	水、旱、风	14	水、旱	24	—	水、旱	15	水、旱

资料来源：根据中国科学院经济研究所所藏清代灾荒表编制。参见李文治编：《中国近代农业史资料　第一辑　（1840—1911）》，720~722页，北京，生活·读书·新知三联书店，1957。

（1）灾害类型复杂多样。近代以来，中国各省常常会出现各灾种齐至的糟糕状况。晚清时期的灾荒种类主要有水、旱、震、风、虫、疫、雹、霜、雪、火等，其中水、旱两灾次数最多，危害程度也最大。然而，我们从表 3-1 和表 3-2 可以知道，一年中出现多个灾种的情况并不少见，甚至如直隶、山东等省竟然有一年之内出现六七类灾种的现象。不同灾种有时是并存于同一时期的不同地方，如 1906 年夏季，广西柳州、庆远等地"淫雨为灾"，而太平、镇安、南宁、思恩、百色等地则"苦亢旱"；有些则是呈先后顺序出现，如"湖北宜昌、施南两府所属十三州县，及附近之郧阳属竹溪、保康、房县，去年春夏干旱，秋间霪雨数十日，米谷、包谷、番薯、羊芋全行坏烂。各处皆系穷乡僻壤，处处贫瘠，仅食杂粮，素无盖藏。运贩难达，又无他项生计，灾民苦极"。[①] 出现各灾种并至的情况，一方面是因为地理位置、气候条件的差异，导致降雨等天气的不均；另一方面也是因为灾害的产生，往往在成因方面有一定的关联，甚至互为因果。例如台风来袭时，风雨交加，河道水位上涨，便会出现洪涝；而暴雨、大雪灾则会因为水量的增加容易导致山洪暴发；天旱地燥是火灾易发之时；水、旱、震等灾之后由于许多人杂处，兼之卫生条件恶劣，很容易发生瘟疫等次生灾害。

（2）灾害影响范围广泛。近代以降，全国各个省份均有重大自然灾害发生，并且在同一个地区之内，一场灾害往往不会只出现于一州一县，而是大面积波及。1902—1910 年，长江、黄河流域的 12 个省份共有 3 134 个州县遭灾，[②] 村庄无算。1902 年江西水旱两灾肆虐，波及的厅县有南昌、新建、进贤、清江、新喻、新淦、峡江、莲花、庐陵、吉水、永丰、泰和、安福、永新、建昌、德化、德安、瑞昌等；[③] 1906 年，山东全省有 93 个州县遭受水、旱灾害；1907 年，江苏省被水、被旱的州县亦有 30 个。不独水旱两灾的发生非常普遍，蝗虫的铺天盖地、四处横行以及极具传染性的疫病更是深深困扰着晚清社会。1903 年，新疆绥来县"五、六月间蝗虫游莫，伤害夏禾"，另外其阜康县东乡二道沟、东泉、梭梭沟、八户沟、中沟、商户沟、土墩子、五工梁等处也遭蝗虫肆虐；1906 年，绥远五原发生蝗灾，蝗蝻始起自洋堂庙圪都、鱼娃圪都、乌梁素三处，东西约长十余里、南北四五里、七八里不等，一起向东北，一起向正东，东即达拉特旗地段之东偏如二小圪都新地桥湾威圪都，上下达拉兔，撒不气淖圪

① （清）张之洞：《致上海盛京堂》，见《张文襄公电稿》卷二十八，2 页，光绪二十二年正月十四日。
② 李文治：《中国近代农业史资料　第一辑（1840—1911）》，722、735 页，北京，生活·读书·新知三联书店，1957。
③ 李文海等：《近代中国灾荒纪年》，692 页，长沙，湖南教育出版社，1990。

生壕八拜水道等处。蝗虫聚众之多，有厚至三四寸、七八寸者，长、宽自数里至二十余里不等，弥望无际，人难插足；[①] 1908 年，部分省区发生鼠疫，"蔓延至南北两部者，有二十四处"[②] ；1910 年，东北三省鼠疫流行，"黑龙省西北满洲里地方发现疫症……旋由铁道线及哈尔滨、长春、奉天等处，侵入直隶、山东各界，旁及江省之呼兰、海伦、绥化，吉省之新城、农安、双城、宾州、阿城、长春、五常、榆树、盘石，吉林各府厅州县"[③] 。总而言之，晚清时期的农业灾害波及范围之大确实呈前所未有之势。

（3）灾害的发生频繁而集中。在一省之内，自然灾害往往会接连发生，这种情形的表现之一是几乎年年有灾。以长江流域的湖北和黄河流域的直隶两省的水患为例进行说明。湖北省属于降水丰沛之区，一旦雨水过多，便会有溃垸之患。在清末的最后十年中，湖北省连续遭受水灾的袭扰。比如 1910 年，由于连日大雨，襄河涨至一丈，由老河口建瓴直下，兼之江水抵塞下游，致将潜江县之马家拐民堤漫溃一口，监利县之双湖口丁家月堤、严小垸、铁老垸、胡家沟等处民堤漫溃五口，沔阳洲新筑之九合垸堤带溃，并淹没洲河两岸排湖一带及朱麻官洲龚垸等四十余垸。地处华北地区的直隶，原本是干旱缺水之地，在 1902—1911 年，竟然也是年年被淹。如 1907 年入秋之后，阴雨连绵十余天，河流暴涨，永定、北运等河漫决多口，固安、永清、东安、宛平、通州、武清、香河等十数州县卑下之区，悉成巨渍。自然灾害频繁而集中发生还表现在一年之内各灾种轮番而至。譬如 1906 年的广州，由春至夏江水暴涨，围基被冲决，房屋倒塌，田亩被淹，灾民流离失所。就在当地设法筹款赈灾之际，秋季的一场台风又猛烈袭击该省，造成更大灾难。天灾需要有效的预防与及时的救治才得到控制，减少损害。然而，晚清时期却经常会出现灾后的重建与修复尚未完成，新灾又马上涌现的情形；同时，由于缺乏有效的防灾工程，灾害反过来又会年年到来。

（4）造成危害严重。近代以来，自然灾害对农业乃至整个中国社会的危害程度亦是前所未有。洪涝、冰雹、地震、飓风、山洪等都会对田地、房屋、路桥以及诸如围基、垸之类的防灾设施等物质基础造成直接的冲击和破坏。1905 年，新疆英台沙尔厅天降冰雹，"打伤秋禾等地一千五百余亩"，随后又山洪暴发，"冲倒房屋四十余家"。[④] 自然灾害的发生以及物资的大量破坏必然影响了人口的情况，大批平民被迫流亡甚至死亡。光绪末年，湖南长沙洪水泛滥，后来"水势渐退，惟霪雨仍缠绵不绝，止时甚少。……

① 李文海等：《近代中国灾荒纪年》，729 页，长沙，湖南教育出版社，1990。
② 李文海等：《近代中国灾荒纪年》，740 页，长沙，湖南教育出版社，1990。
③ 丛佩远、赵鸣岐编：《曹廷杰集》，275 页，北京，中华书局，1985。
④ 李文海等：《近代中国灾荒纪年》，716 页，长沙，湖南教育出版社，1990。

该处宽三百里，长六百里一带之禾田中，水势高十五尺，淹毙人不下三万，情状惨酷，令人不堪寓目"。① 农业生产是天、地、人、稼四者的和谐统一，只有乘天时、尽地力，农产方能获得丰收。一旦出现有失天时的恶劣情形，农业生产必然遭受巨大损失。仍以湖南为例，几年之后的1911年，长沙地区又遭水淹，"湘省此次水灾，以长沙府益阳县为最剧烈，全城无一完土，平地水深一丈有奇。虽极高之处，亦积水至五六七尺不等。……岳州则滨临洞庭湖一带，水势暴涨，平地深至丈余。西乡各处垸田，所种禾苗杂粮棉花等物，已悉数付诸泽国。农民痛哭失声，凄惨万状。"② 倘若民众长期处于饥饿煎熬的处境之中，揭竿而起的农民起义就成为必然之势了，相关内容将在后文详述。

二、晚清重大农业灾害举例

晚清以降，重大农业灾害的灾况较之前代则更为频繁深重，19世纪40年代，黄河连续决口；紧接着发生秦豫大旱，随后又是连续三年的东南各省大水灾；50年代，旱蝗严重，瘟疫流行，黄河改道；60年代，以水灾为主，永定河多次决口；70年代，北方持续大旱，"丁戊奇荒"惨绝人寰，甘肃发生大地震；80年代，发生全国性大水灾，黄河连年漫决，世纪之交则干旱严重，赤地千里等等。③ 下面将选取晚清时期对当时经济社会生活产生重大影响的三次灾害进行一个简要叙述。

（一）黄河大改道

黄河以"善淤、善决、善徙"而著称，一直以来就有"三年两决口，百年一改道"之说。相对于决口而言，改道是关系黄河全局的大变迁。清咸丰五年（1855）夏，黄河在河南省下北厅兰阳汛（今兰考）北岸铜瓦厢决口。正河断流，黄水先流向西北，后折转东北，由山东大清河入渤海。这是黄河距今最近的一次大改道。

1855年春夏之间，黄河流域降水偏多，水势盛涨，多处堤工频频告急。8月1日（六月十九日），滔天的黄水漫溢过岸，次日缺口被完全冲开。黄水将口门刷宽有七八十丈之多。"黄流先向西北斜注，淹及封邱、祥符二县村庄，复折转东北，漫注兰仪、考城及直隶长垣等县村落。复分三股，一股由赵王河走山东曹州府迤南下注，两股由

① 《时报》，光绪三十二年四月二十二日。
② 《中国纪事》，《国风报》第二年第十三期，7~8页，宣统三年五月十一日。
③ 康沛竹：《灾荒与晚清政治》，6页，北京，北京大学出版社，2002。

直隶东明县南北二门分注，经山东濮州、范县至张秋镇，汇流穿运，总归大清河入海……"[1] 大清河从此为黄河所夺。

滔滔黄水一天之间疯狂北泄，河南、山东以及直隶三省的许多州府顿时成为泽国。彼时的清政府正将全部精力用在对付太平军和捻军的起义之上，国库空虚，根本无暇顾及兴修河工。清廷最后只得采取"暂行缓堵"的放任自流态度，对黄水恣意横流、百姓惨遭荼毒充耳不闻。

铜瓦厢位于豫东，在河南主要有兰仪、祥符、陈留和杞县等地受灾。河决之初的几个月里，"泛滥所至，一片汪洋。远近村落，半露数杪屋脊，即渐有洇出者，亦俱稀泥嫩滩，人马不能驻足"。[2] 在不少地方，如此景象持续更久，大量土地良田甚至变为沼泽地貌。在直隶境内，黄水泛滥的地区主要有开州、东明、长垣等州县，其中又以与山东接壤的东明县受害最深。滚滚黄水奔腾所至，东明县城当其所冲。东明县城四周都被黄水环绕，由于铜瓦厢决口一直未能堵上，来水源源不绝，东明城被黄水包围了两年之久。与此次受灾的上述两省相比，情况最严重的还是要数山东。9月12日的上谕亦称："本年豫省兰阳汛黄水漫溢，直注东省，穿过运河，漫入大清河归海，菏泽、濮州以下，寿张、东阿以上，尽被淹没。他如东平等十数州县亦均被波及，遍野哀鸿。"[3] 翌年，据山东巡抚崇恩上报的灾情称，计成灾十分的村庄菏泽县有266个，濮州1 211个，范县344个；成灾九分的村庄菏泽县226个，濮州139个，范县140个，阳谷县492个，寿张县391个；成灾八分的村庄有菏泽县278个，城武县211个，定陶县80个，巨野县90个，郓城县449个，濮州101个，范县34个，寿张县264个，肥城县105个，东阿县32个，东平州160个，平阴县93个，齐东县226个，临邑县54个；成灾七分的村庄菏泽县有272个，城武县165个，定陶县38个，巨野县81个，范县63个，肥城县36个，东阿县39个，东平州84个，平阴县71个，齐东县31个，禹城县63个，临邑县58个；成灾六分的村庄有菏泽县143个，城武县263个，定陶县32个，巨野县48个，范县8个，阳谷县168个，东平州16个，平阴县14个，齐东县50个，禹城县32个。[4] 由上述可知，灾情达到十分的有1 821个村庄，九分者有1 388个村庄，

① 《清实录·文宗实录（三）》，927页，北京，中华书局，1986。
② 武同举编校《再续行水金鉴》卷九二，2 392页，水利委员会编印，1942。
③ 《清实录·文宗实录（三）》，939页，北京，中华书局，1986。
④ 《录副档》，咸丰六年三月初七日崇恩折。

八分者 2 177 个，七分者 1 001 个，六分者有 774 个，六分以下者不计。透过上述统计数字可以看出，此次的黄河大改道对山东百姓的生产生活带来的灾难性冲击是何等之剧烈！

实际上，1855 年的铜瓦厢黄河大改道对山东的影响，不仅仅表现在当年的严重水患上，更深远、更重要的是在这以后新河道两岸水灾发生次数急遽攀升。表 3-3、表 3-4 是黄河改道前后水患的统计。

表 3-3　清代山东黄河洪灾决口频次统计

期别	决口年数 / 年			决口次数 / 次			分月决口次数（农历月）/ 次												
	省外	省内	合计	省外	省内	合计	1	2	3	4	5	6	7	8	9	10	11	12	不明
改道之前	27	11	38	42	26	68	1	1	—	—	5	4	22	10	5	1	—	—	19
改道之后	14	38	52	20	243	263	23	9	16	1	24	84	27	5	8	6	7	—	53
合计	41	49	90	62	269	331	24	10	16	1	29	88	49	15	13	7	7	—	72

资料来源：袁长极等：《清代山东水旱自然灾害》，见山东省地方史志编纂委员会编：《山东史志资料（第二辑）》，168 页，济南，山东人民出版社，1982。

表 3-4　清代山东黄河改道前后洪灾比较

时期	清代年数 / 年	出现洪灾年次数 / 次					合计洪灾平均次间年数 / 年	累计成灾县数 / 个	平均每年成灾县数 / 个
		特大	大	中	小	合计			
改道前	212	3	5	12	18	38	5.6	519	2.5
改道后	56	3	14	22	13	52	1.1	966	17.3
合计	268	6	19	34	31	90	3.0	1 485	5.5

资料来源：参见袁长极等：《清代山东水旱自然灾害》，见山东省地方史志编纂委员会编：《山东史志资料（第二辑）》，170 页，济南，山东人民出版社，1982。

表 3-3 和表 3-4 让我们非常清晰地看到黄河大改道前后对山东地区影响的鲜明不同。在改道之前，山东所遭受的黄河泛滥之害，大都是省外尤其是河南省波及而致；自从铜瓦厢决口之后，情况发生了逆转，山东地区的黄河水患变成了以省内决口居绝大多数。从黄河大改道到清王朝覆亡的 56 年中，山东地区因为黄河决口成灾的年景竟达 52 年之多，这里面又有 38 年是于省内决口的。改道之前的 212 年中，山东只出现过 3 个特大洪年、5 个大洪年、12 个中洪年和 18 个小洪年，共计有 519 个县遭灾，平均每年有 2.5 个县；而改道之后的 56 年里，在山东省竟然也出现了 3 个特大洪年，还有 14 个大洪年、22 个中洪年以及 13 个小洪年，累计有 966 个县成灾，平均每年有 17.3 个县被灾，是改道之前的 6.9 倍！就决口次数来说，黄河大改道之后共有 263 次决口，平均每年 4.7 次，而改道之前的这个数字是 0.3 次，改道前是改道后的 15.7 倍！

由此可见，1855 年后的黄河沿岸的山东百姓们真正陷入了水深火热之中。

（二）咸丰朝"飞蝗七载"

咸丰皇帝在位的十年（1851—1861）实在是风雨飘摇的十年，其间发生了很多载入中国近代史册的重大事件。单就自然灾害来说，咸丰朝堪称一个蝗祸泛滥的年代。1852—1858 年的 7 年中，广西（1852 年、1853 年、1854 年）、直隶（1854 年、1855 年、1856 年、1857 年、1858 年）、河南（1855 年、1856 年、1857 年）、江苏（1855 年、1856 年、1857 年）、浙江（1856 年、1857 年）、安徽（1856 年、1857 年）、湖北（1856 年、1857 年、1858 年）、山西（1856 年、1857 年）、山东（1856 年、1857 年）、陕西（1856 年、1857 年、1858 年）、湖南（1857 年）等省份先后不同程度遭受了蝗灾。

原本蝗虫罕至的广西是最早出现蝗患的省份。1852 年 11 月左右，广西武宣、平南、桂平、容县、兴业、北流、贵县、岑溪等县相继爆发蝗情。随后不久，藤县、大黎、安城、马平、雒容、来宾、柳城等县也出现了蝗情。1853 年，广西的蝗灾较上年更为严重。此种情况在 1854 年已达愈演愈烈之势。据统计，这三年中受灾的州县数目分别为：1852 年 15 县，1853 年 20 县，1854 年 22 州县及 14 土州县（明清时期在少数民族聚居地区设置的以当地酋长为土官、土吏的地方行政制度，主要分布在今湖南、四川、云南、贵州、广西等地）。

1854—1858 年，位于京畿地区的直隶也连年发生蝗灾。其中以咸丰六年（1856）的蝗灾灾情最为惨烈，甚至直接惊动了咸丰皇帝。1854 年，只有直隶东部的唐山、滦州（今滦县）、固安、武清等地出现蝗情，为害不甚大。1855 年，蝗灾发生地由上年的津东、津北转移到津南和津西，主要分布地区集中于静海、新乐一带。直隶蝗灾在随后的 1856 年达到高潮。入秋之后，直隶全省大部奏表遭受蝗虫袭击。根据直隶总督桂良以及其他一些地方官员的奏报，总共有将近 70 个州县遭灾。秋收之时，本来由于当年旱涝不均已经确定减产的庄稼又迎来了铺天盖地的飞蝗，基本绝收，其悲惨之状简直无以复加。直隶位于天子脚下，咸丰皇帝目睹了蝗灾的肆虐，甚为忧虑。他通谕各省督抚，饬令地方官一体出示晓谕，务必全力灭蝗，不要为俗说所惑而任其蔓延。1857—1858 年，蝗灾继续在直隶泛滥，有些地方竟然到了"春无麦"和"食五谷茎俱尽"的程度。

河南是有名的黄泛区，1855—1857 年，其在承受了铜瓦厢黄河大改道为害的同时，又连续三年遭受了飞蝗的袭扰。1856 年，蝗灾在河南全省全面蔓延开来，飞蝗所过之处禾稼俱尽，农夫奋力驱赶捕捉，仍是杯水车薪，徒劳无功。很多地区都是旱蝗相继的年景，无以果腹的灾民只得成群结队地外出逃荒。

江苏与河南同病相怜，在1855—1857年三年间连续发生蝗灾。1856年大旱，夏秋之际的江苏一直被遮天蔽日的飞蝗笼罩着。六合、镇江、金坛、无锡、金匮、常熟、嘉定、南京等长江南北很多地方都深受飞蝗的困扰。其实早在蝗虫来袭之前，长江下游沿岸地区已经遭受了几十年未遇之干旱，这一带已是"哀鸿遍野"，此时铺天盖地的飞蝗又不期而至，对仅存的田禾以毁灭性吞噬，给了垂死挣扎的灾区百姓致命一击。1857年，江苏省的蝗灾状况为全国各省中最严重的。入夏时，蝗蝻开始成长为"生翼而飞"的蝗虫，各州县皆然。太平天国政府也出示捕收飞蝗，后又设局购买，每斤由刚开始的七八文钱涨至十五六文，以此激励广大百姓捕蝗灭蝗。但是即便这样，也是于事无补，很多地方仍然是"蝗虫积地有尺许厚"。

江苏的近邻安徽、浙江、山东等省份，以及山西、陕西、湖北、湖南等地，也在此时连续发生严重蝗灾。灾情悲惨之状与上述几省大同小异，篇幅所限，不再赘述。

总之，像咸丰年间发生的这样波及十余省份，持续七年，造成惨烈危害的蝗灾在清朝统治的两百多年中是绝无仅有的一次，即使放眼整个中国历史时期也是极为罕见的。这似乎预示了已经破败凋零的清王朝气数将尽。

（三）丁戊奇荒

19世纪70年代中后期，近代中国历史上罕见的一次特大旱荒爆发了。这次旱荒历时持久，从1876年直到1879年，整整四个年头；受灾地区范围大，几乎囊括了山西、河南、陕西、直隶、山东北方五省，并且延及苏北、皖北、陇东和川北等广大地区。它造成了极为严重的破坏，仅饿死之人就达1 000万人以上。由于此次旱灾以1877年、1878年为最重，而这两年的阴历干支纪年属丁丑、戊寅，故而称为"丁戊奇荒"；又因河南、山西两省受害最为惨烈，又称之为"晋豫奇荒"或"晋豫大饥"等。

这场巨旱之灾在光绪元年（1875）拉开序幕。该年的北方各省大部地区先后呈现干旱迹象。京师、张家口、古北口等地因为天气亢旱，"麦收大坏"。与直隶相邻的山东、河南、山西等省，还有陕西省，也在这年秋天以后相继出现严重旱情。甘肃因"各郡大旱"，聚集于秦州（今天水市）的饥民即达数十万之众。光绪二年（1876），旱区的范围进一步扩大，灾情亦愈加严重。直隶、山东、河南三省是重灾区，并且北起辽宁，西至陕甘，南达苏皖，东临大海，形成了一片广袤的大旱地域。

经过两年的亢旱，华北大部地区的灾情在1877年达到巅峰，山西省的旱荒空前严重。这年的春天滴雨未落，至夏季虽偶有点雨，但无异于杯水车薪，麦收无望。长期的大面积减产与绝收，使得民间蓄藏一空，严重的饥荒将大批灾民摧入绝境。河南省的灾情与山西类似，自春至夏，皆是雨少晴多，小麦只有一半收成。立秋时节，尽管局部地区降下零星细雨，但大部仍是持续亢旱，土地干裂、草木枯萎。开封、河南、彰德、卫辉、怀庆等五府被灾状况尤为严重，多数河渠干涸断流。不仅如此，大饥荒以其不可阻挡之势跨越豫西山脉和黄河天险，肆虐了陕西全省及甘肃东部，与陕甘为邻的川北也发生了百年难逢的大旱。

1878 年的上半年，北方大部分地区仍有相当严重的干旱。山西省仍是重灾区，由春至夏，雨泽稀少。不过这年总的来说其旱灾的严重程度已经大为减轻了。此外，陕西、山东、河南、直隶等省份以及其他地区的旱情陆续解除，这场旷日持久的大旱荒终于趋于缓解。然而，干旱虽然过去，饥荒却仍在持续，大量灾民因饥致死以及"人相食"的惨剧愈演愈烈，丝毫未有改观。祸不单行的是，当此旱情缓解之际，大面积暴发的瘟疫不期而至。这场来势汹汹的大瘟疫几乎席卷了各地灾区的市镇与乡村，无数灾民被夺取本已奄奄一息的生命。河南省几乎是十人九病，安阳一县死于瘟疫的饥民即占半数以上，就连钦差大臣袁保恒也因染疫而不治，最后殒命于任上。陕西省旱灾之后"继以疫疠"，道馑相望。延榆绥道道员以及榆林县的三任县令都因身染瘟疫而相继病殁，以致之后无人再敢前来赴任，最后榆林府知府不得不一身兼摄道府县三官。如此等等，不一而足。

据不完全统计，1876—1878 年三年间，仅山东、山西、直隶、河南、陕西北方五省陷入灾荒的州县总数分别为 222 个、402 个、331 个，详情如表 3-5 所示。

表 3-5 "丁戊奇荒"中受灾州县数 单位：个

年份	山东	山西	陕西	直隶	河南	合计
1876	76	8	—	63	75	222
1877	79	82	86	69	86	402
1878	78	56	55	86	56	331

资料来源：参见李文海等：《中国近代十大灾荒》，97 页，上海，上海人民出版社，1994。

而整个灾区受旱灾和大饥荒严重影响的人数，据估计约在 1.6 亿~2.0 亿，大致占当时全国人口的一半；直接死于饥荒和疫病的人数至少也在 1 000 万左右，重灾区的死亡率几乎都在 50% 以上；从山西、河南等重灾区逃亡至外地的灾民不下 2 000万人。很多重灾区的人口数目，一直到民国时期，也未能恢复到此次灾荒之前的水平。

近代以来中国农村变迁史论（1840—1911）

总之，这场旷日持久、惨绝人寰的"丁戊奇荒"，堪称近代中国最为惨烈的重大灾荒之一。它从时间和空间两个方面对晚清时期的中国进行了深刻而残酷的蹂躏，将本已遭受巨大苦难的中华民族进一步拖入苦难的深渊。这场大灾巨祲不仅对当时的社会经济生活产生了广泛而沉痛的作用，而且对之后的整个近代中国都造成了深远的影响。

三、灾荒成因探析

自然生态环境是人类赖以生存和发展的必要而永恒的最基本物质前提，它们的某些变化也会给生活于其中的人类带来很多灾难。一般而言，灾荒发生的最直接成因是自然环境某些具体条件的变化。例如，太阳黑子活动会引发地球气象灾害，月亮盈亏影响海洋潮汐，气候变化、雨量多寡等是水、旱、风、霜、雹等气象灾害发生的主要原因。值得一提的是，有灾未必成害，灾害乃至灾荒的形成主要还是决定于社会的政治、经济甚或文化等间接因素。如前所述，晚清时期的农业灾害类型多、频率高、面积大、破坏重，究其原因，除了自然生态因素外，政治腐败、战乱频繁、思想愚昧等也是极为重要的影响因子，在某些时候甚至是主要因素。这些间接成因大大降低了官府和乡民的防灾、抗灾能力与积极性，因灾成害、因灾致荒在所难免！

（一）自然生态因素

自然生态因素应是灾荒形成的直接原因，森林滥伐、水土流失、盲目筑圩、河工不修等使生态环境遭到严重破坏，导致河湖丧失了蓄水排洪能力，这是水、旱两灾频繁交替出现且日益严重的重要原因。革命先行者孙中山很早就意识到了这个问题，将自然灾害的频发与生态环境的破坏联系起来进行阐述。在 1890 年他刚刚从事革命运动之初，就于一封信（《致郑藻如书》）中写道："试观吾邑东南一带之山，秃然不毛，本可植果以收利，蓄木以为薪，而无人兴之。农民只知斩伐，而不知种植，此安得其不胜用耶？"[①] 后来，他在 1924 年的《三民主义·民生主义》讲话中更加明确地指出："近来的水灾为什么是一年多过一年呢？……这个原因，就是由于古代有很多森林，现在人民采伐木料过多，采伐之后又不行补种，所以森林便很少。许多山岭都是童山，一遇了大雨，山上没有森林来吸收雨水和阻止雨水，山上的水

① 广东省社会科学院历史研究室等合编：《孙中山全集》（第一卷），1~2 页，北京，中华书局，1981。

便马上流到河里去，河水便马上泛涨起来，即成水灾。所以要防水灾，种植森林是很有关系的，多种森林便是防水灾的治本方法。"防治旱灾的"治本方法也是种植森林。有了森林，天气中的水量便可以调和，便可以常常下雨，旱灾便可减少"。[1] 孙中山的这些论述，很好地诠释了自然灾害与生态环境之间的关系。

其实，晚清时期的不少有识之士也对此有一定的直观认识。以咸丰时期的江苏丹徒、阳湖二县为例，人们为利益所驱，将大量湖泊、池塘垦辟为农田，上游所来之水失去蓄积缓冲之地，山水一旦暴发，往往造成堤决圩破，灾荒连连。"大概今之田，昔之湖，徒知湖中之水可涸以垦田，而不知湖外之田将胥而为水也。徒邑（丹徒县）以南有万顷洋，阳（湖）县有练湖，皆受长山、高骊山西来之水而为湖。近则四面占垦而为田，不知始于何时，山水暴发，无所容纳，旁溢四出，决堤破圩之患岁有所闻。而徒、阳交界沃壤之区，十年计之，荒恒六七。"[2] 如此，实属得不偿失。丹徒县的"户属沙潮田地……从前濒临大江，灌溉既便，宣泄不难，水旱无虞，最为腴产。是以原定赋额，……较常镇各属科则亩增至倍，俗名'双粮'是也"。然而，随着生态环境的破坏，水土流失严重。到了同治十二年（1873）前，"历年既久，沙滩淤涨，潮汐不通，山水下注，宣泄维艰。旱无引水之方，涝乏泄水之策，旱涝均灾，十难一稔"。[3] 凡此种种，难以尽书。

（二）"三分天灾，七分人祸"——政治经济因素

人们一般将自然灾害称为天灾，认为它以难以抗拒的力量给农业生产和居民生活带来巨大的灾难性后果，天灾酿成人祸。然而，不可否认的是，自然因素与社会因素向来都是相互作用、相互影响的。吏治的腐败、相关意识的淡漠、社会的动荡等"人祸"往往会加剧"天灾"对农业乃至整个社会的破坏作用。时至晚清，在内忧外患的情境之下，从朝廷到乡村，人们都已没有太多精力去关注水利工程的修筑，甚而有人以邻为壑，故意对河工进行破坏，再加之各级各类官员的贪墨行径一如既往地肆无忌惮，更加重了自然灾害对农业的破坏程度。

1. 河工废弛，水利失修

晚清的水利情况非常混乱。正常的河工工程实际趋于废弛，河堤不决，河工不兴。原有的定期维修维护的相关制度与措施，逐渐成为一纸空文，各地不再认真执行。以

---

① 广东省社会科学院历史研究室等合编：《孙中山全集》（第九卷），407~408 页，北京，中华书局，1986。
② （清）李遵义：《垦余闲话》，3 页。
③ （清）何绍章等修，杨履泰等纂：《江苏省丹徒县志》，211 页，台北，成文出版社，1970。

致已有的水利设施年久失修，损毁严重。这种状况在河湖密布、水脉丰富的江南地区表现得尤为突出。

道光末年，大学士卓秉恬等奏报曰："臣伏见东南各省，地濒泽国，每遇水潦盛涨，便有氾滥之虞。而所以莫遏其患者，不由于疏浚之非时，即由于保障之不固。近年以来，海口受淤，江防屡决，被灾之区，民困已极，诚宜即时补救。"[①] 再如同期的江苏宝山县，大小河道不下数十支，支港不下数百，支分脉布，水利异常重要，"农田所资以灌溉，商贾所资以济运者也"。该地治河定有成规，"向例境内河港，或五年一浚，或六七年一浚"。然而，"今邑之河，有十余年不浚者矣，有数十年不浚者矣，有如线如缦而涝不能泄者矣，有如潢如污而旱不能溉矣，有河底俱成町畦而种棉稻者矣，有河面俱盖屋庐而成廛市者矣。旱涝不足以蓄泄而田畴荒，商贾必待乎挑运而物价贵。以涝荒之民，食至贵之物而任数倍于他邑之役，民将何以为生耶"！[②] 其近邻上海县，本来筑有很多土塘用来抵御咸潮，并且有相关人员维护，有效保证了这些地方的农业丰产。近代以来，这一机制鲜有人遵守，土塘破败，河渠逐渐淤废。"浦东北二十二、二十三、二十四保土塘，以御咸潮，农田攸系。从前设立塘长，以时修筑；今则久未增修，塘身残啮殆尽，仅就海塘浜挖泥陪护。乡民惜土如金，安能如式。"[③] "就上邑论之，浅者十七八，深者十无二三，即支河如蒲汇、横汇、横沥之类，其中尚有极浅处。总之，通潮汐者，无不有日浅之势耳。今距前志五十余年，淤塞日甚。"[④] 上海县"蒲汇塘介于江浦，历华、娄、上、青四邑境，为今东西纬河大干。定例五年一浚，四邑之民通力合作。而中饱于吏胥泥头者六七，实用于河才十之三，故随浚随淤，徒竭膏血。塘之南北农田万顷，借此一塘以为蓄泄。"[⑤] 如此状况是整个晚清社会的一个缩影，水利失修状况可见一斑。

不只农田水利工程慢慢废弛，就关乎国运民脉的河务来说，更是有过之而无不及。其状况诚如李鸿章所言："道咸以后，军需繁巨，更兼顾不遑。即例定岁修之费，亦层叠折减。于是河务废弛日甚，凡永定、大清、滹沱、北运、南运五大河，又附丽五大河之六十余支河，原有闸坝堤埝无一不坏，减河引河无一不塞。其正河身淤垫愈高，

① 中国科学院经济研究所藏档案抄件，大学士卓秉恬等奏，道光三十年四月二十九日。
② （清）梁蒲贵等修，朱延射等纂：《江苏省宝山县志》，476~477 页，台北，成文出版社，1983。
③ （清）应宝时修，俞樾、方宗诚纂：《上海县志》，256 页，台北，成文出版社，1975。
④ （清）应宝时修，俞樾、方宗诚纂：《上海县志》，249 页，台北，成文出版社，1975。
⑤ （清）应宝时修，俞樾、方宗诚纂：《上海县志》，220 页，台北，成文出版社，1975。

永定河在雍乾时已渐高仰，今视河底竟高于堤外民田数丈，昔人譬之于墙上筑夹墙行水，非一日已。而节宣西南路诸水之南泊、北泊，节宣西北路诸水之西淀、东淀，又早被浊流填淤，或竟成民地。其河淀下游，则仅恃天津三汊口一线海河迤逦出口，平时不能畅消，秋令海潮顶托倒灌，自胸、膈、肠、腹以至尾闾，节节皆病。是以每遇积潦盛涨，横冲四溢，连成一片，顺保津河各属，水患时重，此同治十年前后之情形也。"① 淮河流域是水患多发地区，"皖之凤、颍、泗，江之徐、淮、海，地多清真洼下，患水尤深"。清朝末年，朝廷派员勘灾时发现："或百里，或数十里，平原旷野，一望无涯，既无堤障以为外护，又无沟渠以为旁达，复无陂塘以为内容，客水一来，立成巨浸，是水利一日不修，即水害一日不除。"② 可见，此时水患频发的淮河为害，根本原因就在于水利失修。

2.防灾减灾系统失灵

晚清时期，清政府已经逐步走入穷途末路、万劫不复的深渊，吏治腐败亦呈愈演愈烈之势。统治集团大都痴迷于生活奢侈靡费、挥霍无度。此时的清政府上层依然很重视河防，年年都投入大量的人力、物力和资金，但由于各级河务官员贪腐无度，致使河防工程的质量每况愈下，全国各大河流都难以得到有效治理，几乎连年漫决，泛滥成灾。更为严重的是，每当灾荒来临之时，各级各类官吏大肆吃灾卖荒，更是加重了饥荒程度和社会的动荡。

以黄河为例，在具体的河防工程施工中，管工人员偷工减料、逐层克扣积习相沿，故而当时社会有"文官吃草,武官吃土"之说。"文官吃草"指的是文职官员在采办秸料、砖石等治河物料时大肆贪污中饱。物料一向被视为"修防第一要件"，这也就成了"河工第一弊端"。③ 其实，早在清朝前期，不少有识之士就力主石土砖工，用石块、砖块作为防御洪水冲击料物，这样就可以有效加强河堤抵抗冲刷的能力。时至晚清，护岸埽工仅仅使用高粱秸、谷秆之类的草料了。这其实并非是治河技术上的倒退，恰恰是因为吏治的腐败。高粱秸、谷秆等物料极易腐烂，导致必须年年加镶。而"武官吃土"则是指在堤工中敷衍了事、中饱私囊。清代河工有规定，每年的岁修必须加高堤身五寸。但是，在实际施工中，这笔经费大多被贪墨，并不加增高堤，只是铲起虚土，诈称新增。此外，河工派夫中的经费也往往被首事私吞中饱。所以，在晚清时期，由于物料短缺

① （清）李鸿章：《复陈直隶河道地势情形节次办法疏》，见黄彭年等编纂：《畿辅通志》，卷八四，53页，光绪十年。
② （清）冯煦：《江皖灾区善后会同筹议折》，见《蒿盦奏稿》，卷四，57页，宣统三年四月。
③ （清）林则徐：《查验豫东各厅埽完竣疏》，《皇朝经世文续编》卷八九，工政二·河防上。

而停工、堤工敷衍以致水淹甚至决口的事故屡屡发生，造成极大损失。

治理号称心腹大患的黄河尚且如此，其他河流以及海塘工程亦无二致。由于河防工程的种种贪墨行径，河道难以得到及时清浚挑修，河洪抗旱工程大量塌卸剥落，水旱灾害的频仍就在所难免了。

大型水利工程的废弛固然是灾害发生的重要诱因，而在灾害发生之后进行救赈时对广大灾民的吃灾卖荒则是因灾致荒的更深层原因。"一歉等三收"，各级各类官吏利用灾害大发横财。

实际上，灾荒发生时，清政府对于报灾勘查都制定了非常严格、细致的章程。然而，在晚清吏治腐败日益加重的背景下，任何有效机制都会失灵，再严密的制度也会成为一纸空文。此时的报灾失实已然相当普遍了，捏灾、匿灾现象随处可见。蠲缓钱粮是清政府在饥荒年份为减灾而采用的一项利民措施。时至晚清，地方州县及胥吏上下其手，每每利用灾蠲之机，大肆中饱私囊，较之以前可谓变本加厉，时人称其为"吃灾""急公"。

蠲缓钱粮都是经勘灾、造册呈送而具题，再经部议，最后报皇帝批准，然后再由部至督抚而司道至州县，一般需要经过许多时日。但是，地方州县往往在公文未到之前就催征钱粮，公文到达之后，已征钱粮便不作流抵从而中饱私囊。据同治三年七月谕户部奏："蠲免钱粮，已输在官，准流抵次年应完正赋，即所载防弊，本极周详。无如各州县积习相沿，机许百出，或停搁蠲免诏旨，先勘催追，或借无流抵明文，阑入私橐。即或业户中偶请示遵，而官吏胥差互相联络，游词饰说，巧为欺蒙，倚势作威，肆其侵蚀。故遇免征之年，追呼不已，已输之赋，扣抵无期。是以历届蠲免，难霑实惠。即如本年四月蠲免江属谕旨有流抵字样，正月初二日蠲免苏属谕旨无流抵字样。载与不载，厥例维均，恐小民无知，或启猜疑之窦，官吏借端影射，巧索强取。请申明定例，严防弊端，等语。向来蠲免省分，其全年蠲免，先期输官。先期全输在官者，除应征分数外，余应蠲免分数亦准下年扣抵，立法至周。乃近来不肖官吏，因缘为奸，致小民踊跃输将，反饱贪残橐橐。上行其惠，下屯其膏，丧心昧良，莫此为甚。"[1] 浙江省西部的乌程、归安、平湖、长兴等县，"浮征去岁秋灾蠲缓粮赋，计共数十万金之巨"。[2]

其实，不光地方州县巧用各种机谋中饱私囊，胥吏也通过灾蠲向业主收受贿赂。

① （清）王大本等：《卷首·诏谕》，见《滦州志》，12页，光绪二十四年。
② 《时报》，光绪三十三年五月十五日。

据载，咸丰六年，江苏省的苏、松等各属州县，"每遇蠲缓之年，书吏辄向业户索取钱文，始为填注荒歉，名为'卖荒'。出钱者虽丰收亦得缓征，不出钱者虽荒歉亦不获查办。甚至不肖州县，通同分肥，以致开征时有抗欠闹漕等事"。[1] 同治年间的江苏各属，"每遇岁功不齐旱潦歉收之区，粮户呈报荒歉，该州县书差保甲必多方勒索使费，方能报案注册蠲缓钱粮，名为荒费。其弊已久，其风渐盛，有田虽荒歉，因无报荒使费而仍征粮赋者，有田系成熟因出费报荒而转得免征者，更有以甲区应免钱粮，移归乙区免征，而甲区仍行征收者。颠倒错乱，移址换段，以熟作荒，以荒作熟，弊窦业滋，难以悉数，总由于书差之图得卖荒使费高下其手而起。于是乎豪强之户，借此挟制，硬占荒数；懦弱之户，隐忍含泣，赔完荒粮。种种朦混，病民实甚。现在征收钱漕，已禁革大小户名目，均平定价收纳，惟此卖荒之弊尚未涤除，小民深受其累"。[2] 江苏阜宁县"总书王孝贞无恶不作。凡农民肯出费者，便可以熟作荒；无费者，荒亦作熟。百姓恨之入骨"。[3] 安徽"每岁例查秋成，不肖绅董，惯与吏役因缘为奸，先期设簿卖灾，平民必先出资，乃得入册。无钱者虽真灾而仍须完粮，有势者既免粮而且食灾费。州县稍事诘驳，辄以民瘼为词，联名上控，甚或聚众滋闹，阻遏输将，必求餍其灾数而后已，名则为民请命，实则为己婪财。豪强蠹役，先借以鱼肉乡人；刁生劣监，更借以腴削书吏"。[4] 如此一来，上述弊政不仅大大直接影响了清政府的财政收入，而且深深加剧了官民矛盾，再者就是灾区的农业生产难以快速恢复，这些对于动荡飘摇的晚清政府无疑如同雪上加霜。

3. 罂粟的大量种植

中国近代的开端直接源于鸦片。两次鸦片战争爆发，列强通过种种不平等条约攫取了在华鸦片贸易合法化的特权。鸦片的大量输入导致其在中国农村地区种植之风日盛。鸦片的广泛种植对正常农业生产造成了严重不良影响，也是晚清饥荒发生并加重的一个重要原因。

由于吸食者规模越来越大，对鸦片的需求持续增长，这在很大程度上刺激了中国的鸦片种植。19世纪六七十年代，罂粟种植迅速蔓延，全国各省几乎都有栽种。甘肃、陕西、山西、山东、河南北方五省成为罂粟生产之地。为了眼前的经济利益，很多农民甚至在肥田沃土上种植鸦片。山西各地遍种罂粟，致使粮食及经济作物种植面积相

① （清）刘锦藻：《皇朝续文献通考》，卷三，6页。
② （清）丁日昌：《禁革报荒规费告示》，见《抚吴公牍》，卷一，12~13页。
③ （清）丁日昌：《抚吴公牍》，卷二一，14页。
④ （清）福润：《皖抚奏陈变通清赋办法疏》，见《皇朝畜艾文编》，卷十八，17~18页，光绪二十二年。

对减少，农业生产结构形成畸形布局。农民们将本来就十分有限的水、肥料用于罂粟田，把注意力都集中在罂粟种植上，粮食生产退居次要地位。种植之余，很多原本勤劳聪明的农民也开始吸食鸦片，进而上瘾，致使身心萎靡，慢慢对农业生产失去积极性，久而久之，家庭亦随之破败。诚如曾国荃所言："此次晋省荒歉，虽曰天灾，实由人事。自境内广种罂粟以来，民间蓄积渐耗，几无半岁之种，猝遇凶荒，遂至可无措手。……查晋省地亩五十三万顷，地利本属有限，多种一亩罂粟，即少收一亩无谷。小民因获利较重，往往以膏腴水田，遍种罂粟，而五谷反置诸硗瘠之区，此地利之所以曰穷也。禾种之先，吸烟者不过游手无赖及殷实有力之家；至于力耕之农夫，绝无吸食洋烟之事。今则业已种之，因而吸之，家家效尤，乡村反多于城市。昔之上农夫，浸假变而为惰农矣；又浸假变而为乞丐，为盗贼矣。查罂粟收浆之际，正农功吃紧之时，人力尽驱于罂粟，良苗反荒芜而不治，此人力之所以日弛也。地利既差，人力又减，因而时之在天者，上熟仅得中稔，中稔便若无麦无禾；一遇天灾流行，遂至疲茶而不可救药。"[1] 可见，"丁戊奇荒"的发生，曾氏就将鸦片的大量种植视为一个重要因素。

这次大灾过后，许多有识之士都强烈主张禁种鸦片。例如，张之洞认为"丁戊奇荒"的发生要归结鸦片之害。他在分析了重灾区山西省的情况后，有言："晋民好种罂粟，最盛者二十余厅州县，其余多少不等，几于无县无之，旷土伤农，以致亩无栖粮，家无储粟，丁戊奇荒，其祸实中于此。……晋地硗瘠，产粮无多，早年本恃外省接济；自为罂粟所夺，盖藏益空，即如前此大祲，垣曲产烟最多，饿毙者亦最众。近日种烟之利，以交城为最盛，而粮价亦以交城为最。……晋省山农多水利少，种植罂粟之功倍于蔬卉，偶有山溪水浒可资灌溉，悉以归之罂粟，此物最耗地力。数年之后，更种他谷亦且不蕃。"[2] 总之，鸦片致灾是晚清灾荒不断的一个重要因素，这在之前是没有过的，是晚清灾荒的一个明显特点。

（三）历史文化因素

面对林林总总的自然灾害的威胁，人们总是对灾害为何物、发生原因、如何防止抵御等基本问题产生疑问，并期待有办法解决。这种探索和努力从未停止过。晚清时期，现代农业灾害防治方法尚未兴起，农民只能依靠历代传承下来的有限防灾治灾技术进行应对，甚至在灾害认识问题上还长期存在愚昧和迷信。此外，中国历史时期的农业

---

① （清）曾国荃：《申明栽种罂粟旧禁疏》，见《曾忠襄公奏议》，卷八，16页，光绪四年。
② （清）张之洞：《禁种罂粟片》，见《张文襄公奏稿》，卷三，23页，光绪八年六月十二日。

技术传承与创新停留在父子相承、口传身授，对现代农业至关重要的现代农业科技和教育的制度化起步太晚，支撑现代农业发展的工业和社会体系建设严重滞后。当然这已不是农业本身可以完成的任务，而取决于经济和社会转型的进展，也正是这种转型的迟缓使中国陷于落后挨打，进而也推迟了中国农业现代化的进程。[①] 这就使得该时期的农业灾害难以得到有效救治，对于已经在走下坡路的中国传统农业施加了一个很强的反向作用力。

一些受近代农学影响的人士认为，晚清时期自然灾害频发与农民本身有一定关系。长时期传统历史文化的浸染，对于农民主动防灾、御灾产生了不少负面影响。例如，在江西抚州，"虫之灾有四：螟、螣、蟊、贼，各有专治之法。抚农或知其名而不知其形，或知其形而不辨其名，其治法亦或略知其大概，或试之稍不验，或嫌费重便置而不讲，第执西北风杀虫之说，束手而听命于天，是岂计之得哉"！[②] 江西省临川县，"临农故步自封，不思振作，产米虽富，而或惰其力，或啬于财，凡办种、壅肥、杀虫诸法，未能精益求精；即筑堤、浚塘、凿井诸大端，亦不免得过且过"。[③] 江西金溪县，"金邑素号膏腴，无不可种之物，无不可致之利。比岁以来，人心不古，游惰之民，偷安苟且。即如早晚两稻，即日食所必需，又本业所素习，犹且耕耨不时，灌溉不力。遂使上田变为下田，乐土变为荒土。四乡无论也，近在城郭而田园荒芜者已不下数百亩之多，谓非惰农实阶之厉乎"！[④]

即使农业经济技术比较发达的江浙地区，这种现象也是大量存在。如浙江省海宁县的"乡民农务，而不知农之有学。其于辨土性、兴水利、除虫害、制肥料等事，懵然不知。古法相传，日就湮没。其四民之矫矫者，悉致力于时艺，以耕种为野老之事，鄙之而不屑言。于是农学之统，绝于天壤，深可慨已！吾州地本沃壤，而农民于春桑秋稻之外，杂粮绝少种植，一遇水旱偏灾，民生即形饥馁"。[⑤] 江苏宝山县"我镇虽属偏隅，而沙浦一河，实为我邑中境之干河，农商之所利赖，凡南北之沟洫涂浍，咸藉以蓄泄焉。……开浚之工叠举，例动编夫，具载邑志。比来长吏既不能以时请浚，镇西几湮为平陆，而泗塘复日渐淤塞。东来水滞，舟楫不通，而商贾病；蓄泄失宜，而田畴荒。既不能西开而通都会，复不能东浚而引海潮，其患几与湮塞。镇之士民，曾

近代以来中国农村变迁史论（1840—1911）

① 王思明：《如何看待明清时期的中国农业》，载《中国农史》，2014（1）。
② （清）何刚德等：《种田杂说》，见《抚郡农产考略》，卷下，4页，光绪二十九年。
③ （清）何刚德等：《抚郡农产考略·附跋》，1页，光绪二十九年。
④ （清）何刚德等：《抚郡农产考略·附跋》，卷下，1~2页，光绪二十九年。
⑤ 《海宁绅士请创树艺会禀》，见《农学报》，（26），光绪二十四年三月中。

两次捐资，请浚镇西之南长浜，以达蕴藻；引西来之水以灌沙浦，暂图便利。而行家以为与镇中风水不合，河亦随浚随淤"。[1] 江苏昆山县蔡泾一带，"佃田之家不以农务为急，往往破损古岸，逐取鱼虾之利。至于大户管租之人，利于田荒，其间报灾分数，得上下其手，因以自肥。于是彼此耽误，日复一日，而村中之田遂成一积荒之势矣"。[2]

第三节　环境变迁与自然灾害影响下的晚清农业

自然灾害的发生，直接破坏农业生产，造成粮食歉收。如若灾情严重的话，更会使得大量田庐被毁，粮食大幅度减产，导致社会上粮荒饥馑的发生。综观历史时期的中国，自然灾害与荒歉饥馑始终是一对孪生兄弟。农业灾害的肆虐必然导致饥荒的发生，随着灾害程度的不断加剧，饥荒迅速蔓延，人们生活环境的急剧恶化，大规模、大范围的疫病往往接续爆发，造成人口急遽减少。

历史经验表明，自然灾害、环境恶化对农业生产和农村社会正常发展的影响是多方面的。地球上正常的自然现象之所以被称为灾害，是因为它们与人类发生了联系并且对人类社会造成了某种程度的损坏。也就是说，没有人类及其社会，也就无所谓灾害。从这个意义上讲，晚清时期，由于人口规模的日益庞大，社会经济的持续发展，环境变迁、自然灾害对农业生产和生活的影响较之以前就更为深刻和广泛。

一、土地荒芜，作物受损

晚清时期，几乎每年都会由于各种自然灾害的侵袭、生态环境的恶化而造成大量的土地荒芜、作物受损，进而粮食减产甚至绝收。水、旱两灾是此时发生频率最高、造成危害最大的两个灾种，下面以二者为例说明自然灾害对农业生产造成的严重

---

① （清）张朝桂：《浚沙浦沈师浜序略》，咸丰四年。出自梁蒲贵等修，朱延射等纂《江苏省宝山县志》，443～444 页，台北，成文出版社，1983。
② （清）金吴澜等修，汪堃等纂：《江苏省昆新两县续修合志》，838 页，台北，成文出版社，1970。

影响。

　　洪水肆虐时，灾区一片汪洋，无数美地良田尽被淹没，导致粮食减产甚或颗粒无收。光绪六年（1880），《申报》报道了直隶水灾的惨状："文安县陈禀云：大洼苏桥等五十一村庄，大泗庄等一百二十八村庄，水势汪洋，禾稼全无；马家庄等二十七村庄，积水尚围三面；吴家场等八十一村庄，积水尚围一二面不等。其涸出之地，或水退复涨，或种植禾稻苗而不秀；高阜所种高粱谷豆，复因旱干黄萎。李安祖等四十七村，任家庄等二十六村，积水已消，二麦未种，晚禾等物，天旱亦多萎黄。雄县王禀云：石桥等四村，道务等十一村庄，为古洋河十里铺龙湾村清河漫口灌水，现在四面水围；大齐观等十村庄，因古洋河淀水涨溢，现亦四面有水；温家庄等十五村，大龙华等十六村庄，狄夏头等三十三村庄，亦积水淹禾。任丘县赵禀：七里庄等三十八村庄，地势最洼，连年被淹；白家庄等十二村，积水未消；白洋村等九村，晚禾被淹；南灵张二十二村，晚禾受伤；大李庄等三十一村，一面受水。武清县龚禀：四高庄六十一村，大范翁口等四村，大兴庄等五十一村，喜凤台等六村，王八里庄等六十一村，三百户营等四村，或因引河缺口，或因浑河涨发，并沥水汇归，谷豆晚禾均有损伤。天津县郭禀：芦新河等二十村庄，地势最洼，四面积水；桃花口等二十村庄，大毕庄等九村庄，积水未涸。大成县张禀：马郎九四岳等十三村，积水三四尺；荆河等十五村，魏薛等十七村，甫种稻禾，即被漫水溢入，尤觉难堪。青县江禀：卞赵官等十一村，地多城瘠；李贵庄等，水始退，地多荒芜。宝坻县刘禀：赵家等三村，尔家庄等十九村，于家莳等七十一村，李簸箕庄等五十一村，于家沽等四十村，牛家排等二十村，赵辛庄等六十二村，地势较洼，今春麦未播种，五月间复被水淹，至今水未消涸之处，车船不通。河间县禀：李家湾等三十二村，地洼淹浸；侯村铺等二十四村，晚禾被伤；西庄等三十八村，被雹。高阳县裴禀：西王家十村庄，大王果等八村，小王果等十五村，任家庄等六村，或四面、三面、二面、一面，有水，一面、二面、三面，禾稀而弱。"[①]三年后，直隶仍旧水患不断，时任山西巡抚的张之洞对家乡的灾情作了描述："通州、武清、三河、蓟州、宝坻一带，一片汪洋；大城、文安、保定堤水漫决，咸有其鱼之患。据各属禀报：谓为五十年来所未有。……顺直水患，泛滥二十余州县之广，洵为数十年未有奇灾。灾民垫隘，惨不忍闻。"[②]在湖北省城武昌的望山门外由沙洲至金口，武胜门外红关至青山，南北两路沿江一带，均有旧堤。但是由于"今旧堤年久残

① 《申报》，光绪六年十月初五日。
② （清）张之洞：《札清源局筹济畿辅灾赈》，见《张文襄公公牍稿》，卷二，18页，光绪九年八月十一日。

缺，江水浸灌，以致堤内良田数十万亩悉成湖荡。坐弃膏腴，居民耕种失业，极形困苦。且有督标府标马厂各数十里，亦被淹没，畜牧无从，实于民田官厂关系甚大"。①湖北省潜江县，光绪八年（1882）时林家埠溃口，洪涛浩淼，全邑被淹。豆粟麦禾，秋成无望。光绪九年春，"满望二麦有秋，讵阴雨过多，又皆霉烂。乡民俱枵腹耕耘，而秋禾复遭水患，以致草荄榆屑聊以充饥"。② 此时的长三角地区普遍植棉，灾害对棉花的影响也比较明显。如崇明县"去年烈风淫雨，棉被摧折，乡人拾穗只得五分之一，以致今春织纺之辈多向街头购棉，大约自外地贩运进口者有数千包，是诚小民之不幸也"。③ 光绪末年，江苏省沭阳县自闰夏二十三日大雨，五月初八日又大雨，六月十五日又大雨，七月初十日又大雨。"倒房屋无算，漂什物无算，淹毙马牛羊豕更无算，而民天冲突尽矣。……先是当五六月间，雨水初降，乡人择宅畔隆田间为漫漶所褪出者，典质称贷市种补插秋禾，若荞麦、绿豆、薯芋、葫菔菜等，以为侥幸有秋，差获生活。乃旧雨方歇，新雨忽至，马陵山之水未平，五花桥之水猝发，旋种旋淹，淹复种，种复淹。典质计穷，称贷路绝。非独粟无有也，菜亦无有。非独菜无有也，草亦无有。非独草无有也，求一块干净土亦不可得。"④ 此时的安徽省"涡、蒙、灵、宿，被灾至重，往往数十里炊烟断绝。有地未被潦无人耕种者，有地为水没欲耕不得者"。⑤

海水的侵袭对沿海地区田地的破坏也非常严重，东南一带的省份在晚清时期时常发生海塘坍圮，致使海水倒灌，涌入内陆。"崇明外海杨家、惠安、两沙，地极卑下，土又斥卤，所产惟木棉与杂粮。自旧岁六月间，咸潮猝发，冲破圩岸六十余处。秋间复经淫雨兼旬，不惟花豆无收，即播种春苗亦皆湮没，故农民嗷嗷待哺，谋食无门。"⑥

在靠天吃饭的传统农业社会里，旱灾对农业生产的破坏丝毫无逊于水灾。晚清时期的旱灾一般可根据发生时间分为春旱、夏旱、秋旱、冬旱、冬春连旱等。春旱大致发生在3~5月的北方，容易导致冬小麦、玉米等作物的减产。夏旱主要发生在七八月份长江流域的湖北、湖南、江西、江苏、安徽等省份。秋旱多发生在七月、十月，主要在华北、华中等地区。冬旱则多出现于华南地区。其中，对农业生产威胁最大的要数冬春连旱。晚清时期的大旱之年几乎都属于冬春连旱。

① （清）张之洞：《批江夏职员傅启浩等呈沥陈修堤不便》，见《张文襄公公牍稿》卷二十六，13页，光绪二十五年二月初六日。
② 《益闻录》，第331号，光绪十年正月十七日。
③ 《益闻录》，第1149号，光绪十八年二月十八日。
④ 《时报》，光绪三十二年八月初八日。
⑤ （清）冯煦：《江皖灾区善后会同筹议折》，见《蒿盦奏稿》，卷四，95页，宣统三年四月。
⑥ 《汇报》，162号，光绪二十六年二月二十四日。

干旱对庄稼的危害极为严重，轻则减产，严重了就会导致绝收。光绪三年（1877），正值"丁戊奇荒"的巅峰年份，多个省份爆发旱灾，官民皆不堪其苦。袁世凯的叔父袁保恒谈及老家河南的旱灾时说道："近日乡里人来，询悉旱荒景象更甚于前。如北路之彰、卫、怀，西路之河、陕、汝，至今尚无雨雪。陕州一带，斗米价银二两有余。间有先经得雨，麦苗早出，又被蝗蝻食尽。即以臣本籍项城一县而论，从前灾歉尚轻，今则麦苗枯萎，储积皆空。统计全省之灾，盖已日甚一日；其间有四五季未收者，有二三季未收者。……报灾八十七厅州县……待赈饥民不下五六百万。"[1] 陕西省也遭受旱灾，庄稼绝收，赤地千里，民不聊生。"秦中自去年立夏节后，数月不雨，秋苗颗粒无收。至今岁五月，为收割夏粮之期，又仅十成之一。至六七月，又旱，赤野千里，几不知禾稼为何物矣。况自遭回乱，人丁稀少，垦荒者又惮于力作，米源久已匮乏，即有秋成，穷民挖肉补疮，概从贱粜，每石有只索纹银八钱有奇者。前二年，河南、山西二省先受旱灾，尽向秦中告粜，故存米更属无多。目下同州府所辖之大荔、朝邑、郃阳、澄城、韩城、蒲城及附近各州县，民有菜色，俱不聊生。饥民相率抢粮，甚而至于拦路纠抢，私立大纛，上书'王法难犯，饥饿难当'八字。故行李尽有戒心，其粮价又陡增至十倍以上。"[2] 湖北省原本水量丰沛，其所属各州县的耕作之田，半近山原半近湖，较少遭受缺水的困扰。但是此时的湖北省"入夏以来，赤地千里。黄陂、孝感两县，得雨尤稀，黄陂更甚。田中早禾，一望而为黄草漫天矣。刻已将届收获之期，几于颗粒无存，乡农鹄面鸠形，枕藉满道，以致黄陂县属之许家桥一枀米铺，盈盈白粲，聚之如山，悉被饥民手掬一空。……按该县西北各乡，界连豫省，而苦旱情形，较之东南有不可同日语者。老幼男女，相率而逃荒者几千人，村落一空"。[3]

即便在一般年份，干旱也是经常发生，有时连号称"鱼米之乡"的江南地区亦不能免，遑论北方干旱之地。例如，江苏常熟西北乡，界接江阴，光绪十四年（1888）"旱魃为虐，禾苗枯槁，致歉秋收。嗷嗷待哺者不下数万家"。[4] 失去土地、庄稼无收的百姓除了流亡乞讨，已无其他活路。宣统二年（1910），"各省偏灾迭见，米价均异常腾涨，江浙湘沔淮泗之间，嗷嗷之声，达于比户。而淮安、扬州、江宁、平湖、海州等处，老弱流亡，络绎道路，或数百人为一起，或数千人至万人为一起。汉口地方乃

① （清）袁保恒：《陈明河南赈务情形并请筹备巨款折》，见《文诚公集·奏议》，卷六，23页，光绪三年。《项城袁氏家集本》。
② 《申报》，光绪三年八月二十七日。
③ 《申报》，光绪三年七月二十三日。
④ 《益闻录》，第849号，光绪十五年二月二十九日。

聚至二十余万人"。^① 凡此种种，不胜枚举。

由此可见，晚清时期接连发生的自然灾害对农业生产和农民生活都造成了严重的威胁，大量土地荒废，无数庄稼被毁，极大地影响了人们的生活乃至生存，从而也大大影响了社会经济活动的正常运行。

二、饿殍遍野，流民四起

历史文献每每提及自然灾害所导致的严重后果时，往往用"饥民遍野""饿莩塞途"等经过高度抽象和概括的词汇加以形容。灾荒对农业生产和生活的巨大影响，还表现在对生产力中最主要的因素——农民生命的摧残与戕害方面。自然灾害造成的人口伤亡大于财产损失，大灾之后必有大疫和饥荒，次生灾害的危害不亚于原生灾害，而且前者蔓延所导致的间接后果往往比直接损失更为严重。由于资料等因素所限，我们很难将每次灾害造成的人口损失准确计算，但仍可从一些具体事例中对晚清时期的相关情形做一个了解。

综观中国历史，旱灾是导致人口流失、死亡数量最多的灾害。因旱致灾造成大量人口损失的事例并不鲜见，晚清时期更是如此。令人发指的"丁戊奇荒"以死亡人口最多而载入近代灾荒史册。其时，盘踞在广大地区的长期干旱导致的饥荒极为严重，再加上赈济不力，大批灾民被活活饿死。光绪三年（1877），山西省暴发特大旱灾，庄稼基本绝收，"各属亢旱太甚，大麦业已无望，节序已过，不能补种；秋禾其业经播种者，近亦日就枯槁。至于民间因饥就毙情形，不忍殚述。树皮草根之可食者，莫不饭茹殆尽。且多掘观音白泥以充饥者，苟延一息之残喘，不数日间，泥性发胀，腹破肠摧，同归于尽。隰州及附近各县约计，每村庄三百人中，饿死者近六七十人。村村如此，数目大略相同。甚至有一家种地千亩而不得一餐者，询之父老，咸谓为二百余年未有之灾"。^② 在饥饿的驱使下，人们为求一线生机，廉耻之心无存。山西全省州县几乎无处不旱，"平、蒲、解、绛、霍、隰，赤地千里，太、汾、泽、潞、沁、辽次之。盂、寿以雹，省北以霜，其薄有收者大同、宁武、平定、忻、代、保德，数处而已。而河东两熟之地，自乙亥（光绪元年）以来，比四不登，丁丑五月后，粮价日腾。……被灾极重者八十余区，饥口入册者不下四五百万，而饿死者十五六，有尽村无遗者。

---

① （清）陈雨人：《为湖南民变奏请抚恤民困折》，见《陈侍御奏稿》，卷一，37页，宣统二年。
② （清）曾国荃：《请饬拨西征军饷疏》，见《曾忠襄公奏议》，卷五，33页。

小孩弃于道，或父母亲提而掷之沟中者。死则窃而食之，或肢割以取肉，或大脔如宰猪羊者。有御人于不见之地而杀之，或食或卖者；有妇人枕死人之身，嚼其肉者；或悬饿死之人于富室之门，或竟割其首掷之内以索诈者；层见叠出，骇人听闻"。① 无怪乎时任山西巡抚的曾国荃悲叹："晋省迭遭荒旱……赤地千有余里，饥民至五六百万口之多，大祲奇灾，古所未见！"②

其实，不只山西如此，灾区的其他省份亦难逃噩运："连年晋豫燕秦，叠遭奇荒，饿殍载道，枕藉死亡，几不可以数计。兹有泰西医士，综核前数年灾区因饥饿而死者总数，共有一百三十万人。"③ 尚未被饿死的农人，在求生本能的支配下，被逼无奈开始了辗转颠沛的流亡生活，变身流民。直隶省多数州县"自入秋以来，雨泽稀少，蝗蝻未净。今节逾寒露，种麦已恐无及，粮价日昂，灾形日甚。直隶素称贫瘠，民鲜盖藏。去年至今，洊遭荒旱……保定以西，河间以南，旱蝗相乘，灾区甚广。即有田顷许者，尚且不能自存，下户疲氓，困苦更难言状。春间犹采苜蓿榆叶榆皮为食，继食槐柳叶，继食谷秕糠屑麦秸。大率一村十家，其经年不见谷食者，十室而五；流亡转徙者，十室而三。逃荒乞丐，充塞运河官道之旁，倒毙满路。有业者贱卖田亩，以谋一月之粮；宰食牲畜，以延数日之命"。④ 饥饿至极的流民大量聚集在一起，一旦形成规模，便会引发治安问题。例如，皖豫二省交界之英山、潜山等县，与湖北黄州府属毗连。"近因旱歉成灾，河南饥民几有万余人，扶老携幼，麇聚于此。人数既多，为首者又无约束，以致沿途经过地方，借以求赈为名，肆行抄掠，致人心惊惶无措，纷纷禀官。迨地方官设法弹压，若辈又不受驾驭，辄群起而与官为难，几乎酿成事变。鄂疆邻近各县，遂相戒严。……现经翁抚院檄调刘干臣军门所部忠义军六营，驰赴罗田、黄梅择要驻扎，以资防守。"⑤

水灾对生产、生活造成的危害比较集中，经常是大水一来，人口死伤无数，房屋悉被淹没，庄稼减产绝收。1851年，黄河于江苏丰北决口，"淹没生民千万"⑥。1885年，两江、两湖、两广大水成灾，灾情惨烈程度为数十年所未有。其中，"湖南省城西关外，水与屋齐，城内半通舟楫。男女露处号哭，惨动心目。常澧一带，淹毙万余人。各省灾民，

① （清）王锡纶：《丁丑奇荒记》，见《怡青堂文集》，卷六，19~20页。
② （清）曾国荃：《办赈难拘定例请变通赈济疏》，见《曾忠襄公奏议》，卷八，1页。
③ 《益闻录》，第八一号，光绪六年十一月二十四日。
④ （清）张之洞：《徽辅旱灾请速筹荒政折》，见《张文襄公奏稿》，卷一，22~23页，光绪五年八月。
⑤ 《申报》，光绪二年八月初九日。
⑥ 太平天国历史博物馆编：《太平天国史料丛编简辑（五）》，284页，北京，中华书局，1962。

流离道路，情形大略相同"。^① 1906 年，湖南又一次暴发了大洪水，较 11 年前为甚：

"更值淫雨为灾，彻日连宵，几二十日而始歇。以致南路一带地方积水横决，奔赴下河，破坏堤岸，泛滥于衡、永、长、常四府之交。沿岸纵横上下，各居民之生命财产付之一洗。数百里间，汪洋一片，茫无际涯。田墓庐舍渺无痕迹，惟见积种种面目、种种装束、吞吐低昂于乱流激湍之涡中而已。死者三四万，浮尸蔽江。避乱者三四十万，泣声震地。窃按此种奇灾，为湘省二百余年所未有。……现在寡人之妻，孤人之子，无富贵贫贱，无士农工商，皆冻馁交侵。四乡乞食，联班结队，动以数百千人计。所过之地，骚扰万状。而各处居民，辄倾其苍箱釜甑之所有，不足以博难民一餐。辗转颠连，虽未遭水灾之人民，其意外之受害，亦略相等。"^②

除去水旱两灾，晚清时期发生飓风、瘟疫、地震、冰雹、雪灾等灾害也会造成巨大的人口伤亡，于此不再一一赘述。

再以山东地区为例。近代以前，齐鲁大地较之他省亦可算作膏腴之壤，总的来看堪称风调雨顺，生齿日繁。晚清时期，尤其是在黄河铜瓦厢大改道之后，山东各地灾荒频仍，黎民百姓跌入水深火热的苦难深渊。咸丰三年（1853），派赴苏北的官员雷以诚奏报说："经过茌平、东平、东阿、汶上等州县，途间饥民纷纷求食。至滋阳、邹县及滕县、峄县、邳州等处，男妇老幼，十百成群，攀辕乞丐。询之途人，佥称数年叠遭水旱，十室九空，自上年冬间至本年正月，冻馁尤不堪言状。当此青黄不接之时，少壮俱已逃亡，老稚不能相顾，若不及早抚绥，势必尽转沟壑。"^③ 光绪初年的"丁戊奇荒"对山东地区造成了巨大的破坏，人口流失无数。"曾有一外国教师到一山东民家，见夫妇二人，面目黧黑，以为再无所食，定即服毒自尽。尤惨者，已将二子活埋，盖免见其饿死耳。草根树皮，人得之皆视为珍错。"^④ 位于鲁中的昌潍地区（今潍坊市）受害极重，《申报》对灾情进行了非常细致的描写："青州民所食者，麸皮及番茄皮，并可食之树皮，高粱根，草子等项。各户所住之房屋，拆毁卖木，并将屋顶所盖之高粱根树叶，均取下充饥，大半皆霉烂不堪。所穿之衣，亦均变卖，不能御寒。至挖掘穴居，群聚于中，稍避冷冻。平时所种地亩，亦变卖禁绝。平常此地值百两者，今卖出只十五两。假如五百家之村落，饿死病死者约有三百人，而往别处谋食毙于外者尚不在此数。各处开设粥厂，领食者初皆系壮健中

---

① （清）王先谦：《三海工程请暂行停罢折》，见《王先谦自定年谱》，卷中，1 页，光绪十一年。
② 《新民丛报》，四年，九号，115~116 页，光绪三十二年五月。
③ （清）刘锦藻：《皇朝续文献通考》，卷一〇〇，7 页。
④ 《申报》，光绪二年九月三十日。珍错，山珍海错，泛指珍异食品。

年男丁，而此壮健者身体亦渐软弱，其他老幼妇女更不待言矣。死亡相继，无以为棺，往往挖穴薶葬；遗于道路者，率皆乌啄狗残，不堪卒视。其地有一村落名溪涧，向有二百家烟灶，余昨过此，已有三十家将房屋拆去，变卖木料及盖屋之高粱根等，又有三十家迁徙别处，死者二十一人。又一村名江家溇，向有三四十家，现饿死者四十七人。又一村名李家庄，向有百家，均系小康，现饿死者三十余人。又一村名白王，向有六十家，今饿死四十人，别徙者六十人。又一村名马松，向有四十家，今饿死四十人。此数村落，均系余亲历其地目见情形。其余村中，大约一家止剩一人，正在垂死。"[1] "益都东乡：黄家庄五十余家，饿死十二人，逃出十家；江家泉子四十余家，饿死五十二人，卖出二人；宿家庄百余家，饿死一百一十人。临朐：孙家庄五十余家，拆屋三十间；两家庄五十家，饿死二十一人；河团五十余家，饿死二十二人，逃出二十家；杨家集六十余家，饿死三十一人，逃出十五家；安家庄一百一十家，饿死五十五人，卖出二人；卜家庄五十家，拆屋三十间，饿死二十二人，卖出二十一人；冀家庄一百三十家，饿死一百零五人，逃去五十家。"[2] 铜瓦厢决口后，黄河由山东入海，几乎连年泛滥成灾。"山东河决为灾，经年未塞。本年夏间复决数口，灾民数十万，流离昏垫，惨不可言。"[3] 可以说，黄河的北徙是近代山东由盛而衰的重要转捩点，对鲁西地区的影响尤其巨大，一直到今天仍是如此。

三、农业发展进程迟滞

生态环境的破坏、灾荒的频发及其危害程度的加深，除了造成人口大量流失、土地大量荒芜，亦必然导致晚清农业生产发展进程的迟滞甚至持续衰退。这主要表现在耕畜锐减、土地出现退化以及农业生产能力下降三个方面。

（一）耕畜锐减

在传统农业社会中，耕畜是农民种田、运输等的主要工具，直接影响和制约农业生产的正常进行和发展。耕畜的粪便还是农家肥料的主要来源之一。每当自然灾害发生、大饥荒流行时，农人性命尚且难以自保，其赖以生产的耕畜便成了首当其冲的受害者。

① 《申报》，光绪三年一月二十五日。
② 《申报》，光绪三年二月二十日。
③ （清）张之洞：《札清源局筹济山东灾赈》，见《张文襄公公牍稿》，卷二，16页，光绪九年七月初四日。

大灾大荒来袭，百姓无以果腹，对于曾经朝夕相伴的耕畜，也只得忍痛割爱，或者卖掉换回钱粮，或者宰杀以填肚皮。毕竟，此时的他们只为求得一线生机，实属无奈之举。但是，待到灾荒稍稍缓解，要重新恢复生产时，耕畜的短缺便成了头等难题。

晚清时期，因为灾后缺乏耕畜而导致大量土地荒废的现象屡见不鲜。光绪初年，直隶天津附近一带亢旱，"民不聊生，无力畜牛，俱各变卖。现在得雨，无牛可耕，以致播种之地仅十分之三也"。[①] 同样的情形也出现在受灾严重的山西省，巡抚曾国荃接连奏报："山右此次大祲，民间牛马或因无力喂养，宰杀充饥；或因转运过劳，瘦羸倒毙，牲畜几无遗类。南路平、蒲、绛、解，受灾最惨，牛马尤缺。转瞬春耕播种，不惟贫农无力买牛，即中次之户亦苦有钱无市。"[②] 由于灾后耕畜奇缺，灾区的农业生产一时难以恢复。"晋省连遭大祲，民力牲畜为之一空，垦荒难以兴办。……现在各属得雨，自应赶速补种晚秋，冀收桑榆之效，惟以牛只短少，荒地多未耕犁。"[③] "耕作之需，首资牛马。乃上年灾荒售之惟恐不速，宰之惟惧或后。一牲之肉，不足供一室之餐；今则十倍其值，无可购求。迨至远方购求，合村共得一牛，终苦无力饲养。"[④] "各处（牲畜）商贩，因沿途喂养维艰，且须照例纳税，所费不资，无利可图，遂皆歇业。往岁各处市集牲畜颇多，如省南平阳府属之尧庙会，省北五台县属之台山会，尤为牲畜聚集之所。今岁来者寥寥。民间有钱无市，购觅尤难。"[⑤] 鉴于此种情形，曾国荃想方设法从牲畜蕃衍的察哈尔张家口一带牧厂采买牲口。"臣现饬藩司设法，从捐输项下拨款，委派委员分投各处，无论骡马牛只，先行购买五千匹。……又归绥七厅系山西辖境，所产牛马较内地为多。臣拟仿照直隶捐办章程，派员前赴该处设局劝办，每马一匹作价银十三两，牛一匹作价银十四两。……一俟采买暨捐助牛马陆续到晋，臣即饬属分散贫农，以备翻犁之用。"[⑥] 光绪前期的直隶武清县，"现因各灾村耕牛驴只无力喂养，以致变价宰杀，必致明春耕种鲜用"。[⑦] 查宗仁是光绪年间的一位直隶知县，"直隶大旱后，无牛可耕，宗仁创牛捐之议"。[⑧] 1882年，皖南地区发生水灾，"百姓流离，贫难餬口，农民久虚爨火，每将耕牛售卖与人，为刀匕烹调之用，所得价值每

① 《申报》，光绪二年六月初二日。
② （清）曾国荃：《树军难遽裁撤疏·附片》，见《曾忠襄公奏议》，卷十，16页。
③ （清）曾国荃：《采买牛马片》，见《曾忠襄公奏议》，卷十四，45页。
④ （清）曾国荃：《请蠲缓二忙以利垦荒疏》，见《曾忠襄公奏议》，卷十六，35页。
⑤ （清）曾国荃：《请免征牲畜税银片》，见《曾忠襄公奏议》，卷十，34页。
⑥ （清）曾国荃：《树军难遽裁撤疏·附片》，见《曾忠襄公奏议》，卷十，16页。
⑦ （清）周家楣：《札饬前广东佛冈厅同知朱兆槐办理推仁济运局》，见《期不负斋全集·政书八》，8页。
⑧ （清）黄彭年等编：《畿辅通志》，卷一九〇，49页，光绪十年。

头仅四五千文。比播种需牛,又乏巨资购买,因而膏腴土壤任其荒芜,半由于此"。[1] 曾国荃就任两江总督期间,江苏省"天时亢旱,年谷不登,江北农民载耕牛南渡贱价出售"。他只得设局收典牛只,等来年春天缴银赎领。"并行咨藩司通饬各州县一体严禁宰杀耕牛,以护农事。"[2] 光绪十四年(1888),安徽省滁、全一带旱魃为虐,"粒米无收,遍野鸿嗷,悽凉满目。其小民之卖驴牛以度日者,已不知凡几"。[3] 光绪后期,"川东等处,饥荒之余,牲畜已尽,所有耕作等事,均以人代,困苦颠连之状,言之酸鼻"。[4]

总之,由于灾荒引发的耕畜锐减,使得灾区的农业生产恢复变得难以为继。没有了大型耕畜作为动力,农人的生活更加艰辛,农作物产量无法保证,灾荒的余害继续蔓延。

(二)土地出现退化

土地退化一般是指土地质量下降,主要包括水土流失、土壤沙化、土壤盐碱化和土壤肥力贫瘠化等。生态环境的恶化以及自然灾害的频繁发生,都会成为土地退化的重要诱因。

每每大水过后,被淹土地的土质一般会受到一定程度的破坏。大量碱性化合物的分解,以及土壤中氮、磷、钾等养分的流失,导致水退之后地面上往往留有一层白色沉淀物质,难以除去。洪水含沙量大,尤其是大河的决口、改道,所过地面多变为沙碛,农作物很难正常生长。直隶平泉州曾是繁盛之区,"自同治年间,山水成灾;光绪九年,水灾尤甚。平泉地面,本是出粮之所,连遭两次大水,将一带膏腴之田,均被冲坏。其水退后,遍地是碎石巨沙,已是不堪种作。一十三年,又遭水欺,虽有零星地亩,亦与石田无异"。[5] 又如,湖南湘阴县在"乾嘉盛时,濒湖开垦无虚土,山木蔚然成林,地无遗利。其后水潦岁作,田卒汙莱,所在童山硗确,物产日啬,将非人事之推移然哉。军兴以来,嚣然务于战功,而地利益微矣"。[6] 水涝灾害频发对农田土地造成的危害可见一斑。

灾荒造成畜禽较以前大量减少,加之粮食产量锐减,农家粪肥的积攒成为难题,地力开始出现衰退的景象。"昔日之农,家给人足,有无相同,百亩之粪自易为力";

① 《益闻录》,第184号,光绪八年七月十七日。
② 《益闻录》,第811号,光绪十四年九月三十日。
③ 《益闻录》,第820号,光绪十四年十一月三日。
④ (清)郁永龢:《联民以弭乱议》,见《皇朝畜艾文编》,卷六,18页。
⑤ (清)徐润:《徐愚斋自叙年谱》,70页,台北,台北商务印书馆,1981。
⑥ (清)郭嵩焘:《湘阴县图志》,卷二五,25页,光绪六年。

到了光绪后期，"今日之农，生计已蹙，一家数口，饘粥不给，更何力以粪田？故始而少一肥料，继又少一草料，人事已绌，地力日竭，收成日减，谷米安得不少！此病在粪田之不足二也"。[1]

（三）农业生产能力下降

晚清年间生态环境的退化以及各种自然灾害的肆虐，使得广大地区的农业生产能力迅速下降。广东省遂溪县原为稻米丰产之乡，出口较多，但是，"迫道光二十年以来，水利不修，民间产米渐少，出口渐稀。降至近年，米船绝无出口"。[2]

兵荒马乱，加之水、旱、蝗虫、瘟疫等各种自然灾害轮番袭扰，农业人口大量流失；吸食鸦片、萎靡不振而怠于农事者日增；牲畜锐减加之粪肥不足……种种不利情形必然导致受灾地区农业生产力急遽下降。农户产量减少，地主乡绅收租愈发困难。1884年，一位京官在给皇帝的奏疏中描述了其家乡江西省农业生产的情况："近因迭遭兵燹、水旱、瘟疫各大劫，人民损伤无算。更兼生计艰难，丁壮及岁，往往不能婚娶，产生女婴率多溺毙。是以闾阎生齿，远不逮从前之繁庶。约计一村之中，向有百人业耕者，今只得五六十人。而此五六十人中，吸食鸦片、惰于农事者，又约有二三十人。其间晴雨不时，粪力不足，收成本多歉薄。……粮户收取租谷，甚为不易。即以臣乡而论，自咸丰以后，所收成七八分，或五六分，或三四分。三十年之中，虽逢稔岁，从未闻有完全租者。瘠薄之田，竟至白送与人承粮而不肯受。此种情形，推之他省，何莫不然！"[3] 实际上，此事距离太平天国起义失败已然过去了20年，战争的创伤相较于自然灾害的破坏应该居于次要位置。所以，此时江西地区农业生产的衰退主要还是由于灾害频发、生态环境退化造成的。

江南的太湖地区自宋、元以来就广泛种植棉花，明至清中期发展十分迅速，棉业在这一地区根基深厚。以江苏松江府为例，"我郡东乡以棉花为恒产。嘉道前，每亩得收一二百斤，每斤值售钱七八十文，棉花一稔，足资一岁用，虽无蚕桑之利，温饱有余"。后来，由于自然灾害以及战乱袭扰造成的生态环境破坏等因素，棉花的生产能力大不如前，"及迩年收数日薄，售日贱，以致生计渐蹙，户口萧条。目前饥馑未臻，匮乏已经若是。"[4] 这基本反映了整个太湖地区的棉业生产情形。

---

① （清）张振勋：《招商设立贷耕公司议》，见《张弼士侍郎奏陈振兴商务条议》，14页。
② （清）徐赓陛：《到任地方情形禀》，见《不慊斋漫存》，卷二，1页，同治十三年。
③ （清）王邦玺：《缕陈丁漕利弊户口耗伤情形疏》，光绪十年。出自葛士浚辑《皇朝经世文续编》卷三十二，1888年本，18页。
④ 《申报》，光绪六年六月二十一日。

此外，晚清时期农业生产能力的降低还表现在粮食的大量进口上。此时的中国，已经被迫融入世界资本主义体系，本土粮食产量的递减，必然导致外国米粮的大量输入，国家的粮食安全岌岌可危。光绪二十六年（1900），黄河大水成灾，烟台商埠米粮进口数量急剧上升，"至进口之米，则以黄河水溢，年成歉收，自十一万八千英担（系再前年之数）增销至七十四万三千余英担"。① 短短四年之内，进口增幅竟高达530％！同一年东南地区的福建兴化，"雨多麦损。山芋为贫民糊口所需，亦以不能晒干，价反较米为贵。美国面粉销路渐广矣"。② 粮食出产量降低，其市场价格必然增高，为口粮问题头疼的清政府只得重新申明粮食出口的禁令，以图减轻粮荒的威胁。"近岁以来，渐嗟价涨，致令译署不得已复申运米出洋之禁，（中国向禁谷米出洋，后有奸商仍犯此例，致米值增昂，乃复令各海关大严运米之禁……）岂非米业衰落之明证哉！"③ 如其所言，此时中国的农业生产能力已经在走下坡路了，自然灾害的频发与生态环境的破坏难辞其咎。

表3-6、表3-7是晚清时期中国从外国进口大米、面粉历年数据统计。可以看出，1867—1911年，除去1874年、1875年、1880年等个别年份外，大米的输入大致表现为上升趋势。大米的进口数量与每年自然灾害的严重程度基本呈现正相关关系。如1876—1879年、1888年之后的大灾之年，其大米进口数量较之他年都是十分巨大的。尤其1895年、1907年两个年份，都超过了1 000万担。

表3-6　晚清时期中国历年大米进口统计（1867—1911）　　单位：担

年份	数量	年份	数量	年份	数量	年份	数量
1867	713 494	1879	248 939	1891	4 684 675	1903	2 801 894
1868	349 167	1880	30 433	1892	3 948 202	1904	3 356 830
1869	346 573	1881	197 877	1893	9 474 562	1905	2 227 916
1870	141 298	1882	233 149	1894	6 440 718	1906	4 686 452
1871	248 394	1883	253 210	1895	10 096 448	1907	12 765 189
1872	658 749	1884	151 952	1896	9 414 568	1908	6 736 616
1873	1 156 052	1885	316 999	1897	2 103 702	1909	3 797 705
1874	6 293	1886	518 448	1899	4 645 360	1910	9 409 594
1875	84 612	1887	1 944 251	1899	7 365 217	1911	5 302 805
1876	576 279	1888	7 132 212	1900	6 207 226		
1877	1 050 901	1889	4 270 879	1901	4 411 609		
1878	297 567	1890	7 574 257	1902	9 730 654		

注：担：旧制一百斤为一担。

资料来源：杨端六编：《六十五年来中国国际贸易统计》，见李文治编：《中国近代农业史资料　第一辑（1840—1911）》，773页，北京，生活·读书·新知三联书店，1957。

① 《烟台商务》，译西八月《华英捷报》。见《东西商报》，第54号，14页，光绪二十六年。
② 《兴化食物情形》，译西三月《字林西报》。见《东西商报》，第40号，15页，光绪二十六年。
③ 《西政丛钞·商》，39页，光绪二十八年。

近代以来中国农村变迁史论（1840—1911）

表 3-7　晚清时期中国历年面粉进口统计（1887—1911）

年份	数量 / 担	金额 / 两	年份	数量 / 担	金额 / 两
1887	—	567 214	1900	—	3 329 868
1888	—	570 536	1901	—	4 726 962
1889	—	612 285	1902	—	3 844 319
1890	—	775 548	1903	766 324	2 869 708
1891	—	704 869	1904	937 946	3 591 071
1892	—	670 905	1905	931 761	3 706 159
1893	—	772 430	1906	1 784 681[*]	6 295 753
1894	—	1 088 780	1907	4 414 383[*]	13 984 546
1895	—	1 465 895	1908	369 445	1 341 710
1896	—	1 505 653	1909	596 777[*]	2 691 399
1897	—	1 221 516	1910	740 841	3 444 407
1898	—	1 774 712	1911	2 183 042	8 708 451
1899	—	3 189 497			

* 包含各种杂粮粉的数据在内。

资料来源：杨端六编：《六十五年来中国国际贸易统计》，见李文治编：《中国近代农业史资料第一辑（1840—1911）》，774 页，北京，生活·读书·新知三联书店，1957。

此时期面粉的进口情况，仅有 1887—1911 年的数据。尽管在 1887—1902 年没有具体数量，但从相应金额来看，1887—1893 年进口金额比较均匀，都在 66 万两左右，没有超过 100 万两的年份。但是，1894 年以后，情况就完全不同了，年年都超过 100 万两，在清政府即将覆亡的 1911 年达到了顶峰，该年也是一个大灾年份。

从国家宏观层面看，灾荒频仍确实导致米粮大量进口，这也印证了晚清时期中国整体土地生产能力表现为下降趋势。其实，就国内的局部地区来看，省际之间的粮食输入也是经常出现的。灾荒多发省份大都去往年景较好的省份大批购买口粮，以解燃眉之急。国内无法解决粮荒的时候，必然会转向国外。"江苏徐海淮十七州县灾区，每一州县极贫之丁口十七八万至二三十万不等，平均以二十万计，已三百四十余万。……人给钱一千二百文，当此千钱斗米之时，每人每日十文，势不能活，然已须钱三百四十余万千。又况购运米麦薯干，近则奉天、山东，远则日本、暹罗，又远则美国，周折之繁，欲避无从，费用之巨，欲省不得。"[①]

四、种植结构调整

一般而言，生态环境的变迁与自然灾害的发生多会引发农业种植条件的改变。农民往往会根据实际情况安排生产。农业环境改变了，种植结构势必会做出相应的调整

---

① 张謇：《代江督拟设导淮公司疏》，见《张季子九录·政闻录》，卷一〇，23 页，宣统元年。

或者优化。

直隶营田由来已久，元、明时期就已经开始。在干旱的华北地区种植水田，水利自然是第一要务。以直隶玉田县为例，该县"至营田水利，则自前明万历十三年，徐贞明奉命于鸦鸿桥夹河五十余里，以及青庄坞、后湖、三里屯、大泉、小泉，皆曾治为稻田"。清朝雍正年间，畿辅营田又掀起一个高潮，但是后来这个地区的水田大多衰败了，纷纷改种旱地作物或者莲藕等经济作物，也有撂荒的现象出现。至光绪前期，"今惟知荣辉之源即合流之暖泉、孟家泉、洪桥左右数村，旧有稻田约百余顷，强半为雍正间怡贤亲王营治。年久失修，或以沙淤闸毁，改种旱禾；或以土性不宜种稻，遂改禾改藕；种稻者不过丨存一二。蓝泉下游、渠河头一带，旧多水田，亦怡贤亲王营治；今皆冲淤成旱地，禾苇半焉。"① 玉田县以前所产稻米口味、卖相都堪称上品。"吾乡人之说曰：稻之美者，向推我玉邑为最，如城东小泉一带，引山泉以灌，车戽不烦，得米煮之，长可半寸，其洁白香腻，更所罕有。又城南围里产稻，粒小而腴，皆称异品。"但是到了晚清时期，由于水利失修、灾害频发、农业环境遭受破坏，导致"今其田废弃多矣，惜哉！急诘以废弃何故？则又慨然曰：无他，其势难也。小泉虽便于引灌，一遇山水暴注，则冲压为灾。今复来源衰弱，徒以起争，而所获无几。围里借荣辉河水，有余不足，亦难常恃。我辈非其土著，不能尽悉其艰苦，所传闻者，大概曰得不偿失，故择其宜稻可稻者存之，余则变艺杂谷，非不欲广为种稻也，势不可行也。……昔吾邑稻区，原不止小泉与围里，而尝闻雍正初，四局营田徧畿辅，乃首先试之于吾玉。……而今乃仅存数区，可胜浩叹。其尤惨者，田废不惟无稻，并杂谷而无之"。② 当年轰轰烈烈的畿辅营田就此寿终正寝。

在自然灾害的威胁下，南方水乡调整种植结构的做法也很普遍。湖南省衡山县"近水诸农，其田常苦水潦，十种而九不收，往往有弃农而渔者，亦有且农且渔者，以渔之所获补农之不足，生计弥苦"。③ 近代以来，安徽怀宁县由于常年遭受洪水的袭扰，大量良田被泥沙覆盖，原来种植的蔬菜、大豆等作物已不能正常生长，只得改种适宜沙地的落花生。"落花生宜沙地。道光以来，洪水泛滥，渌水乡江滨，田园多被沙压，蔬菽不生，惟宜种此。"④ 无奈之情溢于言表。同样也在怀宁县，"清道光以前，总铺、十里铺、黄荻坂等处，宜早晚二季，每刈早稻种晚稻，正大暑节土膏发育之时，农人

① （清）李昌时等：《河图说》，见《玉田县志·卷首》，9~10页，光绪十年。
② （清）丁维：《玉田县水利前说》，见李昌时等编纂《玉田县志·卷首》，13~14页，光绪十年。
③ （清）文岳英等：《衡山县志·风俗》，卷二〇，5页，光绪元年。
④ 舒景蘅等纂：《怀宁县志》，卷六，4页，民国四年。

近代以来中国农村变迁史论（1840—1911）

争天时，一刻千金，率晨刈昼犁而夜种之，农家之忙无过于此，士人谓之插乌秧，家人不足给事，皆于外乡雇老农并力及时以事晚稻焉"。由于土壤退化严重，土地生产力走低，只得改早晚二季稻为一季稻。"近年地质大异，每种晚稻，所入犹不足偿耕耨之费，是以皆易早晚二季为中迟一季。"①

五、粮食价格陡增，加剧灾情

晚清灾荒带来无数饥民、粮食大量漂没和庄稼大面积绝收，使得本就短缺的粮食成为奇货可居的紧俏商品。无良商贩囤积居奇，市面上粮食的售价陡然上涨，嗷嗷待哺的万千灾民无以果腹，更进一步加重了灾情。这是一个全国性的普遍现象，深深地影响了晚清农业生产的恢复和社会的稳定。

位于长江下游的江浙一带向来是经济富庶之地，农业相对发达。然而，在频繁而严重的自然灾害面前，这里也一改往日的繁华，粮荒充斥整个社会。光绪二年（1876），江苏扬州府属，"各田亩沟浍本有余水，尚可耕种，惟因淮北一带，旱干太甚，米行预先长价，是即所谓未荒先荒也"。② 这年的江苏苏州府"自入冬后，久欠雨雪。近以灾民数万口，嗷嗷待哺，所费粥米，日以数百石计。而各处囤户，皆坐拥居奇，以求善价，由是连日米价大涨，每石需钱肆千文有零，贫民更难度日"。③ "城门失火，殃及池鱼"，邻近省份一旦遭灾，也会祸及灾害相对较轻的地方。例如，光绪八年（1882），"苏省自浙皖被水，邻饥告籴，贩运纷纷，米价陡涨，每石须四千有奇，松江则四元余。玉粒金秔，几比珍珠之贵。盖商民见时势荒歉，以货居奇，遂使市上有绝粮之叹"。④ 第二年浙江杭州也出现了类似情形，"杭垣今岁入夏以来，雨水过多，各米客遂借此居奇，是以城厢内外各米店中，连日涨价。平时起价之米，每石仅二千五六百文，今则增至三千五六百文矣。且其中米色之高下暗涨者，亦加至两三文一升不等，大约每石须加至洋一元光景，以致经纪贫民无不连声叫苦也"。⑤ 市面每值新谷登场之时，米价必致大跌，市场供需关系使之然也。但这对于正常年景是合适的，一旦遇到灾荒，就无所谓新谷、陈米了，能糊口者皆以高价售之。例如，光绪三十二年（1906），镇江"今

① 舒景蘅等纂：《怀宁县志》，卷六，2页，民国四年。
② 《申报》，光绪二年六月初四日。
③ 《申报》，光绪二年十二月初三日。
④ 《益闻录》，第183号，光绪八年七月十三日。
⑤ 《申报》，光绪九年六月初六日。

届新米业已上市，而米价反骤然腾贵，高米由六元涨至七元左右，即糙米亦须六元二三角。推原其故，实由大江南北水灾迭告，来源稀少，而米商又囤积居奇，故米价有增无减也"。[1] 地处淮河南岸之淮安，地势相对低洼，雨水一多，便极易产生内涝。"清江一带，近来淫雨为灾，四乡尽成泽国。在田二麦，已割者漂荡殆尽，未割者侵入水中。麦收已甚歉薄，米价又复飞涨，每石现已售至五千四百文。日来各行铺，因存货无多，来源不旺，仅售零升，凡有购买成斗成石者，一概谢绝，人心异常惶急。闻山阳莠民借口米昂贵，已于十五日捣毁米铺两家。"[2]

此等极端情况，并非偶然有之，而是实属必然。饥饿的灾民处于走投无路之境地，所求仅为区区糊口之粮，如若地主、富绅、商贩等人为富不仁而见死不救，他们之间的矛盾就难以调和了。饥民在群情激愤之下，铤而走险、暴力抗争也就在所难免。再如，"丁戊奇荒"发生时，山东烟台某地"天旱无雨，有一富户意欲囤积居奇，将各乡村米谷尽行收买。久之乡民无米可籴，钱又用完，有枵腹之患，乃俱至富户家求其平籴。富户执意不从，各饥民无奈，拥入其家，富户竟登楼开放火枪，连毙七命，于是众怒莫遏，各取柴草引火之物，堆积四围，放火焚烧。霎时烟焰蔽空，富户全家男妇大小四十七口，连一生所积之资财，平日所囤之米谷，尽付一炬"。[3] 湖北省周家口，"其地离省八百里，云该处自去冬下雨，至今未沛甘霖，民心惶惶不定，米市本每斤二十余文，十日之间涨至每斤五十五文。且有二处米行，居奇遏籴，以致买米者愈聚愈众，用条石撞开店门，男女嘈杂，乘势强掳，地方官亦无法可施……并闻河南亦复如是，饥民载道，谋食维艰，时有迫而为盗之虑"。[4]

一般来说，粮食价格的波动变化是由市场供求关系平衡与否决定的。灾害发生，粮食歉收，其价格自然会走高，这是符合基本经济规律的。例如，光绪三年（1877），直隶"省垣左右得雨过迟，秋稼多萎。……粮价骤然腾贵，面每斤六十余文者昂至九十余文，小米每大斗二千文左右者昂至三千三百文，大米每斗亦骤增至七八百文，杂粮蔬果，日见珍贵"。[5] 严重的灾荒也会带来人性的泯灭和道德的沦丧。无良商贩借灾发财、坐收渔利，罔顾万千灾民死活。他们大肆囤积居奇，伺机哄抬粮价，妄图牟取暴利。以陕西省为例，"上年晋豫奇荒，陕省米粮纷纷贩运出境。本省亦系灾

① 《时报》，光绪三十二年七月十五日。
② 《时报》，光绪三十二年五月二十三日。
③ 《申报》，光绪二年四月十八日。
④ 《申报》，光绪二年五月廿六日。
⑤ （清）朱采：《上李中堂》，见《清芬阁集》，卷五，23页，光绪三年。

区，存粮无几，民间势将聚众阻止，当经督臣与臣出示严禁，并通饬各属不准擅行遏
籴，原以救灾恤邻，未敢稍分畛域也。无如奸商牟利，抬价居奇，春夏以来，每石价
银增至十余两。……其在陕则不惜重资以广收，至晋豫则高抬时价以攘利。现时买面
一斤需钱百文，出潼关则百二十文，度河东则百四十文，至运城则百六七十文。以垄
断之奸谋，剥斯民之膏血，饥馑余生，何以堪比！若不设法平价，势将有加无已，不
独贻害于陕，即晋豫之民生计亦蹙矣"。[1]　安徽省安庆城中，"米铺以刘同兴为通城巨
擘，本多利重，会计精明，各铺言听计从，无不仰其鼻息。近因广济圩堤决口，逆知
秋获难丰，故私将米价任意抬涨，每石日增青蚨数十文，数日之间，粮同珠贵，居民
不堪其苦"。[2]　光绪三十三年（1907），河南省未有大灾，且春天二麦收成尚好，只是
入夏之后雨水偏少，但也并无大碍。即使这样，仍然出现了商贩趁火打劫的事情："囤
户居奇，粮价飞涨。粮贵而囤者日多，囤愈多而粮愈贵，而囤户亦愈不肯出售。迩者
虽雨，而水旱不均，囤户仍然居奇，麦价每斗至七百余文（旧价不过三百余，今昔相
较，适加一倍）。昨经首府县查知，传谕各粮行，如仍居奇，一经告发，即行严究不贷。
所惜囤户多为官绅巨贾，徒谕粮行，若辈固漠然耳。"[3]

　　当灾荒大袭发生之际，面对无数哀鸿无动于衷，甚至落井下石，乘机哄抬粮价，
人为加重粮荒，人性泯灭至此，确是灾荒所致的最大祸患。是可忍孰不可忍，奋起反
抗成了穷途末路的灾民们的唯一选择。

六、农民生活日趋贫困

　　清朝中前期，大部分中国农民生活尽管谈不上十分富裕，但温饱还是多数家
庭的常态。步入近代后，严重的自然灾害除导致大量劳动力流失外，对社会经济
也造成了非常巨大的损害，庐舍漂没、屋宇倾圮、田禾枯死、土地荒芜、禽畜凋
零等屡屡发生。根据对近代时期清政府宣布蠲缓钱粮的情况，估算全国每年大约
有 1/8~1/6 的地区收成不足一半，严重者甚至减收七至九成，或者根本就是颗粒无
收。[4]　晚清时期发生的自然灾害具有类型复杂多样、影响范围广泛、发生频繁集中、

① （清）谭钟麟：《请禁贩运粮石并协济晋豫赈粮折》，见《谭文勤公奏稿》，卷五，23~24 页，
　　光绪四年。
② 《益闻录》，第 680 号，光绪十三年五月三十日。
③ 《时报》，光绪三十三年七月初三日。
④ 李文海：《中国近代灾荒与社会生活》，载《近代史研究》，1990（5）。

造成危害严重等诸多显著特点，加之生态环境的持续退化，导致连续大灾之后，灾民们往往在很长一段时间内都难以恢复元气，大量农民的生活渐渐趋于极端贫困的境地。

一般而言，中国的农家经济是极其脆弱的，近代更甚。普通年景之下，农民尚且可以维持正常生活。一旦发生天灾人祸或者遭遇苛捐杂税加重等其他意外情况，农业生产和农人生活便危如累卵了。众所周知，近代中国多灾多难，内外战乱频频，自然灾害不断，加之外国势力的掠夺和本国统治者的压榨，家庭手工业濒临破产，农民生活困苦异常。光绪三年（1877），"直隶省沧州地方，上年被旱失收。……计极贫男妇二万一千三百余人"。① 光绪五年（1879），距离太平天国战争结束已经过去十余年了，但是根据县志记载，江苏省宝山县的"田土之汙莱未尽垦辟，间阎之生计转益艰难。农田一亩之入，上地不过钱二千文，下地不过千文，而每岁条漕之折钱完纳者，亩必五六百文，事蓄之资，日形困乏。租佃既年年逋累，客民又往往潜逃。加以土产木棉连遭灾歉，从前田亩价值二三十千者，今亩值十千，犹求售而莫之应也"。② 今昔对比落差之大，农民的正常生产、生活还有何倚仗呢？江苏南通濒江而北，人烟稠密，"井邑毗连，土产以棉布为大宗"，棉花种植面积很大，农民一般利用卖布所得换取外地口粮，"米谷仰给于扬州者十居六七"。光绪九年（1883），南通"二麦收获本属中稔，白露后江涨风灾，木棉尽遭淹没，一晦向收五六十斤者只获十分之一，甚至并籽种而无之。残冬之际，各布行纷纷停歇，布值益贱，乡人贸布每匹赢钱五六文，不足纺织之费。饥寒之余，流离道路。今年春初，至有纠众成千，由通境以入海境者"。③ 可见，普遍的贫困化是大量流民产生的原因，也是引发社会动荡的重要因素。光绪十四年（1888），江苏丹徒，"秋夏之交，天时过旱，丹徒四境，西成大减，其甚者颗粒无收，不得不仰赈济以延残喘。统计阖县极贫之户，多至八万有奇"。④ 光绪十九年（1893），上海县农历三月初发生大面积雹灾，冰雹"小如豆，大如拳，自南翔、打桥、法华、北新泾、虹桥迤南入浦，横延十余里。所过之处，蓬蓬苗麦，尽为折落。民不聊生，终日食粥者十有八九"。⑤ 湖南浏阳早先号称湘中大县，后来庄稼收成呈逐年递减之势，"三十年积至今，乃复大贫"。光绪二十一年（1895），"时

---

① 《大清会典事例》卷二八八，14 页。
② （清）梁蒲贵等修，朱延射等纂：《江苏省宝山县志》，290~291 页，台北，成文出版社，1983。
③ 《申报》，光绪十年三月初六日。
④ 《益闻录》，第 836 号，光绪十五年一月十四日。
⑤ 《益闻录》，第 1307 号，光绪十九年八月廿一日。

涉秋不再，农民或以灾告。……赤贫下户，渐有饿死者，丁壮渐有逃亡者，官犹弗省。至冬十月，饥民蜂起求振，喧哭于县官之堂。西南乡时闻聚众强夺，多者至数千人"。[1] 由此也很容易看出，晚清农民之所以走上背井离乡的流离之路，很大一部分原因是他们的赤贫化。甚至将其视为逃荒的直接原因也无可厚非，为了活命，他们别无选择。

近代中国农民的贫穷困苦是不争的事实，造成这种惨状的动因很多，战乱、苛捐杂税、疫病等都是重要因素。然而，各种自然灾害是导致晚清时期农业凋敝、农村破败、农民赤贫的罪魁祸首。

七、农民怠于耕作，逃荒乞讨成风

自然生态环境和社会经济系统是人类赖以生存的重要载体，自然灾害的频发使得这两个必要条件分崩离析。次生灾害的接续发生又使得原有灾害的灾情进一步扩大，后果更加严重。天灾人祸来临之际，广大农民首当其冲成为自然灾害和生态退化最直接、最严重的受害群体。大灾之后，农民的口粮丧失殆尽，栽种的谷物被灾害毁损，减产甚至绝收，大灾沉重打击之下的灾民，即使侥幸存活了下来，也已是元气大伤。灾后大型耕畜、农业器具、良种、肥料等农业生产必需的物质资料极度匮乏，农业恢复谈何容易！

自然灾害带来的物质损失再大再重也都是可以计量的，最令人担忧的不是物质的损失，而是农民精神上的创伤。灾荒对农民精神世界的伤害，包括心理和思想两个方面。这种损伤的后果主要表现在人们对自然灾害的恐惧与迷惑、对现实生活状况的不满与失望，以及对未来的茫然与悲观。晚期时期的重重灾难使得无数农民逐渐失去了与之抗争的勇气和信心，无奈而又无助的他们选择了向自然灾害屈服。

"哀莫大于心死"，农业生产无望、生活水平低下、生存前景渺茫的农民们，此时一般会面临三种选择：出卖土地等生产资料；借高利贷维持生产、生活；外出逃荒乞讨。显而易见，晚清时期的灾荒情况决定了前两种选择最终都会裹挟这些饥民走上第三条路——充当流民、乞丐，并且慢慢成为一种习惯。据父老传闻，直隶省望都县赵家庄在道光年间拥有田亩三顷还多，可是到了光绪末年，"村庄寥落，户口

---

[1] （清）谭嗣同：《浏阳土产表数》，载《农学报》，第三期，光绪二十三年五月上。

稀疏，仅存二百亩之谱。良田碱盐横生，出作入息之俦，终岁劳苦，勤者仅能仰事俯畜，以糊其口；惰者扶老携幼，常为离乡背井之人耳"。[1] 湖北省长阳县，"自去岁水灾后，编氓向各处逃荒。嗣传得陕西某县大疫，地旷人稀，于是长阳县民争往开垦，计不下二千余人，今春犹有负载而去者，甚有将田地屋宇变卖作为路费"。[2] 长阳县地处鄂西南，灾民为了有条活路，变卖家产也在所不惜，义无反顾地奔赴遥远的陕西。时至清末，湖北省的灾情仍未有减缓，"鄂省饥民航海至营口者将及万人，扶老携幼，情状可悯。地方官及湖广同乡会商筹，拟移向黑龙江官地开垦。愿往者约千户，每户均平五人，预筹本年至明年秋止各项费用，每人给洋百元，共需洋五十万元，合银三十余万两"。[3] 饥民们对家乡的绝望和对生存的渴求，可见一斑。

安徽在历史上就是一个自然灾害频发的省份，而皖北又是灾荒发生最重的地区，近代尤甚，因而这里成了近代重要的流民输出地。"频年皖北一带，均因干旱，每到严冬，饥民四出，向例至扬州境界，必截留而养赡之。去岁饥民尤众，计有万余，按口给米，需费颇巨。待至来春，犹复给路粮，为之送回故里；并措钱若干，由该处地方官查明发给，以为耕种之费，诚可谓意良法美矣。乃今岁该处可庆有秋，非上年颗粒无收之比，何以穷民仍复络绎而至维扬也！"[4] 江苏的淮北地区也是水、旱、蝗等各种灾害的多发地区，是另一个流民输出地。该地流民一般流向年景稍好的苏南一带。"江北一带村农，每至荒年，辄即扶老携幼，谋糊口于苏城，相沿成例。本年该处田稻亦有丰稔，而流氓之至苏者仍复纷纷不绝。现虽由沿途各州县随时阻拦，不令南下，而或推小车，或泛扁舟，三五成群，分道而至者，固已实繁有徒矣。"[5] 江苏盐城地区由于常常受灾，虽有大量饥民流徙，但近代之前其足迹仅仅限于大江之北，一般不会渡江乞讨；近代之后，灾情日甚一日，长江再也难以拦住他们的逃荒的脚步。《明史·河渠志》载：'崇祯间，黄淮奔注，兴、盐为壑，少壮转徙江、仪、通、泰间。'孙渠《被缨集》则谓：'盐邑流民，多逃往山阳，皆无渡江而南之说。'盖路近而邦族易复，塗远则乡间难归，其时犹有安土重迁之思。今则每遇水旱，穷佃隐民，竞弃田庐，携妇孺过江乞食，络绎于塗。"[6]

---

① （清）陆保善：《望都县乡土图说·北路》，88页，光绪三十一年。

② 《申报》，光绪十年三月十九日。

③ 《中国纪事》，《国风报》，第一年第二十期，6页，宣统二年七月廿一日。

④ 《申报》，光绪三年十一月初八日。

⑤ 《申报》，光绪三年十一月初二日。

⑥ （清）陈玉树等：《统论古今风俗异同》，见《盐城县志》，卷二，28页，光绪二十一年。

究其原因，是因为灾荒发生以后，饥民们会产生一种非道德心理与行为。这是与道德心理和行为性质相左、作用相异、结果相反的一种灾时心理和精神力量。其主要表现为自私、畏惧、逃避，甚至发生攻击、劫掠、流氓等违法犯罪活动。灾民在遭受自然灾害的打击后，失去了正常生活的信念和行为规范，理性、理念和心理向原始的、本能的和生物的本性回归，进而无视社会规范和行为准则，将自身活动降低到仅仅求取生命延续即生物学意义上的生存层次上。① 光绪前期，"近日，徐海一带及山东沂州府等处人民成群结队，襁负而来，挨村索食，栉比无遗。其人百十为起，其头目率戴五六品翎顶，恐吓乡愚。每到一村，按户派养，一宿两餐，饭必大米，量皆兼人。供给流民数口，一次辄费八口经旬之粮。而其改名换姓，十日半月，去而复来，鸡犬不宁，无所底止。伏惟徐海沂州各属，本年并无灾荒，而苏常各府之灾，煌煌谕旨，共见共闻，岂有朝廷方汲汲以振之，无灾之民转蹂躏而蚕食之。在此辈秋收之后，年年南下，习以为常，特至今冬尤多于畴昔"。② 江苏金陵每届冬令，必定设局施放米谷，以赈济灾民。"今岁荒歉之省愈多，故就食之人愈众。除本地本省及客之僦居有年者不计外，日前又有湖北、山东、江西等处难民，挈眷携家，来赴督辕，吁请抚恤。"③ "江宁近江低田，亦有偏灾。穷民扶老携幼，及邻省沿江一带灾民，来省就抚者不下十数万人。"④ 扬州也是灾民聚集乞食的一个重要地方，光绪三十二年（1906），"淮海被灾饥民，至扬就食者已及二万余人。两淮运司赵渭卿都转，特筹赈四万金，设法抚恤；并派员随带钱米，遣送回籍，以免流离。而饥民率皆不愿回籍，九月二十九日之晚，即有聚众抗拒情事"。⑤

　　黄河的北徙和"丁戊奇荒"等重大灾害的影响，使得素称"礼仪之邦"的齐鲁大地也陷入了哀鸿遍野之境，"山左沿河一带，土脉瘠劣，时被水荒，每届冬令，该乡民等动辄结队四出求乞，人多称之曰流民。"⑥ 光绪九年（1883），据左宗棠、杨昌濬奏报："（江苏）清江地方，因灾民聚集，业经饬属设厂妥筹收养。现闻东省灾民，陆续至窑湾、清江、扬州。加以淮徐灾民，愈聚愈多，除设厂留养外，尤有二三十万人，沿河而南等情。东省被灾，叠经发给银米赈济，原期就地安辑，俾免流离失所。现在

① 王子平：《灾害社会学》，261~262 页，长沙，湖南人民出版社，1998。
② （清）何嗣焜：《致江苏刘景韩提刑书》，《存悔斋文稿》，卷三，1 页。
③ 《益闻录》，第 922 号，光绪十五年十一月十九日。
④ （清）曾国荃：《委员赴江浙加放春赈疏》，《曾忠襄公奏议》，卷三二，2 页，光绪十六年正月二十二日。
⑤ 《时报》，光绪三十二年十月初六日。
⑥ 《时报》，光绪三十二年十月初二日。

纷纷四出,人数众多,不特饥馑余生转徙堪怜,兼恐麇聚日多流而为匪。"① 灾荒的驱使,不少饥民甚至不惜千里逃亡渡江乞讨。"苏垣娄门外到难民二千余名,询之,言自山东逃荒而来,身带护照,良莠不齐,有男有女,有老有幼,有肩挑锅灶者,有背负行李者,有手携孩提者,有胸怀什物者。……次早即纷纷启程往昆山一带前去。"②

晚清灾荒频繁而猛烈的袭扰,彻底摧垮了灾区农民恢复生产的决心和信心,他们渐渐怠惰于农事,完全寄希望于逃荒乞讨,甚至形成了社会风习。这种影响直到现在仍在很多传统灾区存在,对待生活的消极懈怠也是这些地方社会经济落后、生活持续贫困的重要原因之一。

八、灾荒引发社会动荡

由灾荒引发的动乱在中国历史上屡见不鲜,古已如此,晚清时期亦不能免。农耕社会经济本就脆弱,物质财富积累程度较低,地方财政又捉襟见肘。常态之下应付摊派徭役已是不堪,社会矛盾愈发尖锐。倘使再遭到自然灾害的沉重侵袭,社会的动荡必然加剧。晚清时期,随着各种灾荒的肆虐,正常的社会秩序遭到严重破坏,盗劫横行、土匪猖獗、非法组织不断出现、农民起义风起云涌。正所谓"饥馑之年,天下必乱;丰收之年,四海承平"。③

灾荒导致大量流民形成,政府的赈济措施有心无力,饥民最基本的衣食之需无法保障,必然造成晚清社会的持续动荡。光绪初年的"丁戊奇荒"在河南造成了极大危害,嗷嗷待哺的饥民们竟然拦路抢粮。"据万庆成镖局友云:自怀庆启程,四百里内野无青草,即根荄亦遭掘尽。饥民在途,手执利刃,强行索食,车带杂粮五斗,立即抢去,许其南下运粮,乃免于难。"④ 光绪四年,"包头后山一带,上年虽未报灾,而收成歉薄非常,粮价奇贵,雨雪未透,至今不能下种。所有外来佣工度日之辈,生机顿失,穷无所归,忽有游勇董老玉、胡老九、刘五代等,乘隙麇聚五六百人,在东公旗地等处肆意抢掠。……省北各属,上年报灾州县较少,其实亦均薄收。地瘠民贫,本境不足以资生活,全赖出外佣作。乃连年亢旱,无人雇工,穷苦益觉无聊。二月初九日,据朔州知州姚官澄禀称,该州民人熊六在宁武朔州交界地方上白泉庙村,数日之间号

---

① (清)周家楣:《留养灾民随时资遣疏》,见《期不负斋全集·政书五》,35页,光绪九年。
② 《益闻录》,第1035号,光绪十六年十二月十二日。
③ 董汝舟:《中国农村经济之破产》,载《东方杂志》,1932,29(7)。
④ 《申报》,光绪三年十一月初三日。

召无赖、游手及饥民约二千余人，焚劫乡村"。① 类似的状况也在南方发生，江苏"夏秋各处偏灾，因而十室九空。百姓无稻粱之食，流离载道，散处四方。良民尚安分无争，而黠者则滋扰横行，情同匪类。近日石城太平门外，忽来数千人，恃众行强，居民不能安枕。虽有当道示谕，促令回籍，然具文一纸，禁令虚张，若辈不少敛迹"。② 江苏宜兴"上元、东北两乡，近有外来穷民不下数千，日间成群结党，满山遍野，割取人家柴薪。……以故争论斗殴，时有所见。初十日，太平门外有穷民数百，因夺取柴薪与乡民争执，彼此殴打，势不相下。该处有护军营所拨兵勇一棚，闻风阻挠。穷民愈聚愈众，竟敢恃蛮拒敌，损伤兵勇数名，并将洋枪抢去"。③

愈至清末，流民愈多，社会也愈发动荡。1902年，直隶"唐山荐饥，饥民十余万，告赈无所，势将流而为匪。余振臂一呼，两月间集三十余万，得以无事"。④ 湖南"客岁秋收歉薄，人心日益动摇。今年（1906）正月以来，谷价昂贵，乡民携赀籴谷，常有沿门探问，或环行一二十里，终无谷可籴，而乃嗒然以归者。饥驱所迫，故于二三月间，长沙一带地方抢案迭出。富豪之主，劫掠一空，固无俟论，即小康人家，亦受波及，相率徙居城中，乱机决裂。而平江一带，暴动之风遂勃发而不可挽救"。⑤ 安徽宁国府属宣城县，多年来迭遭水患，民不聊生。1910年，"灾民饥不得食，匪徒从而煽之，数日之中，四乡抢劫之事，不下数十起。二十七日，距城二十五里之油榨镇，有饥民聚众抢劫。二十九日，北乡新河庄（距城五十里），东乡沈村镇（距城四十里），先后报告，均有滋扰情事。三十日，双桥镇（距城八里许）有饥民千余到镇滋扰，均经官弹压遣散。至本月初一日午刻，忽有匪徒勾结灾民千余，乘划船至该镇（约二百余只），蜂拥上岸，先到裕泰砻坊，抢去米二百数十石。继又拥至查姓砻坊。撞门时，巡防营巡逻队哨勇等向阻，并放空枪，该灾民等毫不畏惧，手持刀棍，将哨勇乱打，伤及哨弁沈锦文暨勇丁多名，抢去洋枪三支。哨勇等乃开放实枪数响，毙一人，伤二人，余乃解散"。⑥ 宣统三年（1911），有官员奏报称："统计江北淮北饥民共达四百余万口。共四出谋食者，实繁有徒，所至勾结成群，或为治安之累。"⑦

引发社会动乱的形式多种多样，其中最为剧烈者当属农民起义或农民战争。太平

① （清）曾国荃：《兵警请拨马步队疏》，见《曾忠襄公全集·奏议》，卷八，23~24 页。
② 《益闻录》，第 322 号，光绪九年十二月初八日。
③ 《益闻录》，第 1031 号，光绪十六年十一月廿七日。
④ （清）徐润：《愚斋小记一》，见《徐愚斋自叙年谱》，102 页，光绪二十八年壬寅。
⑤ 《新民丛报》，四年，九号，115~116 页，光绪三十二年五月。
⑥ 《中国大事记》，《东方杂志》，七年七期，89 页，宣统二年七月。
⑦ （清）冯煦：《会奏江皖豫东振竣折》，见《蒿盫奏稿》，卷四，62 页，宣统三年六月。

天国、捻军、义和团等农民起义的爆发与晚清时期灾荒频频、连年饥馑、流民遍地有直接的关系。太平天国运动发生于 19 世纪中叶，此前十年间，正值全国包括广西地区自然灾害频仍。1840—1850 年，广西境内大旱、大水、大疫、蝗灾等各种灾害此起彼伏，从未间断。这里本来就是山多田少，地皆硗确，物产稀少，再加上接连不断的灾荒，饥民抢米闹事、抗粮抗租等活动频频发生，社会经济系统几近崩溃。洪秀全、杨秀清等人正是在这种情势之下开始他们的传教宣传、组织活动。太平天国运动在广西乃至全国灾荒严重、饥民遍布的情况下发生，后来持续不断的灾荒又为太平天国运动的进一步发展创造了有利时机和条件。太平天国的很多重大战略，都与当时发生的灾荒有直接或者间接的关系。[①] 正所谓"成也萧何，败也萧何"，太平天国运动因灾荒而起，后来也因为灾荒而败。在存在的十几年中，太平天国辖区内的水、旱、蝗、疫、地震等各种自然灾害依旧频频发生，尤其是蝗灾和瘟疫两灾，其严重程度为近代所罕见。这些灾害导致粮食极度匮乏，给太平军带来了巨大的粮食危机，削弱了他们的战斗力，农民起义最终被拖垮了。

同样，捻军起义的发生、发展也是直接源于灾荒的肆虐。素有"穷山恶水地瘠民贫"之称的安徽淮北地区在灾荒连连的沉痛打击下，生存环境迅速恶化。饿殍遍野、道殣相望的悲惨情状使得捻党转为捻军不再具有任何悬念。咸丰三年（1853），原本秘密结社的捻党运动终于转化为大规模的捻军起义，灾荒成了这场运动的直接推手。无数破产的流民别无生路，只能参加义军，成为捻军的主要兵源。捻军没有明确的政治目标，他们扯旗造反主要是为了"聚众谋食"。捻党、捻军惯用的谋生手段主要有吃大户、掳人勒赎、"打捎"（外出打粮）、武力威胁等。当兵吃粮是流民参加捻军的主要驱动力，成为当时的一种职业流向。

义和团运动首先发生于 19 世纪末的山东地区，近代以来，这里一直是水、旱等灾害频发的省份。1855 年黄河铜瓦厢改道之后，山东成为黄河下游流经的主要省份，省内决口成为齐鲁大地一个心腹大患。1898 年的决口是晚清时期灾情最为严重的一次，大批灾民因之无家可归，缺吃少穿，只得四处逃荒要饭。饥民主要集中在鲁西南和鲁西北两个地区。1899 年的转涝为重旱直接促进了义和团运动的迅猛发展。1900 年夏，直隶东部饥民的揭竿而起把这场农民运动推向了高潮。可以说，中国北方地区发生的严重灾荒是义和团运动得以兴起、快速发展的重要动因。

---

① 康沛竹：《灾荒与晚清政治》，94~95 页，北京，北京大学出版社，2002。

随后的辛亥革命最终结束了封建帝制，这场革命运动的酝酿、发展和结束其实都与当时的灾荒有着千丝万缕的联系。早在辛亥革命发生前的头十年里，各地民众就进行了持续不断的抗争。如前所述，灾荒发生之后，饥民们通过如火如荼的"抗粮""抗捐""抢米"等斗争形式给了清政府很大的打击。此时的清廷处于"山雨欲来风满楼"的多事之秋，恰逢 1911 年又是一个大灾之年，这给本已摇摇欲坠的清朝廷带来了致命打击。该年爆发了面积较以往更大、灾情更重的大水灾，灾区几乎包括了沿江、沿海所有主要省份。各地的暴动风起云涌，促使革命党人决定乘机发动武装起义。武昌起义取得了暂时的成功，但是，革命党并未将灾民视为革命同盟，没有积极吸收广大灾民一起推翻反动政府。更为遗憾的是，一些地区对灾民还刻意采取了戒备防范的态度。从这一点看，辛亥革命最后的失败也是必然的。

总之，灾荒引发了社会动荡、经济凋敝。自然灾害频仍和生态环境退化对晚清时期农业生产和农村发展造成了极为严重的影响；社会的动荡不安使得整个农业系统更加混乱不堪，在更高层次上加重了自然灾害的破坏。在这个过程中，农业人口的流失、物质财富的毁损、生产资料的匮乏达到了无以复加的地步。作为传统时期支柱产业——农业存在和发展的条件没有了，又进一步加剧了近代社会的动乱与衰败，国家机器的分崩离析自然在所难免。

第四章　晚清土地制度与农业经营制度的变迁

第一节　晚清农业土地制度概况

日本学者长野郎曾在《中国土地制度的研究》一书序言中指出："中国的土地制度是中国社会、经济、政治的根源，中国的治乱，基于土地制度的兴衰，国民生活的安危，也基于土地制度的兴废。"[①] 1840 年鸦片战争之后，中国从完全封建社会逐渐演变为半殖民地半封建社会，在资本主义生产方式的冲击下，中国的小农经济发生了潜移默化的变化，商品的生产和流通显然扩大了，自给自足的自然经济结构被进一步破坏，城乡资本主义也获得了某些发展，但是封建土地制度并没有被摧毁，地主阶级仍然占有大部分的土地，租佃关系依然是农村最基本的生产关系，地租也还是剥削的最主要形式。晚清的土地制度虽然在封建社会历史上比较复杂和多元，但基本上延续了封建土地制度，没有根本性的变化。

晚清，全国的 14 亿亩土地大部分依然掌握在地主手中，广大农民则处于无地或少地的边缘，需要以向地主缴纳 50% 以上的地租为代价，租种地主的土地。值得一提的是，在晚清已经出现了少量的富农。富农土地所有制虽然在数量上不会很多，但是从性质上，已经属于资本主义范畴，这是 1840 年以后土地制度的一个重大变化。晚清的土地所有制结构包括地主土地所有制、富农土地所有制、农民小土地所有制、国家土地所有制，以及特殊的租界土地所有制。

---

① 　长野郎：《中国土地制度的研究》，1 页，上海，新生命书局，1933。

一、地权分配

1840年之后，封建土地所有制没有发生根本变化，依然占主导地位，但是在地权分配方面发生了一些变化。

（一）在土地占有方面，出现了官田的私有化

清代的官田有官庄田、屯田、学田、祭田等。官庄田分为皇室庄田、宗室庄田和八旗庄田，分别为皇帝、贵族、旗人所有。其中皇室庄田直属内务府，大多集中在畿辅、锦州、热河等地。据《大清会典》记载，皇庄共 1 078 处，土地面积达 35 772 顷。皇庄设有世袭的庄头，相当于地主或者二地主，管理并使役农民为其耕作，对佃农有任免权。庄头收取地租交予内务府一定比例后，其余为私人所得。宗室庄田，是皇帝赏赐给王公、贵族的土地。据《大清会典》记载，宗室庄田共 1 716 处，土地面积 13 338 顷，管理方法与皇庄相同。八旗庄田，是分配给满八旗、蒙八旗和汉八旗的庄田，不需纳税，作为旗籍兵丁的主要收入来源。据《大清会典》记载，八旗庄田共 14 万多顷。屯田分为军屯和民屯。军屯在清代各地驻军中比较普遍，顺治二年（1645）首先在顺天府实行"计兵授田法"，每个官兵给可耕田 10 亩，官方配给农具、种子等，而后在各地驻军均有推行。军屯主要分布在边疆地区，土地总面积约 48.7 万顷。[1] 民屯从顺治六年（1649）开始由各省募民垦殖，由国家供给耕牛、农具、种子、房屋等。新垦耕地，初定三年后起课，后改为六年后起课。学田，即专用于办学经费开支的田地，如中央直属的国子监、各省设置的书院等，均拨给一定数量的学田，作为办学经费。据乾隆十八年（1753）统计，全国共有学田 11 586 顷，在山东和云南最多。祭田，祭祀之用的田地，凡历坛、文庙、寺院、祠墓等均包括在内。

以上官田在清代前期规定不许买卖，凡买卖各种官地者"照违制律治罪"。但是随着商品经济的发展，土地买卖时有发生，官田逐渐向民田转化，不能禁止民间对旗地的买卖。1840 年以后，禁止官田买卖的规定更加宽松，先是官田佃户隐匿或私相顶退，八旗地主也将旗地私卖汉民，官府虽一再申禁、清查，但无成效，官田买卖变得十分自由。太平天国以后更是"物是人非，更难跟究"[2]。直隶京畿 80 余州县，原有旗地 15 万余顷，到光绪后期，辗转典卖，多至七八万顷，仍在旗人手内交租的已经十无二三。其他官田如屯田等与旗地情况大致相同，"士民隐匿，客籍占垦，屯田之

---

① 王炯：《清代土地制度演进分析》，13 页，河北农业大学硕士学位论文，2011。
② 光绪《续纂句容县志》，卷五，20~21 页。

村，益寥寥无几矣"①。旗地买卖合法化的进程开始较早，早在1852年清政府就正式承认旗地买卖的合法化，但经历了几次反复，直到1907年才最终确定，除奉天一省外，旗地均可自由买卖，以通过售卖官田和提高租税征额，增加财政收入。1902年清政府承认屯田典卖的事实。其他的公田同样不断减少，私田在数量上已占绝对的统治地位。总之，官田的私有化倾向在晚清十分明显，进一步扩大了私人地主的经济实力，带来了地主经济的强化。

（二）在地主阶级的构成方面，大地主势力扩大，中小地主没落

大地主中的商人高利贷地主和军阀官僚地主比重加大，说明封建势力更加腐朽，矛盾更加激化。在清代前期庶民地主本来已有较为明显的发展，缙绅地主相对削弱，晚清以来则完全逆转。太平天国失败以后，首先涌现一批以镇压农民起义起家的官僚地主。如曾国荃在湖南广置田产6 000亩，"每克一名城，奏一凯战，必请假还家一次，颇以求田问舍自晦"。② 李翰章、李鸿章兄弟6人，仅在合肥东乡一地每人平均就约有10万亩土地，约占全乡的2/3，其在外县者更无论矣。③ 即使以"清廉"标榜的左宗棠，在1864年擢升陕甘总督后大肆收买土地，到1879年已经是湘阴县有名的大地主。④

商人高利贷地主在1840年以后也有很大发展。据《上海钱庄史料》记载，19世纪后半期到20世纪初，上海拥有四家钱庄以上的，有九大钱庄资本家家族集团，即镇海方家、镇海李家、苏州程家、慈溪董家、镇海叶家、湖州许家（与镇海叶家是亲家）、洞庭山严家、宁波秦家、洞庭山万家。他们除了经营钱庄进行高利贷剥削之外，还从事进出口贸易，同时都拥有大量土地。这些人有的原来就是地主出身，有的是致富后在家乡广置田产的。镇海李家在1906年还专门成立"天一垦牧公司"，在东北地区的锦州府大凌河一带买进土地10万余亩。⑤

晚清兴起的近代民族资本家，同时也扮演封建地主的角色。曾国藩的女婿聂缉椝除了组建商办华新纺织新局外，1904年用盈利的3 000余缗垦照费在湖南洞庭湖滨南洲一带取得淤田4万余亩，后由其子聂云台建成"种福垸"，总面积5万余亩，主要种植稻谷，棉花田占8%左右。"种福垸"采取租佃方式租给佃户，征收实物地租；

① 光绪《嘉善县志》，卷十，32页。
② 李文治：《中国近代农业史资料　第一辑　（1840—1911）》，178页，北京，生活·读书·新知三联书店，1957。
③ 李文治：《中国近代农业史资料　第一辑　（1840—1911）》，182页，北京，生活·读书·新知三联书店，1957。
④ 严中平主编：《中国近代经济史（1840—1894）》，上册，598页，北京，经济管理出版社，2007。
⑤ 李文治：《中国近代农业史资料　第一辑　（1840—1911）》，216页，北京，生活·读书·新知三联书店，1957。

出租农田占 90% 以上，租率为年产量的二分之一；共有 3 000 余户佃户，每年收租谷 6 万担左右，收棉 15 000 斤左右。[①] 聂缉椝父子俨然湖南大地主。类似情况在东南沿海一带更加普遍，在汕头，华侨商人大面积置地，发展起一批华侨地主。[②]

由于商人高利贷地主和军阀官僚地主的迅速崛起，取代了原有的庶民地主，新旧地主的交替也就开始了。新兴地主有雄厚的经济实力和政治势力，在农村逐渐占据优势，又由于新兴地主大多居住在城市，也就使城居地主的比重大大增加。他们与官僚集团和城市资本有密切联系，有的自身就是官僚代表和民族资产阶级，可见晚清地主已经不是封建社会纯粹意义的地主，但又未转变成为资产阶级，仍属于封建地主的范畴。据对山东光绪年间 46 县 131 户经营地主的经济风貌调查，兼营商业者达 85 户，占总数的 64.9%；靠经商起家者 64 户，占 48.9%。[③]

晚清中国沦为半殖民地半封建社会，已经不是一个独立自主的国家。帝国主义通过不平等条约取得各种特权，并借此大肆侵占土地：如德国在 19 世纪 90 年代在青岛和胶州湾先后收买土地 18 500 余亩[④]；日本侵占台湾后将 80%~90% 的山林牧场"公有"并侵占耕地总面积的 20%[⑤]，加入地主阶级的行列，这在晚清之前是不曾有过的。帝国主义还通过教堂兼并土地，数量十分庞大，如绥远 265 所天主教堂侵占土地达 500 万亩[⑥]，目的也在于收取地租。教会将土地出租给农民耕种纳租，这些人就成为了教会的佃户。正如《绥远通志稿》所载："究其实际情况，则所谓教堂与司铎云者，无异于封建社会之大地主。"[⑦]

（三）地权集中趋势加剧

清代的地权一直比较集中，直到太平天国运动之后，地权才略微分散，但稍后又集中到少数地主手中。如 19 世纪中叶，太平天国的占领区江苏、浙江、安徽，由于封建土地制度受到农民起义的冲击，地权一度比较分散；但随着起义运动的失败，战后豪绅地主卷土重来，商人高利贷地主和军阀官僚地主迅速崛起，地权复又集中。大多数的土地买卖发生在农民和地主之间，自耕农的小块土地为地主所兼并，标志大量

① 湖南省地志编纂委员会编：《湖南通鉴》上，354 页，长沙，湖南人民出版社，2008。
② 《英国皇家亚洲学会中国分会会报》，卷二十三，110~116 页，1889。
③ 景甦、罗仑：《清代山东经营地主底社会性质》，172 页，济南，山东人民出版社，1959。
④ 李文治：《中国近代农业史资料（1840—1911）》，第一辑，49 页，北京，生活·读书·新知三联书店，1957。
⑤ 张德粹：《土地经济学》，456 页，台北，正中书局，1981。
⑥ 朱玉湘：《中国近代农民问题与农村社会》，51 页，济南，山东大学出版社，1997。
⑦ 中国科学院山东分院历史研究所编：《义和团运动六十周年纪念论文集》，216 页，北京，中华书局，1961。

的自耕农破产和地权集中。由于地权集中，所以地主和佃农的比重都有所增加。如直隶宛平杏石口村的牛财主，有地60亩，父子均有裱糊手艺，经济充裕，但在光绪宣统之际，因连续婚丧，相继典出土地50多亩，濒临破产边缘。[①] 类似情况在全国比比皆是。随着地主对土地的兼并和农民的不断失地破产，一些地区的自耕农明显减少，如前文所述的李鸿章家族占全县土地三分之一的合肥，70%的农户是佃农，而自耕农不到11%。[②]

造成晚清地权集中趋势加剧的原因有以下几点：一是由于晚清中国封建土地制度仍占统治地位，地租剥削率很高，民族资本主义没有高度发展，尤其是农业资本主义很不发达。在这种情况下，各种财富的所有者，积累了大量货币之后，仍然认为购买土地是最大的一种财富。特别是随着帝国主义的入侵，战争频繁、国无宁日，加之受到外国资本主义的打压以及传统观念的影响，民族资本主义举步维艰，承担很大风险，远不如购买土地来得安全可靠。因此，不仅地主富农要购买土地，就连官僚、商人和资本家也都抢购土地，恪守"以末起家，以本守之"的信条。二是帝国主义、封建势力和民族资本主义的残酷剥削，以及天灾人祸十分频繁，造成农民大量破产，土地低价出售，为地主兼并土地提供了有利条件。三是随着商业资本的畸形发展和投机倒把盛行，投机土地变成积累财富的手段，土地兼并进一步加剧。地权的不断集中，不仅延续了封建土地制度，而且使之更加强化了。

二、农业土地所有制及其特征

（一）地主土地所有制

地主是晚清中国的大土地所有者，占有大量土地，并且是最肥沃的土地。从全国来看，地主约占有土地的一半。由于中国幅员辽阔，其占有状况也不平衡。东南地区水田区域土地最肥沃，地权也特别集中；新开发的地区如东北和西北地区地权也较集中；华北地区，地权则比较分散，自耕农比较发达，但地主依然占有大量土地，只是比例较其他地区相对较低。

地主占有的土地，除了10%左右用于自营，其余90%的土地都是分割开来租给农民耕种。这种情况在东南地区水田区域尤为明显，而且已经是一种比较自由的租佃

---

① "四清"档案：《石景山公社西黄村大队杏石口生产队阶级成分登记志》，第37号。
② 田庚垣：《各地农民状况调查——合肥》，载《东方杂志》，1927，24（16），56页。

关系,不过就其性质来讲,依然是封建土地所有制的租佃关系。至于偏远少数民族地区,则还保留极其落后的封建农奴制生产关系。

(二)富农土地所有制

晚清中国富农成分比较复杂。除少数租佃富农外,绝大多数富农都占有相当数量的土地。晚清无统计数据,但据钱俊瑞在抗战前的统计,20 世纪 30 年代,全国富农大约占总户数的 6%,却占土地总面积的 18% 左右,这也从一个方面体现了晚清中国带有资本主义性质的土地所有制。

从全国范围看,华北和东北的富农,无论是富农人数还是占有土地的规模都多于东南地区。完全资本主义性质的富农数量很少,以旧式富农居多。旧式富农数量在晚清中国仅次于地主阶级,一般是通过雇用少数短工或长工经营自己的土地,不但很少向地主租赁土地,反而经常出租自己的土地。这种富农带有浓厚的封建性色彩,具有向地主过渡的性质。

(三)农民小土地所有制

农民小土地所有制是指土地归农户所有、自耕自种的一种制度。这部分人是既不受地租剥削,也不剥削别人的自耕农,属中农。这种农民土地所有制,有利于调动农民合理利用土地的积极性。在农民小土地所有制中还包括了一部分半自耕农或佃农和雇农,他们占有几亩瘠薄的土地,因不足维持一家人生活,不得不向地主或富农再租进几亩土地。这种小土地所有者的土地是极不稳定的,一遭遇天灾人祸就会失去土地。这说明农民小土地所有制的脆弱性,其拥有的少量土地往往成为地主兼并的主要对象。

(四)国家土地所有制

上述三种均属私人土地所有制,在晚清占主导地位。中国封建社会早期和中期国有土地比重较大,后期由于地主土地所有制的发展,国有土地逐渐减少。晚清以来,官田逐渐转化为民田,官荒和牧场也大规模丈放和开垦升科,甚至被地方政府公开拍卖,使国有土地私有化。结果,这些土地都转移到少数地主手中,变成他们的私人土地,国家土地所有制趋于崩坏。

(五)租界土地所有制

1840 年以后,通商口岸开放,在这些开放通商口岸的城市中形成了在中国领土上由外国人管辖的特殊区域——租界。由于在租界与清政府统治的区域实行不同的土地管理政策,也就形成了当时中国境内一种特殊的土地制度,以上海和天津两地表现尤为显著。租界土地所有制是半封建半殖民地社会土地制度，是在一个独立自主的国家不可能出现的一种畸形土地制度。以上海为例，租界土地所有制认可中国官方对外国人租地的申请、勘丈、审核以及颁发契证的权力，虽然在执行时须有外国领事参与。由上海道台颁发的中英文"道契"为租界唯一有效的土地契证。[1] "道契"中明文规定，外国租地人具有土地使用权，但是没有土地所有权人所拥有的无限制的、无条件的权利。[2] 这种租界土地制度也称为永租制。

第二节　太平天国的《天朝田亩制度》

清代中期以来，农村危机日益加深，1840 年之后更是矛盾激化，乾隆后期大大小小的农民起义不断，开始冲击清朝的腐败统治。根据《清实录》记载，1836—1845 年民变 246 次，1846—1855 年为 933 次，1856—1865 年高达 2332 次，[3] 最终汇聚成历史上规模最大的太平天国农民运动。太平天国起义的根本原因，就是封建地主土地所有制带来的人地矛盾以及专制制度下政府和官僚的腐败和无能。1812 年人均耕地还有 2.87 亩，1851 年人均耕地下降到 2.47 亩，[4] 为晚清以来人均耕地最低，太平天国运动发生在这一时期也就不足为奇了。在太平天国运动前夕，抗租运动就在交错进行，全国各地的农民抗租、抢粮、夺仓，但这时地主和商人之间的勾结更加频繁，他们集中地租、收购粮食、哄抬物价，使农民斗争更加激烈。于是轰轰烈烈的太平天国运动就这样应运而生。

一、《天朝田亩制度》的内容

太平天国攻占南京之后，建立政权，在咸丰三年（1853）颁布以土地制度为核心的施政纲领——《天朝田亩制度》（以下简称《制度》）[5]，并在南京、苏州、广西

---

① 刘海岩：《并非仅仅是"道契"——租界土地制度的再探讨》，载《历史教学》，2006（8）。
② 陈正书：《近代上海城市土地永租制度考源》，载《史林》，1996（2）。
③ ［美］费正清：《剑桥中国晚清史》，下卷，658 页，北京，中国社会科学出版社，1985。
④ 章有义：《近代中国人口和耕地的再估计》，《中国经济史研究》，1991（1）。
⑤ 见《太平天国印书》，上册，407~413 页，南京，江苏人民出版社，1979。以下引用相同则不标注。

等地实行自制的土地制度。《制度》是太平天国运动的土地纲领和建设农村社会的根本大法，是其革命思想的结晶。其内容包括政治、经济、社会多方面的制度，明确提出主张废止封建土地所有制、平分土地。"天下人人不受私，物物归上主""凡天下田，天下人同耕，此处不足，则迁彼处，彼处不足，则迁此处，凡天下田，丰荒相通，此处荒则移彼丰处，以赈此荒处，彼处荒则移此丰处，以赈彼荒处"。目标是要建立"有田同耕，有饭同食，有衣同穿，有钱同使，无处不均匀，无人不饱暖"的理想社会。

《制度》的提出和太平天国运动之前广西农民的斗争不无联系，[1] 因为洪秀全认识到了封建土地所有制是农民灾难的根源。有学者认为《制度》是典型的客家文化氛围的产物，而绝非虚构的天国幻象；它所依据的蓝本则是活生生的华南社会生活和客家聚落的族群结构。[2] 有学者认为《制度》是要付诸实施的政策文献。有人说是描绘人间天国的宗教教义性质的文献。[3]

《制度》作为农民平分土地的纲领，把土地分为九等，按人口进行分配。

《制度》的主要内容如下。

（1）废除私有制，实行上帝所有制，土地社会公有。实际上是实行天王或太平天国的国有制，土地由全国人民共同耕种，天下一家共有共享。

管理方式则是对于耕种的土地实行流动性生产管理，例如某地区的土地稀少或质量不高，农民可以迁移到土地资源富足的地区耕种。收益方式实行人民共同享有土地的收益权，把收获富足的地区粮食赈济到出现灾荒或粮食不足的地区，以达到对粮食的平均分配。人民耕种所得，不许私有，除了准留粮食可接新谷外，其余都归国库，凡麦豆苎麻布棉鸡犬各物及银钱也一样。

（2）以家为单位，按照人口多少，不分男女，重新分配土地。将土地按产量高低分为九等，好坏搭配，受田者只有使用权而无所有权，不得买卖转让。

"凡田分九等……凡分田，照人口，不论男妇，算其家口多寡，人多则分多，人寡则分寡，杂以九等，如一家六人，分三人好田，分三人丑田，好丑各一半……凡男妇，每一人自十六岁以尚受田。多逾十五岁以下一半。如十六岁以上，分尚尚田一亩，则十五岁以下减其半，分尚尚田五分。又如十六岁以上，分下下田三亩，则十五岁以

① 傅衣凌：《明清封建土地所有制论纲》，166页，北京，中华书局，2007。
② 王振忠：《从客家文化背景看〈天朝田亩制度〉之由来》，载《复旦学报（社会科学版）》，1992（3）。
③ 赵德馨：《重议〈天朝田亩制度〉的性质》，载《江汉论坛》，1981（1）。

下减其半，分下下田一亩五分。"

如上所述按人口数量不分男女进行分配，一家人多则分到的田地更多，15 岁以下的青少年分到的田地是 16 岁以上成年人的一半。

对所辖区域内的土地进行分等定级测算。上上田亩产 1 200 斤，为第一等田，以下每减 100 斤降低一等，即亩产 1 100 斤的田地划定为二等田，下下田亩产 400 斤，为第九等田。还按产量规定了互相间的折合率，见表 4-1。

表 4-1　太平天国各等土地之间折合率

田等	每亩产量 / 斤	折合一等田所需面积 / 亩
1	1 200	1.00
2	1 100	1.10
3	1 000	1.20
4	900	1.35
5	800	1.50
6	700	1.75
7	600	2.00
8	500	2.40
9	400	3.00

资料来源：王延涛：《洪秀全的农业经济思想》，载《鞍山科技大学学报》，2005（3）。

（3）除分给每家田地外，还规定每家种树栽桑养蚕或饲养家畜家禽的数额，每家五母鸡二母彘。

（4）农家自己不能生产制造的生产工具、房屋、器皿等由伍长及伍卒于农隙时制作。

（5）建立守土乡官制，以家为基础，二十五家为"一两"，把政治、经济、军事三者合为一体，寓兵于农。

（6）以"两"为基层组织单位，管理一切社会生活事项。

为实现这个平均主义的理想社会，在《制度》后又颁布了《圣库制度》。驻留永安时，洪秀全发布诏令："继自今，其令众兵将，凡一切杀妖取城，所得金宝、绸帛、宝物等项，不得私藏，尽归天朝圣库。"[1] 所有财物由圣库统一收藏，不得私藏，全体衣食俱由圣库开支，一律平均。对"进贡"者，太平天国"又分别所贡为何物，则填何项贡单予之，如银钱衣物则盖伪圣库印信，鱼鸭鸡猪则盖伪宰夫衙印，余可类推"[2]。

① 太平天国历史博物馆编：《太平天国印书》，上册，121 页，南京，江苏人民出版社，1979。
② （清）张德坚：《贼情汇纂》卷八，见中国史学会编：《太平天国》（三），235 页，上海，上海人民出版社，2000。

二、《天朝田亩制度》的实施情况及成效

《制度》中的核心土地制度的实施情况，在颁布以后，没有按照规定那样平分土地，也没有实行过耕者有其田。[1]《制度》颁布不到半年即采取"照旧交粮纳税"政策。"照旧交粮纳税"始于咸丰四年（1854）秋天[2]，等于又承认了地主土地所有制。出现这种情况的原因主要是当时粮食严重不足，根本没有条件施行"平分土地"制度。而且清朝地主的武装反扑，是《制度》土地分配方案不能实施的原因之一。更重要的原因在于要实施《制度》就必须废除土地私有制，不只必须剥夺地主的土地所有权，就连自耕农和贫农的土地也不能例外，而侵犯自耕农和贫农的利益必然会引起部分农民的不满。如果《制度》实施，必然会产生两个严重的问题：一是侵犯部分农民的利益，导致模糊农民反对地主的意识；二是把自己置于和农民对立的地位，而农民是太平天国的基础。[3]

太平天国既然规定"照旧交粮纳税"，就是赋从租出，必须准许地主收租纳粮。常熟佚名《庚申避难日记》："初六，有长毛告示，要收钱粮，谕各业户，各粮户……即行回家收租完粮。"[4] 但是地主由于害怕等原因不愿领凭收租，太平天国就只得向佃农收粮。太平天国是农民的政权，不会镇压农民，而是根据当时的情况，顺应了佃农的愿望，创造性地采用了向佃农征粮的政策。这个政策被李鸿章称为"着佃交粮"，在民国《太仓州志》中称为"着佃收粮"，在浙江嘉兴吴仰贤《粮归佃诗》中称为"着佃还粮"，之后效果比较好，如当时常熟《鳅闻日记》中记载："伪师帅在本地设局，征收当年钱粮……乡农各佃既免还租，踊跃完纳，速于平时。"[5]

太平天国在"着佃交粮"后颁发太平天国的新土地证——田凭。田凭主要是在苏浙地区颁发的。太平军攻下苏南以后，规定地主必须遵照法令登记领凭收租，这种凭证也是田凭。《庚申避难日记》载："长毛告示，不领凭收租者，其田充公。"[6] 这是专作为地主收租的证明。地主不遵照法令认田登记，就采取"着佃交粮"政策，但仍保留地主的土地所有权。颁布田凭以后，凡佃农"领凭后，租田概作自产"[7]，这就把

① 傅衣凌：《明清封建土地所有制论纲》，172页，北京，中华书局，2007。
② 罗尔纲：《太平天国史》，第二册，784页，北京，中华书局，2000。
③ 严中平主编：《中国近代经济史（1840—1894）》，上册，380页，北京，经济管理出版社，2007。
④ 罗尔纲：《太平天国史》，第二册，784页，北京，中华书局，2000。
⑤ （清）汤氏：《鳅闻日记》，见罗尔纲：《太平天国史》，800页，北京，中华书局，2000。
⑥ （清）佚名：《庚申避难日记》，见罗尔纲：《太平天国史》，806页，北京，中华书局，2000。
⑦ 罗尔纲：《太平天国史》，第二册，807页，北京，中华书局，2000。

近代以来中国农村变迁史论（1840—1911）

地主所有权转移到佃农手中，从法令上实现了"耕者有其田"。

虽然平分土地的制度没有实行，但是诸多行动可以说是贯彻了《制度》的精神。如汪士铎《乙丙日记》中记载："以寓陈墟桥蔡村时，通村千余家……民皆不识字，而仇恨官长。问：'官吏贪乎？枉法乎？'曰：'不知。'问：'何以恨之？'则以收钱粮故。问：'长毛不收钱粮乎？'曰：'吾交长毛钱粮不复交田主钱粮矣。'曰：'汝田乃田主之田，何以不交粮？'曰：'交则吾不足也。吾几子几女，如何能足。'"① 又如曾国藩写道："民不能自耕以纳赋，而谓田皆天主之田……民间耕获与贼各分其半……开辟以来名教之奇变。"② 绍兴地主"向佃户收租，如乞丐状，善者给数斗，黠者不理，或有全家避去者"③。太平军甚至直接没收地主土地和接收寺田，田租皆归太平军所收。在《制度》的影响下，全国各族人民对土地的愿望更加强烈，逐渐采取行动，打击封建土地所有制。

《制度》中关于城乡社会组织制度太平天国前期和后期都在实行，尤其是乡官制度。《海虞贼乱志》载："昭文地界分前后中左四营，常熟地界分前后中右四营，每营一军帅，五师帅，二十五旅帅。"④ 保举制度也较好地实行，陈玉成和李秀成就是保举的典型。《制度》中的教育和司法制度部分实行，如版刻书籍、举行考试、"讲道理"，每军设"典执法"审理民刑事案件等。

三、《天朝田亩制度》的性质及意义

《制度》提出推翻封建土地所有制，重新分配土地，解除封建压迫，建立农民土地所有制，对于鼓舞斗志，进行农民革命有积极意义。但是，这个纲领要在小生产的基础上废除私有制和平分一切社会财富，以求得人人平等，这是不切实际的幻想，根本不可能实现。学术界对《制度》的性质意义意见不一，以下是几种不同看法。

---

① （清）汪士铎：《乙丙日记》，见罗尔纲：《太平天国史》，780页，北京，中华书局，2000。
② （清）曾国藩：《曾文正集》，卷2《讨粤匪檄》，转引自傅衣凌：《明清封建土地所有制论纲》，174页，北京，中华书局，2007。
③ （清）范城：《质言》，转引自傅衣凌《明清封建土地所有制论纲》，174页，北京，中华书局，2007。
④ （清）顾汝枉：《海虞贼乱志》，见中国史学会编：《太平天国》，第五册，370页，上海，神州国光社，1952。

（一）《天朝田亩制度》既有革命性，又有反动性

早在 20 世纪 50 年代，范文澜就提出《制度》表现了农民的农业社会主义思想，即以小农经济为基础的平均主义思想，这种思想在一定的历史条件下，一方面有巨大的革命性；另一方面在实质上又带有反动性。[①] 晁福林认为《制度》本身就是一个革命性和封建性、空想性的矛盾统一体，《制度》表现了洪秀全等农民领袖勇于探索的精神，然而又具有浓厚的封建性质，所描绘的无疑是一幅个体小农经济王国的蓝图，其根本缺陷在于没有顺应历史发展的潮流，没有提出符合时代前进方向的新的思想内容。[②] 金冲及、胡绳武认为《制度》有革命与反动的两重性质。革命性主要表现在对封建土地所有制采取彻底否定的态度；反动性主要表现在它主观上梦想超越这个反封建主义的界限，不愿限制在平分封建的土地财产的范围以内，而且要平分所有农民的全部财产，这样它就会破坏非封建的一般的私有财产制度，就会破坏一部分中农的财产，就会打击广大农民的生产积极性，从而使农业生产力刚从封建土地所有制中解放出来，又受到新的束缚而不能继续前进。[③]

（二）《天朝田亩制度》是农民革命纲领，不带有反动性

郭毅生认为《制度》虽然带有空想性，但实质上却是一个彻底反对封建地主所有制的进步纲领，它的本质是进步的而不是反动的，因为这一纲领摇撼整个封建制度的基础，担当了为资本主义开辟发展道路的历史使命。[④]《制度》是封建土地所有制的对立物，其根本性质在于对封建地主所有制的否定，给资本主义萌芽开阔了发展的场所，起着解放、推动生产力发展的历史作用。[⑤] 王承仁等认为《制度》要求用革命的方法把土地分到农民手中，这实际上是为社会经济的发展扫清道路，从这个基点上说，它完全是革命的。平分土地产品则是错误的，反映了农民的落后性，但这只是次要的、从属的，不能就此说它是一个反动的文献。[⑥] 王明前认为《制度》针对土地问题，提出以平均主义为原则的平均土地构想，其进步意义更应该被认为是符合时代潮流的。[⑦] 吴雁南认为《制度》是农民阶级和地主阶级激烈斗争的产物，是中国历史上农民反对封建思想的总结与提高，集中反映了广大农民渴求获得土地，要求摆脱被剥削、被压

① 范文澜：《纪念太平天国胜利 105 周年》，《人民日报》，1956 年 1 月 11 日。
② 晁福林：《如何评价〈天朝田亩制度〉》，载《江汉论坛》，1980（3）。
③ 金冲及、胡绳武：《关于〈天朝田亩制度〉的实质问题》，载《学术月刊》，1957（9）。
④ 郭毅生：《略论太平天国的性质》，载《教学与研究》，1957（2）。
⑤ 郭毅生：《〈天朝田亩制度〉的经济背景及其性质》，载《历史研究》，1981（3）。
⑥ 《中国历史学年鉴》，79~80 页，北京，人民出版社，1983。
⑦ 王明前：《〈天朝田亩制度〉"反动性"辨》，载《学术探索》，2007（4）。

迫地位的愿望，具有强烈的反封建意义。①

（三）《天朝田亩制度》没有革命性，只有反动性

詹学德认为《制度》是中国农民平均主义思想的典型代表，是对自给自足的自然经济的肯定，但是它没有超越封建社会旧式农民阶级的思想局限性，没有触动封建社会的统治基础，不可能具有反封建的性质，其试图废除封建地主阶级的大土地所有制，要建立"耕者有其田"的一家一户为单位的小土地所有制的经济形态，这仅仅是封建土地所有制内部的变动，并没有把土地从封建的经济形态中解放出来，使它成为新的生产关系的组成部分，《制度》企图在社会上全面推行自给自足的自然经济，废除私有制，建立农村公社组织，这是行不通的，推行绝对主义的平均，不可能是社会生产力发展的方向，它使正在走向解体的自给自足封建社会经济基础重新整合并加以强化，明显是和时代发展背道而驰的。因此，《制度》彻底反封建的革命性质是不具备的。② 杨炳昆认为《制度》的核心是一切财产公有、一切生活资料平均供给的圣库制度，然而这套方法将小生产方式理想化，完全取消商品经济的发展，不利于生产力的发展，对于近代历史我们应当研究和肯定那些代表历史前进方向的资产阶级的改革措施，而没有必要肯定和赞美表现了农民阶级局限性的复古思想。③

（四）《天朝田亩制度》不是太平天国的革命纲领

赵德馨认为《制度》不过是一部"宗教著作"，它所设计的人间天国的蓝图是拜上帝教教义的重要内容之一。④ 崔之清认为《制度》不过是一般文献，只是后来历史学家从文献中把《制度》抽出来奉为纲领的，洪秀全对《制度》并不太重视，刊刻也很少，当时太平天国的官书很多，可《制度》却很少有人可以看到。⑤

第三节　农业经营制度的变迁

晚清中国社会具有向半殖民地半封建过渡的性质，反映在农业经营制度方面，不仅形式繁多，而且性质也各异。按照土地和劳动力的结合方式看，可以分为以下各种

① 吴雁南主编：《中国近代史纲》，83页，福州，福建人民出版社，1982。
② 詹学德：《〈天朝田亩制度〉反封建性质质疑》，载《襄樊学院学报》，1999（1）。
③ 杨炳昆：《〈天朝田亩制度〉的再认识》，载《乐山师范学院学报》，2001（2）。
④ 赵德馨：《重议〈天朝田亩制度〉的性质》，载《江汉论坛》，1981（1）。
⑤ 崔之清：《太平天国革命纲领试析》，载《安徽大学学报》，1980（4）。

类型：封建租佃小农经营形式、小自耕农经营形式、富农经营形式、地主经营形式以及新式垦殖公司经营形式。就其性质说，既有封建性质的，也有资本主义性质的，也有两者兼有的。各种不同经营形式的组合，便构成了中国半殖民地半封建社会农业经营的社会组织体系。

一、封建租佃小农经营形式

中国地主制经济是建立在佃农经济基础上的一种寄生经济。1840 年以后，由于外国帝国主义和中国封建势力相勾结，封建地主土地所有制得以保存。多数地区的地主土地所有制在太平天国运动后得到进一步扩展，主要包括三大地区：一是新兴官僚地主集中的地区，如皖中和湖南，地权集中，地主所有制扩展最为显著，如石门县地主"富连阡陌"，农民"无产者多"①，土地几乎被兼并殆尽，地主所有制占绝对统治地位。二是农业新垦区，如东北、台湾。据 1908 年统计，奉天的 23 府厅州县，占地超过 1 000 亩的 93 家大地主，土地总面积达 513 150 亩，平均每家达 5 500 余亩。② 三是原来土地就相当集中的地区，如直隶、山东、福建、广东等省，以及苏州、云南、贵州等部分起义区。如在山东清平县，地主所占耕地高达 70% 左右；③ 又如据 1888 年对广东汕头的调查，佃农占 75%。④

地主虽然拥有大量土地，自己却很少直接经营生产，而是将土地分成若干小块租佃给贫农耕种，凭借土地占有权，榨取高额地租。在晚清中国农村土地经营形式中，封建租佃土地经营形式仍占主导地位。佃农占有少量工具，无地或土地不足，必须向封建地主租佃小部分土地，进行耕种。这种经营方式称为租佃小农经营形式，显著特点是土地所有权与使用权分离。地主凭借向农民转让土地使用权，向农民榨取一定数量的地租。农民则通过与地主土地的结合，获得一定数量的必要劳动产品和部分剩余劳动产品。他们不仅要受地租、债务的剥削，为了弥补生活的不足，有的还要出卖部分劳动力，其经济地位属于贫农，即农村中的半无产者。晚清贫农占农村人口 50% 左

---

① 同治《石门县志》，卷十二，15 页。
② 李文治：《中国近代农业史资料（1840—1911）》，第一辑，194 页，北京，生活·读书·新知三联书店，1957。
③ 严中平主编：《中国近代经济史（1840—1894）》，上册，606 页，北京，经济管理出版社，2007。
④ 《英国皇家亚洲学会中国分会会报》，卷二十三，110~116 页，1889。

右，在农村人口最多。

租佃制使土地所有权与经营权发生了分离，它的最大优点在于降低了土地所有者与使用者之间的交易费用。由于农业生产周期长且中间环节较多，很难对农作物质量及雇工行为的监管形成一套通行的标准，雇工也就很容易找到懈怠和磨洋工的机会。此外，农村地权的零细化是清代以来的普遍特征，在这种情况下，如果采取雇工自营监督成本会呈倍数增加。[①] 虽然存在田租不能按时足额收取、地租虚额化等情况，但就租佃制本身而言实际上还是将经营的风险转化为租佃双方共担，而不是由地主一方承担，畏惧风险的地主必然倾向于租佃制，尤其是定额租佃制，以此将风险推给佃农。

总之，以土地所有权与使用权分离为根本特征的租佃制成为缓和人地矛盾的制度选择。[②] 归根结底，这种经营模式适应了当时生产力的发展，因为它触及了经济关系中产权制度的内核："两权分离"。权利的分离是社会化发展，即社会分工的专业化与细化的核心，这对于明晰权利、责任与利益，强化监督、激励和风险机制，使人力潜力最大化、资源配置最优化是有积极效应的。[③]

二、自耕农经营形式

自耕农的经营形式是小土地所有者的主要经营形式，是农民劳动力和占有土地相结合的一种经营形式。其经营特点是土地及其他生产资料的所有权、使用权和产品占有权完全统一，有独立经营的一切基本条件，不需依赖他人，这类农民有极高的生产积极性，能充分利用土地，虽然和佃农同属小农经营，但是有佃农经营无可比拟的优越性。自耕农由来已久，一直贯穿于整个封建社会，在半殖民地半封建社会的晚清亦存在。自耕农在晚清约占农村总户数的15%~30%，东北和华北地区所占比重较大，在一些经济落后地区，所占比重也高于平均数；而在东南沿海农业商品化比较发达、阶级分化比较严重的地区，自耕农却相对少些，见表4-2。

从表4-2可看出，江苏自耕农比重不高，而相对落后的安徽自耕农比重却很高，但两省的自耕农数量都呈消减的趋势。

① 赵冈：《农地的零细化》，载《中国农史》，1999（3）。
② 胡启扬：《晚清土地经营制度的选择与博弈分析——以徽州为讨论中心》，载《求索》，2011（9）。
③ 曹秀华：《试论十六世纪以来江南租佃制兴盛成因》，载《云梦学刊》，2005（4）。

表 4-2　江苏、安徽三县自耕农和佃农的消长　　　　　　单位：户

地区	年份	自耕农	半自耕农	佃农
昆山	1905	26.0	16.6	57.4
	1914	11.7	16.6	71.7
南通	1905	20.2	22.9	56.9
	1914	15.8	22.7	61.5
宿县	1905	59.5	22.6	17.9
	1914	42.5	30.6	26.9

资料来源：乔启明：《江苏昆山南通、安徽宿县农佃制度之比较以及改良农佃问题之建议》，9 页，金陵大学农林科，1926。

　　自耕农的经营条件，虽然比佃农优越，生活水平也高于佃农，但是他们却是国家赋税的主要承担者。封建社会历朝历代都把自耕农视为提供赋税和兵丁的主要阶层，对他们进行横征暴敛；同时，他们又是地主阶级兼并土地的主要对象，是地主土地所有制再生产的补充；再次，他们完全自力更生，得不到任何来自地主的支持反而会被转嫁田赋。在晚清太平天国失败后尤其如此，豪绅地主逃避、转嫁、侵蚀赋税，州县官吏勾结地方士绅浮收勒折，教堂教民依仗外国势力拖欠赋税，这些都被摊派到无权无势的自耕农身上，不仅田赋加派，诸如差费、亩捐之类有所增加，对外赔款、教案"抚恤"等也往往摊派于税亩。

　　自耕农要摆脱这种入不敷出困境的办法主要有三条：一是从事副业，以副补农；二是仰赖借贷；三是变卖田产。几乎所有的自耕农都不同程度地依赖副业弥补田场收入的不足。副业首推纺织业[1]，这是耕织结合的最深刻的社会经济根源。尤以江苏为最，松江府和太仓府所属各州县，农户更是多以纺织为业。[2] 南方的多数省份，北方的直隶、山东等省的自耕农均是如此。在太平天国失败以后，随着自耕农经济状况的恶化，他们从事家庭手工业和副业的条件也越来越差。同时，同光（指同治到光绪）年间洋布、洋纱的大量输入使本土纺织市场受到严重打击，如 19 世纪 90年代后上海县"纺织之户十停八九"[3]，广大地区农民收入因此骤减。"自洋纱洋布进口，华人贪其价廉质美，相率购用，而南省纺布之利半为所夺。迄今通商大埠及内地市镇城乡衣大布者十之二三，衣洋布者十之七八。"[4] 自耕农的经济状况因田场收支不敷、家庭副业受损而急剧恶化，正常年景已难以维持生活，一旦遇上自然灾害，

近代以来中国农村变迁史论（1840—1911）

---

① 同治《攸县志》，卷十八，2 页。
② （清）包世臣：《包世臣全集·齐民四术》，卷二 农二《答族子孟开书》，234 页，合肥，黄山书社，1997。
③ 民国《上海县续志》，卷七，7~8 页。
④ （清）郑观应：《盛世危言》，卷八《纺织》，519 页，北京，华夏出版社，2002。

唯有仰仗高利贷或变卖田产。

这种小自耕农形式是极不稳定的，主要根源是帝国主义和封建势力的剥削和压迫。太平天国时期，自耕农经营有过黄金时期，出现过短暂的发展。随着太平天国的失败，地主阶级卷土重来，苛捐杂税、天灾兵乱，必然导致自耕农日益走上衰败。

三、资本主义性质的农业经营形式

晚清农村土地经营的基本形式是地主将土地出租给佃农，佃农耕种并向地主缴纳地租。1840年以后，商品性农业发展、商品市场扩大、对外贸易发展、新式农业机械和优良品种引进、经济作物种植扩大，以及城市新式工业发展、农业雇佣劳动不断扩大，都为农村中的资本主义性质的农业经营创造了条件。于是晚清尤其是在甲午战争之后，出现了资本主义性质的农业经营形式：地主雇工经营和经营地主、富农经营，以及农牧垦殖公司、资本主义中小农场。这些都反映了农业生产关系和经营关系的某些变化。不过这三种形式都极其微弱，所占比重极小，总的来看在晚清农村中，封建土地租佃形式依然占主导地位。

上述三种具有资本主义性质的农业经营形式中，并非全部使用雇工进行生产，其中仍有部分土地是自家劳动或进行出租。雇工生产部分约占土地面积10%，这已经是晚清农村中资本主义农业经营的最高水平。

（一）地主雇工经营和经营地主

这种经营形式具有一定程度的资本主义性质，其特点是地主所占有的土地，除部分出租外，其余土地进行雇工经营，主要从事商业性农业生产，地主本人不参加劳动。这是区别于旧式富农的主要标志，其实质与旧式富农在经营性质上虽然不属于同一类型，但差别不大，主要是经营规模大于富农。他们也多兼营商业、手工业作坊、高利贷等。但从其土地雇工经营的角度，与传统封建地主有明显区别，是中国封建主义农业向资本主义农业演变的一种过渡形态，是对传统地主经济的否定。传统的雇工经营是出租经营的一种补充，经营地主的土地大部分甚至全部是雇工经营，生产的目的是产品投放市场，是对出租经营的否定。

农产品的商品化，刺激了一部分地主投资农业，从事土地的雇工经营，使土地的自耕部分比重提高，租佃范围相对缩小。机器棉纺织业的发展，引起棉花的需求，这是刺激地主自营土地的一个重要原因。南通一带因"棉价腾贵，获利极厚，多数地主皆退佃自耕"[1]。河南获嘉在 20 世纪初叶，也因"粮价日昂，凡有地区之家，类皆自耕，或佣工代耕，佃租已日见减少"[2]。地主自营的比重由南向北呈递增的态势，长江流域及以南为 10%~20%，淮河流域为 20%~30%，黄河流域和东北地区为 30%~40%，全国平均约为 20%~25%。[3]

经营地主的大量出现和明显发展是在 20 世纪初叶。经营地主产生的途径主要是或领垦荒地，或撤佃自耕，或购买土地。进行较大规模的土地直接经营，会滋生一批经营地主。经营地主大多分布在商品性农业比较发达，而地主中乡居地主比重较大的地区。同时占有地租和雇工的剩余劳动，是经营地主的基本特征。从整体上说，经营地主是带有某种资本主义因素的封建地主阶层。经营地主的经营规模自南向北呈递增态势，经营方式有长江流域及以南的雇工经营、北方的分益制雇工，或分益制雇工与长工相结合的方式。

（二）富农经营的发展

富农经营是晚清资本主义农业经营的主要形式，按土地的占有关系和使用方式的不同，又分为旧式富农和新式富农。新式富农是农业资本家或土地农场主，是资本主义性质的富农。新式富农的农业经营，是在 19 世纪末随着商品经济发展、城市需求的增加，在大城市的郊区和新垦区出现的。他们要从事经济作物和园艺作物的种植，以及家畜家禽的饲养。旧式富农是富农经济的主要形式，既含有资本主义性质又兼有封建性质。他们一般都拥有一定数量的土地，多数是几十亩，少数达到上百亩，由于人手不够，经常雇佣少量的雇农，自己也参加一些劳动，有的还出租部分土地或兼营商业和高利贷，具有浓厚的封建性。晚清中国富农经济很不发达，在农业经济中不占重要地位。

一般的自耕农都有致富的可能性，富农首先从农村富裕者中产生。晚清经济地位上升的富裕农民大都是朝着雇工经营的方向发展，往往会经过一个富农经营阶段，富农经济也就逐渐发展起来。典型的资本主义富农只有雇工剥削而无土地剥削。但是晚清中国的富农耕种自有土地，在雇工剥削的同时兼有土地剥削，带有地主的某种性质。根据 20 世纪末的调查，当时中国几乎全是自耕富农，也就是旧式富农。因此富农出租土地的情况普遍存在，反映部分富农向封建地主转化的动向；富农的雇佣劳动也存

① 乔启明：《江苏昆山南通、安徽宿县农佃制度之比较以及改良农佃问题之建议》，载《金陵大学农林科农林丛刊》，1926（30），11 页。
② 民国《获嘉县志》，卷 9，18 页。
③ 刘克祥：《中国近代的地主雇工经营和经营地主》，载《中国经济史研究》，1994（增刊）。

在某种农奴或债奴的残余；富农还大多兼放高利贷，对贫农进行盘剥，因而富农带有封建或半封建剥削的性质。但是富农同一般小农经济相比优越性明显，他们有较好的生产条件、资金比较充裕，是农村重要的商品生产者。

晚清富农一般从经营自有土地开始，与此同时，一些地区租地经营的富农，即佃富农，也有不同程度的发展。如浙江绍兴一乌姓农民，到嘉兴租田60亩，雇工3人经营，显然是一个佃富农。[①] 富农经济在地区之间的发展极不平衡，一般情况，在商业性农业区、经济作物的集中种植区，富农经济发展速度较快，在农业经济中占有较大的比重；在自给性农业区、单一粮食作物种植区、交通和商品流通不发达的地区，富农经济比较微弱。就全国范围来看，北方比南方富农经济发达。北方自耕农较多，贫农多为雇工，南方自耕农较少，贫农多为佃农；北方雇农数量也通常多于南方。虽然富农的经营规模并不大，但是同当地贫农分散零碎的小块土地经营比较，是一种相对集中的资本主义性质的经营。

（三）农牧垦殖公司和资本主义中小农场

这类农业经营形式出现在19世纪末，带有浓厚的资本主义性质。其特点是在雇工垦荒的基础上，进行商业性农业生产。这种农垦公司或农场主要分布在垦殖区和商业较为发达的地区。其经营范围广泛，囊括了农林牧副渔。公司规模大小不等，大的有几十万亩土地和几百万资本，小的只有几十亩土地和几百元资本。据北洋政府农商部统计，1912年注册的农垦公司共171家，资本额为6 351 672元。[②] 其中垦殖畜牧企业157家，占90%以上；蚕业8家，乳业1家，其他5家，见表4-3。

表4-3　历年注册垦殖公司分类统计（1902—1912）　　单位：家

年份	公司数统计	垦殖畜牧	渔业	蚕业	榨乳业	其他
1902以前	4	3	—	—	—	1
1904	8	6	—	1	—	1
1906	15	12	1	1	—	1
1908	17	14	1	1	—	1
1912	171	157		8	1	5

资料来源：茶函：《中国最近五年间实业调查记》，载《国风报》，第一年一号，调查页七，宣统二年正月十一日（三月二十日版），农商部：《中华民国元年第一次农商统计表》，见章有义：《中国近代农业史资料 第二辑（1912—1927）》，339页，北京，生活·读书·新知三联书店，1957。

农垦公司形式上是仿照资本主义新式企业组织的一种农业企业，大多是股份制，除少数是雇工经营外，绝大多数是分散招佃收租。农垦公司的尝试开始于1881年

---

① （清）徐珂：《康居笔记汇函·闻见日抄》，278页，太原，山西古籍出版社，1997。
② 农商部：《中华民国元年第一次农商统计表》，上卷，208页，北京，国家图书馆出版社，2010。

创立于天津附近的沽塘耕植垦牧公司，但昙花一现。[1] 新式农垦公司大量出现，如表 4-3 所示，开始于 20 世纪初，之后发展迅速。在各类股份制农垦公司兴起的同时，一些地区独资或合伙形式的中小型资本主义农场、果园、饲养场也大量出现。这类农场主要集中在通商口岸和城市郊区，以及部分商业、交通比较发达的地区，经营范围主要是特种经济作物和园艺作物，以及家禽家畜、蜜蜂、淡水渔业等。上海郊区、太湖流域、长江和钱塘江三角洲是其最集中的地区。

一些规模较小的公司，特别是以农林牧副渔为主的，土地几乎全部集中统一经营，大多进行雇工经营，属于独立于家庭资本主义性质的农牧企业；而一些大公司和以农业为主的公司，并不统一经营，而是将土地分散出租，甚至进行垄断投机，大多徒有资本主义近代企业的组织形式，实际上是集团地主。[2]

上述三种类型资本主义性质的农业经营形式，同封建性的农业经营比较具有明显的进步性：一是拥有较为充足的生产资料，如土地、耕畜、肥料、农具等；二是具有较高的生产技术水平，资本主义经营以营利为目的，为了利润最大化，经营者必然注重不断改进技术，以便提高耕作水平，推进农业高产、高效发展；三是有充足的经营资金；四是有较高的土地产出率、劳动生产率和产品商品率。

第四节　土地制度及农业经营制度中存在的问题

在太平天国运动的占领区，土地关系发生了不同程度的变化。官绅地主或逃亡他乡，或死亡绝户，这部分土地有的被农民占有，有的长期荒废。太平天国运动失败后，地主卷土重来，清政府在镇压太平天国运动后采取了一系列强化封建统治的政策措施，如强化国家机器、加紧财政搜刮，尤其是维护地主的土地所有权，大力维护"原主"产权、没收"逆产"、清理"绝产"，因此晚清中国封建地主土地所有制得以保存下来。短期内部分地区出现了地权分散现象，多数地区的地主土地所有制在太平天国运动后得到进一步扩展。如前所述，新兴官僚地主集中的地区、农业新垦区和原来土地就相当集

①　汪敬虞：《唐廷枢研究》，202、203 页，北京，中国社会科学出版社，1983。
②　汪敬虞主编：《中国近代经济史（1895—1927）》（二），1 194~1 195 页，北京，人民出版社，2012。

中的地区，兼并较太平天国运动前有过之而无不及，地权出现新的集中，封建租佃小土地经营形式更加明显了。地主阶级的土地制度和封建租佃小农经营形式在晚清达到封建社会历史上的顶峰，存在的问题相当明显，如狭小的经营规模、落后的生产技术、种植业为主的单一结构和低而不稳的土地产量。

一、经营规模小

晚清地主约占有全国50%的耕地，除10%的土地自己经营外，90%的土地分成若干小块租佃给贫农耕种。小农使用的土地面积不过三五亩，经营规模很小。中国佃农经营规模之小在世界罕见，曾为欧美一些农业学者不理解。他们认为欧洲农业经营最小的标本是德国的巴登地区，那里的小农田最为普通，每家的农田平均面积为3.6公顷（58.68亩）。在德国2公顷（32.6亩）以下的小土地经营，便被认为"太小到简直不能供养自身了"。1934年据日本调查，农田面积在3町5反（56亩）以下的稻作经营必然亏本，他们认为合理的土地经营面积要有5町（80亩）。[①] 因此，在晚清中国，占农村人口半数以上的贫农在辛勤劳动基础上，经营小规模土地维持一家人的生计是相当艰辛的。一方面，在生产中投入了全部劳动，进行高度劳动集约化，以求提高单位面积产量；另一方面，牺牲全部剩余劳动维持经营，他们的生活水平已降低到无法再低的水平，常年过着半饥半饱的生活，终日挣扎在饥饿与死亡线上。土地所有权的高度集中和使用权的极端分散是晚清封建土地所有制的一个重要特征。

晚清佃农每户使用土地面积小而分散，而且每块土地面积也十分微小，有的地块连一亩都不到。地块狭小，不仅地界田埂要占一定土地面积，而且地块分散也不便于统一管理，对劳动力是一种浪费。农户耕作的数亩土地，往往由十几块乃至几十块组成。经营规模愈小，地块分割愈零碎。南北比较，北方平原地区地块稍大，但通常也在5亩以下，如直隶深泽县地块平均面积为4~5亩，最小的仅0.2亩。[②] 丘陵山地地块更是零碎，如广西全县，往往"四五丘一亩，或七八丘一亩，或十余丘一亩，埂高田狭"，每丘地块不足0.1亩。[③]

各地不仅地块支离破碎，而且由于家产的反复分割、土地的频繁买卖和租佃关系

的不断变动，同一农户耕作的地块往往互不连接，形成多种插花地，有的还离家甚远。如直隶深泽县，耕地离农舍平均距离一二里，最远达五六里。[1]

晚清地权的集中和使用权的分散愈演愈烈，其主要原因是：

（1）高额地租和地租日益增长，使佃农无力租种也不敢租种更多的土地。而农产品价格却持续低迷，如19世纪七八十年代，江浙一带米价"甚贱"，石米仅千余文。[2]所谓"年丰则谷贱伤农，年啬则十室九空"[3]。

（2）苛捐杂税日益繁重。不断增加的苛捐杂税使农民的负担越来越重，加之自然灾害、战争破坏、土匪劫掠，农民濒临破产境地。为了摆脱赋税和徭役的残酷压榨，农民被迫丢弃土地，即使是富农和经营地主也不愿扩大经营。

（3）民族资本主义不发达，民族工业吸收不了过多的破产农民。农村存在大量的剩余劳动力，使佃农数量一再增多，尽管他们只能租种极少的土地，但仍是人多地少，所以在晚清小农经营大量存在。

（4）中国传统有继承制的"分田"习俗。传统社会讲究多子多福，一个家庭往往子孙众多，子孙继承的土地多系从前代继承的祖产，且人人均有继承权，如果没有扩大土地的措施，土地只会越分越小，导致耕地经营分散。

狭小的经营规模、支离破碎的地块分割和农户各家地块犬牙交错，给农业生产造成了严重的阻碍。由于家庭人口少，劳力单薄，劳动力在农忙时不足，无法适应农业生产的季节性强、需求不均衡的特点。一是田埂、地边、沟渠、通道占去了大量的土地，使本已有限的耕地进一步缩小，无法对土地进行合理的规划和利用；二是犬牙交错和插花地的大量存在，不但影响水利设施的修建和使用，而且容易诱发各种水利和地界纠纷。这些都阻碍农业生产的发展。

二、资金短缺和生产资料不足

地租是地主土地所有权的经济表现形式。太平天国失败以后，一些地区的地主，一方面，因遭受战争破坏和农民起义打击而财力空虚、经济窘迫；另一方面，又因经济发展和社会风气日益奢靡而追求享受，对农民的地租剥削更加猖狂和肆无忌惮。

① 韩德章：《河北省深泽县农场经营调查》，载《社会科学杂志》，1934，5（2），224页。
② 《申报》，光绪七年闰七月二十七日。
③ 民国《项城县志》，卷五，5页。

而农民则因生产力遭受长期战争破坏，特别是晚清统治者的残酷搜刮和掠夺，负担地租的实际能力大幅度下降。这就造成战后地租剥削更为严重，农民生活更加困难的局面。

繁重的地租使佃农相当一部分必要劳动被侵吞，生活极其艰难，更无资金用于扩大生产。在晚清，由于农业生产急剧衰落，以及畅通无阻的鸦片走私和合法商品的走私漏税，导致"银贵钱贱"，通货膨胀，农村资金严重枯竭。在贫农手中，银元已经绝迹，少量流动资金无处可寻。某些地区出现旋垦旋废或熟田转荒的现象，如口外归化等厅，原有民田 31 250 顷，到 1887 年只剩下 19 047 顷，减少了三分之一以上。①

农业生产必备的生产资料没有掌握在佃农手中。封建社会的小农经济，农民主要依靠集约经营发展生产，即在小土地上投入较多的生产资料和大量的人力。晚清农民日益贫困，集约经营受到严重阻碍，使得一些农民由原来的集约经营改为粗放经营，广种薄收，"应耕不耕，应锄不锄，应培壅者不培"②。

晚清农民普遍缺乏耕牛，太平天国运动后浙江的情况是"耕牛尽被宰伤"，往往"一村之内畜牛一头，而先后递耕"③。直隶很多农民由于过于贫穷，连一头耕畜或其他牲畜也没有。④ 有牲畜的，一遇灾荒，也被迫出卖。1888 年长江中下游北部地区发生旱灾，苏北农民纷纷趋牛南渡，贱价出售；⑤ 山西省农民纷纷将耕畜宰杀充饥，"几无遗类……瞬春耕播种，不惟贫农无力买牛，即中次之户，亦苦有钱无市"⑥。到 1914 年，据北洋政府统计，全国共有各类耕畜 31 325 380 头，平均每一农户 0.53 头，平均 49.1 亩地有一头耕畜，⑦ 畜力短缺十分严重。耕牛的严重缺乏、大大减低的农民生产能力，限制了他们集约经营程度和经营规模。

肥料缺乏情况也十分严重。无力圈养耕畜会导致积肥变少，麦秆、杂草等物又被农民用来充作饲料，不能在田内积肥养地，造成土地严重贫瘠。向来富庶的松江地区，只有富农才能够做到"三通膏壅"，"若贫农，荒秋糊口尚艰，奚暇买草子撒田为来岁

① 阮芳纪等：《从清初到五四运动前夕呼和浩特地区农业的发展和土地问题中的阶级关系和民族关系》，载《内蒙古大学学报》（社会科学），1961（1）。
② 《申报》，光绪四年二月初二日。
③ 觉罗兴奎等：《浙江省减赋全案》，卷十，2 页，同治十二年（1873）刻本。
④ 《捷报》，1883 年 8 月 3 日，136~137 页。
⑤ 《益闻录》，第 811 号，光绪十四年九月三十日。
⑥ 张艳丽：《"丁戊奇荒"之际晋南地方官员的善后措施——以解州知州马丕瑶为例》，载《晋阳学刊》，2005（6）。
⑦ 汪敬虞主编：《中国近代经济史（1895—1927）》（二），1208 页，北京，人民出版社，2012。

膏壅计……又无力养猪，只赊豆饼壅田，其壅力暂而土易坚，故其收成每歉"[1]。

在浙江乌程县，农民无力购买豆饼粪肥及圈养猪牛致肥料很少，甚至以豆饼充饥。[2] 光绪后期有人指出农民因贫困而影响施肥的情况："昔日之农有无相通，百亩之粪自易为之，今日之农，生计已蹙，一家数口，饘饸粥不给，更何力以粪田。"无力施肥导致土壤越来越贫瘠，"人力已绌，地力日竭"[3]。因肥料缺乏而导致农业生产衰退是十分明显的。

生产工具虽然种类较多，但具体到某一地区尤其是某一家农户时，则种类不全、数量不足、很不配套，是这一时期普遍存在的问题。绝大多数农户不可能付出大量的资金添置齐全的生产工具，从全国范围看约有 40%~50% 的农户农具不足。[4] 卜凯对南北七省 2 866 农户的调查中，各户农具资产价值最高为 87.2 银元，最低为 10.8 银元，平均为 45.9 银元；农具资产在生产费用中所占比重最高为 4.6%，最低只有 0.6%。[5] 通常每年用于添置或修缮农具的费用只有几元钱，还有不少农户由于经济状况不断恶化，无力更新农具，勉强超期使用，甚至出卖工具以解燃眉之急。南方水稻种植区集约化程度高、耕作程序复杂，但除了水田翻耕之外，几乎全靠人力，劳动强度大，效率十分低下。

三、其他问题

（一）农业生产技术停滞

佃农经营生产是十分墨守成规的，在土壤耕作、作物种植、选种育种、灌溉施肥、病虫害防治、农产品加工等方面全凭经验。他们没有能力和机会接触新的科学技术，甚至传统农业中一些较好的生产技术，不仅没有条件而且也无兴趣采用，更无先进设备。这种经营形式严重阻碍了农业生产力的发展。

（二）劳动力的极大浪费

根据当时情况，南方一个农业劳动力最少可以经营 10 亩水田，北方旱地一个劳

① 光绪《松江府续志》，卷五，2~4 页。
② 光绪《武城县志》，卷二十九，23 页。
③ 广东历史学会张弼士研究专业委员会编：《张弼士侍郎振兴商务条议等》，见《张弼士研究资料》，第二辑，83 页，2006。
④ 汪敬虞主编：《中国近代经济史（1895—1927）》（二），1213 页，北京，人民出版社，2012。
⑤ ［美］卜凯：《中国农家经济》，80 页，上海，商务印书馆，1936。

近代以来中国农村变迁史论（1840—1911）

动力可以经营 20 亩土地。实际上一般佃农只经营 5~10 亩土地，甚至更少，这无疑是对农业劳动力的极大浪费。据考察，安徽芜湖和河北盐山一个农业劳动者仅工作 53~100 个工作日和 55~117 个劳动日（一天按工作 10 小时计算）。

（三）土地效益低下

由于佃农土地经营规模很小，资金缺乏、生产资料不足、生产技术落后，加以高额的地租剥削，使得佃农失去了发展生产的兴趣，生产力水平十分低下。光绪末年，山东的佃农经营，其土地的单位面积产量仅及当时当地经营地主的三分之二左右。而这种情况在全国各地是比较普遍的。

（四）农田水利维护乏力

晚清农政废弛、河渠失修情况更加明显。佃农无力修复，官员置若罔闻，一些地主豪强往往争占河床，抑或以邻为壑，加剧了水利破坏。佃农"往往破损古岸，逐取鱼虾之利"。地主却利用田荒，报灾自肥，更不注重水利。[1] 水利的破坏，农民抗灾能力低弱，势必造成水旱灾害频繁发生。

总之，在地主阶级的土地制度和封建租佃小农经营形式占主导的情况下，广大农民的生产积极性和生产能力越来越低，他们普遍缺乏必要口粮、种子、耕畜、肥料和流动资金，因此无力精耕细作，更谈不上生产技术的改进，土地日渐耗竭，产量递减成为不可逆的趋势。大量记载表明，晚清之前许多精耕细作的地区，诸如两江、陕西，在太平天国运动后普遍"广种薄收""俭种歉收"。松江府属在嘉道年间以前，亩产稻谷二三石、棉花一两百斤，到 19 世纪七八十年代，"稻只收一石余矣，花只收数十斤矣"，其他杂粮纷纷减产。[2] 农业生产的衰退还反映在复种面积减少。浙江安吉县，从前春夏兼种麦、豆，同治以后，"种麦者寥寥"[3]。根据李文治先生统计的各省地方官夏秋收成的奏报，1821—1830 年各省夏秋收成分别为七八成，甚至八成以上；而到了 1891—1900 年，分别减少至六七成，或五成以上。[4]

---

① 光绪《昆新两县续修合志》，卷四十六，4 页。
② 《申报》，光绪六年六月二十一日。
③ 同治《安吉县志》，卷八，4 页。
④ 李文治：《中国近代农业史资料 第一辑（1840—1911）》，755~757 页，北京，生活·读书·新知三联书店，1957。

第五章　晚清农业生产及其结构的变迁

鸦片战争后，清政府被迫打开国门。西方近代的政治、经济、文化，开始影响中国社会的发展，并引发了一系列的社会变革。与此同时，中国传统农业的发展也深受西方农学的影响。有学者指出："我国传统农业，到清代光绪年间，不论在技术体系上，还是农学体系、经营方式上，都发生了一系列的变化。"[1] 晚清时期，西方农业技术与资源开始大规模传入中国。在这个过程中，中国近代农业开始接收并吸纳了西方相关的农业技术与知识，并逐渐演变成为一种有别于中国传统农业的发展模式。

第一节　晚清农业生产的基本情况

　　中国近代农业的发展，与当时所处的政治经济环境有极大的关联。鸦片战争后，西方资本主义强国先后强迫清政府签订了一系列的不平等条约，攫取了大量的在华政治经济特权，"使我国以耕织结合为特征的自然经济开始解体"[2]。从这一时期开始，中国被迫卷入资本主义世界市场，沦为西方国家的原料生产地和商品倾销地。中国原有的经济体系开始瓦解，传统农业的发展模式也难以为继。农业新思想、新要素、新技术开始影响并改变中国传统农业的发展道路，从而使晚清农业依然保持了较高的生产水平。

①　闵宗殿、王达：《晚清时期我国农业的新变化》，载《中国社会经济史研究》，1985（4）。
②　郭文涛、曹隆恭：《中国近代农业科技史》，1页，北京，中国农业科技出版社，1989。

一、晚清农业生产的基本态势

中国传统的农学思想一直强调集约经营，充分发挥对土地价值的利用。《齐民要术》曾提道："凡人家营田，须量己力，宁可少好，不可多恶。"[①]《陈旉农书》也认为："凡从事于务者，皆当量力而为之，不可苟且，贪多务得，以致终无成遂也。"[②] 后世的农学家也多奉行精耕原则。晚清时期的中国虽处于前所未有的社会剧烈变革之中，但集约经营和农业精耕思想依然是农业生产中所奉行的基本原则，并且，这一时期的农业生产在继承了原有的集约经营思想之外，又在多熟种植、农田水利和肥料的使用等方面，有所创新和发展。

如合理、高产的轮作套种制和多熟制种植制度，提高了农业作物的总产量和单位面积的产量；在农田水利方面，清政府虽无力兴建大型水利设施，但原有的水利工程获得了进一步修葺和完善，西方先进的水利技术也应用到水利建设中，为晚清农业的发展增添了新的动力因素；在肥料的使用上，传统的有机肥料仍是农业生产的重要肥源，而化学肥料开始同有机肥料一起应用于农业生产，使农业作物产量获得进一步提高。同时，新的作物品种的引进，如耐瘠高产的玉米、番薯、马铃薯等美洲作物的引进、推广，对缓解不断加剧的人地矛盾起到了重要作用。这些美洲作物广泛种植于贫瘠的山地丘陵地带，成为农业发展新的增长点。这些因素交织在一起，成为晚清农业发展的关键所在。

正是由于在农业生产中出现了改良与创新举措，晚清农业生产虽然饱受战乱、天灾等因素的影响，但仍然呈现继续增长的态势。特别是在农业土地生产率方面，一直到晚清时期，中国农业依然保持对欧洲的优势地位。部分西方学者认为，清末时期中国山东农村正常年景小麦亩产 160 斤，每公顷产量约 1 448 公斤，高于同期欧洲多数国家的水平。[③] 另外，据相关学者统计，相比较同一时期世界农业发展的情况，中国农业生产的相对优势一直保持到 19 世纪中期以后，"其中土地生产率方面的优势大体维持到了 20 世纪"[④]。这大体上说明，晚清农业生产确实维持在了一个较高的水平上。

近代以来中国农村变迁史论（1840—1911）

---

① （北魏）贾思勰著，缪启愉校释：《齐民要术校释》，15 页，北京，中国农业出版社，1982。
② （南宋）陈旉著，万国鼎校注：《陈旉农书校注》卷上《财力之宜》，23 页，北京，中国农业出版社，1965。
③ F. H. KING. Farmers of Forty Centuries: Or Permanent Agriculture in China, Korea, and Japan, 1911, p.62.
④ 王思明：《如何看待明清时期的中国农业》，载《中国农史》，2014（1）。

二、粮食总产量及单位面积产量的变化

晚清农业生产处在持续发展阶段，在粮食生产领域情况也大致相同。清代中后期，中国人口总量持续增加，并在晚清达到人口峰值。然而，人口快速增加，耕地面积总量的增加速度则相对较低。人均耕地面积在很长一段时间内，维持在 2~3 市亩的水平，"已经接近了人们公认的传统农业生产条件下的最低耕地需求"[①]。

若按照世界一般标准衡量这一时期中国的人均耕地面积，并不足以维持农民的生活水平。据美国学者估计："人类每人需有二英亩半（约合十五华亩）之地，方足以维持相当之生活。"[②] 晚清人均耕地面积长期在低位徘徊，也就给农业生产带来了巨大的压力。为了应对这一难题，清政府鼓励民众开垦荒地，增加粮食种植面积。如晚清重臣张之洞曾在奏疏中主张奖励垦荒，"州县劝垦数多者优奖，漠视荒芜者重惩"[③]。晚清东北、西南等地区的开发利用，增加了耕地面积，同时也缓解了东部人口密集区域的耕作压力。1910 年，中国耕地的总面积达到 14.55 亿亩。[④] 1910 年中国人均耕地面积也自 1833 年以来，首次超过 3 市亩，创下了晚清几十年以来的历史新高。（见表 5-1）

表 5-1　1833—1910 年中国人口与人均耕地面积情况

年份	人口数 / 万人	平均每人耕地面积 / 市亩
1833	39 894.2	1.70
1863	40 494.6	1.86
1872	32 956.3	2.29
1887	33 759.0	2.49
1900	36 681.0	2.13
1910	36 814.7	3.95

资料来源：许道夫：《中国近代农业生产及贸易统计资料》，7 页，上海，上海人民出版社，1983。

得益于耕地面积的增加，中国的粮食总产量自 1840 年以来，也大体呈现稳步提高的趋势。虽然在太平天国运动和第二次鸦片战争时期，中国粮食的总产量受战乱影响有所下降，但到 1875 年，粮食总产量就已经止跌回升。1910 年，中国粮食总产量

① 史志宏：《清代农业生产指标的估计》，载《中国经济史研究》，2015（5）。
② 丁长清、慈鸿飞：《中国农业现代化之路——近代中国农业结构、商品经济与农村市场》，42、43 页，北京，商务印书馆，2000。
③ （清）张之洞：《晋省未垦荒地尚多请宽起征年限》，见《皇朝经世文编》卷 25，光绪十五年（1889）铅印本，13 页。
④ 许道夫：《中国近代农业生产及贸易统计资料》，7 页，上海，上海人民出版社，1983。

达到了 1840 年以来的历史新高（见表 5-2）。可以认为，从 1840 年到 1910 年，中国粮食生产仍处在持续发展的总体态势。

表 5-2　1840—1910 年中国粮食总产量情况

年份	1840	1845	1850	1855	1860	1865	1870	1875
粮食总产量／吨	12 608	12 671	12 734	12 389	11 942	11 660	11 918	12 176
年份	1880	1885	1890	1895	1900	1905	1910	
粮食总产量／吨	12 434	12 692	12 950	13 175	13 371	13 673	13 993	

资料来源：吴慧：《中国历代粮食亩产研究》，198 页，北京，中国农业出版社，1985。

晚清时期，中国粮食总产量能够实现稳步提升，除了耕地面积增加的原因外，粮食单位面积产量的提高也至关重要。有学者统计，从清初顺治年间到晚清咸丰年间，中国人口增加了 3 倍，但耕地面积增速较缓，"近两百年才增加了 40% 左右"[1]。由此可见，单纯耕地面积的增加并不能缓解人口增长所带来的粮食生产压力。因此，在人地矛盾日益突出的情况下，提高单位面积的粮食产量，就成为晚清农业生产所必须解决的问题。

轮作套种和多熟制种植制度的广泛应用，以及美洲粮食作物的大量种植，使晚清农业单产获得了显著提高。1840 年，中国平均粮食单位产量每市亩为 217.3 公斤；到1910 年，平均粮食单位产量每市亩为 223.1 公斤。[2] 粮食单产涨幅虽然较小，但考虑当时大量的耕地从事商品经济作物的种植，粮食耕地面积持续缩减的情况，这样的增长幅度实际上就十分可观了。

三、传统农业生产技术的发展

中国传统农业生产有着一套完整的精耕细作技术体系，为历代所继承。清代的农业生产也大多沿袭了传统的精耕技术。晚清时期，农业生产技术最为显著的特点就是在对传统农业生产技术继承的基础上，有所创新与发展。例如，在农业生产中虽依然沿用传统的生产技术，但同时又在某些方面有所突破，近代农业科技开始应用到农业生产中。农业生产中集约经营不断发展，在多熟种植、农田水利、肥料的使用方面都有明显的提高。

---

[1]　王利华：《晚清兴农运动述评》，载《古今农业》，1991（3）。
[2]　吴慧：《中国历代粮食亩产研究》，198~199 页，北京，中国农业出版社，1985。

（一）多熟种植制度的继承和发展

明清时期，多熟种植获得了很大发展。《清史稿》中记载，南方 824 个州县，有 222 个州县有多熟种植制度，占州县总数的 27%。[①] 到清代中后期，原有的多熟种植又获得了新的发展。如两熟种植的形式出现多样化，一年三熟、两年三熟等多熟种植形式大量出现并发展。这一时期多熟种植制遍布大江南北，极大影响了晚清农业生产的分布格局。

在北方，特别是在黄河流域地区，两年三熟制和两熟制等多熟种植制度获得广泛推广。有学者认为，在明代中后期华北地区就已经形成了两年三熟的耕作制度。[②] 诚然，这一时期华北地区出现了多熟制的耕作制度，但大规模进行推广的时间点当是在清代中后期。如山东地区，直到清代中后期，两年三熟的种植制度才逐渐获得推广。咸丰年间吴树声所著的《沂水话桑麻》就曾记载："坡地（俗谓平壤为坡地），两年三收。初次种麦，麦后种豆，豆后种蜀黍、谷子、黍稷等谷，与他处无异。"[③] 此外，北方地区在水源充足的地方，还实行稻麦两熟制。在间混套种制上发展小麦与谷子、谷子与玉米的套种，玉米与绿豆的混作，以及谷子与玉米、小麦的轮作复种。

在南方，特别是在长江流域地区，对传统多熟制度的继承和发展主要表现在双季稻的推广和稻麦两熟制的继承，以及发展多种形式的两熟制，比如稻薯、稻麻、稻荞和麦棉等多种形式的两熟制，同时三熟制也有新发展。[④] 以江西地区为例，《义宁州志》中记载："凡晚禾宜暖，水田早稻刈后，田一岁可两获。"[⑤] 同时在传统稻麦两熟的基础之上，多熟种植又有新的扩展。如在间作套种制上，继承和发展了稻豆、麦豆等套作多熟形式。除此之外还发展了玉米与棉花、油菜与棉花的套作。在东南沿海地区，传统多熟种植制度得到了继承和发展。两熟制除了水稻的两熟制外，还发展了稻薯、花生番薯等新的两熟制。三熟制也有所扩展，有稻稻麦、稻稻菜、稻稻豆等多种形式。在广东、福建地区就有在两熟制收获完成后，可以接着种植油菜或者大麦等作物。如福建等地就在晚清时期实现了稻稻麦的三熟耕作，"每于四月刈麦之后，仍种早晚两稻，故岁有三熟"[⑥]。

---

① 闵宗殿：《明清时期中国南方稻田多熟种植的发展》，载《中国农史》，2003（3）。
② 李令福：《再论华北平原二年三熟轮作复种制形成的时间》，载《中国经济史研究》，2005（3）。
③ （清）吴树声：《沂水话桑麻》，见《沂水县文史资料》，第 3 辑，77 页，沂水县政协文史研究委员会，1987。
④ 南京农业大学中国农业遗产研究室编：《太湖地区农业史稿》，119 页，北京，中国农业出版社，1990。
⑤ 《义宁州志》卷 8《物产》，同治十年（1871）刻本。
⑥ （清）李彦章：《江南催耕课稻编》，清道光年间刻本，61~62 页。

晚清时期，东北的土地开发进入一个高潮阶段。清代初期对东北实行的是"封禁政策"，到咸丰和同治以后实行"始议招垦"，在光绪和宣统之交"实行丈放"。[1] 随着这一政策的推行，从各地有大批的流民涌入东北地区，带动了当地农业的发展。因东北地区独特的地理位置，冬季气候寒冷且较我国的其他地区进入冬季的时间早、持续时间长，虽然不能像其他地区那样发展一年多熟制的种植，但是在东北地区逐渐发展了适合其自身气候环境的种植制度。由于冬季的气候寒冷，东北农业耕作在时间上较我国的其他地区都要短，所以在农业耕作中实行一年一熟制，生产中发展了很多的因地制宜的轮作和套种方法。比如，东北地区多实行以大豆为种植中心，豆谷轮作的种植方式。将粟、黍、豆每种作物种植一年，三年一循坏，同时还有大豆和玉米、高粱和小豆的混作制度。

（二）农田水利建设

在农业生产中，农田水利一直是保证粮食产量的一个重要因素，但是兴修农田水利需要投入大量的财力和物力。自 1840 年鸦片战争后，中国的社会性质就发生变化，沦为半殖民地半封建社会。清政府自身的腐朽，加上帝国主义势力的入侵，使得清政府的国家财政日益贫困。所以，这一时期的农田水利建设情况大多处于停滞状态。特别是在北方地区，大量的水利设施遭到破坏，"近来晋、豫各省水利失修，一遇荒旱，遂至于不可支"[2]。从表 5-3 中可以看出，晚清时期，只有西南和陕西地区才出现了水利建设加速的情况，其他省份地区水利建设的步伐都在减缓放慢，与 18 世纪相比，均出现了较大幅度的缩减。

表 5-3　中国各时期水利建设项目占总项目数的百分比　　　　　　　　%

地　　区	1400 年	1700 年	1900 年
华东	53	40	7
东南（广西除外）	58	26	16
华中	19	56	25
华北（河南除外）	23	48	30
西南（贵州除外）	8	35	58
西北（仅陕西省）	9	18	73

资料来源：［美］铂金斯：《中国农业的发展》，宋海文等译，77 页，上海，上海译文出版社，1984。

虽然这一时期的水利建设整体呈现衰落态势，但在某些地区，农田水利也有新

---

① 郭文涛、曹隆恭主编：《中国近代农业技术史》，77 页，北京，中国农业科学技术出版社，1989。
② （清）李鸿章等修纂：《畿辅通志》卷 92，光绪十年（1884）刻本。

的发展。江南部分地区在晚清时期就陆续修建了一系列的农田水利设施。如江苏溧水县修筑圩田堰闸，"建筑堰闸，相其时而蓄洪之……岁修完固，庶旱涝无虞，而农田均有赖矣"[①]。浙江温州等地有不少新修的农田水利设施，"修筑八埭二湫，以捍潮汐，溉民田二十四万亩"[②]。江西永宁等地也修筑了不少水利设施，"先后修浚水塘一百八十余口，各乡田禾均无缺水之虞"[③]。这些新修的水利设施使当地农业生产免于水旱灾害的侵袭，提高了农业的生产效率。此外，在浙西、江南以及南方江河入海口等地区都修建海塘以保证农业生产。如在长江口一带的奉贤、南汇和川沙等地区，海塘成为水利建设的主要项目。晚清时期，上海与浙江的海塘已经连成一线，"从境内西接华亭，东北抵嘉定，凡长一万七千七百四十八丈"[④]。修建海塘还带动了当地围垦事业的发展，大片的海滩地得以开发利用，成为农业的高产地。

需要注意的是，这一时期的农田水利机械也有所发展。四川地区有人制成汲水设备，"恩贡胡成学，自杼新裁，制吸（汲）水机"[⑤]。西方水车技术也应用到农业生产中，郭云陞在《救荒简易书》中曾介绍道："浙江、江苏、安徽等省，灌园灌田，多有用虹吸筒者。"[⑥] 这些水利设施在一定程度上改变了晚清农田水利的发展方式。很多地区改变了以往的水利建设方式，如陕西、甘肃等地区，开始重视井灌。左宗棠主政甘陕时，就曾要求辖区大力发展井灌，"见通饬陕人凿井区种以救旱荒……领来甘以便试办"[⑦]。这也是晚清农田水利发展的一大特色。

（三）肥料的使用

我国是世界上施肥历史最悠久的国家之一。中国传统的农业思想中，"粪治"思想一直是精耕农业所强调的种植原则之一。从战国时代开始，人们就已经通过施肥提高地力和改良土壤。[⑧] 明清时期，"粪治"思想仍然贯穿农业集约经营。清代农书《知本提纲》中提及"粪治"时，认为"凡人垦田，意其多获其利；然务广而荒，所得究亦不厚。莫如常粪其田，所产自多"[⑨]。清代山东地区的农书《教稼书》也肯定了"粪治"在农业生产中的地位，"孟子注曰，粪多而力勤者为上农，粪多便是力

① 《溧水县志》卷2《圩堤》，光绪七年（1881）刻本。
② 《广丰县志》卷8《人物志》，同治十一年（1872）刻本。
③ 刘锦藻：《清朝续文献通考》卷379，11263页，北京，商务印书馆，1955。
④ 《上海县志》卷3《塘》，同治九年（1870）刻本。
⑤ 《名山县志》卷8《食货》，民国十九年（1930）刻本。
⑥ 郭云陞：《救荒简易书》卷3，光绪二十二年（1896）刻本。
⑦ （清）左宗棠：《左文襄公全集·书牍》卷19，光绪三年（1877）刻本，59~60页。
⑧ 曹隆恭编：《肥料史话》，12页，北京，中国农业出版社，1981。
⑨ （清）杨屾：《知本提纲》，见王毓瑚：《秦晋农言》，37页，北京，中华书局，1957。

勤也"①。

　　明清时期，在积肥和造肥方面，人们有很多的创造和发明。当时人们已经总结一套系统而丰富的施肥理论，在沿用前人的经验基础之上，又对施肥理论和材料进行了改良。例如，明清时期就将前代并不列入肥源的六畜、鸟、兽、鱼骨之类的骨灰制成肥料。例如，福建的宁德地区在乾隆时期开始大规模使用骨肥，"焚牛骨屑而粪之，能腴至瘠之土，而暖寒泉"②。晚清时期，江西部分地区就强调在耕地施肥中注重骨肥的作用，"鸟兽之毛骨，无不各用其用"③。

　　对中国传统农业所重视的绿肥等，晚清农业生产中也得到了很好的继承与发展。如农民在近水之处直接拿湖水中的草作为肥料，在离乡村较远的田地则通常用野草等植物沤烂作为肥料。此外，有些绿肥来源于农民的特意种植。如安徽部分地区，就在晚清时期盛行种植绿肥，"近来又有红花草，粪田极肥，其种来自江南，每升撒种，可粪田一斗"④。浙江奉化等地流行种植苜蓿，"此两种今并谓之草子，皆以粪田，农家多植之"⑤。

　　同时，晚清时期的农民总结经验，更加注重因地制宜、因土施肥，不同的肥料作用于不同的土地。对冷水田施肥的技术最早记载在元代的《王祯农书》。书中提出用石灰施用于冷水田。这一技术在晚清时期被广泛应用到农业生产中，"冷浆田、低田，宜用猪牛骨灰、石灰"⑥。如江西《龙南县志》就曾记载石灰肥田的方法，"一曰石灰，取灰杂以牛豕各粪，俟其腐化，先壅置田内，后以生灰撒之，乃插烟骨焉"⑦。对麦类田地的施肥，农民更加注重因时、因土施肥，并根据气候和土壤的具体条件而灵活掌握施肥方法。在这一时期，人们还总结了对豆类施肥的一些经验，比如对黄豆施肥最相适宜的是用草灰、木灰等物。

四、新生产要素的引入

　　面对人口增长、人地关系矛盾加剧、粮食产量不足等一系列问题，晚清农业生产

① （清）孙宅揆：《教稼书》，《区种五种》，光绪戊寅年（1878）刻本，37页。
② 《宁德县志》卷1《物产》，乾隆四十六年（1781）刻本。
③ （清）何刚德：《抚郡农产考略》卷下《种田杂说》，光绪二十九年（1903）刻本。
④ 《怀宁县志》卷6《物产》，民国四年（1915）刻本。
⑤ 《奉化县志》卷36《物产》，光绪三十四年（1908）刻本。
⑥ （清）何刚德：《抚郡农产考略》卷上，光绪二十九年（1903）刻本。
⑦ 《龙南县志》卷2《物产》，光绪二年（1876）刻本。

继承和发展了原有的生产技术，并且在新的生产要素方面也有所突破。

（一）美洲作物的引进

15 世纪末，哥伦布率先发现美洲。16 世纪初，欧洲殖民者开始在美洲大陆进行殖民活动。美洲原产的番薯、玉米、马铃薯等粮食作物，经由欧洲殖民者之手，迅速传往世界各地。到 16 世纪中后期，如玉米、番薯等美洲粮食作物就已经传入中国（见表 5-4），成为中国农业生产种植所依仗的重要农业作物。

表 5-4　引进中国的新作物

作　　物	引进的世纪	来源
高粱	12—13 世纪	中亚
甜薯	16 世纪	美洲
玉米	16 世纪	美洲
马铃薯	17 世纪	美洲

资料来源：[美] 铂金斯：《中国农业的发展》，宋海文等译，58 页，上海，上海译文出版社，1984。

从历史记载上看，在 16 世纪以前的 1 500 年间，传入中国的作物只有茶、亚洲棉、高粱这三种主要的新作物。而在 16—17 世纪，中国相继引入了番薯（甜薯）、玉米、马铃薯等美洲作物。这些美洲作物的引进，极大地影响了晚清农业生产的发展方向，满足了当时中国农业生产中的现实需求。

玉米和薯类等美洲作物之所以能够在中国成为重要的农业作物，缘于美洲作物的两大生产优势。首先，美洲作物多属于耐瘠耐旱的高产作物，即使在一些贫瘠和山地地区也依然能够种植，这就为耕地资源紧张的中国提供了一条新的土地利用道路。如陕西四川交界的秦岭、大巴山区，在明代还属于尚未完全开发地区，到清代乾隆年间就已经在山区遍植玉米，"其后川楚人多，漫山遍野皆包谷"[①]。同时，这些美洲作物也使间混套种制度进一步发展，玉米成为可以和大豆套种的作物。[②] 其次，美洲作物单位面积产量高，一定程度上解决粮食短缺的问题。18—19 世纪中期番薯的栽培已经遍及全国，19 世纪中期，玉米的种植也遍及全国的绝大多数区域。[③] 同时，甘薯凭借其产量高、适应性强等优点，迅速成为贫穷民众的重要口粮。民国《临沂县志》中记载：

---

① 道光《石泉县志》卷四《事宜附录》，见《中国地方志集成·陕西府县志辑》，第 56 册，40 页，南京，凤凰出版社，2007。
② [美] 铂金斯：《中国农业的发展》，宋海文等译，58 页，上海，上海译文出版社，1984。
③ 王笛：《跨出封闭的世界——长江上游区域社会研究（1644—1911）》，145 页，北京，中华书局，2001。

"甘薯即地瓜，种者极多，贫民以为粮。"① 而玉米作为高产耐旱的粮食作物，也极大地推动了中国偏远山地地区的开发。

同时，美洲作物的引进和广泛种植，对畜牧业的发展也有重要的贡献。例如，美洲作物的引进增加了畜牧中饲料的品种。中国传统畜牧业发展面临很大的饲料收集难题，这在很大程度上限制了畜牧业的扩大再生产。晚清时期，美洲作物玉米、番薯和南瓜等都被广泛用作畜牧业的饲料，对促进畜牧业的生产发展有十分重要的作用。②

（二）化学肥料的使用

在农业实践过程中，中国农民在对土地的认识、治理和培育中总结出"地力常新"的理论，并且，相关的农学著作也都提及了肥料对于农业生产的重要性。《陈旉农书》中就提到了运用肥料以达到"地力常新壮"的目的。一直以来，我国农业生产中的使用以有机肥料为主体。从晚清时期开始，农业生产中开始使用化学肥料。福建等地种植水稻的过程中，就注重使用西方的化学肥料，"或用西方雀肥，每亩三十斤，每斤四十文"③。江西等地在推广化学肥料时，也认识到了其对于农业生产的重要作用，"教以多下骨灰等含磷肥料，今岁收成较丰，足见栽种需讲化学"④。化学肥料在初传入中国时，被称为"肥田粉"。1911 年，海关报告在洋货进口杂货类名单中始出现"各种肥田料"字样，当年进口额达到 761 519 担，价值 592 261 两。⑤ 化学肥料的使用在提高粮食产量的道路上又开辟一个新的方法。

（三）农田水利的新技术

持续进行农田水利建设，是中国传统农业得以持续发展的重要原因。进入明清时期，西方的相关水利技术开始传入中国。明代徐光启就曾与传教士熊三拔合作，编著了《泰西水法》，以此介绍当时西方的水利建设情况。鸦片战争后，西方先进的科学技术极大地冲击着中国人的思想观念。一批西方较为先进的农田水利技术被中国社会所接受。农田水利建设开始使用一些西方新技术，包括勘测技术、水文测验和文情传递、河防以及农田灌溉等。⑥ 19 世纪 70 年代西方的勘测技术已经应用到黄河水位观测。

---

① 民国《临沂县志》卷三《物产》，见《中国地方志集成·山东府县志辑》，第 58 册，30 页，南京，凤凰出版社，2004。
② 王思明：《美洲原产作物的引种栽培及其对中国农业生产结构的影响》，载《中国农史》，2004（2）。
③ 《各省农事述》，载《农学报》，1898（26）。
④ 刘锦藻：《清朝续文献通考》卷 379《实业二》，11 262 页，上海，商务印书馆，1955。
⑤ 过慈明、惠富平：《近代江南地区化肥和有机肥使用变化情况》，载《中国农史》，2012（1）。
⑥ 郭文韬、曹隆恭主编：《中国近代农业技术史》，306 页，北京，中国农业科技出版社，1989。

为了便于洪水信息的传递，在1899年时就有人建议在堤岸两边设置电话，用以传递信息。到1908年，黄河两岸架设的电话线已经达到700多公里。[①] 同时，在水利建设上面也采用了新的技术，主要用于农田灌溉、河道治理等方面。左宗棠介绍陕西一带的水利设施时提及："取西洋机器酾渠导流，蓄引灌溉，冀成水利。"[②] 这些新技术应用为水利建设带来了新的生产因素，提高了农业生产效率，保障了农业发展的用水要求。农田水利建设也因此逐渐与西方建设方式相衔接，为中国的农业生产提供了重要物质保障。

第二节　农业生产结构的变化

农业生产结构是在一定时期和地域范围内，农业各部门之间的构成及相互之间的关系，农业生产的结构和作物布局的形成是一个历史过程。[③] 这种结构布局的形成与自然环境如气候、土壤以及饮食文化之间有紧密的联系。晚清时期的农业生产结构发生的变化，与自然条件变化以及社会政治生活变化也都有密切联系。需要注意的是，对作物结构变化起关键性推动作用的，是晚清时期社会政治和经济环境的变化。鸦片战争后，中国大门被迫打开，中国逐渐沦为西方列强的原材料产地与商品倾销地。中国与外界的交流不断增强，同世界各国之间的贸易往来也不断增多，初级农产品的出口成为其中重要的组成部分。西方国家因其工业发展的需要，从中国采购大量的生产原料用于生产。因此，为了经济利益的需求，人们逐渐放弃原有的种植作物，而改种能够带来更多经济利益的作物，使农业商品经济在这一时期有了长足的发展。

一、种植业结构的变化

晚清农业生产中出现新的变化是，市场越来越多地参与农业生产，并逐渐起主导作用。这一变化使得农业生产中的作物种植结构也随之发生变化。原有的种植结构被

[①] 　白寿彝主编：《中国通史》卷11《近代前编》，476页，上海，上海人民出版社，2004。
[②] 　（清）左宗棠：《行抵西安起程北上日期折》，见《左文襄公全集·奏稿》，光绪十六年（1890）刻本。
[③] 　王思明：《中国近代农业生产结构变化及其动因分析》，载《南京农业大学学报（社会科学版）》，2001（1）。

打破，原本种植粮食作物的土地逐渐被一些经济作物所取代，经济作物的种植比重持续增长。

（一）粮食作物种植比重有所下降

鸦片战争后，农业生产中面临的局面是耕地资源十分紧张，而可供新开垦的耕地数量也十分有限，人地关系十分紧张。在耕地面积没有大的扩张的情况下，经济作物的种植在鸦片战争以后却有了长足的发展。经济作物种植比重的上升，就意味着将挤占粮食作物的生产资源。清末民初，不少地区就有桑、棉侵田争田的现象出现。如上海及周边地区就有类似情况，"上南两邑，以及浦东西，均栽种棉花，禾稻仅十分之二"[①]。

江南地区农业商品经济最为发达，粮食作物的栽种面积较其他地区缩减幅度也更为迅速。例如，晚清时期，在江苏部分地区棉花的种植面积呈逐年上升的趋势，而麦的种植呈逐年下降的趋势，到1910年麦的种植面积已经非常之少，棉花种植占了耕地的绝大部分（见表5-5）。

表 5-5　江苏通海垦牧公司作物种植面积统计

年代	棉 / 亩	棉麦混合 / 亩	棉杂粮混合 / 亩	麦 / 亩
1904	850	56	—	—
1905	20	7 834	—	—
1906	849	7 700	—	80
1907	3 334	11 368	499	627
1908	25 534	961	1 782	67
1909	27 272	749	974	—
1910	29 164	156	812	41

资料来源：李文治编：《中国近代农业史资料　第一辑　（1840—1911）》，420 页，北京，生活·读书·新知三联书店，1957。

（二）经济作物比重逐渐增加

粮食作物种植面积的大规模缩减，正是源于晚清时期农业商品经济的发展。农民出于经济利益的考虑，更愿意种植经济作物。经济利益的刺激，使其成为影响这一时期作物种植结构的一个至关重要的因素。随着农产品市场化逐渐发展，农民在选择种植种类时，依据市场的变化情况，可以进行自主选择。同时，经济作物的发展对于扩大农业基础，提高经济效益、增加国民积累和促进对外贸易的发展均有十分重要的作用。[②]

①　李文治编：《中国近代农业史资料　第一辑　（1840—1911）》，417 页，北京，生活·读书·新知三联书店，1957。
②　王思明：《中国近代农业生产结构变化及其动因分析》，载《南京农业大学学报（社会科学版）》，2001（1）。

1.棉、麻的种植

晚清国内纺织工业持续发展，有一大批棉纺织工厂建成。工厂对原材料棉花的需求激增，推动了棉花种植业的发展。特别是苏南和长三角地区，由于当地棉纺织产业发达，棉花生产也获得了很大发展。"查各省棉产之区，以江苏之通州、海门、崇明、太仓、宝山等处为最盛，通、海岁产约一百三十余万石，崇明、太仓、宝山等处约八九十万石。"[1] 同时，国外棉纺织工业与中国的联系也越发紧密。国外棉纺工业对棉花的旺盛需求，也是棉花种植增加的一个重要原因。1893年海关贸易报告中就记载："日本近来建设了许多棉纺织厂，他对中国棉花不断增长的需求，促成了宁波地区棉花种植的扩大。"[2]

另外，美棉的传入使得棉花种植有了更多的品种选择。因美棉的产量高，所以迅速地被人们接受，快速传播种植开来。"洋棉结核多者，每树百余颗，少亦六七十颗，扯算每树至少可收花六两，每亩可收二百五十斤，树数比土棉少，收数比土棉多。"[3] 在江苏地区，"吾乡素不讲究棉种……曾劝民种黑核洋棉。宗坚历试有年，寻常棉种轧出之絮，二十斤而七，每百斤得絮不过三十四五斤，黑核则二十斤而得九，每百斤可得净絮四十四五斤。两两比较，综其价值，每百斤可多得钱一千有余"[4]。由此，美棉的优势凸显，这也是美棉能够迅速在中国传播开来的主要原因。

苎麻是晚清时期中国对外出口的大宗货物，多产于我国的四川、江西、湖南、湖北等地。苎麻对种植环境要求不高，"无论荒野山腹，沟泽畦畔，皆可种植"[5]。在江西地区，"邑北山地多种苎，其产甚广。每年三收……妇女多织苎为麻"[6]。种植的麻有很大一部分是用于出口到国外。所以，从海关记载的一些数据中也可以看出当时麻的高产量。光绪二十一年（1895），中国的麻输出到日本就多达四百一十四万一千二百七十七觔，总价值达到三十五万九千六百六十四元。[7] 另外，在表5-6中可以看到，由汉口输出的麻，在数量上一直维持在一个较高的水平，且呈现逐年稳步上升的趋势。

---

① 刘锦藻：《清朝续文献通考》卷380，11 267页，北京，商务印书馆，1955。
② 李文治编：《中国近代农业史资料 第一辑 （1840—1911）》，417页，北京，生活·读书·新知三联书店，1957。
③ 李文治编：《中国近代农业史资料 第一辑 （1840—1911）》，395页，北京，生活·读书·新知三联书店，1957。
④ 《上海县续志》卷8《物产》，民国七年（1918）刻本。
⑤ 李文治编：《中国近代农业史资料 第一辑 （1840—1911）》，400页，北京，生活·读书·新知三联书店，1957。
⑥ 《分宜县志》卷1《物产》，同治十年（1871）刻本。
⑦ 李文治编：《中国近代农业史资料 第一辑 （1840—1911）》，400页，北京，生活·读书·新知三联书店，1957。

表 5-6　汉口 1901—1905 年输出麻数量

年份	数量 / 担
1901	15 453
1902	140 851
1903	162 137
1904	168 533
1905	174 278

资料来源：李文治编：《中国近代农业史资料　第一辑　（1840—1911）》，439 页，北京，生活·读书·新知三联书店，1957。

2. 油料作物的种植

晚清时期种植的油料作物以花生和芝麻为主。花生是原产于美洲的作物，又被称为长生果、落花生等，是一种重要的油料作物。花生有大粒型和小粒型两种，对小粒型的记录最早见于贾明的《饮食须知》，大粒型则是在清代时引进中国的。[①] 花生最适宜的种植地是沙地，并不挤占中国传统农业作物的耕作土地，这对缓解晚清农业用地的压力有至关重要的作用。花生种植在晚清获得了很大发展，特别是在山东地区，花生成为重要的经济种植作物。山东地区的地方志就曾记载："长生果，一名落花生，宜沙地，二十年来民间种者甚广，工省而易收，亦贫民所利也。"[②]

促成花生大量种植的另一个重要因素，是其所带来经济利益的刺激。种植花生较之种植谷物相比，获利更丰。如山东部分地区，种植花生所得的经济利润就远超种植谷物所得的利润，"如种江豆谷子每亩可收一斗八升，值钱八九百文。花生则获利较厚，每亩可收三百斤，值钱二十四千"[③]。

芝麻也是晚清时期重要的油料种植作物。在清代前期，芝麻作为油料作物就已经在农业种植领域获得了很大的发展。如安徽等地，在康熙年间农民就开始种植、贸易芝麻，"脂（芝）麻……黄山民每岁用以榨油，贸于市"[④]。到晚清时期，芝麻的种植范围遍及南北。在河南一带，芝麻成为了重要的商贸物品，"利之最丰者曰脂麻，俗作芝麻……此种土性极宜，种者亦多，榨取其液为油，贩行甚远"[⑤]。晚清时期，湖北是芝麻的主要种植地和输出地之一，并开始向海外输出。1901—1905 年，湖北地区每年输出的芝麻都在四五十万担以上（见表 5-7）。由此，足可见晚清时期芝麻种植的数量之多。

①　王思明：《美洲原产作物的引种栽培及其对中国农业生产结构的影响》，载《中国农史》，2004（2）。
②　《益都县图志》卷 11《物产》，光绪三十三年（1907）刻本。
③　《沭河上游实测图说》，见《中国水利志丛刊》，第 37 册，22 页，扬州，广陵书社，2006。
④　《含山县志》卷 10《物产》，康熙二十三年（1684）刻本。
⑤　《鹿邑县志》卷 9《物产》，光绪二十二年（1896）刻本。

近代以来中国农村变迁史论（1840—1911）

表 5-7　1901—1905 年湖北芝麻输出量

年度	输出量 / 担
1901	453 040
1902	669 916
1903	509 954
1904	616 174
1905	753 490

资料来源：李文治编：《中国近代农业史资料　第一辑　（1840—1911）》，439 页，北京，生活·读书·新知三联书店，1957。

3. 烟草的种植

烟草原产于拉美地区，是全球重要的经济作物和贸易商品。在中国，烟草最早传播时被认为具有一定的药效作用。如明代姚旅记载："烟气从管中入喉，能令人醉，且可辟瘴气。"[①]　然而，烟草吸食容易使人成瘾，并且吸烟很快成为一种普遍的社会嗜好。清代康熙《漳州府志》就记载："其烟令人醉，片时不食辄思……今各省皆尚之。"[②]晚清时期，吸烟人群的数量还在持续增长。据马建忠估算，在光绪年间，每县吸食烟草者以十万人计。[③]

因此，晚清中国社会对烟草有着强烈的需求，烟草种植获得了巨大的市场空间。烟叶种植也成为晚清时期农业生产获利最为丰厚的种植产业。江西等地，"烟草必种以沃土，利倍于谷"[④]。在江苏萧县，"当前清宣统年间，每年所产烟草，几百万斤"[⑤]。不仅如此，这一时期烟草产量巨大，还可以供给国外市场。民国时期就有人对晚清的烟草贸易进行过估算，"查过去五十年之海关报告册，中国输出之烟叶，至今殆已增加至二十倍之巨，以运往日本为最多"[⑥]。

虽然，烟草的大规模种植促进了农业商品化经济的发展，但也给中国社会带来了一些负面影响。例如，种植烟草抢夺了原属于谷物种植的耕地面积，"烟叶，各属皆种，下游尤盛，废良田，竭人力，其害甚于罂粟"[⑦]。此外，种植烟草虽然使农民获得了较高的收入，但也使得农村劳动力资源出现过剩的局面，"栽烟牟利，颇夺南亩之膏，又生齿日繁，游手者众"[⑧]。

① （明）姚旅：《露书》卷十《错篇下》，261 页，福州，福建人民出版社，2008。
② 《漳州府志》卷二十七《物产》，康熙五十四年（1715）刻本。
③ 李文治编：《中国近代农业史资料　第一辑　（1840—1911）》，440 页，北京，生活·读书·新知三联书店，1957。
④ 《南丰县志》卷 9《物产》，同治十年（1871）刻本。
⑤ 《江苏实业杂志·调查江苏徐属烟草报告》，载《农商公报》，1920（76），8 页。
⑥ 《神州日报·中国出产之烟叶》，载《农商公报》，1921（76），24 页。
⑦ （清）郭柏苍：《闽产录异》卷 1，光绪十二年（1886）刻本。
⑧ 《赣县志》卷 8《风俗》，同治十一年（1871）刻本。

4.糖料作物种植面积的扩大

甘蔗作为糖料作物,在晚清这一时期的种植面积也有所增加。特别是在江西、福建、广东等地,气候比较适宜甘蔗的种植。因此,这些地区的甘蔗种植有持续扩大的趋势。江西《泰和县志》记载:"甘蔗,道光年间,赣人寄寓,携植此种,近今沿河遍植矣。"① 福建地区,"下游多种甘蔗,泉、漳、台湾尤多"②。广东地区,"今栽种益繁,每年运出之糖包,多至数十万,遂为出口货物一大宗"③。值得注意的是,促成甘蔗种植面积增加的最主要原因还是经济利益的驱动。部分地方志就记载,"甘蔗……嘉道以来,种植繁多,埒于禾嫁……惟是利厚竞趋,种植日广"④。

然而,到清末民初,中国的甘蔗种植业已经出现萎缩。其主要原因是蔗糖对外贸易额逐年减少,国外对于中国蔗糖的需求量逐年降低。如广东东莞等地就记载,"近因外洋以萝菔制糖,输入境内,邑之糖业渐衰落矣"⑤。

5.蔬菜种植品种增加

我国的园艺科技一直是沿用古代所积累的传统经验技术,进行传统园艺生产,直到 19 世纪末才引进了西方的园艺知识。晚清栽培的蔬菜品种主要是一些原产于我国的蔬菜,比如白菜、萝卜、小白菜、荠菜、芥蓝、大葱、韭菜、荞头、丝瓜、茼蒿、蕹菜、毛豆、赤豆、长虹豆、山药、芋、莲藕、茭白、冬寒菜以及各种竹笋。⑥

晚清时期,蔬菜种植不断发展,"士人多种蔬菜为业,芥蓝、白菜、生菜,均肥美"⑦。同时,蔬菜种植还可带来丰厚的利润,"菜圃之成熟,岁可七八次,灌溉施肥,工力虽倍,而潜滋易长,获利颇丰。凡垦熟之菜圃地价,视农田几倍之。邑城内外,业此者甚多,各市乡近镇之四周,亦属不少"⑧。蔬菜种植品种不断增加,不再局限于本土的一些蔬菜品种,还有一些外来引进品种,如洋葱、生菜、花菜等。

二、畜牧业现代化的发展

中国传统农业长期奉行以种植业为主、畜牧业为辅的生产格局。除中国边远地区

① 《泰和县志》卷 2《物产》,光绪四年(1878)刻本。
② (清)郭柏苍:《闽产录异》卷 1,光绪十二年(1886)刻本。
③ 《揭阳县志》卷 4《物产》,光绪十六年(1890)刻本。
④ 《南康县志》卷 1《物产》,同治十一年(1872)刻本。
⑤ 《东莞县志》卷 13《物产上》,宣统三年(1911)刻本。
⑥ 浙江大学主编:《蔬菜栽培学总论》19 页,北京,中国农业出版社,1979。
⑦ 《番禺县续志》卷 12《实业志》,民国二十年(1931)刻本。
⑧ 《宝山县志续志》卷 6《实业志》,民国十年(1921)刻本。

近代以来中国农村变迁史论(1840—1911)

的游牧民族一直坚持畜牧业外，其他地区多是以种植业作为农业的主要生产方式。这一农业基本生产格局直到近代也没有出现过大的改变。晚清时期，中国畜牧业的养殖范围还是保持在原有的六畜上，即马、牛、羊、猪、狗、鸡。其中，养马和养牛成为晚清畜牧业发展最为迅速的两个畜牧养殖门类。

晚清时期，由于对交通运输的需求，清政府就放宽了对于民间养马的限制。甲午战争之后，清政府还积极推进军马的改良，使得这一时期的养马事业有所发展。在我国的农业生产中一直都是以畜力劳作为主，大机械没有参与整个生产过程中。牛一直是在农业生产中不可缺少的劳动力，所以在这一时期养牛也有所发展。另外，这一时期养牛业出现了一个新的发展方向，即奶牛的养殖。鸦片战争后，中国国门被强行打开，清政府被迫在东部沿海和长江中下游地区开设了一批通商口岸，并允许外国人居住。因欧美饮食文化中有长期食用牛奶的习惯，所以这一时期中国中东部的乳牛业呈现快速增长。这成为中国近代乳牛业的开端，同时也在一定程度上开始改变中国人的饮食文化习惯。时至今日，牛奶因其较高的营养价值已被中国人普遍接受，成为我们日常饮食生活中重要的食物组成部分。

（一）养马事业的发展

晚清时期，马政大体上还是沿袭前清时候的机构管理。国家机关、皇室内部以及在各级地方政府中都设有专门管理饲养马匹和育马的机构。1894年甲午战争，中国援助朝鲜10万余人，其中参战的军马达到7.3万匹之多，从这一数据可以看出当时养马事业的兴旺，[1] 也从侧面印证了晚清时期养马事业的不断发展。甲午战争后，清政府决定进行军制改革，重整军备。1902年，清政府设立的北洋练兵下辖军政、军令和军学等机构，其中马队被设置在军政司的管辖之下，专门负责分管马队的事务。1907年，清政府成立两翼牧场试图开始建设规范马群，计划进行马种的改良，引进外国优良马种。[2] 在这期间，清政府组织了一批马政官员赴欧美、日本等地学习马政管理，"对牧场的整顿、马种的改良，及马政人才的培植上，尚有些建白"[3]。此外，清末政府解除了对民间养马的禁令，民间养马也逐渐发展起来。如在四川地区，民间养马数多则数十匹少则数匹不等，多用于驮柴、运米等。

晚清时期，中国的养马事业虽然获得了发展，但仍在很多方面不尽如人意。特别

---

① ［美］费理朴、约翰逊等著，汤逸人译，《中国之畜牧》，15~18页，北京，中华书局，1948。
② 李群：《中国近代畜牧业的发展》，21页，北京，中国农业科学技术出版社，2004。
③ 谢成侠：《中国养马史》，251页，北京，科学出版社，1959。

是晚清不断的战乱，给养马事业带来了不少的影响。有学者就认为，清末中国的马政虽取得一定的成效，但大多措施都没有施行的机会。[①]

（二）养牛业的发展

牛为农家之本，因此，长期以来受到封建王朝的重视，历朝历代有过不少禁宰耕牛的法令，至清代，也不例外，清政府一直很重视耕牛的饲养。[②] 晚清时期，因农业生产的需要，人口增长、耕地面积扩大，对牛的需求也在不断增加。

在中国，养牛取乳有很长的历史。特别是北方的游牧民族，自古就有饮用牛乳的习惯。在南方最早关于牛乳的记载出现在宋代时期的太湖地区，随后在明清时期这一做法得到延续和发展。从总体上看，无论是规模还是技术，当时的养乳牛还不能称为真正的乳牛业。[③] 1840年以后，城市兴起、近代工业和商品经济的发展，以及大量外国人逐渐在中国定居、生活，这些因素共同促进了近代乳牛业的发展。

据记载，1860年，北京就有牛奶厂的设立。这一时期，牛乳主要是制作一些奶制品专供宫廷皇室食用，包括干酪和奶卷等。1900年后，牛奶产业进一步发展。特别是在经历八国联军侵华战争后，牛奶除了供皇室食用外，多数供给外国侨民。1910年，北京的奶场就已经发展到了18家，每家的奶牛多则十余头少则几头，产奶量每头日产约5公斤。[④] 上海的奶业发展与北京很相似。1865年前后，开始出现牛奶销售，此后经过不断的发展，到1899年时，上海的奶牛总数约达到1 200头，其中符合卫生规定条件有执照的奶棚28户，饲养奶牛共821头。[⑤]

三、蚕桑业的快速兴起

蚕桑是中国传统农业生产的重要组成部分。晚清时期，国际市场对中国产的生丝需求日益增加。中国的蚕桑业开始进入一个繁荣时期。1868年，中国出口的丝有57 346担；到1911年，生丝出口已经达到129 925担，出口数量增长了1倍多。[⑥] 不过，受制于晚清战乱等影响，蚕桑业也一度陷入低谷，生丝出口数量锐减，生丝价格也受

---

① 陈振国：《晚清马政的整顿与变革浅探》，载《西南大学学报（社会科学版）》，2011（3）。
② 李群：《试论我国近代畜禽品种结构与畜牧经营方式》，载《农业考古》，2003（1）。
③ 李群：《太湖地区畜牧发展史略》，载《农业考古》，1988（3）。
④ 李群：《中国近代畜牧业的发展》，33页，北京，中国农业科学技术出版社，2004。
⑤ 王毓峰、沈延成：《上海市牛乳业发展史》，载《上海畜牧兽医通讯》，1984（6）。
⑥ 李文治编：《中国近代农业史资料 第一辑 （1840—1911）》，387~389页，北京，生活·读书·新知三联书店，1957。

到影响。直到光绪中期，社会局面相对稳定，再加上近代技术对传统蚕桑业进行改良，才使得蚕桑业有了新的发展，生丝出口局面得以稳定。光绪二十九年（1903）至民国元年（1912）的10年期间，丝的出口数量逐年递增，"白丝、黄丝、经丝和缫丝的出口总数由原来的七万两千余担增至十一万一百余担"。[①]

晚清桑蚕业，江浙和广东一带最具有代表性，发展也最为迅速。江浙地区经过太平天国运动之后，人口大减，土地荒芜。如苏州地区就遭遇了严重的破坏，"为数百年来所未有"，各厅州县"人烟寥落"。[②] 然而，当时中国对外贸易日渐扩大，生丝成为中国出口的重要货物，蚕桑业逐渐恢复发展。到19世纪70年代，江浙地区的蚕桑业已经恢复到太平天国运动前的生产规模，江浙地区的蚕桑业进入全盛时期。

江浙一带种桑养蚕有着悠久的历史。清政府又十分重视蚕桑业的发展，"我朝耕织并重，超越古今……蚕桑之事，司牧吏尤宜加之意歟"[③]。晚清时期，种桑养蚕获利丰厚，成为江浙农民从事的重要农业生产活动。如浙江湖州府一带，"沿河皆种桑林，养蚕取丝，其利百倍"[④]。江苏地区蚕桑业也有很大的发展，如昆山、新阳等地，"邑民植桑饲蚕，不妨农事，成为恒业"[⑤]。值得注意的是，晚清时期蚕桑业得以复兴，离不开各地蚕桑局的设立。蚕桑局的设立，将一些桑蚕技术推广普及，提高了农民技术水平，使种桑养蚕的效益得到很大提高。如在江苏丹徒县，蚕桑局就在蚕桑业的发展中起到了十分重要的作用，"桑，本邑产者向惟野桑及柘。道光朝虽有植湖桑者，传亦未广，同治初，观察沈公秉成始设课桑局，购湖桑教民种之……"[⑥]。而在部分地区，类似蚕桑局组织的停办，甚至导致了当地蚕桑业的衰落。例如，太仓州宝山县，"江湾则设蚕桑学堂，以教育为根本之提创，嗣因费绌停止，各乡桑田亦渐次改种棉稻"[⑦]。

广东地区也是明清时期重要的蚕桑业中心。清代中期，广东部分地区的蚕桑业已十分发达，"皆以蚕为业，几于无地不桑，无人不蚕"[⑧]。广州作为清代最早的对外通商口岸，在清代前期就与西方进行广泛的商业贸易，生丝是其中重要的商品货物。因此，

① 李文治编：《中国近代农业史资料 第一辑 （1840—1911）》，392页，北京，生活·读书·新知三联书店，1957。
② 同治《苏州府志》卷12《田赋一》，331页，南京，江苏古籍出版社，1991。
③ （清）刘光蕡：《烟霞草堂文集》卷2，民国七年（1918）刻本。
④ 刘文、凌冬梅：《嘉兴蚕桑史》，10页，杭州，浙江工商大学出版社，2013。
⑤ 《昆新两县续修合志》卷8《物产》，光绪六年（1880）刻本。
⑥ 《丹徒县志》卷17《物产》，光绪五年（1879）刻本。
⑦ 《宝山县续志》卷6《农业》，民国十年（1921）刻本。
⑧ 《鹤山县志》卷2《地理》，道光六年（1826）刻本。

广东的蚕桑业在晚清时期也获得了较快发展。19世纪中后期，欧美国家的纺织工业持续发展，对中国生丝产生了巨大需求。这种来自国外的生丝需求使得广州地区的蚕桑业得到了发展的空间。如广州的南海县，"傍海胥民，多业蚕桑，岁获厚利"[①]。虽然广东地区的蚕桑业无论从技术还是品质上都不能与江浙地区相比，但广东的蚕桑业还是通过多种集约经营途径快速发展。其中，珠江三角洲地区的"桑基鱼塘"体现很多优势，"桑种园苑者肥美，田园者次之。年收六造，末日寒造。秀丽围近年养蚕之家，将洼田挖深取泥，复四周为基，中凹下为塘，基六塘四，基种桑，塘蓄鱼，桑叶饲蚕，蚕矢饲鱼，两利俱全，十倍禾稼"[②]。"桑基鱼塘"不仅最大限度地利用土地，而且实现了农业循环经济。这也成为晚清广东地区蚕桑业发展的一大特色。

四、林业资源的破坏

晚清时期，随着人口的增长，农业种植中耕地面积不断扩大，出现了为扩展耕地而侵占山林的现象。从道光中期开始，林业资源遭到大量的破坏。如陕西等地的秦岭和大巴山区的原始植被均遭到严重破坏。《三省边防备览》记载："自数十年来，老林开垦，山地挖松，每当夏秋之时，山水暴涨，挟沙拥石而行，各江河身渐次填高，其沙石往往灌入渠中，非冲坏渠堤，即壅塞渠口。"[③] 在部分地区，有些树种甚至面临消亡的危险，"旧多柏，迭经岁歉，斩伐殆尽"[④]。四川等地的森林保护情况也不乐观，"道、咸以来，生齿日繁，斩木伐薪……昔日森林，无复蓊郁"[⑤]。

东北地区的森林破坏情况较关内更为严重。东北地区自古就拥有丰富的森林资源，覆盖茂密的原始森林。清初，东北地区被划为"四禁"之地，禁止林业采伐。清代中后期，为了抵御沙俄、日本等国侵略东北，清政府鼓励关内民众移居东北，充实边防。大量关内移民进入东北地区，确实推动了东北地区农业的发展，但也使东北林业资源遭受到严重的破坏。其一，东北地区人口不断增长，在生产生活中产生对木材的旺盛需要，进而大量砍伐林业资源。光绪时期，"瑷珲及邻近村庄的居民需要很多木材，但他们早已将城郊的林木几乎砍伐殆尽，现在只好从比较遥远的地

① 《南海县志》卷4《物产》，宣统二年（1910）刻本。
② 《高明县志》卷2《物产》，光绪二十年（1894）刻本。
③ （清）严如煜：《三省边防备览》卷8《民食》，道光二年（1922）刻本。
④ 《澄城县志》卷5《物产》，咸丰元年（1851）刻本。
⑤ 《合江县志》卷2《食货》，民国十四年（1925）刻本。

近代以来中国农村变迁史论（1840—1911）

方取得烧柴和建筑用材了"[①]。其二,一系列不平等条约的签订,使得外国侵略势力大量掠夺东北的森林资源。如沙俄修建中东铁路时,"每年消耗木材量超过1 000万立方米,沿线大片森林遭到毁灭性砍伐"[②]。这些原因共同造就了晚清东北地区森林资源的大规模破坏。

除此之外,黄河和淮河流域的林业资源也遭到了不同程度上的破坏。以山东地区为例,鲁东南丘陵地带原本植被茂盛、森林资源极为丰富。咸丰之后,该地区的植被情况就变得十分恶劣。当地农民为了种植玉米等高产粮食作物,开始大规模开垦山地,造成了严重的水土流失。曾任沂水县县令的吴树声就曾建言:"雨水稍多之年,又冲刷为患,不若仍旧种薯。"[③] 由此可见,当地的森林植被情况也不容乐观。

第三节　结构变化的特点及其原因

晚清时期的农业,无论是在发展方式上还是在生产结构上,与前代相比都发生了很大的变化。这些在农业领域发生的变化,与当时特殊的社会政治经济有着密不可分的关系。鸦片战争后,中国传统"男耕女织"式的小农经济逐渐解体,外国资本侵入中国。传统农业受到国际市场的刺激,逐步演化出近代农业商品经济。农业商品经济的快速发展,使得农业的生产结构随着发生改变,并与世界市场相适应。值得注意的是,晚清农业生产中出现的这些结构变化,并不是中国经济自然发展的产物,而是受到外部因素的影响。中国卷入资本主义世界市场,成为西方列强的商品倾销地和原材料产地,农业生产也受到了国内和国外资本力量的制约。因此,国际市场对中国原材料的需求,直接影响农民对于作物种植的选择以及生产结构的改变。

① ［俄］P.马克著,吉林省哲学社会科学研究所翻译组译:《黑龙江旅行记》,147页,北京,商务印书馆,1977。
② 张文涛:《清代东北地区林业管理的变化及其影响》,载《北京林业大学学报(社会科学版)》,2010(2)。
③ (清)吴树声:《沂水话桑麻》,见《沂水县文史资料》,第3辑,79页,沂水县政协文史研究委员会,1987。

一、基本特点

（一）农业市场不断向商品化发展

近代中国融入西方资本主义世界市场后，传统的自然经济逐步解体。农业商品经济不断发展，在农业生产中逐渐形成了小生产大流通，流通支配生产的特征。[①] 此一时期，农业商品经济主要体现在农产品商品率上，即农民种植的农产品进入商品市场的比例快速提高。以东北地区的西丰县为例，1907 年当地高粱总产量的 40% 用于烧酒和粮栈的销售；黄豆总产量的 48% 用于油坊和粮栈的销售；杂粮总产量的 30% 用于市场流通销售。[②] 同时，粮食的对外输出也是农业商品经济快速发展的重要体现。鸦片战争后，中国的农产品在出口货物中所占的比重越来越高。1873—1910 年，中国对外农产品输出所占的比重，由 2.6% 增长至 39.1%，增长了近 15 倍之多（详见表 5-8）。这说明国际市场对中国农产品的需求量在不断增长。棉业、桑蚕业的快速发展也正是源于国际市场对于棉花和生丝的巨大需求，从而使得国内棉花种植面积和生丝产量不断增多。

表 5-8　1873—1910 年农产品输出总趋势

年份	农产品输出额 / 万元	占出口总值 /%
1873	286.6	2.6
1893	2 842.3	15.6
1903	8 949.6	26.8
1910	23 195.7	39.1

资料来源：严中平等编：《近代经济史统计资料选辑》，72 页，北京，科学出版社，1955。

交通运输条件的改善也是农业商品经济快速发展过程中不可或缺的重要推动力。特别是近代铁路的修建改变了以往农产品运输的方式。在农产品运输上，中国传统社会主要局限于陆运和水运两种方式。较之这两种传统的运输方式，铁路运输更为经济、方便、快捷。铁路的修建使得城市之间的格局发生重要的转变，铁路沿线新兴城市不断兴起，加快了城市化建设的步伐。以东北地区为例，晚清东北地区通过铁路运输出口的粮食在十余年的时间内，从 1 万余吨陡增到 56 万余吨，占东北地区粮食总出口量的比重由 14.7% 迅速提升到 85%（详见表 5-9）。

① 张静忠：《"小生产，大流通"——前近代中国社会再生产的基本模式》，载《中国经济史研究》，1996（2）。
② 王振科、衣保中：《试论清末东北商品粮基地的形成》，载《吉林大学社会科学学报》，1990（6）。

近代以来中国农村变迁史论（1840—1911）

表 5-9　中东铁路粮食运输量

年份	输出量 / 万吨	所占百分比 /%
1903—1905	1.03	14.7
1906—1910	22.54	74.5
1911—1915	56.18	85.0

资料来源：李文治等编：《中国近代农业史资料　第一辑　（1840—1911）》，479 页，北京，生活·读书·新知三联书店，1957。

此外，东北铁路的修建也带动当地农业粮食作物的商品化消费。清末东北的粮食商品率一般在 30%~40%[1]；到民国时期，农业生产条件较好的地方粮食商品率可达 70%~80%；一般地区也都在 50%~60%。[2]

（二）经济作物种植比重有所提升

在农业商品经济不断发展的同时，经济作物在农业生产中所占的比重也持续走高。特别是在南方部分地区，种植经济作物为农民带来了可观的经济收入。农民在农业种植过程中，之所以放弃原有的粮食作物而选择经济作物，就是根据市场需求的变化做出选择，不断调整作物种植，以期获得更高的利润收益。如在上海等地，"率以沙涨之地宜种棉花，是以种花者多，而种稻者少"[3]。在广东地区，经济作物带来的利润也使得农民多从事于农业商品经济领域。"广州新会左近百余里，弥望无际皆葵田也"[4]。在江苏地区，农业种植业也深受商品经济的影响，"东南高地，棉七稻三"[5]。如太仓州一带，"种稻之处十仅二三，而木棉居其七八"[6]。

（三）农业生产集约化程度不断提高

晚清时期的农业生产技术主要是对传统农业生产技术的继承和发展。同时，在晚清农业生产中，集约化经营程度不断提高，对土地的利用率也不断提升，外来作物品种的引进又丰富了生产耕作的制度。外来农业作物的传入丰富了这种集约经营的耕作模式，在作物之间的搭配组合上更加的丰富。例如，棉花的传入就使得稻棉、麦棉的轮作形式出现，以及麦棉的套种。在华北地区，出现了棉花与

---

[1]　衣保中等：《中国东北区域经济》，22 页，长春，吉林大学出版社，2000。
[2]　衣保中：《东北农业近代化研究》，172 页，长春，吉林文史出版社，1990。
[3]　李文治编：《中国近代农业史资料　第一辑　（1840—1911）》，417 页，北京，生活·读书·新知三联书店，1957。
[4]　（清）刘敦煌：《蒲葵栽制法》，见《农学丛书》，第 1 集，光绪二十四年（1898）刻本。
[5]　李文治编：《中国近代农业史资料　第一辑　（1840—1911）》，419 页，北京，生活·读书·新知三联书店，1957。
[6]　李文治编：《中国近代农业史资料　第一辑　（1840—1911）》，420 页，北京，生活·读书·新知三联书店，1957。

甘薯、西瓜、甜瓜和向日葵等作物的间作制。在四川地区有菠菜和甘薯、玉米，花生、玉米与海椒之间的间作套种制。在华南地区还盛行玉米和小麦、大麦、豌豆之间的套作制。

此外，肥料在农业生产中的重要性也逐渐提高。晚清时期，农民使用的肥料以有机肥为主体，西方的无机化学肥料也逐渐被引入农业生产。合理使用化肥能够保障农业的可持续发展，这与清代提倡精耕集约种植的观念是匹配的。晚清时期多熟轮作种植制度在南北方逐渐普及，农业集约经营也得到快速发展。因此，农业生产对土地养分的消耗极大，而农业生产中积极施用化肥养地，成为保障晚清时期中国农业生产的重要措施。

二、主要原因

（一）人地矛盾加剧

虽然中国农业生产在晚清时期获得了很大的发展，但同时也存在许多问题。其中，最为突出的问题就是日益增长的人口与较为紧张的耕作土地之间的矛盾。从表5-10中可以看出，这一时期中国人口的总体趋势是在波动中持续增长，在1851年出现了一个人口高峰，在随后的1873年又有所回落，之后又出现增长。总体来说，中国人口总数仍然维持在一个比较高的水平。

表 5-10　1819—1893 年中国人数　　　　单位：百万

年份	1819	1851	1873	1893
总计	374.6	433.0	348.7	386.7

资料来源：[美]铂金斯著，宋海文等译：《中国农业的发展》，274页，上海，上海译文出版社，1984。

但是，中国耕地在清代增加的面积十分有限。1873—1893年，耕地面积没有明显增加(详见表5-11)，要在有限的耕地上供养不断增加的人口，就加剧了人地之间的矛盾。

表 5-11　1873—1913 年耕作面积总数　　　　单位：百万市亩

年份	1873	1893	1913
总计	1 210	1 240	1 356

资料来源：[美]铂金斯著，宋海文等译：《中国农业的发展》，316页，上海，上海译文出版社，1984。

近代以来中国农村变迁史论（1840—1911）

以太湖地区为例，清代太湖地区的缺粮现象已经非常严重，而且这种现象不是暂时的，是一个常年的问题。究其原因，根本的问题还是人口快速增长和耕地不足之间的矛盾。嘉庆年间太湖地区的人口是明代的 2 倍，达到 2 015 万人，但是人均耕地面积却只有 1.4 亩，是明代人均耕地面积的 28%。[①] 从这些数据可以看出，嘉庆年间太湖地区农业生产的一个总体趋势是人口快速增长，而人均耕地面积却在不断减少。有学者推算，如果将 2 亩地作为"温饱常数"和"饥饿界限"，清代的人均耕地面积要比这个界限少 0.6 亩，也就是说，清代的太湖地区耕地只能养活 1 400 万的人口，有600 万人要处在挨饿的状态，全年缺粮在 2 400 万石之上。人地关系矛盾成为太湖地区由产粮地变成缺粮地区的重要原因。[②]

（二）城市化进程加快

鸦片战争后，中国的社会性质发生改变。一系列不平等条约的签订，使得部分城市逐渐被迫开放，成为通商口岸。如广州、厦门、宁波、上海、天津等地区成为西方商品的倾销地，同时也是西方列强掠夺中国农产品的聚集地。然而，从另一个方面看，通商口岸的开放使这些城市成为经济贸易发展中心，并带动周边地区发展。特别是东部沿海地区城市化进程加快。如上海、广州、汉口等地成为商品贸易活动的中心城市，社会经济迅速发展。

城市的建设与交通运输息息相关，新型交通运输工具带动了农业商品经济的发展，从而使城市化建设进程加快。例如，铁路的建设使城镇化建设的格局发生改变。京汉铁路修建并于 1905 年通车，使得河南等地的物资大多经由铁路运输，集中到汉口地区。1904 年前，汉口输出货物的价值量只有 714 万两，到 1910 年就增至 1 790 万两。1907 年沪宁铁路通车，上海输出货物的价值量由 1900 年的 7 800 万海关两，到 1910年增加到 1.78 亿海关两。[③] 还有一些城市因铁路建设而兴起，如东北的哈尔滨，原来只是一个小渔村，铁路使其成为黑龙江地区经济贸易发展中心。铁路建设交通格局的转变，使得一些城市的职能发生转变。这一时期铁路运输的商品货物仍主要以农产品为主。所以，近代中东部城市化进程的加快，离不开农业商品经济的发展。

（三）近代工业对农产品的需求增加

中国新式工业的发展开始于 19 世纪下半叶。19 世纪 60 年代，清政府内部的洋务

---

① 南京农业大学中国农业遗产研究室编：《太湖地区农业史稿》，114 页，北京，中国农业出版社，1990。
② 南京农业大学中国农业遗产研究室编：《太湖地区农业史稿》，114 页，北京，中国农业出版社，1990。
③ 李文治编：《中国近代农业史资料　第一辑　（1840—1911）》，375 页，北京，生活·读书·新知三联书店，1957。

派官员发起了洋务运动，主张向西方学习，创办新式工业，掀起了一股创办工厂、发展工业的高潮。此一阶段，中国的工业还主要集中在军事领域，企业的所有权主要控制在清政府官僚阶级的手中。1895年甲午战争后，清政府放开了对民间开设工厂的限制，民族工商业逐渐发展起来。而民族工商业发展最为迅速的行业是食品工业和棉纺织业。这些工厂的建立极大地促进了农业商品经济的发展。近代以前，农业和手工业是合为一体的，经济作物主要用于家庭手工业的制作。社会性质发生转变、农业商品经济的发展，使得这些经济作物不再只是家庭手工业的原材料，同时也参与机器工业生产，为工业化生产提供原材料。

经济作物的种植与工业工厂的发展是互为依靠的关系。以棉花为例，上海、江浙一带既是棉花的主产区，也是棉纺织工业最为发达的地区。1900年，江苏地区的棉花产量为全国第一。据统计，到1898年，上海纺纱厂纱锭数占全国的52%，上海、无锡、南通和武汉四地的纱锭数加起来占全国的63%。这一期间虽然其他地区的棉纺织也在发展，但是直到1911年上海华商纱厂的纱锭仍占全国的33.3%。[①] 这与上海周边地区的棉产量有直接的关系。《南汇县志》记载："松郡七邑，物产大同……惟木棉所产尤多，民业赖焉。"[②] 工业对原料的需求促进经济作物的种植，这是晚清时期农业经济作物种植比例不断提高的重要原因。

（四）国际贸易的刺激

晚清时期，国际市场的农产品需求对种植作物的选择起到了指导性作用。传统的自给自足经济模式被打破以后，中国农业生产越发依赖于资本主义世界市场。西方工业发展需要大量棉花、生丝等原材料，这极大地影响、改变了中国原有的农业种植结构，农民也因种植这些经济作物而获得较多的经济利润。在经济价值规律的作用下，农产品商品经济不断发展。

总之，明清时期中国农业快速发展。中国农业以有限的土地养活了快速增长的人口，创造了世界农业史的奇迹。晚清时期，中国的社会性质虽然发生了改变，但是从农业生产技术和农作物的种植上看，这一时期的中国农业并没有停滞、落后。晚清农业生产不仅对传统农业技术有所继承和发展，同时在生产过程中也不断引进新的因素，特别是农业商品经济在晚清时期不断深入发展，促使农业生产根据市场变化适时调整产业结构。这些都说明晚清农业在持续不断地向前发展。

① 严中平等编：《中国近代经济史统计资料选辑》，107、108页，北京，中国社会科学出版社，2012。
② 《南汇县志》卷20《物产》，光绪五年（1879）刻本。

近代以来中国农村变迁史论（1840—1911）

第六章　晚清市场与商品农业的 发展

古代中国经济发展一直按照自己的模式稳步推进，清中叶以前，中国经济总量一直处于世界领先地位。而鸦片战争的爆发对中国经济造成了极大冲击，甚至从根本上改变了几千年来一直遵循的自然经济模式。西方殖民者的入侵给中国造成了无尽灾难，也迫使中国加速商品化和工业化的进程。

第一节　农村市场网络及交易制度

农村市场是农村社会经济交易的公共空间，也是衡量中国农业商品化程度和农业经济变动的重要指标。农村市场可以优化资源配置，能够满足农民家庭正常的贸易需求。众多不同规模的农村市场相互连接，构成庞大的商品流通网络，为大规模、长距离的商品流通奠定基础。

一、晚清农村市场网络的发展概况

市场是人类对于固定时段或地点进行交易的场所的称谓。它的起源可上溯至《易经》关于"日中为市"的记载，是指"致天下之民，聚天下之货，交易而退，各得其所"的小生产者之间的贸易。魏晋隋唐时期，由定期乡村市集转化而来、具有浓厚民间色彩的"草市"贸易，随着社会经济的发展逐渐活跃起来。至唐代中叶以后，乡村市集出现大量市镇化或者草市化的趋势。① 及至宋代，随着农业生产力和生产效率的提高，小农与市场的联系愈加紧密，草市、墟集贸易逐渐向"镇市"发展。原有的定期市逐

① 牟发松：《唐代草市略论——以长江中游地区为重点》，载《中国经济史研究》，1989（4）。

渐演变为商业性的聚落，而原有以行政及军事机能为主的城镇，也蜕变为商业及贸易的据点，促使普通村落逐渐发展成为稳定的经济中心地。[①] 特别是在江南等商品经济发达之地，多数地区已形成了以府、州、军等治所城市为核心的"州府市场"网络，在其之下，有县镇沟通城乡市场联系，而网络的底层则是由集市、墟市、村市等构成的基层市场，现代形式的市镇已经开始萌芽成长。[②] 在发达地区，由一定数量的州府市场网络整合而成的区域市场已开始形成，如以成都为中心、川西平原为区域核心带的蜀川区域市场；以汴京为中心的华北区域市场；以杭州为中心的两浙区域市场等。[③] 可以说，宋代经济不仅已形成了市场经济，而且宋代中国的市场经济化程度已超过世界任何国家。[④]

明代以后，全国范围内的区域性商品基地陆续出现，进一步促进了全国范围的商品流通，农村集市也随着商品经济的发展得到大规模发展，全国各主要省区集市数量迅速增长。如珠江三角洲地区番禺、顺德等州县的墟市数量由永乐年间的 33 个增至嘉靖年间的 95 个，至万历时更发展到 176 个[⑤]；高要墟市由康熙年间的 28 个增至道光年间的 39 个，开平墟市由 10 个增到 26 个。[⑥] 福建顺昌县墟市数量由弘治年间的 4 个增至嘉靖年间的 8 个；建宁县则由 1 个增至 9 个。[⑦] 就连陕西石泉县等经济欠发达地区，"市集在县方内者十"，其中较小的 6 处，也均有"铺户十数家"[⑧]。至嘉靖、万历年间，已形成一个初具规模的全国性农村集市网络。[⑨] 据统计，明代嘉靖至万历年间，全国主要省区集市数量约为 10 000 个；清代乾隆至道光年间大部分省区集市数量较清初增长显著，四川、江西等地涨幅达到 100% 以上，全国集市总数约增长至 22 000~25 000 个，除边远地区以外，全国大部分地区已陆续形成农村集市网络，并在此基础上整合形成全国性的市场网络体系。[⑩] 清代中叶以后，集市数量持续增长，至清末，全国集市总数可能超过 30 000 个。[⑪]

随着集市数量的大幅增长，集市分布密度也迅速提高，而"市"与"镇"已非广

① 刘石吉：《明清时代江南市镇之数量分析》，载《思与言》，1978（2）。
② 刘石吉：《明清时代江南市镇之数量分析》，载《思与言》，1978（2）。
③ 龙登高：《中国传统市场的整合：11—19世纪的历程》，载《中国经济史研究》，1997（2）。
④ 郑雅卓：《回看一百七十年：重读中国近现代经济史》，12页，北京，新华出版社，2010。
⑤ 叶显恩、谭棣华：《明清珠江三角洲农业商业化与墟市的发展》，载《广东社会科学》，1984（2）。
⑥ 程明：《清代环珠江三角洲地区农村商品经济发展探讨》，载《华南师范大学学报》，1990（3）。
⑦ 陈铿：《明清福建农村市场试探》，载《中国社会经济史研究》，1986（4）。
⑧ 赵德林等修，张沆等纂：《石泉县志》卷一，转引自方行《清代前期农村市场的发展》，载《历史研究》，1987（6）。
⑨ 许檀：《明清时期农村集市的发展》，载《中国经济史研究》，1997（2）。
⑩ 许檀：《明清时期城乡市场网络体系的形成及意义》，载《中国社会科学》，2000（3）。
⑪ 许檀：《明清时期农村集市的发展》，载《中国经济史研究》，1997（2）。

近代以来中国农村变迁史论（1840—1911）

义的指一切都市、都会等，而是以商业机能为标准。在明清方志中，"市镇"与"镇市"已成为江南地区一般商业聚落的通称。① 在长江三角洲的市镇网络中，镇与镇的间距以12~36里较为常见，每个市镇都有一定范围的四乡村落作为相对固定的"乡脚"。② 江南地区商品市场进一步打破了"墟""集""场"的时空限制，形成各市镇平均距离约10多里路的水乡市场网络体系。③ 清代中叶华北平原的集市密度达到每100平方公里1~2集，平均每集交易面积在60~90平方公里，平均交易半径为4~6公里，即小农赴集贸易一般只需1~2小时的路程，即使山区距离稍远，也可一日往返。④ 而经济发达地区，如江南、珠江三角洲的市场网络在明代中后期即已达到这一规模，清代更有所发展。

与此同时，集市开市频率也不断增加。华北平原大多集市以每旬开市两次为主，并逐渐向每旬开市3~4次增长；四川以每旬三次开市较多，乾嘉年间在川西平原已出现每旬开市四五次的场市；广东开市以每旬三次最为常见，沿海部分地区已由定期开市发展为"逐日市"；而商品经济发展水平较高的江南地区早在明代中叶就已经是每日开市了。⑤ 可以说，晚清中国农村集市已经形成了较为发达、有效的网络。

市镇墟集的发展除了表现在数量和规模上，更重要的是在经济功能上发挥的重要作用。市镇工商业较为集中，与周围地区经济联系密切，是一定区域内的经济中心。它与墟集相互结合、相辅相成，共同构成市场网络，推动周围地区经济发展。清代国内市场可分为地方小市场（即墟集贸易）、城市市场（包含手工业品交易中心的镇市）、区域市场和突破区域范围的大市场。⑥ 华北的北京、华东的苏州、华南的广佛、华中的汉口，即是清中叶形成的超区域的中心城镇，它们有效发挥全国市场中心的功能。⑦ 这些农村市场中大体存在三种类型的市镇：一是主要具有"保障供给"经济功能的市镇；二是主要具有贩运贸易集散商品经济功能的市镇；三是多功能全面发展的市镇。这些具有不同功能的市镇相互串联，在全国范围内形成了多层次的农村市场网络。⑧

总的来说，清中叶以前，农村市场大致经历了从唐代以前的分散状态，到宋代趋向整合成区域市场，再到明清时期由超区域中心城镇连接的全国性统一市场，呈现了

① 任放：《二十世纪明清市镇经济研究》，载《历史研究》，2001（5）。
② 樊树志：《明清长江三角洲的市镇网络》，载《复旦学报》，1987（2）。
③ 张海英：《明清时期江南地区商品市场功能与社会效果分析》，载《学术界》，1990（3）。
④ 许檀：《明清时期农村集市的发展》，载《中国经济史研究》，1997（2）。
⑤ 许檀：《明清时期农村集市的发展》，载《中国经济史研究》，1997（2）。
⑥ 吴承明：《论清代前期我国国内市场》，载《历史研究》，1983（1）。
⑦ 龙登高：《中国传统市场的整合：11—19世纪的历程》，载《中国经济史研究》，1997（2）。
⑧ 方行：《清代前期农村市场的发展》，载《历史研究》，1987（6）。

由分散趋向整合、由封闭趋向开放、由割据趋向统一的演变轨迹。[①] 晚清农村市场结构也是以市镇为骨干、与墟集相串联的多层次市场网络。晚清乃至近代中国农村市场处于明显的发展趋势,如集镇数量大大增加,空间分布更为密集,规模不断扩大,专业化显著增强,都标志农村经济的兴盛和商业化的长足发展。[②] 可以说,晚清农村市场网络是明清时期传统市场网络发展模式的延续与升级,而它与传统市场网络最大的不同之处,则在于沿海通商口岸的全面开通。鸦片战争之后,迫于英、美等国的压力,清政府陆续开通了沿海地区的广州、厦门、上海等多个通商口岸,准许外商与华商进行自由贸易。这些口岸不仅是重要的消费市场,而且具备集散、转销功能,但由于统治阶层的种种限制,其作为农产品集散地和转销港的功能也被局限在国内,得天独厚的海运条件未能发挥应有的作用。而通商口岸的开放,彻底打通了中国东部的海运线路,把国内贸易路线延伸到了国外,使全国性的市场网络扩展成世界性的市场网络,也造就了晚清市场网络的独特性。

二、南北网络体系

随着农民对市场的商品供给与消费需求的与日俱增,更多新的集市涌现出来,其交易规模、商品种类、辐射范围都呈现不同的状貌。同时在经济中心地等级与行政治所等级逐渐分离以及广大农村市场的支撑下,围绕各级城市中心地,也形成了不同的区域和功能市场网络体系。

吴承明在论及清代国内贸易时,曾列出十条粮食贸易路线:①南方六省漕粮(包括商运)经大运河北运京畿、山西、陕西;②奉天麦豆海运天津、山东;③奉天豆麦海运上海;④河南、天津麦粱运山东临清;⑤汉口麦谷经汉水运陕西;⑥安徽、江西米运江苏、浙江;⑦湖南、四川米经长江运江苏;⑧江浙米由上海运福建;⑨台湾米海道运福建;⑩广西米经西江运广东。[③] 19世纪下半叶至20世纪30年代,除个别路线有所衰落和变化以外,这些农产品贸易线路大体上仍在继续保持和发展。19世纪末以降,农产品商品化、经济货币化、农村市场都在持续加速扩大,农产品贸易规模也在迅速扩大,因而这一时期的贸易路线也有所增加。如四川、浙江、江苏、山东等地

---

① 龙登高:《中国传统市场的整合:11—19世纪的历程》,载《中国经济史研究》,1997(2)。
② 慈鸿飞:《近代中国镇、集发展的数量分析》,载《中国社会科学》,1996(2)。
③ 丁长清、慈鸿飞:《中国农业现代化之路——近代中国农业结构、商品经济与农村市场》,305页,北京,商务印书馆,2000。

的丝向上海集中，汉口、安徽、江浙、福建等地的茶叶向上海集中，江苏无锡、常熟、江阴、松江等地的棉花销往上海，河北、鲁北的小麦和棉花向天津集中，河南、鲁南、两淮的小麦运往上海，东北大豆经由大连出口，由上海进口的日用工业品和上海本地产工业品向长江流域和淮河流域等内地农村推销，由天津进口的日用工业品和天津产工业品向华北和西北广大农村推销。[①]

就全国而言，根据各区域市场网络的发育程度、商品生产结构、区域自然条件以及网络内部格局等差异，可以将全国市场网络分为四个层次：①终点和消费市场，主要指上海、天津、大连、青岛和广州等，这些港口城市是全国市场与地区市场的连接点，是农产品在国内贸易的终点和外销农产品的转运和输出地，也是工业品向内地农村市场辐射的起始点；②中转和消费市场，主要指武汉，以及徐州、九江等，还有如北京等内地较大的城市；③聚散市场，如芜湖、九江、无锡等地聚集了产地市场运来的粮食，再分销南北各大埠；④产地市场，即农产品产地的集镇。[②]

不同区域市场网络的发展水平不同，功能和特点各异，江南和华北两地的市场网络分别代表了晚清中国南北市场网络的发展情况。

（一）以江南为代表的成熟型市场网络

江南是近代农村经济和农村市场发展最为繁盛的地区，它代表了南方农业经济高度发达地区的发展水平，也代表了晚清商品农业发展的最高水平。江南市场网络具有层次多、覆盖区域大、交通便利、市集分布密集等特点，它由生产性市镇、流通性市镇和消费性市镇构成，而流通性市镇是其最基本类型。[③] 江南市场体系从层级结构上可分为农村集市、乡镇市场和城市市场三种贸易体系。农村集市的主要功能在于"保障供给"，乡镇市场则发挥其商品集散和流通功能。[④]

市镇在江南地区的区域市场中占据重要地位，市镇、墟市与苏州、杭州、上海等周边中心城市紧密相连，进而连接全国各地以及国际市场。[⑤] 有学者统计，明清江南地区已经形成以 400 多个市镇初级市场为基础、数十个城镇专业市场为支柱、苏杭两大

---

① 丁长清、慈鸿飞：《中国农业现代化之路——近代中国农业结构、商品经济与农村市场》，304~305页，北京，商务印书馆，2000。
② 丁长清、慈鸿飞：《中国农业现代化之路——近代中国农业结构、商品经济与农村市场》，305页，北京，商务印书馆，2000。
③ 刘石吉：《明清市镇发展与资本主义萌芽——综合讨论与相关著作之评介》，载《社会科学家》，1988（4）。
④ 单强：《近代江南乡镇市场研究》，载《近代史研究》，1998（6）。
⑤ 郭松义：《清代地区经济发展的综合分类考察》，载《中国社会科学院研究生院学报》，1994（2）。

城市中心市场为枢纽的立体商品流通网络。① 鸦片战争后，中国的经济中心从广州北移至上海，从而进一步刺激了江南经济，促使 19 世纪中叶以后江南市镇快速成长。② 20 世纪初的统计资料表明，该地区平均每千平方公里有乡镇 27.8 个，约 36 平方公里就有 1 座乡镇，乡镇间距约为 6 公里（华北集镇间距约 14 公里），市场贸易区域在 36 平方公里左右。③

空间结构上，江南市镇大多"夹河为市"，即居于河流两岸，占据在河流交汇点上，成为商贾云集的水陆码头。同时，江南市镇通常分布在农业、手工业比较发达和经济作物广泛种植的地区，有些市镇带有行业性特点，甚至产生了工商业巨镇④，这是商品经济迅速发展、社会分工日益扩大的直观表现。

江南市镇的高度专业化水平使市镇在区域市场中占据显著地位。在江南市场网络中，丝业、绸业、棉业和布业市镇数量最多、规模最大，营业额也最为可观⑤；其他专业市场还包括粮食、运输、盐业、水产、编制、竹木山货业、建材、铁制品农具、绣品、烟叶、笔墨、花车、榨油业等类，以一种主要产品为中心，形成"一镇一品"的格局，以生产促进流通，以流通带动生产，从而实现区域经济的良性循环。⑥ 星罗棋布的各类专业市场把个体生产者、手工业作坊、行庄与各地客商、各地市场等相对分散的经济实体互相联系起来，一方面，作为将初级市场中各类农产品原料输入高级市场的中转站；另一方面，将高级市场中各类工业品及信息反馈到初级市场，对乡村进行资源的重新配置，从而对区域经济发展起到调节作用，市镇也因此成为江南农村经济发展的重心。⑦

以江南著名农产品生丝和蚕茧的购销为例。19 世纪下半叶，生丝出口贸易、机器缫丝以及鲜茧贸易兴起，丝栈、丝号和丝行随之出现。丝栈经营土丝，丝号经营厂丝。丝栈一般不直接从事生丝买卖，而是代外地商向洋行销售，从中收取佣金和栈租。丝行大多由产地丝商经营，他们从产地的生丝收购商，即丝庄那里收购生丝，经过整理加工之后运往通商口岸，再通过丝栈销售给洋行。茧行代替缫丝厂到产区收购鲜茧并烘干，然后交付丝厂，丝号收购厂丝后再行出口。从丝、茧的流通渠道可以看出，晚清

① 陈忠平：《明清时期江南地区市场考察》，载《中国经济史研究》，1990（2）。
② 龚关：《明清至民国时期华北集市的比较分析——与江南、华南等地的比较》，载《中国社会经济史研究》，2000（3）。
③ 单强：《近代江南乡镇市场研究》，载《近代史研究》，1998（6）。
④ 何荣昌：《明清时期江南市镇的发展》，载《苏州大学学报》，1984（3）。
⑤ 樊树志：《明清长江三角洲的市镇网络》，载《复旦学报》，1987（2）。
⑥ 单强：《近代江南乡镇市场研究》，载《近代史研究》，1998（6）。
⑦ 单强：《近代江南乡镇市场研究》，载《近代史研究》，1998（6）。

近代以来中国农村变迁史论（1840—1911）

江南已经形成了连接乡村、市镇、中小城市、大城市直到通商口岸的多层次市场网络。①

鸦片战争后上海茶叶出口贸易的兴盛也是江南市场网络成熟的例证。从 17 世纪初至 19 世纪中叶，广州独揽中国茶叶出口贸易长达一个多世纪。但在上海开埠以后，茶叶出口贸易很快就由广州转移到了上海。上海虽然开放较广州晚，但因其距离茶叶产区更近，所以通商之后优势即刻显露出来，福建、浙江、安徽所产的茶叶都以距离更近的上海作为市场。据统计，上海在 1846 年的出口额还只占全国茶叶出口的 1/7，但至 1851 年便很快提高到 1/3，1852 年其茶叶出口的总数就已超过广州。而且上海距杭州、苏州、南京等大城市也很近，更容易收购生丝和丝织品。另外，宜人的气候和秉性平和的居民给内地茶商和外商带来更多安全感，这也是茶商愿意把茶叶运到上海而非广州的一个重要原因。② 中国茶叶出口贸易的中心由广州转移至上海，上海也因此逐渐发展成为"苏伊士运河以西最堂皇而现代化之商业中心"③ 。

（二）以华北为代表的传统型市场网络

与商品经济处于全国领先地位的江南地区相比，华北地区的人口密度和商品化发展程度有限，因而其市场网络的构成尚未达到专业市镇水平，而是仍以传统的市集为主，其交易特点也仍然呈现传统的定期性。

纵向来看，华北市场集期频率自明代中叶以来不断增加，但晚清到民国时期则不再增加，有些地区甚至呈下降趋势；横向来看，山东、河北以五日一市为主，山西则以隔日集为最多，其次是每旬三集、二集。④ 在集市数量上，清末至民国时期华北集市数量大幅增加，冀鲁豫三省在民国时期约有重要集镇 2 248 个，但平均每千平方公里集镇数为 5.2 个，每 193 平方公里有一座集镇，集镇间距约为 14 公里，远低于江南地区的市镇密度。⑤

庙会是华北市场网络中的一大特色。庙会是一种规模很大、定期或不定期的市场。虽然庙会数量远低于集市，但其交易规模却远大于集市，一日之间往往交易数万人次，极大地补充了华北集市在数量和集期频率上的不足。以河北吴桥县为例，光绪年间有集镇（包括县城）32 处，每月每集开市 6 天，每年共有集日 192 天，而全县 24 处庙

① 丁长清、慈鸿飞：《中国农业现代化之路——近代中国农业结构、商品经济与农村市场》，384~385 页，北京，商务印书馆，2000。
② 姚贤镐：《中国近代对外贸易史资料（1840—1895）》，第一册，517~518 页，北京，中华书局，1962。
③ ［美］威廉·乌克斯：《茶叶全书》，下册，57 页，上海，中国茶叶研究社，1949。
④ 龚关：《近代华北集市的发展》，载《近代史研究》，2001（1）。
⑤ 单强：《近代江南乡镇市场研究》，载《近代史研究》，1998（6）。

会每年共举行庙会 85 天。^① 因此，虽然晚清华北市场仍然处于以集市为主的定期市阶段，但空间上比邻或相距不远的集市的集期安排、大规模庙会的补充，以及延续已久的定期赶集习俗的影响，使整个华北区域的集市呈现既相互交叉又有一定层次的集市网络整体。^②

华北市场的商品结构在 19 世纪 70 年代前后发生了变化。70 年代初期以前，交易货物主要是农产品以及作为农业补充的手工业产品；70 年代以后，棉纱、棉布、毛纺织品、煤油及家用杂器等外国商品逐渐充斥市场，经营重点由粮食作物转向经济作物。参与集市活动的主体在原来主要是农民、手工业者、商人和市民的基础上，新增了买办阶级、民族资产阶级和工人阶级。商品流通也由区域内或国内市场延伸至国际市场。^③

第二节　农村商品经济的发展

晚清农村的商品经济发展是在内外战争纵横交错的背景下展开的。鸦片战争后，以耕织结合为核心的经济结构遭到破坏，中国自然经济的分解程度日益加深，但同时也促进了晚清中国商品经济的发展。1840—1912 年，农产品的商品量和商品值都在持续增长。从增长速度上看，1894 年以后的农产商品化速度较此前大为提高，但总的来说，晚清农村经济仍然是以自给自足的自然经济为主导。

一、农村商品经济发展的历史背景

第一次鸦片战争，从 1840 年一直持续到 1842 年，英军攻陷厦门、上海直逼南京，在清政府被迫签订我国近代史上第一个丧权辱国的条约——《南京条约》后才告一段落。《南京条约》的签订，宣告了英国重商资本主义的胜利，也标志中国从此逐渐沦为半殖民地半封建国家。清政府被迫开放广州、厦门、福州、宁波、上海五处

① 丁长清、慈鸿飞：《中国农业现代化之路——近代中国农业结构、商品经济与农村市场》，397 页，北京，商务印书馆，2000。
② 龚关：《明清至民国时期华北集市的集期分析》，载《中国社会经济史研究》，2002（3）。
③ 乔志强、龚关：《近代华北集市变迁略论》，载《山西大学学报（哲学社会科学版）》，1993（4）。

为通商口岸，准许英商与华商自由贸易。1844 年，清政府又与美国、法国相继签订了《中美望厦条约》和《中法黄埔条约》，进一步扩大协定关税范围以及其他条件。1851 年，洪秀全以宗教领袖、政治首脑和军事统帅的身份领导的太平天国革命在广西爆发，太平军及其余部的军事行动遍及广西、湖南、湖北、江西、安徽、江苏、河南、山东、山西、河北、浙江、福建、广东、四川、贵州、云南、陕西、甘肃 18 个省，历时 14 年之久。同时受太平天国起义影响而爆发的反对清王朝的起义还有捻军起义（1855—1868）、贵州苗民起义（1855—1873）、云南回民起义（1856—1874）、陕甘回民起义（1862—1873）等。1856—1860 年，英、法在俄、美支持下，联合发动第二次鸦片战争，中国再一次战败。清政府又签订了《天津条约》《北京条约》、中俄《瑷珲条约》等，被迫增开通商口岸，允许英、法等国自由通商。1894—1895 年爆发的中日甲午战争再一次以中国战败、北洋水师全军覆没而告终，清政府迫于日本的军事压力，签订了又一个不平等条约《马关条约》，被迫增开沙市、重庆、苏州、杭州为商埠，并允许日本在中国的通商口岸投资办厂，进一步加深了中国社会半殖民地化的程度。

外国资本主义的介入对中国自然经济以及整个社会造成了巨大冲击，国家政治、经济等各方面都受到外国殖民主义的控制和奴役，近代中国由此进入一个半封建半殖民地的特殊社会形态。而国内社会战乱连绵、动荡不安，太平天国、捻军起义等众多规模庞大、历时长久、影响广泛的革命的爆发及蔓延，使中国大部分地区的商路严重受阻。在外患内忧共存的社会环境下，中国农村商品经济因农业生产、手工业生产和集市贸易的正常秩序被破坏而遭受严重影响。但是，同样是在这个严峻的社会背景下，从某种意义上说，外国资本入侵也不断推动中国经济的发展。由于中国的大门被迫打开，外国资本主义把中国当成获取原材料和倾销商品的基地，因此中国的国际贸易迅速发展起来。比如，随着中国经济的半殖民地化，国外资本主义工业发展对农产原料的需求迅速增加，农产品和农产制成品的输出急剧增长，从而带动了我国近代农产品商品化的发展。1893 年，棉花、茶、丝茧等农产品原料出口值占全部出口总值的15.6%，1903 年增为 26.8%，1910 年增至 39.1%，至 1930 年更增为 45.1%。[①] 与此同时，随着传统自然经济逐步瓦解，农民在生产和生活上对市场的依赖程度也日益加深，进一步推动了农村商品经济的发展。而资本主义商业扩大到中国内地，促进了商人阶级

① 李文治：《中国近代农业史资料 第一辑 （1840—1911）》，392 页，北京，生活·读书·新知三联书店，1957。

的发展，中国商人很快就接管了西方商品的销售，并开始建造火柴厂、纱厂、纺织厂等，几乎垄断了商业经营。[1]

除了政治环境与国外市场的需求以外，生产力水平的提高也是晚清中国商品农业发展的原动力。1861 年，以富国强兵为目的的洋务运动开始了，西方先进的科学技术被大规模引进，国外的农作物良种也大量进入中国。例如，清政府于 19 世纪 60 年代引种美国棉花良种。到 19 世纪末，为适应机器纺织业发展，美棉种植已经具有一定规模，而花生、甜菜、豆类、小麦、水稻、马铃薯等良种也由国外引进。清政府还通过开办农业教育、创设农业试验场等措施推广农业技术和国外良种。例如，1898 年，清政府令各省设立"农务局"，掌管督课农务事宜；同年，张之洞在湖北创办农务学堂，杭州知府在杭州开设官立蚕学馆；1902 年，直隶农事试验场和湖北农务学堂试验场相继成立。[2] 在洋务运动期间，轻工业得到大力发展，纺织业、机器缫丝、造纸、印刷等都在 19 世纪 70 年代以后建立起来。其中，轻工纺织和农产品加工制造业的发展，为我国晚清农业商品经济的发展起到推动作用。

总的来说，鸦片战争以后，资本主义国家相继在中国开辟了 103 处通商口岸和商埠（1841—1927）。[3] 通过这些口岸和商埠，外国资本主义可以向中国输入商品、掠夺原料，从而破坏了中国自给自足的自然经济，与此同时，也促进了晚清农业商品经济的发展。19 世纪末以后，外国资本在中国建立农产加工等工业以及对中国民族资本主义的促进，进一步加速了中国农村商品经济的发展。交通运输事业的发展以及商业的发展也为农产品商品化的发展创造了便利条件。在此背景下，晚清农村市场网络的发展程度有明显提高，农业商品化也迅速发展。

二、农产品商品化

在自然经济逐渐解体、对外贸易日益发展的背景下，中国农产品商品化程度显著上升，几乎所有农产品都进入商品市场，而且各类农产品的商品率均处于较高水平。在各类农产品中，种植业占绝大比重，而种植业中又以粮、棉、油料等几种主要农产品的生产为主，因此粮、棉、油、茶等主要农产品的商品化程度基本上可以反映晚清中国农

① 郑雅卓：《回看一百七十年：重读中国近现代经济史》，44 页，北京，新华出版社，2010。
② 廖代茂、杨会国：《中华百年祭·经济》，42 页，重庆，重庆出版社，2006。
③ 凌耀伦、熊甫、裴倜：《中国近代经济史》，258 页，重庆，重庆出版社，1982。

近代以来中国农村变迁史论（1840—1911）

产品商品化程度。据统计，粮、棉、大豆、烟叶、茶叶、土丝、蚕茧等农产品的商品值，1840 年为 24 987.2 万元，1894 年为 78 574.9 万元，1919 年增至 217 171.9 万元。[①]

（一）粮食作物商品化

鸦片战争前，粮食作为商品已广泛存在，但因自然经济占统治地位，粮食的交易地区和规模仍然有限。鸦片战争以后，经济作物的种植范围逐渐扩大，专业性农业区域增多，占据了较大耕地，使长江下游、珠江三角洲等经济作物发展较快的地区因减少粮食作物种植面积而导致粮食不能自给。例如，浙江余姚"近年以来，因棉价颇涨，故往年禾黍之地，多已改为棉田，于是米麦出产，渐见减少"；鄂西一带"一九二四年以后，由于种棉花比较有利，农民已将大部分土地用于植棉了"；"谷类为吾人日用必需品，而吾粤出产殊稀……晚近蚕业大兴，桑田日辟，禾田日隘，谷米出产转因而日少……故谷食中一大部分，非仰给于镇江、芜湖、广西，则输入于安南、暹罗"。[②] 就连湖广粮仓的地位也因人口和环境等问题日益严峻而发生动摇，米粮输出规模大不如前，需要通过调整种植结构、增加棉花等经济作物的种植面积，满足人口增长的需求。据统计，同治、光绪年间，江汉平原水、旱田比例约为 1.8:1，其中分别以水稻和棉花占居各类作物之首。[③] 也就是说，经济作物的发展虽然侵占粮食作物的种植面积，但同时也在一定程度上促进了粮食生产的商品化，清末芜湖、无锡、九江、长沙"四大米市"的形成，即代表了粮食远距离运销的发展和比较固定的供销关系的建立。[④]

同时，经济作物区的城市和手工业发展程度普遍较高，促使越来越多的农业人口转成非农人口，而非农人口的不断扩大进一步增大了经济作物区对商品粮的需求。因此，经济作物的发展对粮食生产的商品化起到了极大的推动作用。

虽然中国的粮食单位面积产量在鸦片战争后的一段时期内处于急剧衰落的过程中，即便 19 世纪末叶以后一度有所回升，但仍与清代中叶水平还有一定差距[⑤]，但这种缓慢发展对晚清粮食作物的商品化并未造成不利影响。从商品量在产量中所占比重来看，粮食的商品率由 1840 年的 10% 增至 1895 年的 16%，1920 年则达到 22%。[⑥] 另

① 丁长清、慈鸿飞：《中国农业现代化之路——近代中国农业结构、商品经济与农村市场》，182 页，北京，商务印书馆，2000。
② 沈元瀚：《简明中国近代农业经济史》，103~104 页，成都，西南财经大学出版社，1987。
③ 张家炎：《粮棉兼重各业发展——清代中期江汉平原作物结构研究》，载《古今农业》，1991（3）。
④ 徐正元：《中国近代农产商品化的发展与米市的形成》，载《安徽史学》，1997（1）。
⑤ 李金铮、邹晓：《二十年来中国近代乡村经济史的新探索》，载《历史研究》，2003（4）。
⑥ 吴承明：《论我国半殖民地半封建国内市场》，载《历史研究》，1984（2）。

据 1921—1925 年安徽等 7 省 17 处 2 866 个田场的调查，主要粮食作物的商品率总平均为稻谷 38.4%，小麦 52.5%，大麦 63.7%。[①] 可见粮食作物的商品化程度已具有较高水平，农民对市场的依赖程度也已相当可观。

（二）经济作物商品化

1. 蚕桑

植桑养蚕在中国有数千年的历史，但利用大片良田种植桑树，则是从晚清时期生丝出口量激增才开始的。从 19 世纪 30 年代至清末，中国生丝出口基本呈现持续增长态势。1840 年以前，出口量一般都在 1 万担以下；1840—1850 年，每年增至 1.5 万担。[②] 19 世纪 90 年代以后，蚕桑出口量突破 10 万担。1908—1911 年，平均每年输出量突破 13 万担。出口值的增长与出口量基本同步，19 世纪 90 年代以后，年均出口值达到近 5 000 万两（见图 6-1）。

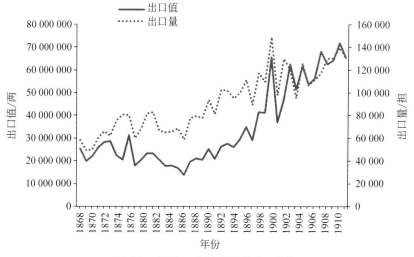

图 6-1　1868—1911 年华丝出口趋势

数据来源：李文治《中国近代农业史资料　第一辑　（1840—1911）》，387~391 页，北京，生活·读书·新知三联书店，1957。

生丝出口量的持续增加极大地刺激了国内蚕桑生产的发展。植桑饲蚕从杭嘉湖地区扩展到太湖流域、珠江三角洲和四川盆地。例如，"（高）邮民素不饲蚕，……近年湖东西以农兼桑者不可胜计"[③]；昆山"旧时邑鲜务蚕桑，妇女间有畜之。自国朝同治中，巴江廖纶摄新阳县事，教民蚕桑，设公桑局，贷民工本，四五年后，邑民植桑

---

① 卜凯：《中国农家经济》，275~278 页，上海，商务印书馆，1936。
② 沈元瀚：《简明中国近代农业经济史》，99 页，成都，西南财经大学出版社，1987。张丽：《鸦片战争前的全国生丝产量和近代生丝出口增加对中国近代蚕桑业扩张的影响》，载《中国农史》，2008（4）。
③ （清）龚定瀛修、夏子锡纂：《再续高邮州志》，卷二，光绪九年刊本。

饲蚕，不妨农事，成为恒业"①；常熟县"近年西乡讲求蚕业，桑田顿盛，所栽桑秧，均购之浙江"②；苏州"长洲县所辖之西北境，凡与无锡、金匮接壤者，遍地植桑治蚕"③。浙江吴兴县自 1870 年以后，"丝业贸易兴畅，蚕桑区农民繁荣，乃造成湖州蚕桑事业之全盛时期"④。至民国时期，江浙主要产丝区的蚕桑收入占农家收入最高可达 70%。⑤ 珠江三角洲所产丝在品质方面虽然不如江浙，但由于市场需求扩大，当地农民改稻田植桑，致使桑田面积从鸦片战争前的 50 000 亩增加到 1911 年的 800 000 亩，至 19 世纪 20 年代初更增至 1 293 000 亩。四川生丝年产量在鸦片战争以前约为 1 000~2 000 担，至 1918 年增长至 49 231 担。⑥

总的来说，随着国际市场需求的不断扩大，从 19 世纪 40 年代的年均不足 1 万担到 20 世纪 20 年代末的 19 万担，我国生丝出口量持续稳步增长，出口量的增加又促进了国内蚕桑生产的大规模扩张，进一步加快了蚕桑的商品化进程。虽然 20 世纪 30 年代以后，尼龙和人造丝的大规模生产导致国际市场对生丝需求急剧下降，进而导致中国缫丝工业迅速衰落，但也因此推动了手工纺织业尤其是手织业的改造、提高和发展，使手织业以廉价机纱为原料重新组合自己，走上商品化、专业化道路。⑦

2. 茶叶

茶叶自古就是中国南方农村的商品性农业产品，而其大规模商品化则发生在 18 世纪后半叶。随着世界茶叶市场对华茶叶的需求量不断攀升，华茶出口贸易日益繁荣，至康熙末年，"茶叶已开始代替丝成为贸易中的主要货品"⑧。以广州对英国东印度公司的茶叶出口为例，18 世纪初至鸦片战争前的 100 多年是广州茶叶贸易最为辉煌的一段时期，从广州出口至英国的茶叶量由 1750 年的 2 万余担激增至 1799 年的 15 万余担，至鸦片战争前夕，东印度公司从广州购买的茶叶量超过 36 万担（见图 6-2）。

---

① （清）金吴澜、李福沂、汪堃、朱成熙：《昆新两县续修合志》，卷八，光绪七年刻本。
② （清）郑种祥：《重修常昭合志》，卷四十六，光绪三十三年刊本。
③ 曹允源、李根源：《吴县志》，卷五十二上，民国二十二年铅印本。
④ 刘大钧：《吴兴农村经济》，121 页，文瑞印书馆，1939，见李文治：《中国近代农业史资料 第一辑 （1840—1911）》，392 页，北京，生活·读书·新知三联书店，1957。
⑤ 中国经济统计研究所：《吴兴农村经济》，29 页，北京，中国经济统计研究所，1939。
⑥ 张丽：《鸦片战争前的全国生丝产量和近代生丝出口增加对中国近代蚕桑业扩张的影响》，载《中国农史》，2008（4）。
⑦ 李金铮、邹晓：《二十年来中国近代乡村经济史的新探索》，载《历史研究》，2003（4）。
⑧ ［美］马士：《东印度公司对华贸易编年史（1635—1834 年）》，第一卷，第 124，165 页，广州，中山大学出版社，1958。

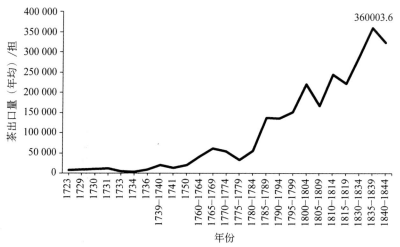

图 6-2　1723—1844 年广州出口英国茶叶量趋势

数据来源：姚贤镐：《中国近代对外贸易史资料（1840—1895）》，第一册，265~279 页，北京，中华书局，1962。

鸦片战争以后，英国对华茶叶需求量仍不断攀升，鉴于茶叶贸易的日趋重要性和茶叶本身的季节性，英国商人力求运输迅速，于是渐渐淘汰航行缓慢的东印度船，以一种诨名"茶车"的军舰式船只取而代之。[①] 茶叶贸易也随着新式快舰船航行速度的提升，以惊人的销量迅猛发展。从每年输入英国茶叶量可看出华茶出口贸易的增长情况（见表 6-1）。

表 6-1　1845—1859 年中国出口英国茶叶统计表　　　　　　　单位：磅

年份	出口量
1845—1849	52 000 000
1850—1854	67 000 000
1855—1859	74 000 000

注：0.45 公斤约合 1 磅。

资料来源：姚贤镐：《中国近代对外贸易史资料（1840—1895）》，第一册，515 页，北京，中华书局，1962。

从 19 世纪 70 年代开始，西方自由资本主义向垄断资本主义过渡，国际资本主义的社会生产力出现了新的发展形势。在中国国内，当时清政府正处于农民大起义的沉重打击之下，为维持政权的牢固稳定，不得不在一定程度上寻求外国势力的支持，并以进一步开放内地市场作为附带条件之一，这就使中国经济的半殖民地性质愈加深化。卷入世界市场后的茶叶出口贸易，虽然遭遇印度、锡兰、日本等其他植茶国家的冲击，但并未随即受到严重影响。因为世界市场对茶叶的需求不断扩大，茶叶消费量正以惊人的速度扩张。统计数据直接反映了这种情况：1871 年中国茶叶出口 180 多万担；

近代以来中国农村变迁史论（1840—1911）

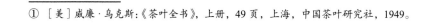

① ［美］威廉·乌克斯：《茶叶全书》，上册，49 页，上海，中国茶叶研究社，1949。

1881 年约有 220 万担以上；1888 年达到中国茶叶出口数量的最高值,有 240 多万担(见表 6-2)。

表 6-2　1870—1888 年中国茶叶出口量统计　　　　单位: 担

年份	出口量	年份	出口量
1870	1 389 910	1880	2 204 754
1871	1 881 827	1881	2 264 767
1872	1 923 627	1882	2 059 333
1873	1 810 074	1883	2 021 936
1874	1 795 625	1884	2 071 612
1875	1 965 406	1885	2 293 114
1876	1 946 250	1886	2 386 975
1877	2 037 608	1887	2 327 892
1878	1 954 104	1888	2 413 456
1879	2 079 708		

注: 50 公斤合 1 担。

资料来源: 姚贤镐:《中国近代对外贸易史资料（1840—1895）》,第二册, 1 039、1 204~1 205 页, 北京, 中华书局, 1962。

19 世纪 80 年代末, 英国和荷兰殖民者在其南亚殖民地的植茶业获得迅速发展, 印度与锡兰所产红茶畅销于英国, 日本绿茶抢占美国市场。由中国一国到多个国家出口茶叶, 使得中国茶叶出口贸易在光绪十三年（1887）以后, 无论从数量上还是从占土货（主要指丝、茶, 兼有其他）出口总值比重上都大幅降低, 而且再也没有返回以前的规模。这种剧烈变化说明晚清茶叶生产对世界资本主义市场的依赖性。

3. 棉花

鸦片战争前后, 中国国内用棉还需依靠印棉输入补充[1], 棉花的商品率在 1840 年约为 27%。19 世纪 60 年代以后, 国际市场用棉量增加, 中国棉花出口量也随之大幅增长, 从 1868 年的 3.8 万担增加到 1889 年的 50 万担；1904 年超过 120 万担；1908—1911 年平均每年输出棉花在 80 万担以上。出口值也从 1868 年的 59 万两激增至清末的 2 000 余万两（见表 6-3）。棉花商品率由鸦片战争前后的 27% 增加至 1894 年的 33%, 至 1920 年达到 42%。[2]

表 6-3　1868—1911 年棉花出口统计

年份	出口量 / 担	出口值 / 两	年份	出口量 / 担	出口值 / 两
1868	38 141	587 821	1890	298 886	2 989 274
1869	69 274	1 039 067	1891	355 584	3 841 129
1870	23 355	335 335	1892	508 843	5 089 361
1871	10 764	129 350	1893	576 155	6 166 182
1872	5 981	71 752	1894	747 231	7 361 343
1873	25 349	228 774	1895	896 096	11 202 661

---

[1] 凌耀伦、熊甫、裴倜:《中国近代经济史》, 147 页, 重庆, 重庆出版社, 1982。
[2] 丁长清、慈鸿飞:《中国农业现代化之路——近代中国农业结构、商品经济与农村市场》, 183 页, 北京, 商务印书馆, 2000。

年份	出口量/担	出口值/两	年份	出口量/担	出口值/两
1874	94 183	847 907	1896	418 102	5 017 899
1875	31 610	322 569	1897	493 139	7 393 456
1876	42 976	393 508	1898	273 739	3 151 161
1877	33 216	329 781	1899	229 220	2 980 373
1878	23 310	236 817	1900	711 882	9 860 969
1879	12 361	123 248	1901	290 865	4 705 606
1880	18 077	180 071	1902	774 536	13 161 051
1881	22 908	228 076	1903	759 521	13 294 614
1882	41 690	404 405	1904	1 228 588	24 811 595
1883	22 073	241 026	1905	789 273	12 029 326
1884	53 571	614 701	1906	769 542	11 631 138
1885	61 850	717 489	1907	988 055	16 959 737
1886	47 572	523 380	1908	613 509	10 345 205
1887	69 226	677 660	1909	633 687	14 452 021
1888	202 546	2 228 284	1910	1 247 304	28 141 234
1889	504 419	5 044 806	1911	877 744	21 404 115

资料来源：李文治：《中国近代农业史资料　第一辑　（1840—1911）》，387~391 页，北京，生活·读书·新知三联书店，1957。

棉花出口量的增长和价格的提高,带动了国内棉花种植区域的扩大。明清时期(鸦片战争以前)即为棉花主产区的江苏、浙江等地种棉面积进一步扩大。如光绪年间松江所属州县"均栽种棉花，禾稻仅十中之二"；华亭县"改禾种花者比比焉。今六磊塘北种花已十之三，再东北十之七矣；大洋泾南种花亦十之三，再东南十之六矣"[①]；如皋、通州、海门等地也是"一望皆种棉花，并无杂树"；"江西、浙江、湖北等处，向只专事蚕桑者，今皆兼植棉花"。[②] 就连原来植棉较少的北方地区也开始大规模种植。"晚近机械纺织之术进，海外输出之途开，农民亦颇多注意植棉，年来日呈增加之象……植棉之地年有扩张。北迄燕、齐、豫而竭于满洲、内蒙古，西届秦、晋、蜀而宣乎甘肃、新疆，多见产出……几乎全国均从事植棉矣。"[③] 据 1904—1909 年 15 省 100 县 102 个地区材料估计，棉花种植面积在各种作物面积中所占比重达到 11%。[④]

4.大豆

国外大豆销售市场的迅速扩大，是促进中国大豆生产商品化发展的最主要因素。20 世纪初，日本和欧美等国发现了大豆的用途，欧洲"各工业国，亦闻风争先购求，营是业者，莫不利三倍"。于是，豆及豆制品开始大量输入日本和欧美国家。据统计，1900—1910 年，东北大豆出口总计 615 416 吨，其中 43% 输往日本和朝鲜半岛，44%

① （清）杨开地修、姚光发纂：《重修华亭县志》，1 733 页，台北，成文出版社，1970。
② 李文治：《中国近代农业史资料　第一辑　（1840—1911）》，447,419,422 页，北京，生活·读书·新知三联书店，1957。
③ 《农商公报》，1923（102），见沈元瀚：《简明中国近代农业经济史》，101 页，成都，西南财经大学出版社，1987。
④ 严中平等：《中国近代经济史统计资料选辑》，357 页，北京，科学出版社，1955。

近代以来中国农村变迁史论（1840—1911）

输往欧洲和美国，其他主要供国内消费。[1]

国际市场对大豆商品化发展的促进极为明显。1890年以前，豆类出口量不足30万担，出口值仅37万两，而到1909年，出口量激增至1444万担，出口值达到3278万两（见图6-3），1920年更增至6962万两，30年间剧增187倍。[2]

东北是我国大豆的主要产区，产量占全国的60%~70%。强烈的市场需求刺激了大豆种植面积的迅速扩大，1927—1928年，东北农作物播种面积中，大豆在南部占23.2%，在北部占34.5%。[3] 大豆产量也迅速增长，1909年不到200万吨，1921年即达到350万吨。[4]

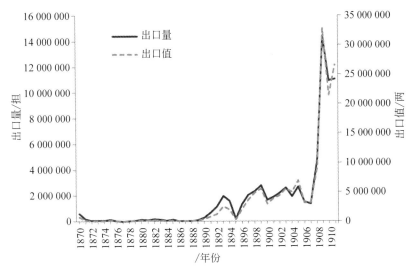

图6-3 1870—1911年豆类出口统计

数据来源：李文治：《中国近代农业史资料 第一辑 （1840—1911）》，387~391页，北京，生活·读书·新知三联书店，1957。

三、农村商品经济的性质和特点

（一）带有资本主义色彩的农村自然经济

考察晚清农村商品经济，必须注重资本主义生产因素的初步萌芽。鸦片战争前，中国农村商品经济已经获得了一定程度的发展，自然经济已现分解之势，资本主义萌

① 屈维它：《现在的满洲经济》，载《前锋》，1924（3），见李文治：《中国近代农业史资料 第一辑 （1840—1911）》，395页，北京，生活·读书·新知三联书店，1957。
② 凌耀伦、熊甫、裴倜：《中国近代经济史》，267页，重庆，重庆出版社，1982。
③ 李文治：《中国近代农业史资料 第二辑》，226页，北京，生活·读书·新知三联书店，1957。
④ 屈维它：《现在的满洲经济》，载《前锋》，1924（3），见沈元瀚：《简明中国近代农业经济史》，102页，成都，西南财经大学出版社，1987。

芽也孕育其中。鸦片战争后，特别是 19 世纪末以降，农村商品经济进入加速发展阶段，这为中国资本主义的发展提供了条件，工业以及农业中的资本主义生产关系都得到了发展。[①] 晚清农村商品经济的加速发展为中国农村资本主义的发展创造了前提，因此晚清农村商品经济是带有资本主义色彩的。

但是，由于晚清农业劳动生产力水平较低、封建租佃制度和剥削方式等农业生产关系，以及国际资产阶级不等价交换对农民的盘剥等因素，在一定程度上限制了资本主义的发展，导致农业中资本主义的发展极其缓慢，资本主义的农业商品生产所占比重十分有限。而社会的惯性也使商业资本继续封建化，从而未能引起经济发生根本性变化。[②] 因此，晚清乃至中国近代的农村小商品生产仍占有显著优势，封建主义仍居于支配地位。也就是说，资本主义虽然有所发展，但始终没有成为中国社会经济的主要形式，微弱的资本主义和强大的半封建经济并存，是晚清乃至近代农村商品经济的重要特征。[③]

（二）半殖民地经济

虽然已带有资本主义性质，但晚清农村商品经济仍然是在半殖民地半封建的社会条件下开展的，而殖民地半殖民地经济的一个重要特点，是提供原料和输入成品[④]。鸦片战争之后，资本主义国家把中国当作国内剩余商品的市场和获取原料的基地，大量商品凭借条约特权输入中国国内市场。在输入中国的外国商品中，鸦片和棉纱棉布最为大宗。以棉纱棉布为例，1867—1911 年，外国棉布的进口值由 12 152 701 海关两增至 87 875 960 海关两，增加 5 倍以上；棉纱进口值由 1 615 766 海关两增至 49 735 140 海关两，增长 28 倍。[⑤] 由于外国棉纱布税轻价廉，销量极好，极大地挤占了中国土布的市场份额，导致土布严重滞销，随之而来的则是土布商品布产量剧减，纺织业日益衰落，耕织结合的农村自然经济结构遭受沉重打击。正如《嘉定县续志》所载，"自洋纱盛行，不数年间，无复有布经营业，而市况顿衰"，"光绪中叶后，出数渐减"，迄 20 世纪 20 年代，"市中不复见矣"。[⑥] 棉花及其制品进出口贸易的演变，在一定程

① 丁长清、慈鸿飞：《中国农业现代化之路——近代中国农业结构、商品经济与农村市场》，230 页，北京，商务印书馆，2000。
② 吴量恺：《明清时期城市经济的繁荣和商业贸易的发展》，载《华中师范大学学报》，1986（2）。
③ 丁长清、慈鸿飞：《中国农业现代化之路——近代中国农业结构、商品经济与农村市场》，233 页，北京，商务印书馆，2000。
④ 严中平等：《中国近代经济史统计资料选辑》，70 页，北京，科学出版社，1955。
⑤ 丁长清、慈鸿飞：《中国农业现代化之路——近代中国农业结构、商品经济与农村市场》，178 页，北京，商务印书馆，2000。
⑥ 陈传德等修，黄世祚等纂：《嘉定县续志》，卷一、卷五，见夏林根《论近代上海地区棉纺织手工业的变化》，载《中国社会经济史研究》，1984（3）。

度上体现了晚清商品经济受制于资本主义国家的半殖民地性质。

晚清农村商品经济的发展是伴随中国社会半殖民地半封建化而进行的，因此我们在肯定这一过程对中国社会经济起到促进作用的同时，也应注意其间伴随的外国资本主义对中国经济的控制以及对农民的剥削本质。[①]

（三）农产品流通受制于国际市场

晚清农村商品经济的另一特点，是农村的商品流通被迫卷入世界市场，农产品很大一部分供应国际市场。据统计，1873 年农产品出口值占出口总值的 2.6%；1983 年增至 15.6%；1903 年达到 26.8%；至 1910 年更增至 39.1%。[②] 而且在价格等许多方面受世界资本主义势力的支配，因此中国农村商品经济的发展是在外资的影响下并受其控制，受制于国际市场。例如，济南棉花市场的价格受日本大阪市场支配，奉天柞蚕丝的价格受美国和日本市场影响，广东米价通过香港而受日本米价左右。[③]

（四）形成农业生产专门化区域

农业生产专门化是指一个区域专门生产一种农产品。鸦片战争以后，尤其是 19 世纪末以后，我国农业商品化过程加快，农业商品生产专门化日益显著。至 20 世纪初期，很多地区已经形成了农业生产专门化区域。如东三省的大豆种植区，河北、江苏等省的棉花种植区，河南的棉花、烟草和芝麻种植区，鄱阳湖盆地与芜湖区域的稻米种植区，湖北和浙江等地的茶叶种植区，珠江三角洲的蚕桑区，以及内蒙古的畜牧区等。

1922—1926 年，江苏棉田种植面积占产棉省区植棉总面积的 28.2%、产量占 29.3%；1914—1918 年东北大豆种植面积占全国大豆种植面积的 41.4%、产量占 36.6%；1914—1918 年山东、河北、河南三省的花生种植面积占全国 17 省花生种植面积的 33.8%；20 世纪 20 年代，浙江鲜茧产量占全国总产量的 30%、广东占 30%、四川占 18.1%、江苏占 10.5%，4 省合计产量占全国产量的 90%；1914 年，浙江、湖南、福建、江西、江苏、安徽 6 省种茶户数占全国的 79.3%，茶叶产量占 45.9%。[④]

农业生产专门化区域的形成，促进了农产品与工业品以及不同种类农产品之间的交换。如江苏南通县，"农地约十分之七皆种棉花，因之稻田较少。县民所食之米，须由安徽省或江苏之东台、如皋、常熟、无锡等各县输入，每年约五十万担，价值银

①　李国环：《论五口通商以后江南地区蚕桑业的发展及其影响》，载《浙江学刊》，1984（3）。
②　严中平：《中国近代经济史统计资料选辑》，72 页，北京，科学出版社，1955。
③　董书城：《中国商品经济史》，315 页，合肥，安徽教育出版社，1990。
④　丁长清、慈鸿飞：《中国农业现代化之路——近代中国农业结构、商品经济与农村市场》，187~192 页，北京，商务印书馆，2000。

约四百万元"①。太仓县"近以棉价昂贵，种植者日多，而稻之出数日少；本地食米，全恃他县接济"②。广东省"晚近蚕业大兴，桑田日辟，禾田日隘，谷米出产转因而日少……故谷食中一大部分，非仰给于镇江、芜湖、广西，则输入于安南、暹罗"。由此可见，农业生产专门化区域的形成在一定程度上加速了农村商品经济的发展。

（五）农业商品化程度具有区域差异

由于不同地区拥有不同的自然地理条件、政治历史条件、经济发展进程和人文环境，因此不同区域的农业商品化程度也存在一定差异。丁长清在比较全国各区域的农业商品化程度后认为，东部沿海地区、沿江地区、铁路交通沿线以及城市郊区的农业商品化程度较高，江南高于华北，经济作物集中种植区高于粮食作物种植区。

东部沿海地区拥有得天独厚的海运条件，对外贸易发达，明代以来的经济发展程度一直比较高。鸦片战争后，五口通商，外国资本主义通过东部沿海口岸向中西部地区推销商品，收购农产品，进一步促进了该区域商品农业的发展。沿江地区和铁路交通沿线，凭借强大的商品流通线路，极大地提高了商品化程度。江南一直是我国稻、棉、桑的重要产区，农副产品加工业发达，而华北地区的农产专业化区域出现较晚，且农副产品加工业和市镇经济亦不如江南发达，因此农业商品化程度也低于江南地区。经济作物集中地区，农产商品率在 60%~70%，高者可达 80%；而粮食作物种植区农产商品率为 20%~40%，农产商品化程度远低于经济作物种植区。城市郊区，特别是大中城市郊区商品化程度较高的原因主要是城市郊区土地投机买卖的盛行，致使土地商品化程度大大提高。③

 ## 第三节　影响农村市场发展的主要因素

晚清农村市场的发展动因，一方面，来自国内人口日益增长的客观需求和市场的不断扩大；另一方面，农村商品经济一直受到外资的侵略和支配，在此刺激下，

① 张仁任：《南通县农业概况》，载《农商公报》（17），见丁长清、慈鸿飞：《中国农业现代化之路——近代中国农业结构、商品经济与农村市场》，192 页，北京，商务印书馆，2000。
② 吴清望：《沪海道区实业视察报告》，载《农商公报》（66），转引自李文治《中国近代农业史资料 第二辑》，211 页，北京，生活·读书·新知三联书店，1957。
③ 丁长清、慈鸿飞：《中国农业现代化之路——近代中国农业结构、商品经济与农村市场》，195~197 页，北京，商务印书馆，2000。

近代以来中国农村变迁史论（1840—1911）

纺织工业、轻工业得以迅速壮大，而日益繁荣的国际贸易也为晚清农村市场发展提供了动力。

一、人口客观需求、国内市场扩大

自清代以来，中国一直是世界上人口最多的国家。除太平天国战争期间及战后一段时期人口有所减少以外，晚清人口始终停留在 4 亿以上，并持续增长。据估算，1840年人口约为 4.128 亿，1913 年增至 4.38 亿。[①] 虽然在此期间耕地面积的变化趋势与人口数量基本相符，也呈增长之势，但耕地增长的速度和幅度都低于人口增长，再加上中国人口基数较大，因此人均耕地面积总体仍呈减少趋势。另外，不同区域的人均耕地面积也有较大差距，东北、华北等北部地区的人均耕地普遍高于南部，且东南、西南等南部地区的人均耕地拥有量普遍低于全国平均水平。这种局面促使越来越多没有耕地或耕地无法满足生活需求的农业从业者转而从事其他行业。而晚清市镇、中小城市、大城市甚至通商口岸的增长以及多层次市场网络的日益成熟，为放弃耕种的农民提供了更多谋生机会，这就导致晚清农业人口在总人口中所占比重持续减少（见表 6-4）。

表 6-4　晚清城乡人口变化

年份	全国人口数 / 万人	农业人口		城镇人口（非农业人口）	
		数量 / 万人	比重 /%	数量 / 万人	比重 /%
1840	40 000	38 000	95	2 000	5
1860	40 500	38 070	94	2 430	6
1894	41 500	38 180	92	3 320	8
1913	43 000	39 130	91	3 870	9
1920	44 000	39 600	90	4 400	10

资料来源：许涤新、吴承明：《中国资本主义发展史》，第二卷，313 页，北京，人民出版社，1990。

据徐新吾估算（见表 6-4），1840—1920 年，我国农业人口在全国人口中所占比重不断减少，由 95% 下降至 90%，而城镇人口比重则由 5% 提高至 10%，呈持续上升之势；农业人口数量从 38 000 万人增加至 39 600 万人，增加 4.2%，同期全国人口增加 10%，而城镇人口数量由 2 000 万增至 4 400 万，增加了 120%。

城镇人口数量和比重的不断增长反映晚清中国越来越多的人口与农业分离，这就意味着大量原本不需要依赖市场的自给自足的个体农民转而依靠市场购买生活必需

[①]　吴承明：《中国近代农业生产力的考察》，载《中国经济史研究》，1989（2）。

品。日益增多的非农人口对农业商品需求量的增加，必然对中国商品农业的发展速度和农业商品化的程度起到巨大的促进作用。而依然从事农业生产的农业人口则为了提高生产率和生产效益，积极调整种植结构，促使农业商品生产专门化程度日益显著，形成了诸如东北的大豆区、长江下游的棉花区、湖广的稻米区、珠江三角洲的蚕桑区以及内蒙古的畜牧区等农业生产专门化区域。这些专门化区域的形成，促进了不同种类农产品以及农产品与工业品之间的交换，是晚清农产商品化和农村市场发展的重要推动力。

在市场方面，鸦片战争之后各地开设的通商口岸成为国内市场与国际市场的连接点，出口土货和工业原料以及进口洋货均可通过口岸流通。这些通商口岸又与国内消费市场、集散市场以及原始市场紧密联结，共同构成成熟有效的市场网络，为商品农业的发展提供了必要条件。

二、近代纺织工业、轻工业对市场的刺激

两次鸦片战争失败后，清政府开始着手自强新政，意欲图强。从19世纪60年代开始，西方资本主义国家的军事装备、工业生产和科学技术被引入中国。在此带动下，中国资本主义近代工业以及农业中的资本主义生产关系都得到了发展。缫丝厂、纱厂、机器织布局、机器磨坊、豆饼厂、砖茶厂、碾米厂、机器面粉厂、油房等民族资本经营的纺织和食品工业在广东、上海、福州、天津、宁波等地纷纷设立。据统计，1895—1913年，资金达到1万元以上的纺织厂数量有160家，资本30 246 000元；食品厂数量125家，资本18 885 000元。在此期间，英、俄、美、日、德、法等国家的企业也在中国设立纺织和食品工厂。如1855年，英国埃凡馒头店（H. Evans）在上海设立，制造面包、糖果、汽水，并经营酿酒；1863年，英国得利火轮磨坊（Shanghai Steam Flour Mill）和俄国顺丰砖茶厂（S. W. Litvinoff & Co.）分别在上海和汉口设立；1877年，德国烟台缫丝厂（Crasemann & Hagen）在烟台设立；1888年，美商旗昌洋行在台北创办旗昌机器焙茶厂；1892年，英国美查兄弟公司在上海创办上海榨油厂等。1895—1913年，外国在华经营的资金在10万元以上的纺织厂有16家，资本12 515 000元；食品厂39家，资本17 148 000元。[1]

---

① 李文治：《中国近代农业史资料　第一辑　（1840—1911）》，404~409页，北京，生活·读书·新知三联书店，1957。

近代纺织业、面粉业、缫丝业等工业的发展，一方面扩大了对农作物原料的需求，刺激了棉花、小麦、桑麻等作物的种植和商品化程度的加深；另一方面也迫使小生产者放弃手工业生产，转而从市场上购买更具竞争力的工业产品，成为市场的购买者。如上海、宁波、广州等地"纺织之户，十停八九""近年洋布洋纱大行，中国织户机女，束手饥寒者，不下数千万人"。[1] 同时，这些放弃手工业生产的农户又将自己生产的农产品投放市场，成为原料的提供者，再用换取的货币购买生活必需品，从而进一步刺激了农产品生产商品化的发展。

三、国际贸易推动经济发展

国际贸易的大规模发展是推动晚清中国农产品商品化的主要因素。1867年以茶叶、生丝为主的农副产品占出口商品总值的90.68%，1893年仍占到70.55%。[2] 甲午战争以后，资本主义国家在中国开辟的通商口岸和商埠数量进一步增加，中国农产品原料出口的增长速度大幅提高。如表6-5所示，1893—1910年，农产品原料出口值由2 800多万元增至2.3亿余元，占商品出口总值的比重由15.6%上升到39.1%，到1930年更升高至45.1%。

表6-5　1873—1910年农产品原料出口产值增加趋势及所占比重

年份	商品出口总值/万元	农产品原料	
		出口值/万元	比重/%
1873	10 844.9	286.6	2.6
1893	18 171.3	2 842.3	15.6
1903	33 396.1	8 949.6	26.8
1910	59 333.7	23 195.7	39.1
1920	84 386.0	30 704.7	36.4
1930	139 416.7	62 828.5	45.1

资料来源：李文治：《中国近代农业史资料　第一辑　（1840—1911）》，392页，北京，生活·读书·新知三联书店，1957。

虽然在国际贸易的带动下，晚清农村市场网络和商品农业均有发展，但也应该注意，这种发展受到外国资本控制，具有殖民地特征，一旦国际市场不再需要中国的某种农产品原料，不仅会影响此种农产品的商品化程度，而且还会对其在国内的种植、生产等各个环节产生严重影响。关于这一点，19世纪末中国茶叶出口贸易的衰落就是

---

① 李文治：《中国近代农业史资料　第一辑　（1840—1911）》，328页，北京，生活·读书·新知三联书店，1957。
② 姚贤镐：《中国近代对外贸易史资料》，第2册，1 061~1 062页，北京，中华书局，1962。

最好的证明。

从茶叶第一次传入欧洲并被西方国家接受开始，中国即是世界上唯一能够提供茶叶的国家。茶叶出口货值在中国出口贸易的总货值中始终占据很大比重，例如鸦片战争前夕，中国每年出口茶叶 35 万担，价值 945 万元，约占出口总货值的 37.8%。[①] 五口通商促进了中国出口贸易的发展，世界茶市对茶叶的需求量持续上升，直到 1870—1874 年，中国茶叶出口量的年平均值仍能达到 176 万担，价值 3 515.3 万海关两，是鸦片战争前的 4 倍。[②] 然而，面对 19 世纪 80 年代以后印度、锡兰和日本等国的竞争，中国茶叶出口急剧下降，至 1911 年，中国茶叶占世界茶叶出口量的比重仅为 25.8%。[③]

全球性贸易秩序的构建不是只按照中国的条件，而是要按照世界的条件。正如沃勒斯坦在《现代世界体系》中说，一个地区，想要整合进一个以欧洲为中心的资本主义世界经济体系，所要通过的测试就是该地区是否能对世界经济不断变化的市场环境做出反应。如果没能通过测试，也就预示这一地区将与世界贸易的链条脱节。遗憾的是，中国茶叶出口贸易没能通过这一测试，只能在竞争对手的冲击之下，黯然退出世界茶叶贸易舞台。

① 严中平：《中国近代经济史（1840—1894）》，下册，915 页，北京，经济管理出版社，2007。
② 同上。
③ ［美］威廉·乌克斯：《茶叶全书》，下册，119 页，上海，中国茶叶研究社，1949。

第七章　城镇、工业及交通运输对农村发展的影响

明清两代是中国历史上经济发展最为迅速的时期，19 世纪初期中国经济到达世界顶峰，其主要支撑体系就是中国的传统农业。可以说，中国农业生产的相对优势一直保持到了 19 世纪中期的第一次鸦片战争前后，其中土地生产率方面的优势大体维持到了 20 世纪。中国传统农户经营制度并未成为农业现代化的障碍。[①]　步入近代以后，中国的城镇、工业以及交通运输在外部、内部两种力量的作用下发生了翻天覆地的变革。那么，前述三者的发展对晚清时期中国的农业、农村和农民到底施加了什么影响，是积极的还是消极的，其影响的程度如何等，这些问题都非常值得深入探析。

第一节　近代城镇的发展

　　城镇，通常是指以非农业人口为主，具有一定规模工商业的居民点，为城市和集镇的合称。其中集镇是介于乡村与城市之间的过渡型居民点。中国近代城镇是在帝国主义列强入侵、中国沦为半殖民地半封建社会的历史条件下逐步形成的。鸦片战争的爆发，将清王朝闭关自守的大门打开，中国出现了由不平等条约规定的而不是自由开放的商埠城市。中国城市型行政区开始产生于清末民初，近代市镇的变化发展对农村的发展，尤其对东部地区农村的发展变迁产生了深刻的影响。

　　由于资本主义列强势力侵入，开埠通商，一批沿海沿江城市出现现代化趋势，发展相当快，人口猛增，规模扩大，而内地的许多过去著名工商业城市却发展缓慢，甚至日趋衰落。随着国内资本主义的兴起和清王朝的改革，部分内地大中城市也发生了一些变化，出现了现代化趋势，从而打破了中国城市作为地区行政中心而存在的传统格局。

① 　王思明：《如何看待明清时期的中国农业》，载《中国农史》，2014（1），3 页。

一、晚清中国城镇规模的变迁

中国传统社会时期的城镇形成于自给自足的农业经济基础之上。一般说来，都城为国家最大规模的城市，其余城镇规模的大小与该城市的行政级别高低、城市周围农业生产能力强弱以及该地域商品经济的发达与否构成正相关的关系。因此，在漫长的传统社会里，中国的城镇规模格局大致表现为以都城为核心，各行省省会为区域中心，之下又各自划分为地域较小的府州县城市镇。据美国学者施坚雅（G. William Skinner）研究，19世纪末期（1893年）"农业中国"的城市规模体系可以划分为如下八个层次：全国性大城市（6个）、区域性大城市（20个）、区域性城市（63个）、中等性城市（200个）、地方性城市（669个）、中心性集镇（约2 300个）、中等性集镇（约8 000个）、一般性集镇（27 000~28 000个）。[①]

进入近代以来，由于大规模的开埠通商、西方先进科学技术的引入以及资本主义工商业在城市中的勃兴等原因，传统的自然经济逐步走向破产凋零，此时的中国城镇规模层次架构迅速地发生显著而深刻的演变，出现了种种新的趋势。

（一）大中城市迅速发展，数量明显增加

19世纪中叶至20世纪前期，中国的大型城市出现了较快发展趋势，其他各种类型的城市也产生了相应程度的演进，整个城市体系结构基本呈现较之农业社会更为合理的金字塔型发展格局。这既是资本主义工业化发展的必然要求，亦是经济社会发展和科学技术进步的重要成果，成为中国由传统农业社会向近代工业社会转型的重要标志之一。部分新兴的大中型城市如表7-1所示。

表7-1 近代以来兴起的部分大中型城市　　　　　　　单位：人

年份 城市	1901	1911	1915
上海	—	—	1 000 000
天津	700 000	800 000	800 000
重庆	300 000	498 000	517 520
广州	—	900 000	—
沙市	80 000	90 000	105 280
汉口	850 000	826 000	821 280
厦门	96 000	114 000	114 000
汕头	38 000	66 000	—
哈尔滨	—	35 000	28 600

---

① ［美］G. W. 施坚雅著，王旭等译：《中国封建社会晚期城市研究——施坚雅模式》，156页，长春，吉林教育出版社，1991。

城市＼年份	1901	1911	1915
大连	—	20 000	40 860
青岛	—	—	44 490
南京	400 000	380 000	368 800
长沙		150 000	250 000
杭州	—	350 000	594 230
宁波	—	—	465 000
温州		100 000	—
烟台	—	—	54 450

资料来源：根据以下文献编制。麦夷、江美球：《城市社会学概论》，120 页，贵阳，贵州人民出版社，1988；罗兹·墨菲：《上海——现代中国的钥匙》，65~66 页，上海，上海人民出版社，1986；沈汝生：《中国都市之地理分布》，载《地理学报》，1937（4）；《中国人口·天津分册》，53 页，北京，中国财政经济出版社，1987，参见何一民主编：《近代中国城市发展与社会变迁（1840—1949）》，197 页，北京，科学出版社，2004（有剔除）。

实际上，传统社会中业已形成的各类型的城市大多拥有相对良好的政治、经济和社会基础以及良好的交通便利条件，这些得天独厚的天然优势使得这些传统大中城市在近代社会变革的涤荡下更容易脱颖而出，利用资源分配的马太效应加速度向前发展。然而，由于近代以来铁路、轮船等新式交通工具的出现和发展等因素，许多原来没有明显区位优势的集镇甚或农村都得到快速发展而形成为新兴城市；一些未曾得到充足发展机会的城市，在开埠通商之后资本主义商业贸易迅速发展起来。它们大多因商而兴，商业的繁荣又进一步推动了加工制造、交通运输和金融等行业的快速发展，其中部分城市的规模加速扩张，很快成为区域性甚至全国性的经济贸易中心城市，这成为了中国城镇近代化的重要特征。在这一点上，上海是最有代表性的一个例证。近代前期，上海仅仅是长江下游地区的一个中等城市，随着资本主义工商业的发展，到 20 世纪 30 年代，它跃升为中国经济实力最强、城市人口规模达300 余万的最大城市。天津也是如此，开埠通商之初，城市人口只有 30 万强，但到了 1935 年时这个数字已经超过 100 万，跻身中国北方最大的商业中心城市。其他如南京、武汉、重庆等也在这个时期逐步进入大城市的行列。一些沿海城市如青岛、烟台、汕头、营口等，沿长江城市诸如南通、镇江、芜湖、安庆、九江、岳阳、沙市、宜昌、万县、泸县、宜宾等城市的规模和人口都显著扩大，渐渐发展成为大中城市。

尽管如此，必须指出的一个事实是，近代中国的大中城市在其发展演进过程中，存在非常严重的不平衡现象。近代中国的大中城市虽然发展迅速，几乎超过历史上的所有时期，然而，这些城市的兴起是建立在列强入侵后的经济畸形发展基础之上的，可谓先天不足，进而决定了城市发展的严重失调。此为中国近代大中城市发展的一个显著特征。

（二）小城镇获得普遍发展

小城镇是整个城市体系的有机组成部分。一般认为，人口规模在 2 500~10 000 人的社会和生产活动中心即可称为近代中国的小城镇。

20 世纪 40 年代以来，中国逐步沦为列强商品的倾销国和原料的来源地，传统意义上的农家经济遭到严重冲击，诸通商口岸周围的农村首当其冲。伴随资本主义工商业的快速发展以及农产品的持续商品化，作为基层商业集散中心的小城镇便逐渐在产业循环过程中发挥愈发重要的作用。这个时期中国小城镇的发展同大中城市一样，也存在不平衡的现象，南方地区要快于北方。在长江以南，特别是长江三角洲一带的农村集镇，受资本主义工商业影响的程度最为强烈，农村的专业经济进一步扩大，原先基本以国内市场为目标的传统经济开始向一种新的结构转化，变得与国际贸易紧密相连、休戚相关，成为世界经济体系的一部分；当以所产原料为基础，农业与手工业相结合的传统经营方式被逐步打破，蚕桑、棉花等专业经济变成一种国际贸易体系中的原料供给，依附在它上面的传统手工业被迫与之分离并最终衰落；各种替代型家庭手工业先后兴起，它们不仅在形式上为江南农村前所未见，而且由于其与资本主义生产关系并进而与国际贸易体系的紧密联系，体现全新的意义。虽然以一家一户为单位的经营特征继续存在，但从传统的本地原料加工向纯粹的加工业的转化已经全面展开。贸易结构的转化也促使农村市镇结构的调整。由于像上海、宁波、无锡这样近代工业大都市兴起，成为区域性经济中心，对周边农村地区形成极大的吸引力，传统的以州县阶层结征为基础、以运河城市苏州为中心的江南农村市场结构，逐步转变成了以上海等近代都市为中心、阶层更为简单化的市场结构。①

在近代中国特定的社会经济背景下，小城镇有了很大的发展，其地理分布一般呈现中部增加最多，南方次之，北方较少的特点（见表7-2）。

---

① 包伟民：《江南市镇及其近代命运》，71 页，北京，知识出版社，1998。

近代以来中国农村变迁史论（1840—1911）

表 7-2 晚清中国部分地区市镇发展统计（1840—1912） 单位：座

地区		道光及之前（1850）	咸丰（1851—1861）	同治（1862—1874）	光绪（1875—1908）	宣统（1909—1912）
河北	通州	9（乾隆）	9	—	—	—
	滦州	23（嘉庆）	—	—	25	—
山东	新城县	6（康熙）	—	—	—	—
	阳信县	32（乾隆）	—	—	—	—
	泗水县	12（康熙）	—	—	19	—
	费县	16（康熙）	—	—	58	—
	日照县	10（康熙）	—	—	22	—
	定陶县	34（乾隆）	—	—	—	—
山西	徐沟县	1（康熙）	—	—	8	—
	长治县	18（乾隆）	—	—	16	—
河南	中牟县	16（乾隆）	—	17	—	—
	扶沟县	32	—	—	23	—
	永城县	36（康熙）	—	—	89	—
	郏县	12（康熙）	24	—	—	—
江苏（含上海）	吴县	8	—	—	—	38
	昆山县	11	—	—	26	—
	吴江县	11	—	13	—	—
	常熟县	14	—	—	40	—
	金山县	16	—	—	16	—
	上海县	15（嘉庆）	—	—	—	72
	青浦县	33	—	—	—	45
	川沙县	6	—	—	—	31
	武进县	12	—	—	33	—
	阳湖县	7	—	—	54	—
	江阴县	36	—	—	—	42
	丹徒县	8（嘉庆）	—	—	8	—
	句容县	8（嘉庆）	—	—	—	—
浙江	钱塘县	13（雍正）	—	—	—	26
	仁和县	14（雍正）	—	—	—	36
	富阳县	6（雍正）	—	—	—	11
	余杭县	10	—	—	—	12
	归安县	5（雍正）	—	—	24	—
	德清县	2	—	—	—	2
广东	新宁县	55	—	—	74	—
	新会县	63	—	—	70	—
	曲江县	27（嘉庆）	—	25	—	—

资料来源：据各州县地方志统计。参见顾朝林：《中国城镇体系——历史·现状·展望》，151页，北京，商务印书馆，1992（有剔除）。

二、晚清中国城镇性质和类型的演变

（一）农耕社会时期的城市

农业时代，城市完全处在王权的掌控之中，既是行政管理中心，亦为军事统治中心和经济贸易中心，并且形成了以首都为核心的城市行政等级体系。从秦朝一直到清朝中叶，绝大多数城市都是各个朝代从中央到地方各级统治机构的驻地。城市规模的大小与其行政级别的高低呈正相关关系。明清时期，中国的城市按照行政等级划分为京师、行省、府州、县四个级别。

农业生产是中国传统社会时期城镇发展的主要动力和制约因素。农耕社会的城镇建立于小农业与家庭手工业相结合的自然经济基础之上，城镇的发展主要以土地财产和农业生产为前提，农业生产始终在整个社会经济活动中占据主导地位，城镇工商业仅充当城市的点缀。城市产业主要分为手工加工型、资源型，商业贸易地位相对低下，市场范围狭小，生产方式长期没有太大变化。一般来说，农耕时代的中国商业贸易以国内市场为主体，对外贸易规模微乎其微。直到明清时期，城市经济主体仍然属于自然经济的范畴，市场力量弱小，其对社会资源的聚集、辐射作用有限，城市的"拉力"和农村的"推力"不甚明显。在社会财富、资源分布与集中范围上，农村都大于城市。农村赋税是政府财政收入的主要来源，城市工商业、服务业的税收居于次要地位。国家以农立国，实行城乡合治。因为在农业时代，政府的财政收入主要来自于农民的各种赋税，比如人头税、地租税等，社会的商品经济发展不充分，非经济力量干预强大，朝廷实行压制商业的政策，严重束缚了经济和城市的正常发展。

古代中国城市虽然大多数呈现二元结构，即有政治意义上的"城"和经济意义上的"市"的两重身份。但若将二者仔细比较，可发现它的二元结构是一个不平衡的倾斜组合，其"城"的分量不仅大于"市"的分量，而且"市"的那部分明显附属于"城"的那部分，"市"虽可能曾一度昌盛，但总体上讲，"市"是因"城"而繁荣，因"城"而兴而辉煌，而且大多数的商业活动都围绕官府与统治阶级的奢侈需要而表现某些自给性和自耗性。这是自然经济格局下中国一般城市所固有的封建性品格。[①]

农业时代中国的城市大多数都属于消费性城市，城市中生产性人口少于消费性人口，人口结构也较为单一。居住在城市中的人口以消费性人口为多数，以官僚、贵族、

---

① 张海林：《苏州早期城市现代化》，79 页，南京，南京大学出版社，1999。

富商巨贾、地主、胥吏、军队、士绅文人为主体，此外还有相当数量的中小商贩和手工业者、苦力、雇工伙计、仆从、奴婢、娼妓、无业游民、乞丐、流氓等。城市人口的消费性大于生产性，其经济意义并不占主导地位。城市人口的生活资源主要依赖于乡村供给体系。工商业者长期依附于统治阶级，没有独立性可言，从五代时的"工商食官"到元明时期独具册籍的匠户，无不表明城市工商业者的依附性。①

传统社会时期，中国城市的规模普遍偏小，城市内部的公共空间范围也十分狭小，建筑多采用低层木结构、大屋顶的院落组合形式；街道狭窄，城市道路以步行道、马车道为主。城市面貌变化非常缓慢，许多城市几千年来无论是道路规划还是房屋布局以及人们的生活方式都没有太大变化。

（二）近代工业化影响下的晚清城镇

近代中国社会的发展变迁主要发生于城市，首先是一些开埠通商城市发生较大的变化；其次这种变化向其他城市和乡村扩散；最后导致城乡关系及整个中国社会发生质的转变。

西方列强的入侵，导致近代中国城市的性质发生变化。第一次鸦片战争是中国城镇发展的重要转折点。鸦片战争前，中国的城市完全处在皇权统治之下，几乎每个城镇都是当地的行政中心，独立的封建政治性是彼时中国城市的基本性质。进入近代之后，独立统一的中国开始逐步沦为半殖民地半封建社会。列强利用开放的商埠和租界，将中国的城市变为他们继续侵略中国的据点，肆意践踏中国主权，对中国的内政也横加干涉。各通商口岸城市变成了外国资本主义在中国的商品倾销市场和原料供应仓库。

中国城市性质的变化导致其功能的变化。近现代经济部门在城市中逐渐占据主导地位，农耕社会时期的城市手工业和商业慢慢被近现代机器工业和商业贸易所取代，城市的经济功能逐步增强。近代城市一步步从过去的行政、军事中心转变为区域的经济、政治、文化和社会活动中心。

从第一次鸦片战争到甲午战争的 50 余年间，外国资本凭借其攫取的在华特权，在部分通商口岸城市开设近现代工厂，但规模有限。甲午战争之后，外商在华投资合法化，外国资本家加紧对华资本输出，大大扩张在华工业投资，数额逐年增加。同时，中国的部分洋务派官员和民族资本家也纷纷投资于近代工业。这些工商企业大都集中于上海、广州、天津和武汉等开埠城市，近现代工业的建立对它们产生了巨大而深远

---

① 何一民主编：《近代中国城市发展与社会变迁（1840—1949）》，9 页，北京，科学出版社，2004。

的影响。

　　近现代工业的发展推动了生产的聚集，进而引发人口的集中和城市规模的扩大。现代工业的发展改变了产业结构，传统农业社会中占支配地位的第一产业的地位逐渐下降，以现代制造业为主的第二产业迅速崛起，成为占主导地位的产业；第二产业的发展也同时带动了第三产业的兴起。第二、第三产业的发展，以及生产要素的集中所产生的聚集效益，带来了一系列连锁效应。城市工商业的发展以及经济功能的增强，有力地推动了近代中国新型城市的建立和扩大。上海、天津、汉口、烟台、青岛、大连、哈尔滨、广州、厦门、重庆等近代新兴城市，在开埠通商以后，随着工商业和交通运输业的发展，也都以惊人速度扩张，城市人口大增，逐步发展成为大城市或者特大城市。

三、开埠通商与晚清中国城镇

　　近代中国出现了一大批开埠通商城市，这其中又分为约开商埠和自开商埠。约开商埠以 1842 年中英《南京条约》开放广州、厦门、福州、宁波、上海五处为通商口岸为始端，第二次鸦片战争约开的通商口岸较前更是成倍增加。其后，列强不断要求中国继续开放新的通商口岸。甲午战争后，各资本主义强国强租中国的港湾和土地，同时变本加厉地强求开放新的口岸。20 世纪初主要是日本这个后起的帝国主义国家强迫中国开放东北地区的通商口岸。

　　19 世纪中叶以来，列强通过武力和外交讹诈等手段强迫中国政府开放通商口岸，这个过程前后持续了大半个世纪。据何一民等统计，1842—1912 年，中国先后约开的商埠共计 78 个，如表 7-3 所示。

表 7-3　近代中国约开商埠一览（1842—1912）

缔约国	条约名称	缔约时间	数量/个	开埠城市
中一英	《南京条约》	1842 年 8 月 29 日	5	广州、厦门、福州、宁波、上海
中一俄	《伊犁塔尔巴哈台通商章程》	1851 年 8 月 6 日	2	伊犁、塔尔巴哈台（今塔城）
中一英	《天津条约》	1858 年 6 月 26 日	8	牛庄（后改为营口）、登州（后改为烟台）、台湾（台南）、潮州（汕头）、琼州（今海口）、镇江、汉口、九江

缔约国	条约名称	缔约时间	数量/个	开埠城市
中—法	《天津条约》	1858 年 6 月 27 日	5	琼州（今海口）、潮州（汕头）、台湾（台南）、淡水（台北）、江宁（今南京）
中—英	《北京条约》	1860 年 10 月 24 日	2	天津、大沽
中—俄	《北京条约》	1860 年 11 月 24 日	3	喀什噶尔（今喀什）、库伦（今蒙古乌兰巴托）、张家口
中—英	《烟台条约》	1876 年 9 月 13 日	4	宜昌、芜湖、温州、北海
中—俄	《伊犁条约》	1881 年 2 月 24 日	7	吐鲁番、科布多（今蒙古吉尔格朗图）、肃州（今嘉峪关）、乌鲁木齐、哈密、乌里雅苏台（今蒙古扎布哈朗特）、古城（今奇台）
中—法	《续议商务专条》	1887 年 6 月 26 日	3	龙州、蒙自、蛮耗（今曼耗）
中—英	新订烟台条约续增专条	1890 年 3 月 31 日	1	重庆
中—英	《藏印条款》	1893 年 12 月 5 日	1	亚东
中—日	《马关条约》	1895 年 4 月 17 日	4	沙市、重庆、苏州、杭州
中—法	续议商务专条附章	1895 年 6 月 21 日	2	思茅、河口
中—英	续议缅甸条约附款	1897 年 2 月 4 日	4	腾越（今腾冲）、梧州、三水县、江根墟
中—英	展拓香港界址专条	1898 年 6 月 9 日	1	九龙
中—英	《续议通商行船条约》	1902 年 9 月 5 日	5	长沙、万县、安庆、惠州、江门
中—美	《续议通商行船条约》	1903 年 10 月 8 日	2	奉天（今沈阳）、安东（今丹东）
中—日	《通商行船续约》	1903 年 10 月 8 日	3	长沙、奉天（今沈阳）、大东沟（今东港）
中—日	《会议东三省事宜正约》	1905 年 12 月 22 日	16	凤凰城（今凤城）、辽阳、新民屯、铁岭、通江子（今通江口）、法库门（今法库）、长春（今宽城子）、吉林、哈尔滨、宁古塔（今宁安）、珲春、三姓（今依兰）、齐齐哈尔、海拉尔、瑷珲、满洲里
中—英	《续订藏印条约》	1906 年 4 月 7 日	3	江孜、噶大克（今噶尔雅沙）、亚东
中—日	《图们江中韩界务条款》	1909 年 9 月 4 日	4	龙井、局子街（今延吉）、头道沟、百草沟

资料来源：根据王铁崖编《中外旧约章汇编》（第 1—3 册）整理编制，转引自何一民主编：《近代中国城市发展与社会变迁（1840—1949）》，87、88 页，北京，科学出版社，2004（有剔除）。

由表 7-3 可知，晚清时期中国约开商埠分布的范围极广，几乎遍及主要省区。随着中国与世界市场的关联日益增加，清政府也意识到进一步的门户开放已然不可避免，于是顺应潮流自行开放了许多通商口岸。防范外人、自保利权、抵制外国对中国的经济侵略是清政府自行开辟商埠的重要动机。1898—1912 年，中国政府先后自开的通商口岸达 18 个之多：江苏上海的吴淞、南京的下关和浦口、海州；福建鼓浪屿、宁德的三都澳；湖南岳州、湘潭；直隶秦皇岛；广西南宁；山东济南、周村、潍县；河南彰德、洛阳；奉天葫芦岛；云南昆明；广东香洲、公益埠等。这些自开商埠的地域分布与约开商埠有所不同，尽管一般情况下也是设在水陆交通比较便利的城市，但多以内陆地区的城市为主，而且以中小城市居多，尤其多分布在铁路沿线，主要原因归结于近代以来铁路的兴修。中国政府自开商埠的数量虽然相对于约开商埠为少，且城市规模亦不甚大，但是自开商埠举措的实施，对于开埠城市和所在地区都在不同程度上产生了多方面的积极影响，推动了城镇和工商业的发展。

总之，开埠通商客观上改变了中国对外闭关锁国的状态，使开埠城市与世界各国发生了前所未有的贸易和互动。这成为中国人引进西方先进科学技术和近现代文明的窗口，积极促进了新的思想观念、经济制度、政治制度和文化教育等在开埠城市及所在区域的传播。随着时间的推移，这些开埠城市逐渐脱离了中国传统统治体制机制的制约，整个城市的结构和功能无论在宏观还是在微观方面都慢慢发生改变，这种改变，在一定程度上也对近代中国社会的进步和生产力的发展产生了积极的促进作用。

第二节　近代工业的发展

中国的近代工业最早由外国资本创办，第一次鸦片战争后不久便在广州、上海等通商口岸出现。清政府官办的军事工业创始于 19 世纪 60 年代，民族资本经营的近代工业肇始于 19 世纪 70 年代初期。近代中国的机器工业发展是艰难而缓慢的，受到多方面的压制和阻挠，始终未能建立完整的国家工业体系，更没有实现国家的工业化。但是，近代工业的出现，不可避免地导致了生产和社会的变革，并对中国近代社会文明的发展产生了巨大的影响。

资本主义企业的产生须满足商品市场和劳动力市场两个必要条件。由资本主义萌芽到资本主义机器大工业出现，必然伴随商品市场和劳动力市场的成长。中国近代资本主义工业企业的产生也无法脱离这个一般的历史前提。不过，中国近代资本主义性

近代以来中国农村变迁史论（1840—1911）

质工业企业的产生又有其自身特点。原因就是，外国资本主义的入侵，斩断了中国资本主义发生、发展的正常轨道。中国机器大工业的出现，并非资本主义萌芽自然发展的结果，而是来源于外国资本主义先进生产技术的引进。这对中国资本主义工业的产生起到了决定性作用。[1]

晚清时期的近代工业，从工业体系方面看，可以划分为三个不同的体系，即外国资本工业、官僚资本工业和民族资本工业；从其形成与发展的过程看，则又被中日甲午战争拦腰截为两个阶段：第一阶段（1840—1894）东南地区少数大工业中心开始形成，第二阶段（1895—1911）东南地区工业进一步发展，北方大工业初创。在中国近代工业的发展史上，1894年爆发的中日甲午战争是一个重要分水岭。甲午战争前，列强对中国的经济侵略主要以商品输出为特征。他们在华经营的一些近代工业多数是服务于其倾销商品。甲午战争后，外国资本主义国家取得了在华设厂制造权，其对中国的经济掠夺从以商品输出为主转到以资本输出为主。外国在华工业企业迅速发展起来，同时，由于接二连三的对外战争赔款，清政府的财政负担空前加重，其被迫对原洋务运动中的官办工业重新整饬，从而使官办工业也发生了显著变化。再者，这一时期的民族资本工业也一直处在上升态势。下面以工业体系为经，以发展阶段为纬，对晚清近代工业的发展作一个简要的梳理。

一、外资在华经营的工业

第一次鸦片战争结束不久，西方各资本主义国家开始在中国的广州、上海等地投资建立工厂。到中日甲午战争之前，外国资本在华设立的工厂已逾100家，其中英商约63家，美商约7家，俄、德、法商共约33家，总投资金额估计约达2 800万元。该时期，外资在华经营的近代工业一般集中于机器缫丝、食品加工、进出口加工、公用事业、轻工业等。这些工厂大体可以分为四种类型：一是船舶修造厂；二是原料和土特产加工厂，如缫丝厂、砖茶厂、制糖厂、制蛋粉厂、轧花厂和打包厂等；三是为"租界"等地区服务而建立的厂，如自来水厂、电灯厂和煤气厂等；四是各种轻工业，如火柴、肥皂、卷烟、铁器等。[2]

① 严中平主编：《中国近代经济史》（1840—1894），1 449页，北京，人民出版社，2012。
② 参见孙毓棠编：《中国近代工业史资料》第一辑（1840—1895）上册，234~247页，北京，科学出版社，1957。

（一）船舶修造业

船舶修造行业是鸦片战争后外国资本在华经营最早的近代工业。20世纪之前的中国船舶修造厂主要由英国商人投资开办，因为此时的中国航运业主要掌控于英人手中。一般来讲，外资船舶修造业的发展可以分为三个阶段：一是初创时期，在19世纪四五十年代，主要从三个地区开始，即广州、香港、九龙地区，上海地区，厦门和福州地区；二是大发展时期，20世纪60年代，船厂数量逐渐增多，业务范围从修船扩展到了造船；三是成熟时期，大船厂经过拓展兼并，其船舶修造能力大为提升。中日甲午战争之前，外国资本在中国的香港、上海、广州、厦门等地共设立了数十家近代船舶修造厂，规模比较大的有香港黄埔船坞公司、上海祥生船厂、耶松船厂等。

（二）原料和土特产加工业

（1）机器缫丝业。1862年，英国在华最大的生丝出口商——怡和洋行，运入意大利式的缫丝机器，在上海建立了一个有100台缫丝机的机器缫丝厂。

（2）砖茶制造业。汉口在第二次鸦片战争后被迫开埠通商，俄商凭借其攫获的贸易特权直接来汉口贩卖茶叶。1863年，俄商首先在汉口创设了顺丰砖茶厂。至1868年，俄商在汉口一带共有3个砖茶厂。

（3）制糖工业。20世纪60年代，香港的英商即设立机器制糖厂，掠购广东、福建、台湾等地的甘蔗和粗糖进行精制。

（4）蛋粉制造业。外国资本在中国的广大农村地区廉价收购蛋类，然后加工制成蛋粉出口盈利。

（5）饮料与制冰业。19世纪50年代初，英商在上海设立屈臣氏药房和老德记药房，开始仅从事药品、化妆品等的制造，后来兼营利用机器制造汽水及其他饮料。

（6）打包业。常年在华经营的怡和、宝顺、旗昌等外国大洋行都附设打包厂。

（三）公用事业

规模比较大的有1881年英商创办的上海自来水公司和1890年英商开设的天津煤气公司等。起初这些工厂仅服务于"租界"外侨的生活需要，若干年后，便通过控制水电供应控制通商口岸的绝大部分工业。

（四）其他轻工业

（1）化学工业。19世纪50—70年代，外国资本陆续在上海创立了一些化学工业，最早的是制药厂。

（2）火柴工业。1880年，英商在上海建立燧昌自来火局和燮昌火柴厂。

近代以来中国农村变迁史论（1840—1911）

（3）卷烟。1891年,天津的英国进出口商老晋隆洋行输入卷烟制造机,开始制造烟卷。

（4）新式造纸业。1881年美商在上海集股成立上海华章纸厂。

（5）新式印刷。外国资本在上海经营印刷业开始较早,1850年,英商奚安门(H. Shearman)创办的《北华捷报》印刷发行。

此外,外国资本还在华经营皮革、建材、家具、豆饼和榨油等轻工业。列强在中国境内掠夺廉价的原料和劳动力从事工业制造,并且其商品专销于中国市场。

在1840—1894年55年中,列强在中国经营的工业企业不少已经具备相当大的规模,且产生了较大的社会影响。这些工厂加工制造的产品,很多不但供应驻地的地方市场,而且还输送到中国的各商埠口岸、城镇,甚至广大的农村。

中日甲午战争后,《马关条约》的签订正式确立了帝国主义国家在中国开设工厂的权利,列强开始对中国进行资本输出,加强经济侵略。外资相继凭借不平等条约攫取了在华的设厂制造、矿山开采、铁路修筑等一系列经济特权,对中国近代工业的投资高速增长,如表7-4所示。

表7-4　外国在华设立的主要工厂资本两阶段对比

时期	设立的厂数/家	设立时的资本额/千元
第一阶段（1840—1894）	23	7 631
第二阶段（1895—1911）	123	98 523

资料来源:参见汪敬虞:《中国近代工业史资料　第二辑(1895—1914年)》,上册,1页,北京,科学出版社,1957。

注:(1)主要工厂是指设立时资本在100 000元以上的工矿。
(2)其中有少数工厂设立时的资本不详,采用稍后的资本代替。

明代,白银已经取得正式货币地位,在全国普遍流通。清沿明制,以纹银为标准成色,各地又有所不同。嘉庆初年,荷兰、墨西哥、葡萄牙银元开始流通于北京地区,福建、广东等沿海省份的民间更倾向于使用外国银元。鸦片战争以后,西班牙银元在中国占居主导地位。1854年,墨西哥鹰洋流入中国境内。1887年,张之洞奏请自铸银元,1890年正式流通,成为中国法币。此后,各省也纷纷自铸银元,情形混乱不堪。直到清宣统三年(1911),中国统一自铸的新式银元才最终形成。晚清时期的白银"两"与银元"元"是并用的。所以,正文中的"两"皆指白银,"元"皆指银元。晚清时期的货币单位混乱,难以统一折算,忠于史实是比较合理的处置方式。

由表7-4可以看出,在甲午战争前的54年里,列强在华资本额超过10万元的主要工厂仅有23家,战后短短16年中激增为123家,投资总额也为原来的12.9倍。

在这一时期,各式各样的外资企业纷纷在中国开设,一般投资于矿冶、食品、水电、纺织、火柴、船舶修造等行业。仍以英商为最多,其次为德商,俄、法、美、日诸商又次之。据统计，1895—1913 年开办的重要外资厂矿企业共有 136 家，主要包括资本在 10 万元以上的外资工厂、外资开办的全部矿厂，以及中外合办的工厂企业。外国企业投资情况如表 7-5 所示。

表 7-5　甲午战争后外国在华设立工厂情况（1895—1913）

国别	设立厂数 / 家	资本额 / 千元
英国	37	49 681
法国	6	4 595
德国	12	7 681
日本	49	26 330
俄国	17	6 648
美国	8	3 240
其他	7	4 978
总计	136	103 153

资料来源：参见汪敬虞：《中国近代工业史资料　第二辑（1895—1914）》，上册，2 页，北京，科学出版社，1957。

按照工业部门分类统计，上述企业投资情况如表 7-6 所示。

从表 7-5、表 7-6 看出，外国资本在华工业投资可谓无孔不入，开办的企业已几乎遍及所有工业部门，从纺织、食品等轻工业，到矿冶、机器制造等重工业。

表 7-6　甲午战争后外国在华设立的工厂按部门分类（1895—1913）

类别	设立厂数 / 家	资本额 / 千元
矿冶	32	49 696
机器造船	7	2 895
水电	19	11 514
纺织	16	12 515
食品	39	17 148
其他	23	9 385
总计	136	103 153

资料来源：参见汪敬虞：《中国近代工业史资料　第二辑（1895—1914）》，上册，3 页，北京，科学出版社，1957。

二、官府经营的工矿企业

1862—1895 年，洋务派以"求强""求富"为旗帜，积极创办近代机器工业，着力建设新式海军、海防，形成了中国近代历史上轰动一时的洋务运动。[①] 中国的近代

---

① "洋务"一词原称"夷务"，是清政府办理外国事务的通称。其内容主要包括：购买和仿制西方先进的枪炮舰船；编练新式海陆军；开办工厂、矿山、铁路、电报、学堂；选派留学生等。倡导该活动的主要是一些当权大官僚，如恭亲王奕䜣及曾国藩、李鸿章、左宗棠、张之洞等，被称为洋务派。

机器工业是由洋务派最早创办的，这是中国工业发展的特征之一。

洋务派共创办 40 余家军用工业企业，简况如表 7-7 所示。其中有 11 家企业的规模和影响较大，即江南制造局、金陵制造局、天津机器局、福州船政局、轮船招商局、开平煤矿、漠河金矿、汉阳铁厂、上海机器织布局、湖北织布官局和电报局。

表 7-7　洋务运动中清政府经营的军用工业（1861—1894）

局厂	所在地	设立年	创办人	情　况	经　费
安庆内军械所	安庆	1861	曾国藩	规模很小，以手工制造为主。制造子弹、洋炮等；造过一艘小汽机轮船	不详
上海洋炮局	上海	1862	李鸿章	规模很小，以手工制造为主，英国人马格里主持。制造子弹、火药，翌年迁至苏州	不详
苏州洋炮局	苏州	1863	李鸿章	比以上二者稍大，始用西洋机器，系自上海移至苏州，制造子弹、火药，1865 年移至金陵	由苏沪军需用款开支。在苏州共约一年，经费支出 110 657 两白银
江南制造局	上海	1865	曾国藩、李鸿章	清政府所办规模最大的军工工业，造轮船、枪、炮、水雷、子弹、火药与机器，有炼钢厂	最初创办经费约 543 000 两。1867—1873 年共支出 2 900 000 两。1874—1894 年每年经费 330 000~790 000 两不等
金陵制造局	南京	1865	李鸿章	比江南制造局小，比各省机器制造局大。1865 年苏州洋炮局移至南京，成为金陵制造局的基础。制造枪、炮、子弹、火药。1881 年添建金陵洋火药局	创办经费不详。常年经费自 1879 年以降，每年约 110 000 两。1884 年以降，新建金陵洋火药局，每年经费 52 000 两
福州船政局	福州	1866	左宗棠	清政府所办规模最大的轮船修造厂，造轮船	创办经费 470 000 两。常年经费每年 480 000~600 000 两白银，但欠解甚多
天津机器局	天津	1867	崇厚、李鸿章	规模仅次于江南制造局，制造枪、炮、子弹、火药、水雷，有炼钢厂	创办经费约 220 000 两。常年经费自 1870 年以降，每年 130 000~420 000 两
西安机器局	西安	1869	左宗棠	规模很小，系临时性，制造子弹、火药，1872 年迁至兰州	不详

局厂	所在地	设立年	创办人	情　况	经　费
福建机器局	福州	1869	英桂	规模很小，制造子弹、火药，时开时停。1885 年以后略扩充	不详
兰州机器局	兰州	1872	左宗棠	规模较小，制造枪、子弹、火药，1880 年关闭	不详。自甘肃关内外办理军需款项内开支
云南机器局	昆明	1872（？）	岑毓英(？)	规模较小，后停办，1885 年再建。制造炮、子弹、火药	不详
广州机器局	广州	1874	瑞麟、刘坤一	初办时规模较小，主要造小轮船，后米逐渐扩充。包括自英商购买的黄埔船坞。1885 年后能制造子弹、火药、水雷	创办经费约 170 000 两，常年经费不详
山东机器局	济南	1875	丁宝桢	中型，制造枪、子弹、火药	创办经费 186 000 两，常年经费每年约 36 000 两
四川机器局	成都	1877	丁宝桢	中型，制造枪、炮、子弹、火药	创办经费 77 000 两，常年经费 20 000~60 000 两
吉林机器局	吉林	1881	吴大澂	中型，制造子弹、火药、枪	创办经费不详，常年经费每年约 40 000~100 000 两
神机营机器局	北京	1883	奕譞	规模稍大，制造情况不详。1890 年冬毁于火	创办经费数十万两。常年经费不详
浙江机器局	杭州	1883	刘秉璋	规模较小，制造子弹、火药、水雷	创办经费约 100000 两，常年经费不详
台湾机器局	台北	1885	刘铭传	规模较小，制造子弹、火药	创办经费 100 000 余两，常年经费不详
湖北枪炮厂	汉阳	1890	张之洞	规模颇大，1895 年正式开工，制造枪、炮、子弹、火药。较其他各局机器最新	创办经费 700 000 余两，常年经费 400 000 余两

资料来源：孙毓棠编：《中国近代工业史资料　第一辑（1840—1895）》，上册，565~566 页，北京，科学出版社，1957。

　　19 世纪 70 年代以后，中国的近代工业开始由军事工业扩展到民用工业，经营方式也相应地由官办发展到官督商办或官商合办，以及完全商办。民用工业主要集中于同军事工业关系密切的采矿、炼铁、交通运输，以及获利丰厚的纺织等行业。这个时期洋务派创办的近代民用工业企业如表 7-8 所示。

表 7-8 洋务运动中清政府兴办的民用工矿企业（1875—1894）

矿 厂	开办年	创办人	情 况	资 本
直隶磁州煤铁矿	1875	李鸿章	李鸿章于 1874 年委托英商菴特生赴英订购采煤机器，价值约 130 000 两，欲开磁州煤铁矿。1875 年奏准开采，嗣因当地人民反对，机器又不合用，事遂中止	不详
湖北广济兴国煤矿	1875	盛宣怀	土法开采煤窑四十余座，并聘雇英国矿师郭师敦等勘探湖北各地煤铁矿。开采失败，1879 年改为商办，移至荆门开挖，称荆门煤矿	直隶练饷制钱 200 000 串，湖北省款 100 000 串
台湾基隆煤矿	1876	沈葆桢	福州船政局为供应船厂炮舰的需要而开采煤矿，聘用英国矿师，1879 年开始出煤，1884 年因中法战争而破坏，1885 年归商办，1887 年官商合办，旋复改归官办。1889 年刘铭传与英商范嘉士订立合同，拟归英商开办，因总理衙门与户部反对而中止，仍由官办，产量减少。1890 年又拟官商合办，清中央政府反对。1892 年暂停闭，1894 年再酝酿招商承办，未成而甲午战争爆发	创办经费不详，由福州船政局开支。常年经费开支 100 000 两。1887 年再开采时，资本 120 000 两
台湾后垅石油矿	1877	唐廷枢	1877 年唐廷枢雇用美国矿师凿井试采，失败。1889 年刘铭传与英商订立合同时，拟将石油矿权随同基隆煤矿同时出卖，未成	不详
直隶开平煤矿	1878	李鸿章、唐廷枢	1876 年李鸿章命唐廷枢勘察开平，翌年拟定开办章程，1878 年凿井，用英国矿师 8~10 人。自 1882 年全年出煤，日产 600~900 吨，1894 年增至 1 500 吨。官办各矿中以开平为最成功	创办时集商股 800 000 两，后增至 1 000 000 两。因开支庞大，屡借官款，数额不详。二者共约 2 000 000~2 300 000 两
热河承德府平泉铜矿	1880	李鸿章、朱其诏	李鸿章命朱其诏招商集股经营，但主要系官款。用外国矿师。1893 年衰废，1894 年张翼接办	240 000 两
贵州青溪铁矿	1886	潘霨、潘露	1886 年潘霨奏准建立青溪铁厂，购办机器。商股不足，多借官款。1890 年开炉，因潘露死，加煤炭困难，暂停工，嗣后只小规模开采	300 000 两
山东淄川铅矿与煤矿	1887	张曜	用机器较少，1891 年后稍扩充	不详
热河土槽子、遍山线银铅矿	1887	李鸿章、朱其诏	机器购价 30 000 两，用美国矿师，兼采榆树沟煤矿，全系官款	数万两

矿　厂	开办年	创办人	情　况	资　本
云南铜矿	1887	唐炯	1883 年成立云南矿务招商局，开采云南铜矿，失败。1887 年派唐炯督办云南矿务，官督商办。矿厂分散，使用机器较少，雇日本矿师，但大部分仍系土法开采，不很成功	不详
黑龙江漠河金矿	1889	李鸿章、恭镗	1886 年黑龙江将军恭镗奏请开采，1889 年开工，生产情况较好。1893 年增开观音山金矿，1898 年以后渐衰	创办时商股 70 000 两，官款 130 000 两，数年后将官款陆续归还
湖北大冶铁矿	1890	张之洞	为汉阳铁政局企业的一部分，自 1890 年起始经营开采，1892 年运矿铁道亦竣工	由汉阳铁政局经费开支
湖北大冶王三石煤矿	1891	张之洞	为汉阳铁政局企业的一部分，自 1891 年起始开采，至 1893 年，因积水过多，停止开采	由汉阳铁政局经费开支
湖北江夏马鞍山煤矿	1891	张之洞	为汉阳铁政局企业的一部分，自 1891 年筹划开采，1893 年出煤，1894 年试行炼焦，规模较大，但煤质不良	由汉阳铁政局经费开支

资料来源：孙毓棠编：《中国近代工业史资料　第一辑（1840—1895 年）》，下册，1 170~1 173 页，北京，科学出版社，1957。

甲午战争以后，清政府的官办工业（包括军事工业和民用工业两个部分）还在继续向前发展，官僚资本亦有所增长。然而，此时的官办工业企业已经难以与甲午之前洋务派创办近代工业相提并论，多数企业规模不大，投资数额也较小，创办者的身份、政府重视程度也大不如前。

军事工业方面，洋务派之前创办的十几个军工工厂，如江南制造局、金陵机器局、天津机器局、福州船政局等，都在持续运转，有的还在原有基础上进行了扩张。同时，一些新的军工企业陆续开办，即新疆机器厂（1895 年）、江西子弹厂（1895 年）、山西制造局（1898 年）、河南机器局（1899 年）、湖南枪厂（1903 年）、北洋机器局（1904 年）等。

官办民用工业较甲午战前有所发展。据不完全统计，1895—1913 年，资本在 1 万元以上官办、官督商办和官商合办的工矿企业共有 86 个，资本额 2 947.6 万元，其大致情况如表 7-9 所示。

表 7-9　甲午战争后官办主要工业情况简况（1895—1913）

行业类别	设立的厂数 / 家	设立时的资本额 / 千元
矿山采冶	46	12 907
金属加工	2	500
水电	5	3 729

行业类别	设立的厂数 / 家	设立时的资本额 / 千元
水泥	2	2 200
纺织	4	3 398
造纸印刷	9	4 645
胶革	6	1 111
卷烟	2	110
碾米	1	100
日用杂项	9	776
总计	86	29 476

资料来源：汪敬虞编：《中国近代工业史资料　第二辑（1895—1914）》，下册，869~919 页，北京，科学出版社，1957；见自范西成，陆保珍：《中国近代工业发展史（1840—1927 年）》，167 页，西安，陕西人民出版社，1991。

由表 7-9 可见，这个时期的官办民用工业的发展重点是矿山采冶，一是因为其与军事工业有极为密切的联系，二是在国计民生中占据重要地位。涉足矿山采冶行业的工厂占整个官办民用矿厂数量 53.5%，其资本额的比重也近 43.8%。

甲午战争之后，中国官僚资本工业开始变得比较分散。战前，中国近代工业中官办工厂占工厂总数的 28.7%，工人数量占总数的 56.1%，资本额占总金额的 96%；战后，1895—1913 年设立的近代工矿企业中，官办工厂只占总数的 17.2%，资本额占 26.3%，官僚资本工业所占比重比战前减少许多。[①]

三、民族资本工业

中国民族资本主义的近代工业产生于 19 世纪 70 年代，即在洋务派创办近代机器工业 10 年以后崭露头角。中国原有的工场手工业的发展是民族资本主义工业产生的基础。民族资本经营的近代工业往往都是最早出现于手工业发达的地区（上海、广州，其他通商口岸及其附近城镇）和部门（轻工业和小规模采矿业）。例如，广东省南海县在 19 世纪 70 年代左右已经存在很多从事缫丝的手工工场，中国第一家民族资本主义工业企业——继昌隆缫丝厂，就诞生在这里。此后，南海县的西樵、江浦等地就陆续发展数十家近代机器缫丝厂。

自 1872 年继昌隆缫丝厂创办开始，到 1894 年中日甲午战争为止，中国民族资本总共创办了约 150 家企业，其中 93 家基本情况如表 7-10 所示。

---

① 范西成、陆保珍：《中国近代工业发展史（1840—1927 年）》，180 页，西安，陕西人民出版社，1991。

表 7-10　晚清时期民族资本经营的企业（1872—1894）

设立年	企　业	所在地	创办人	情　况
1872	继昌隆缫丝厂	南海	陈启沅	资本不详，雇用工人约六七百人
1872	广州印刷局	广州	—	不详，疑规模较小
1873	昭文新报馆	汉口	艾小梅	日报，后改为五日刊，不久即停闭
1874	汇报（后改名彙报、益报）	上海	容闳、唐廷枢	资本 10 000 两，使用手摇印刷机。为与上海申报竞争而创办，1875 年停业
1875	福建砖茶厂	福州		是年成立三个厂，因不能与俄商竞争，翌年两厂停闭
1875（？）	建昌铜铁机器厂	上海	—	能修造小汽船
1877	安徽池州煤矿	池州	杨　德、孙振铨	前买办杨德请准开池州煤矿，安徽巡抚命道台孙振铨督理，官督商办。1888 年扩充，1891 年因亏折而衰败。创办资本 100 000 两，1883 年增资约 200 000 两
1878	贻来牟机器磨坊	天津	朱其昂	使用蒸汽机磨面，雇用工人十余人
1878（？）	高记木厂	上海	张子尚（？）	初立时规模较小，后逐渐发展，在浦东及苏州河有大厂，使用机器从事木材加工
1879	裕昌厚缫丝厂	南海	陈植槩、陈植恕等	资本不详，雇用女工四百余人，男工百余人
1879	上海机器织布局	上海	戴　恒、郑观应等	最初资本 500 000 两，1893 年投资至 1 020 290 两。1890 年开车，纺机 35 000 锭，布机 530 台。雇用工人约 4 000 人。1893 年 10 月毁于火，1894 年重建，改为华盛纺织总局
1879	汕头豆饼厂	汕头	—	用机器榨油并制豆饼，年产量 30 万块
1879	湖北荆门煤矿	荆门	盛宣怀	盛宣怀经营广济兴国煤矿失败后，改归商办，移至荆门，开采荆门煤矿，规模较小，资本情况不详
1880	山东峄县煤矿	峄县	戴华藻	1880 年禀请批准开办，均系商股。使用机器不多，规模较小。1895 年山东巡抚李秉衡禁其开采，1902 年中兴煤矿公司重开此矿，资本 20 000 两
1880	广西富川贺县煤矿	富川	叶正邦	使用机器很少，共煤窑三座，每月可产 1 000 吨。1886 年失败，停闭。资本不详
1881	公和永缫丝厂	上海	黄佐卿	资本 100 000 两。创办时缫机 100 车，后增至数百车。1882 年开车
1881	合昌机器厂	上海		资本 3000 元。其他情况不详
1882	同文书局	上海	徐鸿复、徐润	影印古书，石印。1898 年停闭。徐润后又设广百宋斋，从事铅印
1882	广州造纸厂	广州	广州商人合股	机器造纸，疑不久因失败而停业
1882	广州印刷局	广州	—	使用机器，情况不详
1882	上海玻璃制造厂	上海	—	雇用英国技师，1884 年失败，1888 年厂房为上海英商福利公司所并

设立年	企业	所在地	创办人	情况
1882	裕泰恒火轮面局	上海	—	机器磨面粉及机器碾米
1882	均昌机器船厂（后改名发昌）	上海	李松云	能造小型汽船
1882	湖北长乐鹤峰铜矿	长乐、鹤峰	—	1881年鹤峰矿务局正式成立，规模较小，资本约100 000两
1882	利国驿煤铁矿	徐州	胡恩燮、胡碧澄	1882年左宗棠奏准开办，命胡恩燮集资试采，拟集股500 000两并开煤铁。嗣因中法战争影响，招股困难，乃先办采煤；资本缺乏，运输困难，不能发展。1887年，李鸿章、盛宣怀筹划进一步开发，至1889年又复中止。创办时拟集股500 000两，后仅收十余万两
1882	奉天金州骆马山煤矿	金州	盛宣怀	最初购置机器与开工费42 900两，1883年盛宣怀将矿局资本挪归电报局使用，1884年将矿股改为电股，矿遂停办。资本200 000两
1882	热河承德府三山银矿	承德	李文耀	前买办李文耀奏请开采热河遍山线、土槽子、罗圈沟银矿，凑集商股，名三山矿务局。1883年赔累潜逃，矿遂废弃。1887年李鸿章命朱其诏整顿再行开采。资本不详
1883	源昌机器五金厂	上海	祝大椿	资本100 000元
1883	安徽贵池煤矿	贵池	徐秉诗	在池州煤矿附近，规模甚小，不甚成功。资本不详
1883	山东平度招远金矿	平度、招远	李宗岱、林道瑺等	1883年矿局成立后，先探栖霞金矿，未成；1885年开始在平度开采，用外国矿师。因亏欠汇丰银行、官款及商款甚多，1889年停闭。1887年在招远用手工开采，年余因出产过少而停工。1890年在宁海勘探失败，1891年停歇。1896年拟再开采，李秉衡奏请全部封禁。平度金矿资本450 000两，连同宁海招远各矿共800 000两，其中借汇丰银行180 000两
1883	直隶顺德铜矿	顺德	宋吉堂	均系商股。因矿质不良，1884年奏准停闭。资本约200 000两
1884	坤记缫丝厂	上海	—	资本240 000两，雇用工人约500名
1884	撷华书局	北京	—	石印与印刷业，印"谕折汇存"等
1885	石竹山铅矿	福州	丁枞	均系商股。因资本不足，于1888年停闭。资本不详
1885	广德昌机器造船行	上海	何德顺	能造小型汽船
1886	中国机器轧铜公司	上海	福建商人	熔铜与轧铜
1886（？）	上海制冰公司	上海	—	租用外人机器厂房制冰，资本数千元
1886	广报	广州	邝其照	日报，1891年被李瀚章封闭，迁入沙面租界出版，改名"中西日报""越峤纪闻"

设立年	企 业	所在地	创办人	情 况
1886	天津自来火公司	天津	杨宗濂、吴懋鼎	最初资本18 000两，雇用外国技师。1891年改组为中外合办，资本45 000两
1887	蜚英馆石印局	上海	李盛铎	石印书籍，规模较大
1887	通久源轧花厂	宁波	严信厚	资本50 000两。雇用日本技师，工人三四百名
1887	厦门自来火局	厦门	—	规模很小，尝试性质。雇用日本技师。1889（？）年停业
1887	厦门玻璃制造厂	厦门	—	规模很小，尝试性质，不久即停业
1887	中西大药房	上海	顾松泉	制药并售药，最初资本数千元
1887	福州制糖厂	福州	—	规模很小，营业困难，数年后停业
1887	福州机器面粉厂	福州	—	不详
1887	海南岛琼州大艳山铜矿	琼州	张廷钧	均系商股，两广总督张之洞奏准特许免税3年，资本不详
1888	福州纱厂	福州	—	不详，1892年停业
1888	源昌碾米厂	上海	祝大椿	后为美国资本的上海碾米厂所吞并
1888	公茂机器厂	上海	—	资本20 000元，情况不详
1888	鸿文书局	上海	凌佩卿	石印书籍
1888（？）	富文阁	上海	—	石印书籍
1888	广州石印局	广州	—	规模较小，营业兴盛
1889	宏远堂机器造纸公司	广州	钟星溪	资本150 000两，雇用工人65人，外国技师2人，每日产纸62担。1889年获得10年专利权，1906年改为官商合办
1889	森昌泰火柴厂	重庆	卢干臣等	制造硫黄火柴。资本50 000两
1889	浙江慈溪火柴厂	慈溪	宁波商人	雇用日本工匠
1889	发昌煤厂	基隆	台湾商人	使用机器制造煤砖，规模较小
1889	平天寨银矿	广西贵县	谢光绮（？）	1885年谢光绮条陈开采此矿，拟官商合办，至1889年创立公司开采
1889	广东香山天华银矿	香山	徐润、唐廷枢	资本不足，开采困难，旋即停办。资本情况不详
1890	燮昌火柴公司	上海	—	资本50 000两，1906年雇用工人约800名。至1893年，上海共有华商火柴厂三家
1890	广州电灯厂	广州	黄秉常等	1891年供电灯700盏，雇用外国技师，1899年停业
1890	台湾制糖厂	台北	—	规模很小，营业困难，不久即停业
1890	顺记翻砂厂	上海	—	不详
1890	裕慎缫丝厂	上海	—	资本200 000两，缫机200台
1890	吉林珲春天宝山银矿	珲春	程光第	使用机器较少，规模较小，资本30 000两
1891	上海棉利公司（轧花厂）	上海	—	资本15 000两（？），轧花机40台
1891	华新纺织新局	上海	唐松岩	资本290 000两，纱锭约7 000枚，布机50台

近代以来中国农村变迁史论（1840—1911）

设立年	企 业	所在地	创办人	情 况
1891	上海源记公司（轧花厂）	上海	—	资本 200 000 两（？），轧花机 120 台
1891	炽丰机器厂	上海	—	资本 4 000 元，情况不详
1891	福州机器焙茶厂	建宁	福州富商	不详
1891	伦章造纸厂	上海	李鸿章等	资本 150 000 两，雇用工人 100 余人
1891（？）	森昌正火柴厂	重庆	卢干臣等	与森昌泰联号情况类似
1892	太原火柴厂	太原	胡聘之	资本 20 000 元
1892	杭州石印局	杭州	—	雇用工人约 30 名
1892	热河建平金矿	建平	徐润	规模很小，不很成功，资本不详
1893	延昌缫丝厂	上海	—	资本 100 000 两，雇用工人约 600 名
1893	礼和永轧花厂	上海	—	资本 50 000 两，轧花机 42 台
1893	义和火柴公司	广州	—	资本 10 000 元
1893	北京机器磨坊	北京	李福明	机器磨面粉，每日产量 200 担，1895 年停业
1893	长发油房	汕头	—	与汕头第一个豆饼厂类似
1893	重庆纱厂	重庆	黎庶昌	是年开始筹办，拟集资 500 000 两，未成；1896 年停止
1893	聚昌自来火公司	重庆	—	不详。重庆关曾许其 25 年专利
1894	正和缫丝厂	上海	—	资本不详，工人约 400 名
1894	纶华缫丝厂	上海	—	资本 100 000 两，工人千余名
1894（？）	源昌缫丝厂	上海	祝大椿	资本 500 000 元
1894	裕源纱厂	上海	朱鸿度	纺机 25 000 锭
1894	华盛纺织总厂	上海	盛宣怀	资本 800 000 两，初设时纱锭 64 556 枚，布机 750 台
1894	通久源纱厂	宁波	严信厚	资本 300 000 两，雇用外国技师。1896 年开车，工人 750 余名
1894	镇江纱厂	镇江	—	是年筹办，未建成；后因甲午战争而停止
1894	广州纱厂	广州	广州香港华商	是年筹办，拟集资 500 000 两，未建成
1894	戴聚源铁工厂	上海	—	资本 1 000 元，情况不详
1894	中英大药房	上海	上海商人合伙	资本数万两，后增至 100 000 两
1894	吉林三姓金矿	桦川	宋春鳌	规模较小，资本不详

资料来源：参见孙毓棠编：《中国近代工业史资料第一辑（1840—1895）》，下册，1 166~1 173 页，北京，科学出版社，1957。

从表 7-10 可以看出，在 19 世纪 70 年代的 8 年中，中国共创办民族资本企业 13 家，平均每年创办不到 2 家工厂；至 80 年代则猛增，10 年间创办 46 家企业，平均每年新增 4.6 家之多；在 90 年代的前 5 年中，民族资本经营工厂的数量增加更为迅速，达 34

家，年增长近 7 家。民族资本企业除了在量上增长外，质也有了很大改观，工厂规模越来越大，雇工人数逐渐增多，资本金也愈发雄厚。以上种种趋势表明，这个时期中国的民族资本主义工业是逐步成长壮大的。在民族资本主义工业发展最初的 20 余年间，民族资本经营的轻工业，如缫丝、棉纺织、火柴制造和新式印刷等，绝大部分都是比较成功的，取得了良好的收益；重工业则主要集中于一些小型采矿，包括小煤矿和小金属矿，数量总共不超过 20 家，但或因资本金不足，生产难以为继，发生亏损，开办不久旋即停闭，是勉强维持，难获成功。

中国民族资本主义近代工业的创办人主要是沿海以及交通便利地区的商人、买办和部分官僚等，这些人的身份也逐渐进行转换，由原来所属的阶层蜕变为新兴的民族资产阶级。这部分人属于晚清社会结构的中间层次，财力及社会影响力均有限，这就导致他们所办企业投资少、规模小。绝大部分企业资本在 10 万两白银以下，甚或亦有几千两的，远远少于同时期列强在华所设工厂的投资，若与洋务派的官办、官商合办企业的资本相较则更是少的可怜。据统计，1894 年前，包括全部新式采煤业和资本在 10 000 元以上的制造工业在内的 54 家民族资本企业，只有 480 余万元的资本金，平均到每家企业的资本为 8.897 万元；而 19 家官办和官商合办的厂矿企业却拥有 1 620 余万元的资本，每家企业平均下来的资本是 85.279 4 万元，为民族资本企业的 9.5 倍强。[①]

中国民族资本企业的生产技术和生产设备同西方资本主义国家相比非常落后，其生产方式多为手工劳动和机器生产并存，不少企业甚至仍以手工劳动为主。例如，采矿业中部分企业进行作业时，只用机器抽水，实际开采却是依靠人力，承用手工旧法。此外，民族资本工业技术落后还表现在资本的有机构成较低。中国雇佣工人的工资水平特别低，在人工比机器生产更能减少开支的情况下，资本家一般都更倾向使用工人。表 7-11 对中日甲午战争以前中国商办工厂按照行业类别进行了大致的统计整理，可反映晚清中国近代工业发展情况。在这 77 家民族资本企业中，每家工厂的平均资本只有 9.468 8 万元，而工人平均每厂则达 483 人之多。商办工厂雇工过多，并非表明这些企业的规模大，恰恰说明了民族资本工业的科技水平不高、机器生产设备缺少以及生产能力非常低下。

中日甲午战争之后，清政府面临更为严重的政治、经济、军事和外交等危机，在

---

① 范西成、陆保珍：《中国近代工业发展史（1840—1927 年）》，120 页，西安，陕西人民出版社，1991。

内忧外患的恶劣处境下，朝廷不得已陆续颁发了一系列奖励实业的章程，采取了一系列振兴工业的具体措施，使得中国民族工业在辛亥革命爆发前得到了有利发展。该时期民族资本工业发展状况如表7-12所示。

表7-11　甲午战争（1895年）前中国商办近代工厂统计

行业类别	企业数量/家	办厂资本数（千元）	工厂工人数量/人
棉纺织	6	1 738	10 000
缫丝	48	1 659	22 894
毛纺织	—	—	—
化学	14	1 600	3 171
食品	4	2 016	328
机械和五金	12	218	457
印刷	2	60	300
冶炼	—	—	—
铸钱	—	—	—
军械	—	—	—
合计	86	7 291	37 150

资料来源：陈真、姚洛：《中国近代工业史资料　第一辑〈民族资本创办和经营的工业〉》，54页，北京，生活·读书·新知三联书店，1957。

表7-12　近代商办民族工业发展状况

年　代	合　计		商　办			官办和官商合办		
	设立厂数/家	资本/千元	设立厂数/家	资本/千元	资本所占比重/%	设立厂数/家	资本/千元	资本所占比重/%
1872—1894	72	20 893	53	4697	22	19	16 196	78
1895—1913	549	120 297	463	90 801	75	86	29 496	25

资料来源：转引自中国人民大学政治经济学系《中国近代经济史》编写组：《中国近代经济史》，224页，北京，人民出版社，1976。

由表7-12容易看出，在1872—1894年的23年中，民族资本创办的工矿企业共有53家，资本总额469.7万元，平均每年开设企业2.3家，年投资额为20.4万元；而在1895—1913年这19年中，商办工厂企业的设立总数为463家之多，资本总额度为9 080.1万元，年均设厂24.4家，年均投资477.9万元。单独看年均设厂这个指标，甲午战后的数值是战前的10.6倍，战后的年均投资则是战前的23.4倍。依此可见，甲午战争之后的中国民族资本获得了高速发展。同样，民族资本工业的投资总额在整个中国近代工业中所占比重在甲午战争后也发生了革命性的增长。战前，商办、官办（含官商合办）在总资本中所占份额分别为22%、78%；战后，它们的比重为75%、25%，几乎发生了完全逆转。这说明，甲午战争之后，近代民族资本工业增长速率要远远快于官僚资本工业。

第七章　城镇、工业及交通运输对农村发展的影响此外，近代民族资本工业在这一时期的快速发展，还可以从其投资范围的广泛性印证。轻工业方面，甲午战争以后，民族资本经营的工业从缫丝、棉纺、毛纺、面粉，到火柴、发电、自来水、榨油、卷烟、水泥、玻璃、制革、造纸以及印刷等各部门均有所作为，面粉加工、电力等新兴行业部门甚至有非常快的发展。在重工业方面，如采矿、冶金、机械等都已经出现民族资本的身影。1895—1910年，资本在1万元以上的民族资本纺织企业至少已有140家，面粉加工、碾米等部门的民族资本企业也达40余家。一些民族资本家的资本积累在这个时期有了颇具规模的发展，例如张謇，在1895年创办南通大生纱厂后，苦心经营，获利丰厚，十数年便以"大生厂公积款为母"，陆续创办和投资企业达27家，总资本至900余万元。其他大民族资本家，像周学熙、祝大椿等人也是如此。即使像马吉森这样较小一些的民族资本家，也都能够利用积聚的资金迅速扩大再生产。马吉森于光绪二十九年（1903）在河南安阳创办六河沟机器煤矿，启动资本不过8.4万元而已。他率先使用机械开采并采用新式企业管理，投产后即有可观的获利，到1907年时资本增加到48万元。随着资本的扩充，1906年，马吉森又集资兴办安阳广益纱厂；1907年，着手开办了河南信成煤矿公司和山西晋益煤矿公司。

第三节　近代交通运输业的发展

国门洞开后，交通运输业有了很大的发展，拉近了人们的生存空间，加速了商品交换与信息的传递，并迅速推进了工商业、农业乃至政治、军事、文化诸方面的交流与发展。自19世纪中叶开始，列强资本先后从航运、船舶制造等行业向铁路等行业扩张。与此同时，清政府资本和民间资本也逐渐进入交通运输事业，使近代中国有了前所未有的发展。近代铁路、航运诸行业的发展与国内各项经济事业的发展交互作用。

一、铁路的肇兴

早在19世纪30年代末，铁路知识开始传入沉睡中的清王朝。1859年，太平天国干王洪仁玕在中国首提"行车马之利""造如外邦之火轮车",由于时局影响,这个设想并未能付诸实施。第二次鸦片战争(1856—1860)后,西方列强纷纷开始在中国修筑铁路。1865 年,英国人杜兰德在北京宣武门外铺设一条演示性的一里多长小铁路,轰动京师,后被清政府强行拆除,但这可视为中国铁路之始。1876 年,英属怡和洋行偷偷修筑了由上海到吴淞的铁路约 30 里。清政府对此表示强烈反对,经交涉后收归国有,尔后拆除被运往台湾。外国在华公职人员则一再向清政府施加影响,游说修铁路对于扩张商务利益和维护社会治安的效用。

为了运出唐山开平煤矿的煤炭,1881 年,在李鸿章的支持下,唐山至胥各庄的铁路破土动工,当年 11 月竣工,全长 20 华里,这是在中国土地上由国人自行建造的第一条铁路。[①] 起初,清廷以铁路机车"烟伤禾稼,震动寝陵"为由,不准用火车头拉,只准用驴马拖载,直到 1882 年才正式用机车牵引。在建造铁路的过程中,中国工人制造了中国自己的第一台机车"龙号",并采用 4.85 英尺的国际轨宽,这也成为后来中国铁路的标准轨距。胥唐铁路初属开平矿务局,1886 年在李鸿章的授意下成立开平铁路公司,招商集资 25 万两,独立经营,不久又改组成中国铁路公司,定为官督商办,铁路向南延伸到天津,向北延伸至山海关,后又西延至北京,是为京山铁路。

1885 年中法战争后,清政府痛感缺乏火车、船舰之弊端,尤其是普鲁士军队在 1870 年普法战争中利用铁路突袭法军获胜,使人们对铁路的军事国防价值有了新的认识。这种观念当即传入中国,加上张之洞、刘铭传等大臣的力主,清政府遂支持兴办台湾铁路和扩展唐胥铁路。为了在战略上抵制俄国在西伯利亚修筑铁路,清政府立即兴修关东铁路,它和台湾铁路是甲午战争以前在中国建成的全部铁路。这一时期,统治集团内部关于修筑铁路的争论时起时伏,直到 1889 年 5 月清廷宣布"此事为自强要策,必应统筹天下全局""但冀有益于国,无损于民,即可毅然兴办",从而确立了兴办铁路的政策。之后,张之洞开始在湖广兴修芦汉铁路。

甲午战争时期的铁路建设在中国铁路运输发展史上占有重要的地位。在这一期间,清政府先后借债 4.59 亿元用于铁路建设,创下了清代和民国时期政府投资建设铁路的最高纪录,奠定了中国铁路交通网络的基本框架,为经济的发展提供了条件。

---

① 1865 年,英国商人杜兰德在北京宣武门外沿着护城河修建了一条一里长的小铁路,这是中国出现最早的一条铁路。不久,清政府勒令拆掉。严格地说,这还不能算作实质意义上的铁路。1877 年,洋务派大员福建巡抚丁日昌在台湾基隆煤矿的老寮坑矿地至滨海泊船处,自行修建台湾基隆矿区铁路,开创了我国自行修筑铁路先河。而 1881 年修建的唐胥铁路是中国自建的第一条标准轨运货铁路并且得到了清政府的许可。

中国较大规模的铁路修建是在甲午战争后。此时，铁路对加强国防及工商业的巨大作用逐步显现，清廷清楚地认识到铁路是"富强之本"，必须"悉心策划"，并于1898年设立矿务总局，主管铁路兴办事宜。此时西方投资者从利润上考虑，也在积极谋求在华筑路。列强强揽筑路投资，使得这段时间内修筑的重要铁路干线都是在举借外债的条件下开展或完成的。西方各国支持本国投资者在华利益所发生的竞争也由19世纪七八十年代的潜在状态急剧表面化，发生了所谓"路权争夺战"。其中最突出的是向俄国借债修筑的南满铁路、向德国借债修建的胶济铁路和向美国借债修筑的粤汉铁路等。截至1914年，外国在华铁路直接投资约有2.29亿美元，筑成铁路长度3 772公里。这些铁路的主要管理权和重要技术职务均操于债权国之手，路务规章、铁路运价等亦由控制各路的诸国资本家制定。从国际收支看，旧中国铁路借款的利息支付，几乎耗尽了铁路运营的盈利；债权国还独占铁路建材的供应，从中获取垄断利润。在铁路经营过程中衍生的各类费用，包括借款利息、发行费、信托费、购料手续费等，据估计，平均约相当于铁路借款总额的11.05%。[①]

与此同时，清廷还放宽了对民办铁路的限制，准许商人招股集资，成立公司，官督商办。1903年由清政府商部制定了《铁路简明章程》，受到绅商的欢迎。1903—1907年，先后有四川、湖南、云南、江西、安徽、湖北等15省设立铁路公司，开始招股募商，雇工聘匠，掀起一股全国性的商办铁路浪潮。著名的京张铁路就是在这段时期兴办的。在修建过程中，总工程师詹天佑创造性地使用"人"字形路线，解决了施工中的工程技术难题。该路从1905年10月开工，至1909年9月顺利通车，全线201.2公里。

晚清时期，中国铁路的修建情况如表7-13所示。

表7-13　历年铁路修筑里程表（1876—1912）

工程起讫年代	铁路名称	起讫地点	里程/公里	备　　注
1876	吴淞铁路	上海—吴淞	15.00	英国擅自建筑
1878—1912	京奉铁路	北京—沈阳	849.39	英国贷款建筑，英国取得管理、用人、续借款项之权
1887—1893	台湾铁路	基隆—新竹	77.00	
1898—1903	东清铁路	满洲里—绥芬河	1 481.00	俄国强求建筑，并取得直接经营权
1898—1903	东清铁路南满支路	哈尔滨—长春	240.00	同上

① 吴申元主编：《中国近代经济史》，139~140页，上海，上海人民出版社，2003。

工程起讫年代	铁路名称	起讫地点	里程/公里	备注
1898—1903	东清铁路南满支路	长春—大连	704.30	同上
1898—1906	京汉铁路	北京—汉口	1 214.49	比利时贷款建筑，并取得代理经营权
1899—1903	株萍铁路	株洲—萍乡	98.78	
1899—1904	胶济铁路	胶州—济南	394.10	德国强求建筑，并取得直接经营权
1901—1936	粤汉铁路	广州—武昌	1 189.83	英、美、法、德等国贷款建筑，英、美、法、德取得管理、用人、续借款项之权
1901—1902	粤汉铁路	广州—三水	48.92	
1902—1907	道清铁路	道口—清化	229.07	英国取得直接经营权
1903—1907	正太铁路	正定—太原	249.95	法国贷款建筑，取得管理经营权
1903—1909	滇越铁路	昆明—河口	464.20	法国强求建筑，并取得直接经营权
1904	安奉铁路	苏家屯—安东	260.20	日本擅自建筑，并取得直接经营权
1904—1908	沪宁铁路	上海—南京	311.04	英国强求建筑，英国取得管理、用人、续借款项之权
1905—1908	潮汕铁路	潮州—汕头	39.10	日本入股
1905—1923	京绥铁路	北京—包头	813.80	日本贷款建筑，日本取得续借款项权
1905—1945	陇海铁路	连云港—天水	1 356.07	比、荷两国贷款建筑，并取得管理、用人、续借款项之权
1906—1910	漳厦铁路	嵩屿—江东桥	28.00	
1906—1913	新宁铁路	斗山—北街	109.60	
1907—1911	广九铁路	广州—深圳	142.77	英国强求建筑，并取得管理、用人、续借款项之权
1907—1912	沪杭甬铁路	上海—宁波	352.81	同上
1907—1916	南浔铁路	南昌—九江	128.35	日本贷款建筑，日人担任顾问
1908—1911	津浦铁路	天津—浦口	1 009.48	英、德强求建筑，并取得用人及续借款项之权
1909—1912	吉长铁路	长春—永吉	127.74	日本贷款建筑，取得用人权

资料来源：严中平等：《中国近代经济史统计资料选辑》，172~174、184~185 页，北京，科学出版社，1955。

各省商办铁路公司采取了多种方式积极筹措筑路款。江苏、浙江、广东等省多采用公开招股的办法；内地各省则多采用抽捐、摊派的方式，甚至随粮征股。各省铁路公司计划筹款的额度不一，实收股额多寡悬殊。商办铁路最有成效的是浙江和江苏，两省分别集资 925 万元和 409 万元，于 1905 年开始兴修沪杭甬铁路，1908 年全线贯通。四川、广东、江苏、浙江等 15 省共计划筹股 19 266 万元，实收 5 977 万元，其数额已经相当于同期工矿业总投资的一半。到 1911 年，各省总计完成商办铁路约 900 公里，占同期全国新筑铁路的 11%。

甲午战争后新修的铁路中，清政府仅对其中的 23.2% 计 2 084.8 公里的线路拥有完全的所有权，对总里程的 46.3% 计 4 171.2 公里的线路只拥有部分所有权，而对其余的 30.5% 计 2 746.1 公里的线路则全无所有权。清政府拥有全部或部分所有权的路段，其归属也时有变动，中央与地方、地方与地方、官与商之间对这些线路的权力之争时有发生。1895 年之前，铁路一直由海军衙门主管。后因海军衙门撤销，从 1895 年起，铁路改由总理衙门监管。1898 年戊戌变法中，新设矿务铁路总局，但实际权力则在各铁路公司手中。1901 年，因列强加紧掠夺我国路矿资源，中外纠纷日多，铁路又转归外务部考工司兼管，并重设铁路矿务总局。1903 年，商部成立，铁路又改归该部通艺司管辖，1906 年再转归邮传部路政司。翌年，邮传部下设铁路总局以专其事。尽管如此，仍无法由中央一统铁路管辖大权，商办铁路更是"省界分明，各存畛域"。1908 年，清政府曾举借外债，欲收回商办铁路，未果。1911 年，邮传部路政司长兼任全国铁路督办，再次试图收回商路，加速干路国有步伐，以加强中央对铁路的控制。但是，清廷的铁路干线收归国有政策严重损害了铁路所在省份的民众权益，招致了保路运动的爆发。清朝最终在轰轰烈烈的辛亥革命中覆亡。

二、近代航运业

（一）外资航运业闯入

鸦片战争后，外商于 1846 年创办了中国第一家专业轮船公司"省港小轮公司"，这是中国最早的外资轮船公司。内河航运开放后，西方洋行相继将资本投入在华轮船航运。开入长江的第一艘外国轮船是 1861 年美商琼记洋行的"火箭"号，同年英国宝顺洋行的"总督"号首次从上海驶抵汉口。1862 年，美资旗昌洋行的大股东在华创办了"旗昌轮船公司"，经营上海至广州和长江两大航线。

1862 年，法国火轮公司将航线延伸至上海，与大英轮船公司竞争。后来它又相继开辟香港线、上海至天津线。1867 年美国国会通过成立太平洋邮船公司议案，经营加利福尼亚至上海至横滨航线。1872 年，在英国海洋轮船公司的支持下，太古洋行在上海设立了太古轮船公司，拥有 4 艘轮船，主要走上海至香港线及长江线。该公司业务发展较快，到 1894 年时已经拥有轮船 29 只。怡和洋行也不甘落后，于 1873 年成立华海轮船公司，吸收大量华人入股，从事沿海航运；1879 年又成立扬子轮船公司，加入长江航线的竞争。1881 年，怡和股东又成立怡和轮船公司，吸收一些英国大商人入股。到 1894 年，怡和拥有轮船 22 艘，势力仅次于太古轮船公司。

（二）民间航运业兴起

起初，清政府明令禁止官僚和华商独立经营轮船航运业，他们只得采取合股的形式将资本投向外国轮船企业。如美商旗昌轮船公司，其最大股东是中国商人；成立于 1868 年的北清轮船公司，所收的 19.4 万两资本中，有三分之一来自华商。后来，清政府为了规范华商租买洋船的行为，制定并公布了《华商买用洋火轮夹板船等项船只章程》，准许华商买造洋船。进入 19 世纪 60 年代后期，一些买办、商人和官僚开始酝酿兴办公司，独立从事轮船航运业经营。

（三）招商局的成立

1872 年，在李鸿章的力倡之下，总理衙门决定"开华商造、买船之禁"，遂于上海创办轮船招商局。招商局采用官督商办的原则，隶属于北洋大臣（后归属邮传部），清政府具文规定企业股本必须来自华人。这种官商关系成为日后民用企业官督商办的主要模式，对近代企业的发展影响极大。1873 年 1 月 18 日，轮船招商局在上海正式成立，由唐廷枢、盛宣怀等任总办。招商局总局设在上海，另在天津、烟台、福州、厦门、广州、香港，以及横滨、神户、新加坡、安南（今越南）、吕宋（今菲律宾）等口岸设置分局。

1890 年，一家华商轮船公司在香港成立，资本 30 万两。同年在汕头和上海又有两家华商轮船公司开业。1893 年前后，在华南和江浙地区还有若干个小火轮公司投入运营。经过三分之一世纪的酝酿和申办，内河小轮企业虽然不断出现，但的规模一般较小，业务仅限于载客和拖船，航线也受清政府"不准擅入内河"的严格限制，总体发展比较缓慢。直至甲午战争前，中国籍的轮船仅 133 艘，如果包括一些合资轮船在内，总数也不过 150 多艘，净吨数约 4 万余吨。民族航运业虽然举步维艰，却为我国近代航运业奠定了发展基础。

（四）民族航运业大发展

20 世纪初，华商船运企业，特别是小轮企业迅速兴起，全国各地相继开办商轮公司或轮船局。截至 1900 年，我国已拥有各式轮船约 480 艘。民间船只打破了外资和清政府的垄断，取得了内河航运的合法地位，可以与外商和清政府在相对同等的地位上竞争。

1900 年以后，大、中型船运企业开始兴起。首先，在拥有较多资产的资本家和拥有较高政治地位的资本家中开始兴起创办大中型轮船公司，较著名的有张謇创办的"大达轮步公司"，四川省属官商合办的"川江轮船公司"，东北的"松黑两江邮船局"和汉冶萍企业自办的船运事业等。在国内航线上，相继出现了以"三北航业集团""政记轮船公司""北方航业公司"等为代表的一批大中型轮船企业。这些公司一般拥有多只乃至数十只轮船，总吨位可由数千到数万吨，形成国内江海上颇具实力的航运力量，其航行范围几乎遍及自然条件能够通航的所有河流。这些轮船公司中，少数规模较大，具有一定的经济实力。例如1905年设立于烟台的政记轮船公司，创办资本12万元，经营沿海运输，获利甚丰。到1911年该公司已拥有千吨级轮船3艘，同时租千吨级日本轮船多艘，规模不断扩大。

综观晚清时期的整个航运业，外轮的实力异常强大，在沿海和通商口岸水域更占绝对统治地位。在进出通商口岸的小轮数量上，中方船只占绝对优势（91%），共有商船2 734艘，但在大型船只的数量上中方却处于劣势（39%）。据1911年全国各通商口岸进出口船只吨数统计，外轮的吨位始终占75%~80%以上（以英、日为主），中国轮船不到25%。中外轮船公司之间的竞争十分激烈。中国商轮公司由于规模小，经营管理落后，加上自身腐败等原因，在竞争中往往处于劣势，不少公司因此而亏损倒闭。

三、近代邮电业

自同治、光绪之际引进电报后，近代中国的邮电事业不断发展，线路逐步开拓，门类也日臻齐全。近代邮电事业的发展，使古老的驿传发生革命性变革。中国有了新的通信手段和通信方式，对于促进中国社会经济发展、沟通思想文化交流、加速物资流通以及便利人民生活等，都起了积极作用。

（一）有线电报

第二次鸦片战争后，英、俄、美等国出于交流军事情报和经济信息的目的，纷纷要求清政府架设电线、开办电报，均遭拒绝，但这并没有阻碍列强私下铺设电报的活动。1869年，美国旗昌洋行架设了从上海虹口到法租界码头的电报线路，成为我国第一条陆上电报线。1871年，丹麦大北电报公司私下铺设由香港到上海的水线，并与上海到长崎的线路接通。1873年，旗昌洋行又架设了吴淞至上海间的陆线。此后，上海工部局、巡捕房、救火会及各大企业内部纷纷架设专用电报线。1883年，英国大东电报公司又铺设了一条从上海到香港的水线。1900年，大北、大东公司又铺设沟通上海、烟台、大沽的水线并延展至北京。

1876 年，福建巡抚丁日昌在福州船政学堂内设立了我国第一所电报学堂，首批培养了 40 名电报技术人员。1877 年，中国自行架设、自主管理的第一条电报线创建于台湾。在李鸿章的主持下，中国的第二条电报线于 1879 年在天津至大沽炮台间建成，全长 40 公里。电报试设成功后，李鸿章筹建沟通南北洋的津沪电报线奏折获准。李鸿章旋及在天津设立电报总局，以盛宣怀为总办，负责筹设津沪电报线及向全国推广事宜。同时，在天津设电报学堂，培养自己的电报人才。电报总局成立后，在上海、苏州、济南等地设置分局，上海分局的总办是著名学者郑观应。1881 年 5 月，工程从南北同时开始动工，同年 11 月竣工，开始营业。1882 年，电报总局改为官督商办。同年，穗港线动工，先由广东商人组成的华合公司集股创办。随着 1884 年该线并入电报总局，华合公司也随之改组为广州电报分局。由津沪线向南延伸的另一条干线是沪粤线。李鸿章为抗衡外资公司，于 1883 年令盛宣怀着手动工。沪粤线全长约 5 650 公里，沿途既经过军政要地，又连接商业重镇。1884 年春，此线贯通后，上海即成为南北电报中枢，电报总局遂由天津迁往上海，主要办理民间电讯，故被称为商电。清政府为政治和军事需要，还建立了几条专为官用的电报线路，称为官电。由上海向汉口延伸的长江线，是横贯中国中部的东西干线。在左宗棠的支持下，该线于 1881 年动工，1884 年竣工后也划归电报总局管理。

在中法战争爆发前，清政府在 1883 年紧急架通天津至北京通州的陆线，并于第二年分两条线路引入北京，一条专门收发官电，另一条专门收发商电。中法战争期间，华南、华北、华中、东北、西南都连通了电报线。中法战争后，电报迅速推广，西南、东北、西北地区相继修筑了干线。在此期间，中国电报局又分别与各国达成接线协议，相继连通越南、缅甸和中亚。甲午战争后，沿边电报发展很快，内陆线路也陆续设置，逐渐形成涵盖沿海、沿江，与铁路相表里，遍及除西藏之外各省区的电报通信网络。与此同时，中国电报通过与各国接线，已使电报直达欧美、日本、俄国、朝鲜、东南亚等国家和地区。

（二）电话

在近代中国，电话最早出现于上海租界内。1882 年 2 月 1 日，上海大北电报公司正式租机通话，所拥有二三十家用户。同年，英商上海电话互助协会也得到批准，第二个电话交换所宣告开业。翌年，英国伦敦中国东洋电话公司在上海设立分公司，兼并两个电话所，一直经营至 1900 年。1897 年，德国在青岛设立邮电局，除经营邮政、电报外，开始在市内经营电话业务。此后，德国相继在汉口、烟台安装室内电话，由当地德国邮电局经营。

1900年，丹麦人濮尔生趁八国联军侵华之机在天津租界架设电话，次年，又把线路延伸到北京，使北京、天津拥有了长途电话。后经交涉，清政府以5万元的代价于1905年收回自办，并设立北京电话总局和天津电话总局，所用设备为磁石式交换机。与此同时，在清廷招商承办电话政策推动下，各地或官方承办，或招商承办，从1900年到1906年，先后在广州、北京、天津、南京、苏州、武汉、上海等城市自行开设市内电话，方便了信息传递。到1914年，全国主要城市大多有了市内电话。在电话管理方面，全国设电政局，由交通部电政司管辖，司长兼任电政局长。

（三）无线电报

中国最先采用无线电报通信的是广东地区。两广总督衙门和南洋水师及沿岸海防要塞早在1905年初就开始设置无线电报机，由官方专办。不久，直隶总督兼北洋大臣袁世凯在天津开办无线电培训班，培养技术人员。

无线电报民用通信也最先始自广东。1906年，因广东琼州海线中断，当地电报局经准许即在上海购置无线电报机两部，分置琼州、徐闻两处。其后，江苏也开始安设无线电台，以取代吴淞至崇明之间的水线。1910年清政府曾允许在北京、南京两地试办民用电报，但不久发报机即被海军部买走作为军用，一些外国人在华设立的无线发报机也被赎回充官。

（四）近代邮政

鸦片战争前的旧式邮递，主要是以官办的驿站和民办的民信局为主。鸦片战争后，这些主要靠车、船、马的邮递方式逐渐衰落。学习西方，建立新式邮政已成为近代中国经济发展的重要步骤。

1834年，英国在广州设立了第一个"英国邮局"，开外资在华办邮政之先例。这种邮局当时被称为"客邮"。1842年，英军在其占据的香港开办"香港英国邮局"。中英《南京条约》签订后，英国以香港为基地，迅速在五口通商地区开办邮局，法国、俄国、日本等也竞相效尤。特别是在甲午战争后至第一次世界大战之间，各国的"客邮"机构，包括野战邮局、代办所之类，日趋增多。设置地区也由通商口岸逐渐深入内地及边远地区，乃至新疆、西藏、云南等地都有了它们的机构，其中最多的是日本和俄国。

中国邮政试办于海关。1861年，英、法等国趁第二次鸦片战争胜利，将其驻华使馆与本国邮件往来的任务交由总理衙门通过驿站向通商口岸传递。海关总税务司由上海迁至北京后，总理衙门遂于 1866 年将此事交由海关办理。总税务司赫德早就想控制中国邮政，在中英《烟台条约》谈判时，向总理衙门提出由总税务司兴办邮局和银局（又称银号卢钱局）的要求。赫德得到李鸿章的允许，经过一段时间的筹备，以天津为中心，在天津、烟台、牛庄、上海开始由海关试办邮政。

首任台湾巡抚刘铭传认为旧式驿站效率不高，遂筹办新式邮政。1888 年台湾邮政总局在台湾成立，负责管理台湾全省邮政，并公布了台湾邮政章程。驿站被改为邮站，以台北为中心，南到恒春，北达宜兰，全长 869 里，中间分设正站、腰站和傍站，限程递送，并有邮轮往来上海、福州及台湾各港。同年，台湾邮政总局发行了专门供官府传递文书贴用的"台湾邮票"和专门供商民使用的"邮政商票"。台湾的邮政建设，既沟通了岛内信息传递，又加强了与大陆的联系，开中国独立自主办邮政之先河。

清朝国家邮政正式开办于 1896 年。此前，试办海关邮政的总税务司赫德已就开办全国邮政进行全面策划。一些开明官僚如薛福成、李鸿章、张之洞等人先后上奏建议清廷及早兴办。总理衙门遂于 1896 年谕令批准南洋大臣张之洞的奏折，将原海关邮政部改名为"大清邮政局"，但仍由海关兼办，并委任总税务司赫德兼任"总邮政司"。总邮政司初归总理衙门管辖，1906 年划归税务处。1897 年，大清邮政局发行了成立后的第一枚邮票——蟠龙邮票，随后又发行了"八卦"邮票。同时，总理衙门于 1896 年 3 月照会万国邮政公会，要求入会，得到了国际上的承认。不过这时的邮政系统还未完全独立，经费亦需从海关经费拨付，数量甚为有限。邮政业务也无实质性进展，信息传递方式仍为驿站、文报局和新式邮局三者并存互补。到 1909 年，民信局大部分被挤垮或兼并，只有在少数边远地区或小业务方面对官局起补充作用，逐步衰落。

1906 年，清廷在"预备立宪，推行新政"之声中对官制进行改革，成立邮传部，下设船政、路政、电政、邮政和庶务五司，凡一切邮递方法、邮政汇兑、邮政包裹、邮票款式及与万国邮政联盟的关系等有关事项，均由邮政司掌握办理。邮传部于 1911 年 5 月 28 日正式接管邮政事务，下设邮政总局，邮政与海关正式分离。第一任邮政总局局长由李鸿章之子、时任铁路局局长的李经方兼任。截至 1911 年年底，全国已设总局、分局、局、支局等邮政机构 6 201 处，形成由东北至西北，由西南至台湾等地连接全国的邮政网络，初步形成我国近代邮政体系。

第四节　近代城镇、工业及交通运输对农村发展的影响

城镇、工业以及交通运输的发展对近代中国农村变迁的作用是综合在一起的。工业企业一般都集中于城镇商埠，依赖近代交通运输业的兴起将农村与城镇联结，形成一个星型分布的网状拓扑结构——城镇为中心结点，附近的各个村庄则作为卫星结点存在；同样地，小城市又是中等城市的卫星结点，以此类推。其中的每个结点都通过它们之间的连线，即交通运输媒介进行物资、货币和信息等的沟通传递，进而不断地扰动近代农村发展变迁敏感的"神经线"。近代城镇、工业以及交通运输对中国农村发展的影响可以从以下几个方面探讨。

一、促进城乡商品流通的扩大和农业生产商品化的发展[①]

近代城镇尤其是大城市的快速崛起，大量工矿企业的涌现，近代交通运输业的兴盛，都大大加强了广大农村与大中城市和开埠港口的密切联系，农产品、工业原料等物资源源不断运往城镇和港口，工业制成品则又络绎不绝地推销到农村腹地，整个社会的商品流通量较之以前大幅度增加。

（一）通商口岸城市附近农村的商品化

学者戴鞍钢深入研究了近代口岸城市与农村经济演变，他以近代上海和长江三角洲为中心进行了甚具逻辑性的论析。[②] 他指出，中国农村越来越多地卷入世界资本主义市场体系，农产品商品化进程明显加快，相应地，农产品出口额大幅度增长。

据统计，1893 年中国农产品出口总值为 2 842.3 万元，占全部出口贸易总值的15.6%；到 1903 年分别增至 8 949.6 万元和 26.8%；1910 年又达 23 195.7 万元和 39.1%。同一时期，外国商品对华输入有增无已。进口贸易净值指数，如以 1871—1873 年为100，则 1891—1893 年为 206.6，1909—1911 年为 662.3。[③] 广大农民与市场的联系随之加深，从而促进了农产品的商品化和农村商品经济的发展。以茶叶为例，鸦片战争

①　李占才：《铁路对近代中国农业经济的影响》，载《同济大学学报》，1997（1）。
②　戴鞍钢：《口岸城市与农村经济演变——以近代上海和长江三角洲为中心》，载《社会科学》，2010（2）。
③　严中平等：《中国近代经济史统计资料选辑》，72~73 页，北京，科学出版社，1955。

前一直是主要出口商品，当时自广州输出国外的货物以茶叶为最大宗，其次才是生丝、土布、陶瓷等。

五口通商后，茶叶出口大幅度上升。1847年，在浙江产茶区游历的英国人福钧记述说："当茶叶准备出售时，大茶商或他们的帮手从产茶区的主要城镇出现，在所有小客栈或饭店里找到他们的住处……茶农带上他们的产品供检验和出售。现在也许可以看见这些小户农家或他们的雇工沿着不同的道路来去匆匆，每人跨肩的竹扁担上挑着两只篮子或箱子。他们来到商人的住处，当面打开篮子，商人验看了茶叶的质量，如果价格为双方接受，便一拍成交。"[1] 在当时最大的商埠上海，自19世纪50年代始，茶叶出口数量大多保持在5 000万磅以上，较之1845年增长了10余倍，其中1855年高达20余倍。[2] 第二次鸦片战争后，通商口岸增辟，茶叶出口继续增加。1867年，中国供给了欧美国家茶叶消费总量119亿磅的约90%。[3]

不只经济作物商品化程度增加，粮食的商品化也有很大的发展。特别是在农产品商品化较发达的江浙一带，经济作物的大量种植，使得粮田面积相对缩减，粮食不足部分需依赖内地产粮省份供给。湖南、湖北等省的粮食更多地销往长江中下游地区。据统计，1840年中国国内市场的粮食流通量（包括运到通商口岸供出口的部分）为233亿斤，至1894年则达到372.5亿斤，增长约60%。[4] 1869年，经上海、天津两地周转的国内米谷运销量分别是37 327担和16 037担，1890年则为4 770 226担和1 238 477担，增长幅度高达百余倍。[5]

以上海为中心的中国民族工业的原料需求，也给所在地区的农产品商品化进程以很大的促动。1899年南通大生纱厂开业后，刺激了附近地区的棉花生产。"从通州一区而论，该区植产之地，占全州地亩总数十分之六七，包括南通、崇明、海门等区，合计东西三百里，南北一百五十里，幅员极广，故该区不但为江苏一省出棉之要地，即综全中国产棉之区域计之，亦当首屈一指矣。该区平均产棉之额，约有一百五十万担之多，就中产额之大部，皆为崇明与南通之大生纱厂所吸收，其余则概运至上海销售焉。"[6] 大生纱厂的机纱，推动了农民家庭手工棉纺织业的衍变和发展。[7]

---

① ［美］郝延平：《中国近代商业革命》，陈潮等译，195页，上海，上海人民出版社，1991。
② 姚贤镐：《中国近代对外贸易史资料》，582页，北京，中华书局，1962。
③ ［美］里默：《中国对外贸易》，卿汝楫译，15页，北京，生活·读书·新知三联书店，1958。
④ 吴承明：《中国资本主义的发展述略》，见《中华学术论文集》，313页，北京，中华书局，1981。
⑤ 李文治：《中国近代农业史资料 第一辑（1840—1911）》，473页，北京，生活·读书·新知三联书店，1957。
⑥ 章有义：《中国近代农业史资料 第二辑（1912—1927）》，221页，北京，生活·读书·新知三联书店，1957。
⑦ 林刚：《试论大生纱厂的市场基础》，载《历史研究》，1985（1）。

太湖沿岸和杭嘉湖平原素来是著名的蚕桑产区，但受对外通商限制的阻碍，只能以内销为主，外销比重甚微。嘉道年间每年出口约1万担，"蚕业终不大兴"。原因之一，受广州一口通商禁令的束缚，江浙生丝出口须长途运至广州，行程约三千五百华里，历时近百天。"由产区运粤之路程，较之运沪遥至十倍，而运费之增益及利息之损失等"据估计约增成本35%~40%之多。①

上海开埠后，江浙地区所产生丝纷纷就近转由上海港输出，蚕桑业的发展因此得到有力的推动。在浙江湖州，"湖丝出洋，其始运至广东，其继运至上海销售"。当地著名的辑里丝"在海通以前，销路限于国内，仅供织绸之用，即今日所谓之用户丝，其行销范围既小，营业不盛"。自上海开埠，"辑里丝乃运沪直接销与洋行，实开正式与外商交易之端"。②声名因此远播，产销趋于鼎盛，蚕事乍毕丝事起，乡农卖丝争赴市，"小贾收买交大贾，大贾载入申江界。申江鬼国正通商，繁华富丽压苏杭。番舶来银百万计，中国商人皆若狂。今年买经更陆续，农人纺经十之六。遂使家家置纺车，无复有心种菽粟"。③

上海机器面粉工业发展非常迅速，规模日益壮大。为保证原料供应，这些面粉厂纷纷派人到产地设庄收购，小麦价格逐步上扬，促使农民扩大小麦种植面积。据统计，同上海麦源供应关系比较密切的江苏、安徽、江西、湖北诸省，小麦年产量从1914年的5 000多万担逐年上升到7 000多万担。④

（二）广大内陆地区农村的商品化

交通运输的迅速发展，促进了农产品作为商品外运。例如，京绥铁路沿线生产的谷物在未有铁路之前基本上是供本地区食用，很少外运。铁路通车之后，沿线所产谷物有五分之四由京绥路转运到京汉、津浦、京奉等铁路沿线销售。河套地区盛产杂粮，铁路通至包头后，杂粮云集包头，由火车外运，销路大开，一直运销到北京、天津等地。内蒙古丰镇、集宁等地出产的油料种籽和胡麻等，也经由铁路运销到北京和天津地区。青海、宁夏、内蒙古各地的驼毛、羊毛，新疆的棉花、葡萄干，甘肃的药材，也在辗转内运中通过陇海、京绥铁路，运销北京、天津、上海、武汉等地。陕西出产的棉花，云集陇海铁路转道京汉、津浦各线运销郑州、汉口、天津、上海等各大市场，达棉产

---

① 何良栋：《论丝厂》，《皇朝经世文四编》，卷36；姚贤镐：《中国近代对外贸易史资料（1840—1895）》，535页，北京，中华书局，1962。
② 民国《南浔志》，卷33，风俗；刘大钧：《吴兴农村经济》，121页，北京，中国经济研究所，1939。
③ 温丰：《南浔丝市行》，《南浔志》，卷31，2页。
④ 上海市粮食局等：《中国近代面粉工业史》，113、120页，北京，中华书局，1987。

区外运棉花的 99%。陕西渭水流域盛产小麦，未通铁路之前仅靠大车、骡马、水运输往外地销售，外销量有限；陇海线逐段西展以后，小麦大量外销。山西潞安、河北顺德、山东泰安等地出产的麻类，借铁路运输之便有一半左右运销外地。河南濮阳生产的花生，大部分经由铁路运至天津销售。[1]

铁路运输还大大促进了"土货"出口。胶济铁路 1904 年建成通车，据 1905 年胶州关报云："本年土货出口，比去年加增三倍。查历年出口货物，本属寥寥；惟本年忽然甚多……实因火车［通车之故］，海口利便，受惠良多也。"[2] 1881 年唐胥铁路建成后，1888 年延展至天津，1897 年又从天津展至北京，同时向关外延展，1894 年展至奉天中后所（今绥中县），1907 年通车至奉天省城西郊的皇姑屯。1899 年北京至保定段铁路通车，1906 年京汉铁路全线贯通。1909 年京张铁路也建成通车。天津是京奉铁路重要枢纽站，因上述几条铁路通车，它的腹地大大扩展。1909 年天津关报道"出口土货"，向来用牲畜、大车、船只运来天津，"受沿途种种耽延，种种遗失"，"今则虽仍用旧法载运，不过自产地运至张家口或丰台……即可易由火车转运本埠……延误既少，伤耗亦轻"。"本年出口货共值关平银 30 908 035 两，较上年计溢 9 517 417 两。其间径运外洋者，共值 1 030 946 两，较上年 584 837 两，几增倍蓰"，"进步堪为猛锐"。[3] 青海、宁夏、内蒙古产羊毛经京绥铁路运往天津的每年 2 000 吨左右，大半被输往国外。京汉铁路通车之前，芝麻经汉口输出海外的每年不到 30 万担，通车后出口量大增，1909 年达 192 万担。自"京汉铁路通车以后，河南各地之货物集中于汉口，1904 年汉口输出不过七百十四万两，至 1910 年，即增至千七百九十万两"。[4] 中原地区产花生、菜籽、生牛皮等，经铁路运到汉口，输往欧洲市场。猪鬃、狗皮、羊毛、棉花等也大量输往海外。东北地区所产大豆和大豆制品在未建铁路之前出口不多，1890 年输出总值白银 37 万两。有了铁路并逐年展筑以后，大豆和大豆制品输出总值逐年增加，1900 年 547 万两，1910 年 3 669 万两，1920 年 6 362 万两，1930 年达 7 000 万两，40 年间增长了近 190 倍。华北农村妇孺编织的草帽辫大量出口，1909 年仅青岛一口岸输出的即达 1 000 万元之多，而胶济铁路通车前两年的 1902 年输出量只有 70 万元。[5]

有学者对广西近代圩镇的发展情况进行研究后发现，此时农村圩镇的商品构成发

① 宓汝成：《帝国主义与中国铁路》，617~619 页，上海，上海人民出版社，1980。
② 《关册》胶州口，光绪三十一年上卷，13 页。
③ 《关册》天津口，宣统元年下卷，17 页。
④ 章有义：《中国近代农业史资料 第二辑（1912—1927）》，132 页，北京，生活·读书·新知三联书店，1957。
⑤ 宓汝成：《帝国主义与中国铁路》，625~627 页，上海，上海人民出版社，1980。

生了明显变化。[①] 光绪中期，洋货大量输入，并逐步渗透各农村圩集。凡有固定铺户的圩集皆有苏杭洋杂店，出售洋货及各通商口岸机制产品。如贵县上石龙圩有"商店九十余间，主要商店为洋杂店"。[②] 来宾县寺脚圩自"光绪以来，渐繁盛，商店二十余家，有苏杭、洋杂、海味、药材等"。[③] 其他圩集也有洋杂店三五间不等。此外，圩日贸易中亦有商贩摆卖洋杂货，如贺县各地圩集之贸易"盐最流通，火柴、水油、洋纱畅销"；[④] 隆安县各圩贸易品有土货、国货、洋货之分，"国货以布匹为大宗，洋货以洋纱、洋油、火柴为大宗，土货以谷、豆、糖、生油、砂纸为大宗"。[⑤] 但是，各圩圩日贸易仍以土货为大宗，特别是"以农产物为大宗"。[⑥] 洋货在整个圩集商品中所占比重十分有限。商品构成的变化还表现在谷米普遍地成为圩集的主要商品，"商品以谷米为大宗""贸易以谷米为主"的记载充斥地方志书。此外，手工业品增多，玉林土布、宾阳瓷器、邹圩陶器畅销邻近各圩集。过去，圩集多为一乡一地的贸易中心，没有商人介入其间，故商品交换一般不是为卖而买，而是为买而卖，农民通过市场出卖自己的产品，买回自己必需的生产、生活用品。近代以后，各圩集不仅有一定数量的坐贾，还有一定数量的行走于各圩集之间的行商。他们收购土特产，运往中心市镇乃至直接运往各商埠，然后购回苏杭洋杂之类，销往各圩集。这样，圩集的商品交换便突破了地方局限性，而与外界发生了密切联系，成了圩镇贸易网络的一个网点。

二、促使农业生产出现区域化与专业化倾向

由于农产品商品化的发展和农村商业贸易的活跃，农业生产区域化和专业化的倾向也愈发明晰起来，并呈现持续发展的趋势。

（一）近代农业生产的区域化倾向

城镇化的发展、近代工业的兴起，再加上交通运输业的繁荣，使中国的经济作物成为国际市场上的紧俏商品，经济作物的种植规模也随之扩大。经济作物的发展排挤了粮食生产，同时也促进了各地区间的粮食流通，推动了粮食的商品化。在此基础上，随着铁路、轮运的发展，交通条件的改善，结合市场需求和各地区气候、土壤等条件，

① 宾长初：《广西近代圩镇的发展和特点》，载《广西师范大学学报》，1991（1）。
② 民国《贵县志》，卷1。
③ 民国《来宾县志》，地理篇3。
④ 民国《贺县志》，卷4。
⑤ 民国《隆安县志·经济》。
⑥ 民国《邕宁县志·主要圩集》。

甲午战后，在中国农村逐渐形成一些经济作物相对集中的产区。这在与上海毗邻的长江三角洲农村，表现尤为明显。

鸦片战争前和战后初期，曾有不少洋棉进口，以供中国手工棉纺织业之需。19世纪60年代后期，随着自然经济的分解，再加上英国棉纺织工业受美国南北战争影响，原料供应受阻，转而求诸印度和中国，接着又有日本机器棉纺织业的兴起，需要大量的棉花供应。出口需求的激增，大大刺激了棉花种植面积的扩大。上海周围农村"均栽种棉花，禾稻仅十中之一"。江苏如皋、通州（今南通）、海门一带，"一望皆种棉花，并无杂树"。一些原来并不产棉的地区也开始大量种植棉花，"江西、浙江、湖北等处向只专事蚕桑者，今皆兼植棉花"。[①]

鸦片战争前，生丝平均出口量约9 000担，按每担350元计，约值315万元，折合202.17万海关两。五口通商后，生丝出口增长甚快，到1894年，出口达83 204担，值2 728万海关两。生丝出口的持续增长，促使国内桑树种植面积和蚕的饲养也在不断扩大。太平天国运动失败以后，江浙等地将战乱抛荒的许多土地改种桑树，有些地区原来蚕桑业并不发达，这时也有了显著的发展。

上海开埠后，繁盛的对外贸易和国内埠际贸易，直接刺激了苏南浙北农副业的发展，棉花、蚕桑、蔬菜等经济作物种植面积明显扩展。由于地理位置、土壤特性及原有基础等的差异，这种发展又带有较鲜明的地域分布特征。

明清以来，长江口两岸的高亢（指地势高与"低洼"相对）、沙土地带，因土壤的特性，棉花种植已很普遍，"松江府、太仓州、海门厅、通州并所属之各县逼近海滨，率以沙涨之地宜种棉花，是以种花者多而种稻者少，每年口食全赖客商贩运，以致粮价常贵，无所底止"。[②] 上海开埠后，受原棉出口需求的刺激，这一地区的棉花种植在原有基础上又有明显扩大。《上海乡土志》载："吾邑棉花一项，售与外洋，为数甚巨。"19世纪70年代中叶，"上（海）、南（汇）两邑以及浦东西均栽种棉花，禾稻仅十中之二"。松江县"改禾种（棉）花者比比焉"。[③]

这一时期经由上海港周转的国内米谷运销量的持续增长，无疑有利于植棉业的扩展。这种扩展，在长江口两岸原先相对荒僻的近海地带尤为显著。地处东海边的南汇县，原有不少江海泥沙冲积而成的浅滩荒地，这时都已栽种了棉花，"产数约三十三万包

① 李文治：《中国近代农业史资料 第一辑 （1840—1911）》，418~422页，北京，生活·读书·新知三联书店，1957。
② （清）高晋：《奏请海疆禾棉兼种疏》，见《皇朝经世文续编》，卷37，2页。
③ 《申报》，1876年9月15日；光绪《重修华亭县志》，卷23，风俗。

有奇，每包计七十斤，四乡踏户皆挑运至沪，为数甚巨"。由于这里系由"海滩垦熟，地质腴松，棉花朵大衣厚"，销路畅旺，该县的棉花交易中心市场，也因此从周浦向东推移到了近海的大团。①

在长江口北岸的通州地区，植棉业的发展同样引人注目。地方史料载："棉花为通属出产一大宗，大布之名尤驰四远，自昔商旅联樯，南北奔凑，岁售银百数十万。咸同以来增开五口互市通利，西人又购我华棉，与美棉、印棉掺用，出布甚佳，而吾通之花市日益盛，岁会棉值增至数百万。"②

国内传统产区的棉花生产更是有增无减，1863 年受国际市场供求关系的影响，出口原棉的价格陡然上涨，"松江、太仓一府一州各县各乡大小花行来申抛盘货三四十万包"，连同其他府县的供货，"统计不下百万包"。这种受出口需求推动呈现的发展势头一直持续到 20 世纪初，且地域特征非常鲜明，"其地脉东西自浦东起，西北及常熟，更越长江亘通州，其面积之大，实不愧为大国物产领域"。在国内这一区域之中，"到处产出棉花，此等产出棉花地之名，常著闻于当业者之间"。③《1902 年至 1911 年海关十年报告》称："目前专用于棉花耕作的面积大为增加，从而使这一作物近年来的重要性愈来愈大了。"截至 1912 年的统计，"上海棉田约占全部可耕田的百分之六十，目前江苏东南地区年产原棉估计约为二十万吨，对世界市场来说也是一个重要的产地"。④

（二）近代农业生产更加趋于专业化

民族机器工业的制造，还推动了周围农村手工业的发展演变。上海开埠后，原棉出口的增加，不仅促使周边地区棉花产区扩展，同时也带动了与原棉出口直接联结在一起的手工轧花业的兴起。在棉花主要产区的南汇县，"同治以来，上海花商收买花衣，于是轧花场地遍地皆是。始用小轧车，妇女手摇足踏，日可出衣十数斤。光绪中，洋轧车出，日可得衣数百斤，小轧车天然淘汰矣"。嘉定县，"棉花以车绞去其子，盛以布包，运售他处，若用土车，自日本车行，今皆改用日车"，"轧棉工作，至为普遍"。与嘉定、上海县接壤的青浦县东北部，"洋轧车光绪十年间自上海传人，先行于

① 章开沅等:《苏州商会档案丛编》，第 1 辑，884 页，武汉，华中师范大学出版社，1991。民国《南汇县续志》，卷 18，风俗。
② 李文治:《中国近代农业史资料　第一辑　（1840—1911）》，397 页，北京，生活·读书·新知三联书店，1957。
③ 李文治:《中国近代农业史资料　第一辑　（1840—1911）》，396、517 页，北京，生活·读书·新知三联书店，1957。
④ 徐雪筠等:《上海近代社会经济发展概况:〈海关十年报告〉译编》，158、204 页，上海，上海社会科学院出版社，1985。

东北乡一带，日出花衣一担有余"。[①] 这些所谓的洋轧车，实际多是由上海民族资本机器船舶修造厂仿制而成。原因是，"棉花出口增加，原来的土法轧花不能胜任，日本轧花机乘机输入，不久民族机器厂即开始仿制"。其需求之大，令制造厂应接不暇，"轧花机销售于上海附近农村，松江、莘庄销路最大，常常供不应求，营业非常发达"，以致一些船舶修造厂由兼制转为专门生产，截至1913年形成拥有16家专业厂的轧花机制造行业。是年，上海国产轧花机的年销量达 2 000 余部。除上海郊区，它们还销往崇明、南通、泰兴等棉花产区，义兴盛铁工厂"最多一天的产量达二十台，主要销往苏北一带"。[②]

三、带来农业种植结构的变化与农作物品种的改良

随着近代开埠、城镇、工业的发展，加上铁路、公路、航运等近代交通运输工具的建设，带来农业商品经济的发展，直接促进相关地区农业种植结构的调整变化以及农作物品种的改良。如近代东北，作物新品种大量引进和试种，极大地丰富了东北地区的种植制度。近代东北农业经济的商品化和殖民化，更促进了种植结构的迅速转变。清朝末年，东北地区的粮食作物的地域布局是"南豆北麦"，可是自从营口开埠、中东铁路修建，大豆种植区域不断北扩，高粱种植异军突起，填补了大豆北上后留下的空白，竟使东北地区粮食布局一变而成为"南粱北豆"。[③]

（一）农业种植结构的变化

种植业一直以来都是中国封建社会农村产业结构的主体，近代开埠，城镇、工业发展带来的需求，使传统农业种植结构发生变化，而铁路、公路、航运等近代交通运输工具的发展则为农业种植结构调整提供了便利条件。以江苏为例，19世纪中叶以前，江苏农村基本上仍是单一的农业经济，种植结构以稻麦为主。鸦片战争后，随着外国资本主义势力影响的加深和农业商品化发展的影响，江苏省农村率先冲破了传统的单一种植的农业结构。其突出的表现就是：由单一粮食作物到多种植物种植；粮食作物的比重相对下降，而经济作物（包括油料作物、纤维作

① 民国《南汇县续志》，卷18，"风俗"；民国《嘉定县续志》，卷5，"物产"；民国《真如志》，卷3，"实业"；民国《青浦县续志》，卷2，"土产"。
② 上海工商局机器工业史料组：《上海民族机器工业》，100~102、173~175 页，北京，中华书局，1966。
③ 李琦珂、曹幸穗：《东北地区种植结构历史变迁研究》，载《农业考古》，2012（6），32 页。

物等）比重相对提高。[1]

表 7-14　江苏省种植业结构变化 (1914—1936)　　　单位：千市亩

品种	1914—1918(1)	1924—1929(2)	1931—1936(3)	(3) 比 (1) 增加 /%
水稻	24 884	29 173	26 636	7.04
小麦	18 904	38 841	33 128	75.20
大麦	11 128	20 478	15 498	39.27
大豆	5 772	17 824	13 220	129.04
花生	1 670	2 061	2 179	30.47
油菜	—	585	3 782	546.49
芝麻	2 413	3 984	3 629	50.39
棉花	9 168	11 073	11 795	28.66

资料来源：据许道夫：《中国近代农业生产及贸易统计资料》，23 页表 5、164 页表 5、203
页表 1 计算而得。

上海地区向以生产棉稻为大宗，自开埠以来，随着城市经济的发展，原市区及邻
近的上海县、宝山县、川沙县等农作物的种植结构发生了变化，特别是靠近市区的地
方很少能保持原有传统特色。宝山"凤以产棉著称，稻麦已少逊矣。其他副产，更不
甚讲求，近始稍稍提倡"，但很快发生变化，"菜圃之成熟，岁可七八次。灌溉施肥，
功虽倍，而滋易长，获利颇丰。凡垦熟之菜圃，地价视农田几倍之。邑城内外业此者
甚多，各市乡近镇之四周亦属不少。乡间则于宅旁余地，略辟数号，所种亦足供自食。
其出产较多者如城市之塌菜、青菜，罗店之瓜茄，杨行、月浦之红白萝卜，刘行、广
福之韭菜韭芽，江湾之马铃薯，真如之洋葱头，彭浦之卷心菜以及洋种菜蔬，均甚著
名者"。[2] 再如 1906—1937 年的中原地区，铁路兴起并迅速形成了交通运输网络。随
着铁路运输网络的建成，中原地区铁路沿线及附近地区的区位优势得以彰显，某些高
附加值的经济作物的品种改良或新种引进首先在这些地区试种并推广。铁路运输以其
独特的优势不仅加快了中原地区与通商口岸间经贸交流的进程，推动了该地区经济由
传统向现代的转变，中原地区农业作物的种植结构、生产方式、贸易形式等也由此发
生了明显的变化。[3]

（二）农作物品种改良

虽然中国近代农村经济中占统治地位的仍然是传统生产技术，但伴随西方近代科
技知识和物质成果的引进，农业生产中出现了一些新的生产要素，引进和推广利用优

---

[1]　罗晓春：《近代对外贸易与江苏省农村产业结构的变动》，载《中国农史》，2001，20（2），70 页。
[2]　张剑：《城市发展与城郊农作物结构变迁——以近代上海为例》，载《上海社会科学院学术季刊》，
　　2001（1），175、176 页。
[3]　马义平：《近代铁路与中原地区农业经济发展探究——以 1906—1937 年间河南农业经济作物种植
　　及贸易为例》，载《郑州大学学报》，2010，43（2），132 页。

良品种就是其中重要内容之一。近代农作物品种改良的典型代表就是棉花的改良，如高产优质美棉引进后，在中国南北棉区迅速推广，很快成为国内各棉产区主要栽培品种。[①] 山东寿光，以前只邢姚、南河、杨家、柳坑等村植棉，20世纪初，因美棉"绒最长，种者日多"[②]。河南陕县也因"德美各棉，其收更丰，故栽植者尤多"。[③]

随着民族工业的发展，一些实业家开始注意中国农作物品种改良问题。上海德大纱厂创办人穆藕初认为，原棉不足、棉质退化是中国棉纺织工业发展的两大障碍，指出"工业中所最重要者，厥惟原料。棉质不改良，纱布竞争难于制胜"[④]。为此，他提出改良中国棉种和扩大植棉面积两项措施，而改良棉质又包括两项内容，"一为改良华棉，采用选种、治地、疏栽、培肥、排水、摘芯、扫除虫害等方法，逐年求进，不厌不倦以改良之；一为移植美棉，选取合于我国天气地质之美国棉种，注意严格选种，以及治地、疏栽、排水、摘芯、扫除虫害等方法，逐步培育以发达之"[⑤]。他亲自编写《植棉改良浅说》一书，散发给纺织界同仁及棉农，以传播植棉改良知识。同时，他还身体力行，从事棉种改良实践。

花生良种的引进也效果显著。近代以前，中国所种之花生皆为小粒种，产量很低。自19世纪90年代美国大种花生引进山东后，因其产量高且耐贫瘠，很快为农民接受，在山东、河南、山西、江苏、安徽等地传播开来。郑州、商丘一带，过去很少种花生，但随着美国大籽花生的引入，往日"荒沙之区，向所弃之地，今皆播种花生，而野无旷土矣"。有关资料表明，清末年间从国外引进的作物良种不下40余种，种类包括棉、麦、稻、花生、玉米、烟草、马铃薯、蔬菜、水果等，这对于改变我国原有的作物构成，扩大作物的种植区域和范围起到了积极的推动作用。[⑥]

很多研究表明，近代交通运输业的发展，对我国农业品种的改良作用积极。以近代安徽为例，随着津浦铁路、江南铁路的建成与投入运营，极大地促进了种畜品种改良和农作物品种改良在安徽的开展。例如1936年1月，江南铁路公司"为谋皖南沿线农产之增加，著以增进其运输业务，特在宣城设立农业改良场，并与实业部中央农业实验所作技术合作，第一步以改良稻种为主，小麦、菜子副之。又与宣城县政府合组推广委员会，择定孙家埠为第一年推广区，计领种之农户共四百五十户，登记栽种

---

① 王思明：《中国近代农业生产结构的变化及其动因分析》，载《南京农业大学学报》，2001(1)。
② 民国《寿光县志》，卷11物产。
③ 民国《陕县志》，卷13实业。
④ 穆藕初：《振兴实业之程序》，见《穆藕初文集》，176页，北京，北京大学出版社，1995。
⑤ 穆藕初：《上农商部》，见《穆藕初文集》，248页，北京，北京大学出版社，1995。
⑥ 王思明：《中国近代农业生产结构的变化及其动因分析》，载《南京农业大学学报》，2001(1)。

之田亩面积六千亩。兹为扩展此项工作，进一步与全国稻麦改进所合作，在该路沿线产粮丰富之慈湖、采石、当涂、大桥、卡子口、竹丝港、湾沚、桥头等十站，特约示范农田区域，渐次实施，以收宏效"。其中，"宣城稻作推广委员会"，专门从事稻种推广、仓库运销、螟虫防治等工作，该年即在宣城佟公坝推广"帽子头"籼稻优良品种 3 000 亩，成效明显。

四、促进农村人口的流动加速，农民开始离村进城谋生

鸦片战争之前，由于自然经济的束缚，城乡间人口间流动的环境缺乏。在漫长的传统社会，除非因发生战争和严重自然灾荒，会出现短期城乡间人口流动外，和平时期绝少出现人口大量和频繁的流动。究其原因，一方面是政府对人口流动采取多种强制性限制；另一方面有千百年来形成的"父母在，不相远离""安土重迁"和"重农轻商"等传统观念的束缚，以及不同社会等级间身份的凝固化，即所谓"官有世职……农亦恒为农，工商也恒为工商"，各种因素都对城乡间人口流起抑制作用。"中国的城市，无论对穷人还是对富人来说，都不会有如磁铁一般的功效。""从前现代农村与城市交替发生的协调来看，中国提供了一种稳定的模式。农村与城市之间的鸿沟所造成的问题并不明显"，从而使农业时代生活在农村的中国农民大多"终其身未尝入城市与人相往来者"。而居住在城内的统治者及为其服务的消费性人口更绝少向农村流动。所谓"衣锦还乡"和"告老还乡"者，不仅数量少，而且另当别论。

"推拉理论"（push and pull theory）是研究流动人口和移民的重要理论之一。它认为，在市场经济和人口自由流动的情况下，人口迁移和移民搬迁的原因是人们可以通过搬迁改善生活条件。于是，在流入地中那些使移民生活条件改善的因素就成为拉力，而流出地中那些不利的社会经济条件就成为推力。人口迁移就是在这两种力量的共同作用下完成的。

近代以来，由于官府加重盘剥、国内外战争、高额地租、超经济强制、苛捐杂税、社会动荡、高利贷、外国商品侵略等，加剧了农村危机，加之人口压力、自然灾害等综合因素的共同作用，加速了农民的贫困化，对农村人口产生了强大的推力。如太平

---

① 《皖省积极从事复兴农村》，载《申报》，1936 年 3 月 30 日，见《申报》，第 338 册，749 页，上海，上海书店，1985 年（影印版）。
② 《论居官经商》，载《申报》，1883 年 1 月 5 日。
③ ［美］吉尔伯特·罗兹曼主编：《中国的现代化》，207~209 页，上海，上海人民出版社，1989。

天国运动时期，逃往上海的地主数以万计，曾引起租界房地产大涨价。与此同时，由于通商贸易、近代工业企业蓬勃发展，造成传统的"重农轻商""农本商末"观念开始动摇，重商思潮和功利主义有所抬升，越来越多的人开始把谋生的希望由土地转向市场，由农村转向城市。大量廉价的"洋布""洋纱"等"洋货"随即如潮水般涌入中国，强行剪断了农村耕织结合的纽带，使传统手工业在外国资本主义工业的打击下日渐凋零，手工业者破产失业剧增。时人亦指出："自道光年间，大开海禁，西人之工于牟利者，接踵而来，操贸易之权，逐锥刀之利，民间生计，皆为其所夺。未通商之前，大布衣被苍生，业此为生者何可数计。自洋布洋纱入口，土布销场遂滞，纺绩稀少，机轴之声几欲断矣。"[1] 这样的后果就是"中国之织妇机女束手坐困者，奚啻千百万人"。[2] "民生日蹙，失业日多"是当时乡村社会的真实写照。为了生计，这些众多失业者和剩余劳动力就不绝逃往都市。

另一方面，近代中国城市的发展对农村人口流向城镇的"拉力"也有所加强。由于近代城市经济功能的增强，尤其是开埠通商城市的迅速发展，又使城市本身对人口产生了一种巨大的"吸引力"。近代城市工商业的发展无疑给农业劳动力的转移提供较多的从业机会。那些在乡间正苦无生计的农民，缘于生计的艰难和对外面世界的憧憬，他们也希望到都市寻找可以改善生活条件的机会。如湖北孝感，"乡民因农村生活艰苦，羡慕都市繁荣，离村外出者，亦日渐加多，所去之处，以汉口为多"。[3] 城乡比较利益的差别，工人收入较农民为优，是农民进城的第一着眼点。特别是工业化运动初兴之时，"江海通商，食力之民，趋之若鹜，每月工资至少数元，以养妻孥，绰有余裕"。[4] 在靠近工业城市或政治中心的农村地区，因其消息相对灵通、流动成本低等因素，农民离土入城的比例相当大。

五、对农村传统社会思想观念产生的影响

伴随近代经济的转型，城镇、工业与交通运输的发展，广大农村尤其是在沿海、沿江商埠周遭地区农村的人们传统生活方式也出现了变化，由此也引发农村社会思想

① （清）郑观应：《盛世危言》，第 2 卷《附录杨然青茂才论泰西善堂》。
② 《西政丛钞·商》，44 页，见李文治：《中国近代农业史资料　第一辑　（1840—1911）》，486 页，北京，生活·读书·新知三联书店，1957。
③ 陈伯庄：《平汉沿线农村经济调查》，40 页，上海，上海交通大学研究所，1936。
④ 李文治：《中国近代农业史资料　第一辑　（1840—1911）》，412 页，北京，生活·读书·新知三联书店，1957。

观念的变化。其中铁路等新式交通运输工具的发展给农村传统社会思想观念带来的变化尤为明显。铁路作为近代工业的产物加速了中西方两种异质文明的碰撞、融合，使沿线的社会生活呈现保守与开放、先进与落后并存的局面。铁路的延伸与走向，直接或间接地影响了人口的流动和分布。一方面，铁路本身的运输加快了人口的流动，调节人口的分布；另一方面，铁路促进了经济发展，更多的人力、物力向铁路沿线及中心城镇集中，加快了城镇化的步伐。城镇、工业的发展，铁路等新式交通运输体系的建设，带来了农村社会农业观念、平等观念、义利观等思想观念的嬗变，传统的农村社会正在发生改变。"清宣统间，滇越铁道筑成，以丛山僻远之省，一变而为国际交通路线，匪但两粤、江、浙各省之物品，由香港而海防，海防而昆明，数程可达，即欧美之舶来品，无不纷至沓来，炫耀夺目，陈列于市肆矣。欲返于古代之朴质，纯以农立国，其势有所不能也。"[①]

（一）对传统农本思想的冲击

我国古代社会一直是以农为本，"农本工商末"的思想在长达两千多年的封建社会中占据统治地位。然而近代以来，随着商品经济的发展，开埠，城镇、近代工业发展以及新式交通工具发展带来的便利，使得国门大开，西学东渐，很多新的思想观念随之涌入进来，使得传统的农本思想受到冲击。

如我国的豫西北地区，长期以来重农抑商思想观念根深蒂固，使得本区域农村商品经济的发展受到很大限制。河南"人民大半务农，大率勤朴耐劳，安土重迁，竞争于商战，实非其所长"。[②] 卢氏"民酿俗朴，从无健讼，轻商贾，专务稼墙。至林麓山泽之产，一任渔于远来旅贩而不知取，至家居器用徒资粟易赊诸坐商，商亦利积粟，往往倍值以待，及至夏麦秋禾之交，索偿者遍满四乡"。[③] 新安县"商业极不发达，以民众素重农耕而境内无繁荣市场故也"。[④] 随着近代豫西北集镇的发展，平汉铁路、道清铁路、陇海铁路沿线的建设，带来传统农村的变迁，根深蒂固的农本思想发生动摇，重农轻商、重农轻工观念有所改变。荥阳"商业不盛由来久矣，今则集股营商之风渐开，豫富绸业工商、全盛煤业公司已著成效"。[⑤] 民国，巩县出现"商人多于农工"的现象。[⑥] 豫西北经商较多之地首推"旧怀庆府属之八县——温、孟、沁阳、济源、武险、修武、

① 《续云南通志长编》，中册。
② 吴世勋编：《河南》，36页，上海，中华书局，1927。
③ 光绪《卢氏县志》，卷二《地理志·风俗》。
④ 民国《新安县志》，卷七《实业·商业》。
⑤ 民国《续荥阳县志》，卷四《食货志·工商》。
⑥ 民国《巩县志》，卷七《民政志·风俗·商业》。

原武、阳武——以温、孟、济源三县为最……所经营之商业以杂货、布正、药材为盛，离家常数载不归"。[1] 次则武安一县"商人趋于商业，本省重要城镇，皆有其经营之商店，大半以贩运绸缎、布正为业。此外沱水、巩县、荥阳人之经营麻、煤、书栈等业于开封，新乡人之经营蛋粉业于本县及洛阳、郾城等地，镇平、南阳之人贩售绸给于沪、汉，荥阳人售瓜子于南省，道口人运麦于京、津，浙川人售漆于信阳及京、汉、洛阳、信阳等处，禹县人之贩运药材"。[2] 这些资料都表明豫西北地区商品经济意识增强，传统的农本思想发生了改变。

（二）带来平等观念、性别观念的新变化

城镇、工业的发展在带来商品经济发展的同时使得人们更易接受随之而来的新思想和新观念，尤其是新式交通工具的出现使人们的出行更加快捷、舒适、方便。新旧交通工具的交替使得人们认识并接受近代新思想和新观念更加直接。

新式交通工具的出现使得人们的出行方式商业化程度大增，因而也更趋于平等化、大众化，以往的等级色彩趋于淡化，促进了人们的平等意识。清末有记道："电车以取值廉，乘之者不仅屠沽佣保，虽达官贵人、富商大贾，亦群趋之。"[3] 一些富贵之人乘坐电车，还以平等之说以为理由，"吾之乘电车也，非节费也，实以腕车（即人力车）之以人代马，心有不忍，不欲同人道于牛马耳。且宝贵光阴，取其捷也"。[4] 可见，新式交通工具的进步与人们日常出行方式的改变，对于人们由身份等级意识向平等意识的观念转变，起到了某种潜移默化的作用。

武汉是洋务运动后期的中心地区之一，近代城镇、工业的发展，新式交通运输工具网的建设，对周围农村社会思想观念带来的影响尤为明显。随着各种新观念的涌入，妇女在社会中的地位和生活方式也发生了变化，平等观念逐步建立，妇女所受的封建观念束缚比以往大为削弱。[5] 这一点在清人叶调元《汉口竹枝词》中有许多生动的描述。当时，妇女们可以相互邀约，一起出游，"元旦黎明拜岁忙，开门先向喜神方。试看黄道是何日，妇女彼彼邀出坊"；逢年过节，妇女们可以与男性一同游戏娱乐，"报导春回赌禁开，家家麻雀响楼台。上场不管男和女，一共几天抹得来"；青年妇女可以落落大方地抛头露面，毫不避讳，"大方全不避生人，茗碗烟筒笑语亲；几句寒暄通套话，

---

① 吴世勋编：《河南》，36 页，上海，中华书局，1927。
② 吴世勋编：《河南》，36 页，上海，中华书局，1927。
③ 徐珂：《上海之车》，见《清稗类钞》，第 13 册，6 106~6 107 页。
④ 徐珂：《上海之车》，见《清稗类钞》，第 13 册，6 109~6 010 页。
⑤ 袁北星：《近代武汉社会生活与思想观念的变迁》，载《江汉论坛》，2006（11）。

舌尖透出十分春""地方稍有胜举，逐队成群，出头露面，谈笑无忌，饮啖自如"，真可谓"闺阁言谈，胜于男子"。又如有学者指出，铁路的发展改变了"男女授受不亲"的传统观念，因为乘坐火车需要男女同坐，久而久之，人们习以为常，传统"授受不亲"的观念逐渐淡化。[1]

（三）改变了传统的"义利观"

在传统义利观的影响下，人们是耻于言利的。城镇、工业发展带来商品经济发展的同时，也改变了传统思想中关于"利"的诠释，趋利不仅符合现实发展，也逐渐可以光明正大地成为一种行为方式。胶济铁路开通后，沿线经济迅速发展，传统的自然经济被打破，商品经济逐渐被人们接受。在商品经济大潮的冲击和侵蚀下，人们逐渐改变了过去那种"耻于言利"的思想，无论在生产还是生活中，都表现出趋利的观念。有些地方如眉村，"人们开始'兼农就织'，以后干脆来了个'弃织经商'"。[2] 一些外出经商者以其经验，宣传工商优于农的思想，认为"株守桑梓、坐守田园是自毙的政策，不适于现代潮流，自决是生活的出路，最好还是向适合的外境发展，不过要明瞪经济的原则"。[3] 当然，传统"义利观"遭受冲击后也带来一些负面后果。如近代汉口，五方杂处，商贾云集，居民多以商贸为业。奢侈的社会风气大多由富商所导引。[4] 如王葆心在《再续汉口丛谈》中说："大凡风俗之侈奢，舟车衣冠之辐辏，最于地方商旅有关。"叶调元在《汉口竹枝词》序例中也提道："逐末者多，则泉刀易聚；逸获者众，则风俗易隳。富商大贾拥巨货，享厚利，不知黜浮崇俭。"随之，奢靡之风蔓延到普通人群之中。

由此可见，城镇、工业与交通运输的发展对传统社会农本思想、平等观念、性别观念以及义利观带来影响外，还带来人们时空观念、科学观念、民主观念等一系列的新变化。

---

[1] 满霞、林吉玲：《胶济铁路与近代区域社会观念变迁》，载《济南大学学报》，2009，19（3）。
[2] 潍坊市坊子区政协文史资料研究委员会：《坊子区文史资料》，第四辑，91页，1989。
[3] 《山东旅行第33信》，《大公报》，1931年6月8日。
[4] 袁北星：《近代武汉社会生活与思想观念的变迁》，载《江汉论坛》，2006（11）。

第八章　晚清农村金融与农村发展

农村金融主要是指在农村地区进行的资金融通活动，包括资金的筹集、使用，相关管理组织与机构的设制，管理制度的规范等。

中国传统农业社会有多种形式的金融活动，既包含官方的金融制度和行为，也有民间自发的金融组织和活动。如北宋时期，王安石推行"青苗法"，即在青黄不接时，政府发放低息贷款，每年借贷两次，使农贷由分散的、个别的、一次性的活动，转化为集中的、统一的、经常性的制度，形成了中国古代历史上比较完整的农业金融制度。这是政府金融活动的典型代表，用以帮助农民进行农业生产。而民间的金融活动则发生较早，战国时期，农村就已经产生了融通资金的农村高利贷，以满足农民的资金需求。由于高利贷对经济发展有抑制作用，统治者和农民都会通过一些方式平抑高利贷。

在实物筹资、融资方面，从汉代开始，政府就设置"常平仓"，政府在农业产量不同的年份收购或出售粮食，以平抑粮价，避免谷贵伤民、谷贱伤农。农民也自创了资金筹集方式——社仓。南宋以后，农民通过自发筹集粮食设立仓库，遇荒歉发生，可以进行救助性贷放。

据考证，中国自隋唐时期起，就已经出现以邻里亲友为纽带的互助基金组织——合会。合会又称钱会、标会、摇会、轮会等，名称各异，其贷款利率低于当地利率，长期发展演变后，各地形成不同模式，民国时将其统称为钱会。

传统农村金融适应传统农业发展，在中国传统农业社会一直卓有成效。这种模式一直延续到晚清。1840 年第一次鸦片战争后，中国自然经济逐步解体，农村的小农经济和小商品经济逐步转化，农产品商品化程度不断加深。20 世纪初，资本主义经济开始介入农业领域，促使农业对资金的需求剧增，传统农村金融无法满足农业经济对资金的需求，由此开始了中国农业金融从传统向现代的转型。

第一节　晚清农村金融组织及其服务内容

　　农民在从事农业活动的过程中，要有很多的资金和劳力投入。在传统农业社会，土地是重要资源。随着政权的更迭，土地不断被统治阶级和大地主阶级兼并，造成了很多农民失去土地，其生产和生活都受到了严重影响，为生活所迫，要通过借贷的方式解决生存问题。

一、晚清农村金融组织概况

　　有效率的经济组织是经济增长的关键，西方经济的兴起与发展得益于有效率的经济组织的发展。从我国金融业的发展来看，尤其在农村，信息相对封闭，社会关系是闭合式的圈子，通过宗族和血缘及邻里关系联结，筹资与融资都是在小范围内进行的，资金数量一般是比较有限的。农村经济中，用于生产的资金只是一部分，另一部分资金都用于农民的生活消费和其他活动，造成资金流通过程中，循环增长较少，尤其近代战争和灾害对农业发展产生了一定的影响，民族工业的兴起和贸易的开展，造成资金逆流到城市，农村经济遭受了严重的打击，农村金融业进步迟缓。农村合作组织和农村金融机构虽然有所发展，但农村还是以传统的方式进行筹资融资。

（一）农村金融组织的形成

　　上文已述，战国时期，中国农村就已经产生了融通资金的农村高利贷。农村借贷市场形成的关键因素是交易成本、信息、习俗和契约执行能力。形成高利贷的根本原因，是农村社会彼此信息不全面，都是小部分地区的经济行为，交易成本加大。农村的资金流比较小，容易形成资金资源的优势，高利贷主可以通过提高信贷价格使自己得益。契约执行能力要靠道德约束，如果有欠贷不还的事件发生，高利贷放贷者就会遭受损失，高利贷主会通过高利率弥补自己的损失。高利贷造成农民日渐贫困，资金不能大量投入农业生产，也间接地阻碍了农业的发展。

　　历朝历代对高利贷都是遏制的，但是由于收益高，高利贷一直屡禁不止。晚清时期，除了封建统治者对农民的剥削加大以外，帝国主义的侵略，也加重了农民的生活和生产负担。农村经济发生了巨大的变化，尤其是资本主义商品经济的介入，造成了农村资金短缺，直接导致利率提高。1900 年以前，北京典当利率多在 2 分至 2 分 5 厘，以大宗货物入当，还可降至 2 分或 1 分。"庚子事变"以后，各当铺利率抬至 3 分以上。1909 年以前，东北松花江流域普通月利在 1%，河北地区民国以前轻利在 1~2 分，重利在 4~5 分。除生活需要外，农业投资也受到高利率剥削。由于农村资金向都市转移，造成农村资金枯竭，使得农民更加贫困。城市金融不愿意投资农业，借贷利率高涨；农村社会不安定，放贷者转存城市，进一步加剧了农村资金向都市集中，形成了近代农村难以克服的贫困怪圈。高利贷因其过高的利率，形成对农业投资利润的过度侵蚀，不可能为新的农业金融形式提供有效供给。

（二）晚清农村金融组织的类型与筹资、融资方式

近代农村的借贷模式主要有土地典卖、抵押借款，另外还有信用借贷、质物借贷。而土地借贷是核心，形成了农村借贷市场的"基准利率"。在近代甚至现代中国，土地是农民最主要的财富和信用资本。农民需要购买种子、食物、车辆、牲畜，还要修缮房屋、建筑堤坝、灌溉、排水、偿债，还有耕植、婚丧之事，等等，都要通过各种方式获得资金。

1. 私人借贷

私人借贷灵活、方便、范围广、总体规模大、利率差别大，既有低息的亲友借贷，也有以盈利为目的的高利贷。私人借贷一般利率水平较高，借贷不规范，容易产生不良贷款和纠纷，甚至出现破坏性事件。

2. 合会

合会是我国一种古老的互助性融资形式，由一个自然人作为发起人，邀请一定成员拿出一定数量的会钱，集中在一起交由其中一个成员使用。至于谁在哪一期收到会钱，通常通过抽签或会首指定。所有成员以轮转方式获得一次集中在一起的会钱后，合会一般即告终结。合会还有"标会""拔会""单刀会""独角会""鳌头会""坐会""认会""摇会""抬会"等名目，其特点是写明借款用途，跟踪监督，挪用即可收回，但缺乏有效的风险防范与分散机制。[①]

合会在隋唐时期就已经出现，贷款利率低于当地利率。民国时将其统称为钱会。合会按需求不同可以分为四类：集资类、慈善类、保险类与借贷类。集资类是会员以款项或实物作为会费入会，合会将收集的款项或实物，或者存放生利，或者生产投资，

---

① 詹玉荣：《中国农村金融史》，79~80 页，北京，中国农业大学出版社，1991。

或者用于祭祀，然后将所得收益分配会员。保险类仅在会员遇到老人死亡或儿子结婚时才会用得到。红白喜事花费很高，一般农民需要借贷。组织"合会"后，会员共同出资，协力解决，可以免除会员的债务之忧。慈善类主要是满足会首的资金需要，可以不用偿还，或者按照会员人数分期无息偿还。借贷类主要是急需用钱者主动邀集很多人组会，贷款资金由会员所缴资金汇集而成，俗称"会金"。会金组成贷款基金"会额"，供会员使用。[①]

会金模式上与现在的合作金融很相似。农业合作金融是以互助的方式为合作组织发展和合作社社员提供金融服务。但两者也有很多差别。

3. 银背或钱中

银背或钱中即贷款经纪人，借贷人通过他们借贷。贷款经纪人利用自己的信息优势，将资金借贷双方联系起来，促进借款的完成，从中收取一定佣金。这样虽然一定程度上扩大了贷款的范围和金额，但是也更加加剧了信息的不对称，经纪人会将信息掌握在自己手中，从中获取利益。

4. 钱庄

旧中国金融业是通过钱庄、票号等完成金融业务的。钱庄也开展贷款业务。私人钱庄经营的资金主要来源于存款，一般而言钱庄的资金较为充足，通过借贷业务，钱庄可以获得较高的收益，但同时也承担一定的借贷风险，所以一般也是熟人借贷。

5. 典当业

典当本来是指出当人将其拥有所有权的物品作为抵押，从当铺取得一定当金，在一定期限内连本带息赎回原物的一种融资行为。典当业曾在我国非正规金融业中扮演过重要角色，一些组织常以经营典当业为名，从事纯粹的民间借款业务，甚至从事高利贷业务。

在借贷双方无限次的重复博弈中，双方的行为便分别是贷出资金和守约还款。从我国农业银行和农村信用社的发展史看，这些金融机构是通过吸纳储蓄资金，转化为贷款款项，通过资金的重新配置，对农村经济产生影响。农村的资金流通主要依赖于信息的传递，交易双方一般都比较熟，如果一方不履约，其不良行为会在一定区域内广泛传播，通过道德约束进行交易风险规避。相较而言，现代银行业和农村信用社是以匿名的方式进行交易，不需要中间人和信息的买卖，但是需要一定的实物进行抵押

① 康金莉：《民国时期中国农业合作金融研究（1923—1949）》，20~22 页，北京，科学出版社，2014。

保证，以降低风险。^①

二、晚清农村金融组织服务内容

农村金融是与农村货币流通和信用活动有关的各种金融活动。金融服务的核心内容是交易。农村金融是围绕资金的交易过程展开的。晚清时期农村金融延续了传统农业金融的模式。1840年以后，中国的农业经济发生了巨大的转变。随着航运业、银行业、船舶修造业的发展，城市近代工商业、交通业等的兴起，农业经济的商品化发展较迅速，但是，农村经济的发展非常缓慢。农村资金通过储蓄投资向城市集中，农村资金匮乏，农业对资金的需求剧增，对农村金融服务要求增加。

（一）为农业生产提供金融服务

农民在从事农业活动的过程中，需要土地、资金和劳力投入。农民的衣、食、住、行和红白喜事都需要花费很多资金，如购买种子、肥料、牲畜，修缮房屋，筑堤坝、灌溉，耕植，等等，尤其涉及婚丧、祭祀等大型活动，需要花费的资金数额更大。农民在自有资金不足的情况下，就需要通过一些渠道获得资金。农村金融服务应运而生。

农业生产过程中，部分农民没有土地，需要通过租赁的方式进行农业生产活动。在牧区，也有部分牧民没有自己的草场和牲畜，需要通过借牲畜的方式进行牧业生产。同时，农牧民需要解决种子、肥料、草料等问题。

他们主要是通过农村高利贷的方式筹得生产原料。一是直接借得实物。如借未成年的小家畜，过一年加一岁。如借一只小羊，次年需要还一只大羊。借一匹2岁马，次年需要还一匹3岁马。借一匹成年马，次年需要加还一匹小马。^② 二是典当赊借，通过抵押方式，获得资金，一般利息在1分以上。三是从专门从事高利贷的机构借款，农村借贷习俗形成与社群关系密切，在小范围地区，高利贷模式很普遍。四是自发的合会组织，都是根据具体时间和事件决定的。

（二）为农民生活提供金融服务

农民的生活需要很多，融资活动与农业生产类似。但也有一些不同，可以通过劳动的方式偿还借贷，即用免费做工天数借粮或生活用品。在牧区可低价预支小羊，用小麦或现款还债，或是牧民通过免费放牧的方式偿还所欠的婚丧嫁娶的费用。祭祀和

① 游依：《农村金融融资模式研究》，30~34页，中南大学硕士学位论文，2007。
② 娜拉：《清末民国时期新疆游牧社会研究》，105~115页，北京，社会科学文献出版社，2010。

宗教活动的费用，也是农牧民生活负担的一部分，甚至有官员过境都会对农牧民进行剥削。1905年，已经卸任回京的科布多参赞大臣瑞洵行李过境，驼马需一二百只，毡房数十家之多，所带巡捕家丁，并有折价索银情事。[1]

 ## 第二节　晚清农村金融业的发展及存在的问题

　　晚清时期农村金融延续了传统农业金融的组织与形式，尤其是在比较偏远的地区，农业经济按照传统模式发展。随着鸦片战争的爆发，中国遭受帝国主义的侵略，中国的农业经济发生了巨大的转变。

　　1895年以前，资本主义对中国的输出集中在航运业、银行业、船舶修造业以及一些出口产品的加工业等方面，促进了城市经济的发展。城市近代工商业、交通业等的兴起，对农产品的需要也在增加，从而促进了农产品商品化。随着沿海和内地贸易网络的变化，以洋货的输入、土特产品的输出为纽带，借助传统金融机构的资金融通，构成了一个沿海与内地的货物、资金流通网，一定程度上促进了内地农村经济的发展。1895年后，农业经济的商品化发展并没有促进农业资本主义的发展，主要是促进小农经济产品的商品化。在资本主义剥削压迫下，农村商品经济的发展没有给农民带来生活的幸福，广大农民仍然生活在贫困之中，农村经济的发展非常缓慢。

　　在资本主义市场形成过程中，农村资金通过储蓄投资以及工农产品剪刀差等渠道，加速向城市集中，加剧农村资金匮乏，引发农村金融枯竭。[2] 这促使传统农村金融的组织和形式都发生了很大的转变。

一、晚清农村金融业的特点

　　传统农村金融适应传统农业的发展。然而鸦片战争使农村的小农经济和小商品经济遭受了严重打击，自然经济逐步解体，农民负担日益加重，农村经济日渐衰败。战争赔款加重了农民的负担，鸦片泛滥、白银外流，银贵钱贱日益加重，农村资金筹集

---

① 《新疆图志》卷28，实业一。
② 康金莉：《民国时期中国农业合作金融研究（1923—1949）》，20~22页，北京，科学出版社，2014。

日渐困难。农村社会不安定,放贷者将钱转存城市,进一步加剧了农村资金向都市集中。合会组织的作用也因为农村资金的减少愈发降低,农村金融发展受到抑制。

二、晚清农村金融业格局变化

在帝国主义势力的侵略下,中国农产品商品化不断发展。农业卷入商品经济的纷争,一方面使传统自然经济解体,另一方面也加快了中国商品经济的发展。1873 年,中国农产品的输出额为 280 多万元,到 1893 年增长到 2 800 多万元,增加了 9 倍,到1910 年达到 8 900 万元,其中主要是茶业、生丝、棉花的出口量大幅增长。城市化进程也逐渐展开,城市对农产品的需求不断扩大,进一步刺激农产品商品化。在这样的经济格局之下,农村对于资金的需求不断增加。尤其是近代资本主义性质的垦殖公司的建立,造成资金需求数量巨大,要求新的金融机构和组织。

(一)传统农村金融组织的发展

1. 高利贷依然盛行

高利贷对经济具有极大的破坏性,不只是在农业生产区域,在传统牧区,高利贷对牧民的剥削也十分严重。"蒙哈之贫者,常假贷于中外商人,初年举债一金,次年四月交二齿羊一头,届期不还,罚息一倍,再罚则再倍。"[①] 二齿羊一头值银 5 两,如果借债还羊,实际上等于借 1 还 5,利息高达四倍。牧民赊欠后,在不得已的情况下,将怀胎母畜忍痛偿还债务。在高利贷的剥削下,很多牧人牲畜越来越少。[②] 现代农业金融的发展也是为了遏制高利贷的剥削。虽然在一定程度上,金融机构在农村起到遏制旧式高利贷的作用,农民借款中高利贷比例下降,但农民不能从银行贷款,而是需要以合作社为中介,在此过程中,合作社会加收 2~3 厘的利息。甚至有时利息翻倍,有人将其称为"集团高利贷"。旧式高利贷转变为新式高利贷,农民依旧遭受剥削。《大公报》报道:"假鲁浦乡户口押贷,每户向农民银行押贷稻谷 50 石,共计押贷糙米 1 000 石,每石糙米贷款 40 万元,当时市价仅售 36 万元。恽俫达理开设钧祥米厂,每年可收租 4 000 余石,与谈昭华、梅功昭等假借丹山、独凤等乡户口册,贿赂保甲长签盖图章,共贷到糙米 1 500 余担。到了今年二月回赎,米价已达 300 余万元,本利达八倍之多。"新型金融机构变成为少数人服务的资金源。

---

① 《新疆图志》卷 28,实业一。
② 娜拉:《清末民国时期新疆游牧社会研究》,78~80 页,北京,社会科学文献出版社,2010。

2. 旧式钱庄的发展

在经济开放的上海地区，银行业兴起之地，旧式钱庄也有较大的发展。到 1912 年，在上海经营的钱庄有 28 家，资产在 106 万两左右。其中，21 家钱庄的盈利超过 47 万两，平均每家 2.3 万两。[①] 随着民族工商业的发展，信托公司和交易所也逐渐发展起来。

（二）新型农业金融组织的兴起

新型金融机构可以筹措、发放更多的农业资金，促进农业经济发展和打击高利贷。新型农业金融机构的作用主要是抗击 20 世纪初期的灾荒，保障农民生存需要，对于农业生产的恢复有很大的作用。他们还针对农田水利、农业生产、农业推广及农业投资发放贷款，提高了农业抗风险能力，增加了农民的生产积极性。新型农业金融促进了农业的发展，但农民生活并没有得到改善，农业金融的红利还是被利益阶层攫取，同时激化了农村的贫富分化和阶级矛盾。

合作金融产生于德国，原因是民间与国家在农业金融活动中没有实现互补。农业贷款期限长、风险大、金额少、利率低，这使得以营利为目的的银行不愿参与。商业银行利率相对较高，农民无法负担，农民创建了资金互助组织——信用合作社。19 世纪下半叶，信用合作社发展迅速，在法国、意大利、瑞士和日本广泛发展。合作社机构简单，费用较低，还款也比较安全可靠，坏账损失不多。我国在近代也开展了合作金融，但是因为融资力量小，不能起到太大的作用。

三、农村金融业转变的动因

直到今天，农村金融依然是我国金融体系中的薄弱环节，还存在不少的困难和问题。回顾晚清时期的农村金融业，还是有诸多问题和弊端。农村金融机构缺乏、组织和管理职能不健全、管理制度不规范、缺乏有效的风险防范策略，信息不对称、需要通过关系网络进行维持等，都是农村金融发展需要面对的问题。

晚清时期，农村经济长期处于停滞状态，农业生产转变不大。帝国主义商品经济对农村的冲击很大，加上战争的破坏和自然灾害频仍，农村经济受到了严重的影响，[②] 农村金融业也遇到了很大的问题。农村金融主要力量还是民间金融，中国虽然陆续有银行

① 中国人民银行总行参事室金融史料组：《中国近代货币史资料》，第一辑，1 039 页，北京，中华书局，1964。
② 严中平等编：《中国近代经济史统计资料选辑》，361 页，北京，科学出版社，1955。

成立，但是服务农村的中小金融机构，特别是微型金融组织十分匮乏。随着商品经济的影响，农村金融机构也将信贷业务转向城市，致使部分农村地区出现了金融服务空白。

（一）农村发展过程中资金缺口大

1894—1911年，清政府共向各国借款120 382.5万库平银两，实收借款66 053.596万库平银两[①]，主要用于战争赔款、铁路、军械、财政支出等方面。这些借款不但条件苛刻、利息高、折扣大，而且大都以中国的关税、盐税及内地税为抵押，而这些又是清政府的重要财政收入。

1900—1911年，清政府举借用于铁路修建的外债共计2.8亿两白银。列强通过这些借款取得了中国铁路的建筑权、经营权、收益分配权等。

工矿业方面，帝国主义增加投资也很快，1895—1913年设立的重要厂矿约136家，资本1亿多美元，几乎是此前50年各国在华工矿业投资的13倍，[②] 同时在华建立了银行和分支机构，操控中国的金融。

1895年之后，西方国家在扩大对华资本输出的同时，也加紧了对华商品输出和对中国贸易的控制。

这些原因促使清政府加大对农民的税收与摊派，加之不断发生的农民运动和灾害，造成了农村资金紧张。农村借贷风险提高，城市的发展为资金提供了新去处，促使农村大部分资金逆流到城市。

农村资金需求可以分为三个层次：一是农民的生活消费性需求；二是农户生产需要，可分为维持生产规模的季节性需求和扩大生产规模的需求，这部分资金季节性强，需求分散，还款来源明确但稳定性差；三是大型活动和仪式的费用，包括婚丧嫁娶、宗教、宗族仪式等，多为一次性消费，数额巨大。台会、钱庄等民间金融组织通过不同形式，融资额愈来愈多，规模愈来愈大，呈膨胀发展势态。银行和合作组织及信用社等不能遍及农村，抑制了农村金融与经济的发展。

（二）农村民间金融成本高

农村既有的资金不断向大中城市逆向转移，农村经济的资金从源头上受到侵蚀，客观上限制了农户从金融机构获得信贷资金。由于农村资金投资回报率低下，借贷规模狭小，供给的增加不能降低利率；农村的信贷配给通过人际关系实现，配给不是因为信息问题，而是因为契约执行无保障；由于交易规模扩大、交易技术改进，农村借

[①] 徐义生编：《中国近代外债史统计资料》，90页，北京，中华书局，1962。
[②] 汪敬虞编：《中国近代工业史资料 第二辑》，上册，3页，北京，中华书局，1962。

贷习俗的稳定性受到挑战，但是随着土地制度和金融的发展，农村信贷的范围也会逃脱契约执行力的约束，超越"熟人社会"，向更广阔空间发展。农村的资金需求具有"急、少、快"等特点，民间金融恰好也适应了这个需求特点，这就为农村民间金融的发展创造了良好的市场空间。①

（三）农村不良贷款比例较高

农村借贷市场形成的关键因素：交易成本、信息、习俗和契约执行能力。我国农村金融主要是通过契约精神和道德约束进行交易的执行，对于风险往往估计不足。因此，交易过程中，不良贷款率较高。一方面是由于约束力不够或抵押物品不能偿债；另一方面由于农村经济的萧条和多重盘剥，造成农民赤贫，没有能力偿还债务，尤其高利贷模式的借贷，造成了农村资金短缺的恶性循环，并进而促使高利贷利率提高，供给者可以通过提高信贷价格，使自己得益，同时可以转移至少超过由于利率提高而使需求者受损的部分经济利益。乡村债务消化进程缓慢。因此，农村金融机构除了自身经营风险外，在农村地区经营还面临比城市经营更高的系统性风险，农业保险、信贷抵押担保等发展滞后也是金融机构不良贷款率较高的重要原因。

 第三节　银行业兴起对农村金融的影响

近代中国农业金融的转型始于 20 世纪初。1908 年清政府颁布《殖业银行则例》，1911 年殖业银行在天津成立，创办时股本总额银 72 万 400 两，标志现代银行业的兴起。

一、现代银行业的兴起

最早的银行是 1407 年在意大利威尼斯成立的银行。而"银行"一词，也源于意大利文"Banca"。我国"银行"一词最早见于太平天国洪仁玕所著的《资政新篇》。我国经济体系一直是以白银为本位货币，而大的商业机构都称为"某某行"，所以，银行的意思就是办理与钱相关的机构。

① 陈蕾艳：《浅析中国民间金融的发展》，载《现代商业》，2007（17），33~34 页。

银行体系的核心作用是可以将信用货币的数量放大，促进资金流通。银行的主营工作是经营货币，方便社会资金的筹措与融通。与传统的筹资模式相比，相同的是银行也是吸收资金，再将资金借给需要资金的人，充当中介；不同的是，银行有完备的机构和制度，对象范围更为广泛，不是通过熟人系统进行操作，可以扩大受益范围。商业银行的主要职能是信用中介、支付中介、信用创造和金融服务。

（一）中国现代银行业

1845 年，中国最早的新式银行机构英国丽如银行，在香港和广州同时开设了分行。此后外国银行逐渐增多，主要集中在上海。中国自办的第一家银行是中国通商银行，建于 1897 年。1904 年，清政府在北京成立户部银行，这是中国第一家国家银行。该行订有章程，规定其营业项目为：专作收存出放款项，买卖荒金荒银，汇兑划拨公私款项，折收未满限期期票及代人收存紧要物件[①]；并有铸造货币、发行纸币等权力。此外，各省地方政府还设立了一批官银钱局号。私人创办的银行也出现，如上海的信诚银行、四明商业储蓄银行、镇江的信义银行、杭州的浙江铁路兴业银行等。到清宣统三年（1911），中国自办的银行达 30 家。

（二）农业银行业的兴起

甲午战争以后，农业经济中出现资本主义因素，尤其是新式农牧垦殖公司发展较为迅速，至 1912 年，中国共有农牧垦殖公司 171 家，资金总额 635 万元。在农牧垦殖公司遇到资金不足问题时，传统农业银行难以提供大额资金，垦殖公司也难以承受高利贷融资的压力，新型的农业银行应运而生。

我国的农业银行业是在参考欧美及日本农业金融组织和制度，保留中国传统农村金融特点的基础上建立的。业务上靠近商业银行，经营方式上则更多地沿袭中国旧式典当业。德国土地信用银行虽然经营一般银行业务，但不以营利为目的；德国地租银行则专营农业金融业务，不办理一般金融业务。日本农协主要是针对农业生产进行信用贷款、购销、赎买、共济事业、会员生产或生活资金贷款，只有在资金充足时才发放非生产性贷款。近代中国的农业金融机构农业放款与投资所占的比例一直很低。"农民银行在一些地方设立的农民抵押贷款所（农贷所），是旧式典当的变种。它的经营方式、押品内容同旧式典当完全一致。名为农贷所，实乃市民、农民抵押衣物的场所。

---

① 中国人民银行总行参事室金融史料组：《中国近代货币史资料》，第一辑，1 039 页，北京，中华书局，1964。

这是典当的一种形式。"[①]

一般的模式有两种：一种是商业银行担负农业金融的任务；另一种是国家集中办理农业金融。后者有两种形式：一是直接由政府机关或其所设立的专门机构向农民发放专项贷款；二是由国家银行兼办农业贷款。两种模式效果都不令人满意。在近代中国农业金融发展过程中，私人借贷始终占据首要地位。在清末时期，逐渐开展合作金融，国家和商业银行也参与农业金融活动。

二、银行业对农村金融的影响

农村金融具有促进农村经济发展功能，是为适应农村经济发展的金融交易需求，在分工和交换体系中逐渐形成和发展的金融机构、金融市场和组织体系。农村金融的作用在于其功能的发挥。农村金融应当包含一系列内涵丰富的金融产品和服务，如储蓄、信贷、结算、保险、投资、理财、信托等。交易双方的信息不对称、交易的不确定性或风险随之加大，使交易的"信任程度"难以得到确认和保证，判断农村金融风险和收益的难度增加，农村金融交易成本增加。为降低交易成本，农村金融交易中的信任关系从交易双方发展到农村金融工具，从而推动了农村金融工具的不断创新。

1895—1913 年，外国在华设立了 13 家银行、85 个分支机构，主要进行对华借款、投资、储蓄、贸易等经济活动。西方列强通过在华银行，凭借各种特权及雄厚资本，控制中国的财政金融。

从银行的主要职能看，经营货币方便了社会资金的筹措与融通。而信用中介、支付中介、信用创造、金融服务，使银行具有将信用货币的数量放大，促进资金流通的作用。资金逆流城市，银行的兴起，促进了资金的流通，加大了资金流量，可以逐步满足农村金融需求。

从银行的中介角色看，银行注册资本比较雄厚，有较高的信用度，交易范围更为广泛，可以及时给予农民信息，而且制度较为完备，针对传统农村金融信息不对称等问题，可以及时高效解决，降低了交易成本。尤其是国有银行和地方政府组建的银行，对农村金融有一定的促进作用，对农村经济发展提供了一些支持。

[①] 易棉阳，姚会元：《近代中国农业金融的转型及其特点》，载《福建论坛·人文社会科学版》，2008（1），52~57 页。

1895 年以后，农牧垦殖公司的建立促进了新型农业金融的产生。商业银行担负农业金融的任务，国家集中办理农业金融。近代中国农业金融发展过程中，私人借贷始终占据首要地位。清末时期，逐渐开展合作金融，国家和商业银行也参与了农业金融活动。

银行业与农村金融业具有互为促进的作用。一方面农村金融的需求，促使新型高效金融机构产生；另一方面，银行业为农村金融与经济的发展提供了一定的帮助与支持。

第四节 金融业发展对晚清农村经济的影响

农村金融市场的信息不对称造成了市场交易各方的博弈失衡，影响市场对资源调配的效果。农村金融格局发生较大的转变，出现农村金融市场高利贷、合会、银行和合作信用并存的局面，促使金融服务的内容和对象也发生较大的转变。

随着商品经济的发展、贸易的增加和城市的扩张，新式商业也开始兴起。新式商业有三类：一是旧式商业在资本主义的冲击下，开始采用洋行的模式进行商业活动；二是外国洋行，指由外国人主导的资本主义性质的商业，主要在中外贸易中担任中介；三是买办商业，主要是国内的商人开办的商业。买办一般都是在外国洋行中积累了一定经验的经纪人，通过资本累积，自己进行商业活动。买办商业的出现，标志中国民族资本主义商业的兴起。[①]

近代新式商业推动了中国商品经济的发展，也促进了农村金融市场的转型。中国传统社会经济结构发生分解，资本主义经济开始在中国发展壮大，并促使农村金融开始以资本主义的金融模式发展扩张。

一、贸易与农村金融服务

晚清时期，农村金融服务的根本问题是机构不足、制度不健全，不能满足农民的需求。从范围上看，农村金融不等同于农业金融，农村金融不仅是为农业生产服务，

---

① 中国人民银行总行参事室金融史料组：《中国近代货币史资料》，第一辑，1039 页，北京，中华书局，1964。

还为农民生活的各个部分服务。农村经济发展对农村金融产品和服务的需求，随市场扩大到一定水平时才会需要同步的农村金融机构的改进。农村金融系统是由筹资、贷放、农村金融中介、农村金融监管机构和农村金融市场构成的。农村金融活动是围绕资金的筹集、使用展开的，通过相关的管理组织与机构进行管理，通过管理制度进行规范。农村金融不等同于农村金融机构，农村金融机构只是前者的一个重要组成部分。

（一）贸易对农村发展的影响

传统的农村金融的特点是农村资金投资回报率低下，借贷规模狭小。农村的信贷是熟人行为，更多的是通过道德约束，契约执行无保障。近代农村信贷市场发生较大变化，由于交易规模的扩大、交易技术的改进、资金需求量日益加大，农村信贷的范围也需要超越"熟人社会"，获得更多的资源。

1873 年以后，资本主义世界为了缓解经济危机，向中国倾销过剩商品。其中，以纺织品为代表的大量商品涌入中国市场，使中国的贸易格局发生很大的变化。洋纱代替土纱、洋布代替土布，手工纺织业与农业分离。随着民族资本主义的兴起，国内也逐渐形成了较大的垦殖公司和纺织公司，使用先进的纺织机器，大大提高了棉纺织业劳动生产率，生产费用和产品价格大幅度下降，产品质量提高。洋纱由华南地区逐渐扩展到华北和内地。洋纱的进口不断增加。1895 年，进口棉纱 113.2 万担，1913 年达到 268.5 万担，造成了中国城乡大批手工纺织业者破产。如广西，洋布输入，土制纱布相形见绌，纺织工业遂一落千丈。[1] 1904 年，洋布进口为 1 334 万匹，1913 年增加到 3 075 万匹。[2] 1895 年，中国净进口货值 171 697 千海关两，净出口货值为 143 293 千海关两，贸易逆差 28 404 千海关两。1900 年，进口货值则增加到 211 070 千海关两，出口货值 158 997 千海关两，贸易逆差 52 073 千海关两。[3] 中国的对外贸易被外商所控制，1913 年，90% 的贸易控制在外商手中。[4]

贸易的增加和资金流需求的加大，传统的农村金融机构已经满足不了需求。由于贸易的主权在外商手中，又有新的商业形式促进了金融机构的发展，商业银行和合作社的兴起，打破了传统高利贷模式的农村金融服务，农村资金通过储蓄向城市集中，

① 许涤新，吴承明主编：《旧民主主义革命时期的中国资本主义》，952 页，北京，人民出版社，1990。
② 许涤新，吴承明主编：《旧民主主义革命时期的中国资本主义》，956 页，北京，人民出版社，1990。
③ 徐义生编：《中国近代外债史统计资料》，90 页，北京，中华书局，1962。
④ 严中平等编：《中国近代经济史统计资料选辑》，190 页，北京，科学出版社，1955。

近代以来中国农村变迁史论（1840—1911）

农产品由农村流向城市、工业品从城市流向农村的商品对流也造成了资金向城市流动。农民生活贫困加剧，偿债能力降低，农村借贷风险加大，乡村地主将资金存储在商业银行或直接投资工商业。农村金融促进农村市场的扩大和结构的调整，增加了贸易额度，尤其是国内的贸易增加；同时，农村金融又与整体的金融系统相互联系，在相关监管机构的调控下，实行农业资金的信贷工作。垦殖公司兴起，尤其在张謇实业救国理念的提出与实行后，农村金融在储蓄、信贷之外，因为贸易的需求又增加了汇兑、股票、信托等内容，呈动态演化态势。农村金融通过减少农业生产者的借贷成本，提供足够资金，改善其生产和生活条件，从而刺激农业生产发展，促进了农村经济发展。由于经济发展、外商对贸易的控制和人们习惯的转变，农村金融从通过血缘、亲缘、情缘、地缘、业缘等特定关系的交易转向有第三方监管的机构和组织，以保障农业、手工业发展，促进生产。

（二）买办经济的兴起

买办是指外语能力较高，为外商和中国政府或商人从事翻译工作的服务人员。他们可以通过翻译沟通之便，自己经营商铺发家致富，形成独特的商业形式。像台湾19世纪中叶的首富商人李春生即为买办出身。买办既是雇员又是独立商人，他们可以得到外国势力的庇护，也可以自己进行商业活动。在中国，买办多指外国商人经营的商行、公司、银行等雇用的中国经理。在华的外国商人逐渐了解中国的贸易模式后，会直接和中国商人进行交易，买办也就逐渐转变为纯粹的雇员。

1. 买办阶层的兴起

买办阶层对于中国的洋务运动有很大的推动力，逐渐形成了中国的民族资本阶层。买办的任免与选用受清政府的严格控制。1840年以后，"买办制度"随着洋行业务的开展而发生了变化。买办阶层不只从事商品交易，而且参与钱财的进出和保管。买办逐渐成为外商对华贸易的代言人，在中外贸易中占据关键位置。随着外国商品的销售和原料的采买，外国政府通过一系列不平等条约进行经济侵略。如1842年签订的《南京条约》要求赔款，协商关税，并开放通商口岸。西方列强据此在中国市场获得巨大经济利益。中国传统农业社会自然经济的主体地位使统一收购土货产品、销售洋货变得异常困难，因此，亟须中介代理人的出现。于是，1844年的《厦门条约》中有"准许外商自雇引水……其雇觅跟随，买办及延请通事，书手，雇佣内地船只，搬运货物……均属事所必需，例所不禁，应各听其便"，以制度方便买办行事。从事买办的人数由

1854 年 50 人发展到 1900 年的 2 万人。外国商人为了扩大贸易范围，需要通过买办沟通封建政权，依托地方官绅势力，这也促使买办与政府和地方势力联合。买办利用自己的职务之便，独立经商、投机倒把、走私偷税以及敲诈勒索。买办以自己雄厚的资本实力在各个通商口岸的鸦片、丝茶、洋货、钱庄以及船运等许多领域具有庞大势力，甚至拿到征税大权。

2. 买办经济对农村发展的影响

1868 年，中国出口贸易为 1.25 亿海关两，到 1913 年达到 9.73 亿海关两。可以说，贸易额的大幅提升，与买办阶层的形成关系密切。买办阶层方便了中外贸易的达成，增加了资本主义商品经济的因素，并逐步扩大市场，使中国自给自足的封建自然经济逐步解体，同时使中国的农业、轻工业甚至重工业得到一定发展，这有利于中国的近代化。部分买办转为自己经营，形成民族资本阶级的雏形。很多买办投资民族工业和航运业，这也促进了城市化进程。进一步扩大了农产品市场。

买办阶层的形成，在促进市场经济发展的同时和地方势力联合，也会将一部分资金投资于农村市场。在农产品的采买过程中，买办的介入增加了剥削环节，加大了农民受剥削的程度。但买办也为农民的产品销售带来一定的有益作用。买办阶层多投资于工业和航运业，在商业贸易过程中，促进了汇兑和股票的发展，增加了农村金额的服务内容。他们不只局限于资金的筹集和发放，也进一步扩大资金的信用额度，增加实物的交付和汇兑能力，减少了运输的损耗和时间，提高了工业发展效率，为发展民族资本主义打下了良好的基础。

虽然买办阶层的形成促进了资本主义市场的形成，增加了贸易的额度，但从另一角度看，买办阶层在辅助外商贸易的同时，也压低了原材料价格，维护外国资本主义的利益，帮助西方列强剥削农民，进一步造成了农民的贫困，影响了农村经济的发展。农村资金流失更为严重，造成农民贷款和还贷都有较高风险。

二、金融业与晚清农村经济

1901 年以后，以现代化为导向的制度变革层层递进，传统中国社会 - 文化结构解体过程加速，而新的结构体系以及民族 - 国家权威却未能同步建立，社会失序加重，基层社会变乱层出不穷。

农村面临土地不足、生产力低下、家庭手工业步履维艰、商品交换处于弱势地位、乡村金融枯竭、高利贷和租税剥削、天灾人祸等重重考验。其中，耕地不足、农业生产力水平低下以及频繁的天灾人祸是导致农民贫困的最重要原因。

黄宗智在《华北小农经济与社会变迁》中讨论了近代小农经济的演变特征。他认为："世界经济并没有使小农经济崩溃，只是促使小农经济沿着原先变化的道路更向前推进。20 世纪的变化形式与原则和过去基本相同：经济作物的种植，同时提高了小农的收益和成本，因而导致了他们的分化。"

晚清基层社会动乱日趋频繁，农村经济受到了较为严重的影响，主要表现为：①农民户口逐渐减少（灾荒、工业化和城市化）；②荒地增加；③农业收获量降低；④土地分配不均；⑤地租增高；⑥田赋及捐税加重；⑦高利贷压迫；⑧生活苦痛。农副业及手工业等也陷入破产之困局，"皆为新兴之工业逐渐吸收以去，于是农村之大家庭解体，人口集中都市"。"六十五年间（1863—1928）外国货物输入吾国，竟增至 26 倍（1863 年进口指数 8.1，1928 年为 209.8，以 1913 年为标准）。"[①] 农村经济破产的结果当然是农家的破产，"现在中国农民每年平均总收入很少超过 200 元的，普通约百余元左右，最少者尚有十数元（物价高涨 20%~30% 灾后）……"[②]

离村潮持续发生。《东方杂志》的个案调查称："安西的农村，二工村，在民国十六年（1927）时，有农民五十多户，二十二年，骤然减少了五分之四，只有十一户，到了二十三年呢，更可怜呵！减到只有五户了。即就全县而言，在清代同治兵灾之前，农家有二千四百多户，到民国十年，还有九百多户，到了二十二年，只剩七百多户，二十三年再调查时，据说全县仅存六百多户了……安西许多村里，简直已经不见人烟了，因此田园也就满目荒芜起来。"[③]

农村金融奇窘，发生偏枯现象。"夫农村崩溃，资金集中都市，致使城市工商资本膨胀，而同时农村资本无着，迫令全国人口四分之三之农民经济破产，购买力消灭以致工商凋敝，信用紧缩，金融恐慌，日趋严重，伊于胡底。"[④]

新学制偏于城市，城市教育渐次发达，乡村教育则望尘莫及，随之"新学"之建构乃以城市为重心。不仅使整个中国教育布局发生了显著变化，即使是服务于乡村社会的农业学校也有将近 80% 设在城区。[⑤]

① 朱偰：《田赋附加税之繁重与农村经济之没落》，载《东方杂志》，1933，30（22），7~8 页。
② 董汝舟：《中国农村经济的破产》，《东方杂志》，第 29 卷第 7 号，1932 年 12 月。
③ 耕夫：《安西的人祸和天灾》，《东方杂志》，第 33 卷第 10 号，1936 年 5 月，109 页。
④ 转引自王印焕：《冀鲁豫农民离村问题研究》，5 页，北京，中国社会出版社，2004。
⑤ 罗兹曼：《中国的现代化》，551~563、660 页，南京，江苏人民出版社，2010。

农村在社会、经济、教育等方面呈现"普遍贫困化"的基本趋向。20世纪前期的乡村社会矛盾和冲突持续不绝，最直接的导因是地方权势的利益扩张影响村民的基本生存条件。

（一）农村社会结构的基本状况

中国近代经济的产生，从19世纪60年代开始，经过60年的发展到1920年时，据经济史学者估计，包括外国资本、官僚资本和民族资本在内，全部近代经济总产值在整个国民经济中只占不到8%。国民经济90%以上仍旧是旧式的农业和手工业；全国绝大多数人口仍在小农经济中生存，仍以家庭或家族为主要生产单位。从社会结构上说，资产者和工人是近代化的主体力量，而这个力量在中国不但数量微小，且受到传统思想观念的拘牵。

1852年，上海人口大约为50万~60万。由于中外企业在上海的建立使大批因贫苦、自然灾害、战乱而失去生计的人涌入上海。据统计，1894年上海工厂的工人数已达到3.622万人，为全国第一位，最终引动了上海的结构性变动。至宣统三年（1911）清室覆亡止，全上海共有大规模工厂90余家。1867年天津机器局成立，是天津近代工业之始。到1911年，天津已有工厂134家。1879年后，青岛逐渐成为一小市镇。开埠通商以后，青岛迅速建立了纺纱、卷烟、机器制造、炼油等中外工业企业。社会分层以及社会关系结构性的剧烈变动，基本上是伴随城市化、工业化及其现代化进程而发生的历史现象。到清末民初，城市中许多现代专门职业都已经具备，近代社会结构通过剧烈的分化、流动，实现了新的重构。

（二）农村经济结构的转变

社会阶级分化十分有限，阶级分界尚不清晰。各阶级、阶层之间存在交叉性、互渗性，阶级、阶层之间的边界并不固定且处于频繁更易之中。

乡村社会结构关系并不固化，虽处于不断变动之中，却并未形成大规模社会阶级分化的态势。许多乡村不仅"小本地主大概也兼自作农的多，大地主雇工自种的也是极普通的情形"。

在贵州大定，"在一年的短时期中，水旱等天然力，可以使地主成为自作农，而自作农成为佃户，或佃户自作农成了地主，而地主反成佃户的"。乡村社会中"自作农时时有变，究竟不是绝无"。从太平天国运动来看，不只是西方资本主义的侵略与剥削，还包含了传统农村危机的激化。农业的中国已开始进入工商业化的时代，于是农民的

近代以来中国农村变迁史论（1840—1911）

困苦比从前更甚。[①] 据北京农商部调查，1914—1918 年农户数减少 1 564 万余户，平均每年减少 400 万户；耕地减少 26 387 万余亩，荒地增加 49 073 万余亩。[②] 当时处于贫穷线以下的人口竟占到 93.7%（其中还包括城市人口）。

（三）清政府对农村社会问题的应对

晚清政府挽救农村的措施，除了开垦荒地、遇灾放赈外，便是办了几所有名无实的农业学校和模范试验工场。这些机构对农业生产影响甚微，且由于人才缺乏、资金困难，以致难有大的进步；同时也由于农村的衰落及由此而造成的愚昧和保守，新技术、新方法很少能在乡村传播，其结果只能是乡村无所进步，而政府对农民的剥削则不断加重。[③] 农村社会处于危机中时，农民自身的生存即成问题，根本无法从资金、市场等方面为近代化建设提供保障。清政府镇压农民大起义后，虽然开始了以洋务为内容的现代化事业，但对解决农村危机无所作为。现代性改制的成本和负担转嫁为村民不堪的重负，从而将使"发展危机"转嫁并日渐加重了乡村民众的生存危机，由此造成乡村社会层出不穷且愈演愈烈的"民变"。

20 世纪前期的乡村社会秩序动荡、冲突不断且持续走高以及城乡背离化发展的各种负效应，对于乡村社会的影响加深加剧。晚清以来直到民国时期，传统皇族－国家崩解之后，近代民族－国家权威始终处于重新建构的过程之中，国家权威对于农村社会的利益调整和控制基本处于失位状态，这加重了乡村社会秩序重建的成本，也延缓了消弭乡村危机的过程。

未从根本上将农民导入自主发展的轨道，而是将其置于被动的消极依赖地位。农民本身具有巨大的创造力，具有改造现存状态和发展自身生活的能力和诉求。社会的发展，尤其在地域广阔、聚居分散的乡村社会，理应更多依赖于社会力量本身。传统社会机制失范后，未能建构新的社会机制。

---

① 古楳：《乡村建设与乡村教育之改造》，载《东方杂志》，1933，30（22），6 页。
② 中国现代革命史资料丛刊：《第一次国内革命战争时期的农民运动资料》，11 页，北京，人民出版社，1983。
③ 张福记：《乡村危机与近代百年中国政治格局的嬗变》，载《山东师大学报（社会科学版）》，1996（3），18~22 页。

第九章　晚清农村居民与农民生活

第一节　晚清农村居民的构成

　　与中国传统封建社会一样，晚清农村的居民构成，整体上分为地主和农民。在农民队伍中，因掌握生产资料程度不同又存在不同的阶层，如自耕农、佃农，还有介乎自耕农和佃农之间的半自耕农，以及农业雇工。各阶层的人数比例不是一成不变的，例如，此前还很少有的雇工在晚清已相当普遍了。据 1927 年《中国国民党中央执行委员会农民部土地委员会报告》记录，地主占全国总人数的 6.3%，占有全国土地的62%；富农占 8.1% 的人数，19.44% 的土地；10.8% 的中农占有 13.26% 的土地，55% 的贫农、雇农，占有 6.16% 的土地。[①] 晚清情况应该与之相差不大，由此可见晚清农村居民的构成情况。

一、地主

　　地主土地所有制在整个晚清中国农村土地占有关系中处于支配和统治地位。地主占有农业生产最重要的生产资料和劳动条件——土地，自己不经营，出租给无地或少地的农民。地主凭借对土地的占有和垄断，无偿地占有农民的剩余生产物，因此，在封建地主土地所有制占主导地位的晚清时期，地主与农民之间的生产关系，依然是封建或半封建的剥削关系，地主与农民之间的斗争，依然是近代中国农村社会的主要矛盾。在1840—1911年的中国农村，封建土地所有制基本上保存下来，但和封建社会相比，土地占有者移居城市的逐渐增多。

　　欧洲的地主大多数住在城市，同美国相似，中国地主大多数住在农村，多系在村

────────────

① 《第一次国内革命战争时期的农民运动资料》，4 页，北京，人民出版社，1983。

第九章　晚清农村居民与农民生活

地主。在靠近大都市的区域，随着都市的发展和地权的集中，不在村地主发展迅速，邻近上海的昆山县，有三分之二的地主不在本村，住在城市。清末大官僚地主李鸿章家族在安徽占地 6 万余亩，其子孙后代将遗田变卖一部分，投资于上海和芜湖等城市，成为工商业者兼不在村地主。①

这一时期的中国，一方面出现了如上海、天津、大连等新型工业城市，另一方面也存在像北京、兰州、西安这样带有官僚资本、手工业资本、商业资本色彩的旧城市。两种城市都有一些专门推销外国商品，或为外国企业收购手工业产品、农副产品的商业资本家，拥有这些商业资本的商人不少兼为地主，特别在中小城市的商业资本多为地主富农所经营。山东省对 46 个县 131 家地主的调查材料表明，在 19 世纪后期，兼营商业的有 46 家，到 20 世纪初曾达 85 家。一般县城的商业往往为几家较大的地主掌握，号称"张半城""王半城"，靠近中等城市的地主有一半在城市。②

由于部分地主居住在城市，对于土地占有制的问题便引起学术界的讨论，其中"一田两主制"备受学界青睐。晚清华南地区普遍存在"一田两主制"，这是一种复杂而灵活的制度，不同权力的占有者不应简单地概称为"地主"和"佃户"。再从城乡关系的角度看江南的"一田两主制"，城居地主与农民之间只剩下土地租佃关系，与此相关的应对策略和制度安排极大地改变了以地主为主体的地方精英的"在地性"。③只有摆脱阶级斗争的单一模式，才有可能冷静地分析地主的真实形象，无论他住在村下还是城里。④

二、富农

富农经济在中国农民内部不断分化过程中产生。富农拥有较好、较多的土地，劳动力和家庭人口也较多，有较多的活动资本和较好的生产工具。富农生活来源的一部分或大部分是依靠剥削雇佣劳动力。这是富农与农民和其他相比较而言的，富农是剥削者兼独立劳动者，既是农村资产者又是农村劳动者。

---

① 赵世昌：《合肥租佃调查》，158 页，台北，成文出版社、美国中文资料中心，1977。
② 朱玉湘：《试论近代中国的土地占有关系及其特点》，载《文史哲》，1997（2）。
③ ［加］魏安国：《清代华南地区"一田两主"的土地占有制》，载《开放时代》，1982（3）。
④ 任放：《近三十年中国近代史研究视角的转换——以农村史研究为中心》，载《史学月刊》，2011（4）。

一般来说，在近代社会，农民的阶级分化是资本主义的历史前提。在这种分化过程中产生的富农经济是资本主义性质的农业经营。晚清富农可分为自耕富农和佃富农，甲午战争后，这两类富农都有较大程度的发展。在商业性农业不断扩大、农民两极分化加剧、农村雇佣劳动日益普遍的情况下，一些地区的富农经济明显发展起来。但地主土地所有制对富农土地所有制有主导作用，表现在因为地主高额地租的存在，富农感到出租土地比雇工经营更加有利，富农不能够利用其所扩大的土地沿着资本主义的道路发展，他们拥有的土地越多，出租土地所占比重越大。[①]

晚清以降，经济作物等商品性作物的种植面积、比例扩大，农产品商品化程度的提高，给个体农民的农业生产提供了"兴奋剂"，富农便更多地在一些经济作物区涌现出来，但佃农和其他贫苦农民上升为富农的可能性很小。中国的富农一般是从经营自有土地开始，与此同时，一些佃富农（租地经营的富农）也有不同程度的发展，佃富农比自耕富农更具有资本主义性质。还有第三种新型富农，采用资本主义企业管理的方法进行农业经营。如河南冯秀才，具有书本知识和专业技能，从光绪末年开始，以区田法为基础，采用科学耕种方法，并进行成本核算，探索新型经营方式。[②]

富农家庭人口和劳动力较多，雇工情况在各地有差别。江苏无锡县，农业雇佣劳动不普遍，农民大多从事自家的农业劳动。该县3个村，富农常年雇工为1 702个，占其全部劳动力的22.8%。[③] 北方的富农雇佣劳动力较多。如山东莒南县的3个区13个村共有富农119户，在其经营中，家工占劳力总数67.14%，雇工占32.88%；而在831户中农中，雇工只占劳动力总数1.52%，家工占98.48%。[④]

雇佣劳动的使用，反映了农民的分化。从农民中分化产生的富农已经包含新的社会关系。富农是农村的资产阶级。如列宁所说，富农"是农业中的资本主义企业主，他们通常都是雇有几个雇佣工人来经营的，他们所以同'农民'有关，只是因为文化水平不高，生活习惯相同，亲自参加自己农场的体力劳动"。[⑤] 可以说，富农经济是农村中的资本主义经济。

①　朱玉湘：《中国近代农民问题与农村社会》，38页，济南，山东大学出版社，1997。
②　李趁有：《冯绣与〈区田试种实验图说〉》，载《中国科技史料》，1993（3）。
③　薛暮桥、冯和法：《〈中国农村〉论文选》，上册，490页，北京，人民出版社，1983。
④　王耕今：《抗日战争时期山东滨海区农村经济调查》，32页，山东省委农村工作部，1989。
⑤　列宁：《列宁选集》，第四卷，282页，北京，人民出版社，1972。

三、雇农与农业雇工

农业雇工是指没有自己的土地或者其他的生产资料，专门出卖劳动力为生的劳动者。但有不少贫苦自耕农和佃农参与临时短工队伍，即半自耕半雇工和半佃农半雇工。我国农业雇工虽出现得很早，但从未像清代这样人数众多，晚清农业雇工队伍又较之前任何时期都庞大，而且发展势头也在增长，这与国内外资本主义的发展有密切联系。华北、西北地区，相当一部分地区的地权较为分散，地主雇工经营又相对普遍，佃农、半佃农及其所种租地比重较低。

由于个休农户在劳力供给、调配方面的局限性和农业生产固有的季节性，农户往往需要一部分雇工，甚至在某些情况下，雇佣劳动已经成为不可缺少的部分。晚清时期，农业雇工的数量明显增加，尤其甲午战后，雇农在农户中的比重、雇佣劳动在农业劳动中的比重、农户的雇工数量和雇工的农户数量，都在不断上升。但农业雇佣劳动数量的整体水平仍然较低，不占农业生产的主导地位。

雇工农户的数量与所占的比重，不同时期与地区相差悬殊，在各类农户中的分配也极不平均。从阶级成分的角度看，无论雇工的农户数还是农户的雇工数，都主要是集中在地主、富农两部分，中农、贫农很少，加上农业雇佣劳动受制于农户劳动力数量、经营规模和农业生产季节性特点，在农忙时期，农户会添加若干数量的雇佣劳动者，因为单位农户在劳动力使用与调配上的伸缩性比较小。随着晚清商品经济的发展，邻里间传统的换工劳动也转变为雇佣劳动，无形中提高了雇工农户所占数量与比重。但单位农户农业经营规模始终是有限的，所以一般农户所使用的雇工数量也就相对较少。

雇农是完全或主要依靠出卖劳动力为生的农村无产者，是农业雇佣劳动的主体。他们几乎不占有和经营土地，即使有也是少量的、附带的，且是利用被雇佣外的闲暇时间或者家庭次要劳动力经营。雇农的数量及其在农户中所占的比重，直接反映这一时期和地区农业雇佣劳动的发展程度。以宣统年间的奉天新民府为例，有农业成丁148 643人，其中佣工9 131人，已占农业成丁的6.1%。①

雇农是农业雇佣劳动者的主体，但这并不意味着雇农是农业雇佣劳动者的全部，相反，完全依靠出卖劳动力为生、自己无地而又不租种土地的雇农无论是在农业雇佣

---

① 宣统《新民府志》，全一卷，17页。

劳动者还是在农户中都是少数。更多的情况下，他们一方面出卖多余的劳动力，一方面耕种自有的或租来的小块土地。一般来说，北方地区更多的是自己拥有小块土地的自耕农，而南方地区则多为无地佃农。雇佣劳动者大多为贫苦小自耕农。

可以说这一时期大部分农业雇佣劳动者还没有从生产资料中完全"解放"出来，不是马克思所说的双重"自由"人。这就产生了一个十分矛盾的现象：一方面，佣工数量的增加是商品性农业发展、从事商品生产的中小地主和富农增加的产物，它标志农业雇工人身的进一步解放，标志农业雇佣劳动由自给自足生产型或生活服务型向商品生产型的转变，这无疑说明了这一时期农业雇佣劳动资本主义性质的增长；另一方面，雇工尽管在人身上是完全自由的，但在生产资料占有方面，又不同程度地受到土地的束缚，还没有"自由"到一无所有的程度。尤其重要的是，随着佣工数量的增加，占有少量土地的小农大量加入雇工行列，导致这一时期农业雇工队伍中非双重"自由"人比重和数量扩大，这又冲淡了农业雇佣劳动的资本主义色彩。这种矛盾是这一时期农业资本主义以及整个农村资本主义有所发展但又发展不足，受到严重压抑的一种反映。[1]

四、自耕农

近代中国，自耕农经济占有相当的比重。自耕农的成分很复杂，区分标准也见仁见智。在大多数调查、统计、研究中，自耕农包括了富农、中农，以及只有少量土地、食不果腹、衣不蔽体的贫农，只要是经营自有土地者，均可归入这一范畴。富农的农业生产还要部分依靠家庭成员劳动，因而仍应属于农民范畴。所以自耕农应指既不租入又不出租土地，依靠家庭成员劳动进行农业经营，必要时使用雇佣劳动作补充的这部分农民。[2]

就地区而言，一般地说，北方的自耕农比例要大于南方，其中最典型的莫过于陕西关中地区。有学者通过对清康熙年间起到民国时止的一批地籍档册的分析，发现在关中，虽然二三百年间土地分配状况常因时因地而有差异，但不能改变地权分散这一明显特征。这些地方的农村主要由自耕农构成，地主与租佃关系均很少。[3] 而南方由

① 汪敬虞：《中国近代经济史（1895—1927）》，1 049~1 050 页，北京，人民出版社，2012。
② 史建云：《近代华北平原自耕农初探》，载《中国经济史研究》，1994（1）。
③ 秦晖、苏文：《田园诗与狂想曲——关中模式与前近代社会的再认识》，80 页，北京，中央编译出版社，1996。

于租佃制的发达，自耕农的比例较北方要低一些。罗仑、景甦的《清代山东经营地主经济研究》一书，提供了迄今为止仅有的清代华北农村阶级构成的调查。据该书数字计算，在光绪二十三年（1897）前后，山东省 41 个县 191 个村 25 896 户农家中，自耕农占 63.6%，佃农 13.9%，雇农 16.1%，出租地主 1.9%，经营地主 1.1%，其余 3.4%。佃农比例不但远低于自耕农，而且低于雇农；191 个村中，有 62 个完全不存在租佃关系，占村数的 32.5%；41 个县中，有 26 个县自耕农比重超过 50%，其中 13 个县超过了 70%；其余 15 县中，有些县是由于雇农比重高达 20%、30% 甚至 40%，而造成自耕农比重稍低；佃农比重高于自耕农的只有 4 个县，仅占受调查县数的 9.8%。[1] 这 41 个县分布于山东全省，根据这一调查，可以说，清后期，山东省农业生产是以自耕农经济为主体，以雇佣劳动为补充，租佃制的比重已相当小了。

此外，民国的中央农业实验所所作 1912 年各省农户类别调查也可视为代表了清末的情形，其中河北省自耕农占全体农户的 67%，山东省 69%，河南省 59%。以山东省的数字与罗仑、景甦的调查比较，可知在清末的十几年中，自耕农在局部扩大。按照 1912 年 12 个省、1 120 个县"农情报告"的调查统计，基本可以反映晚清自耕农情况，自耕农在各农户中所占比例为 49%，其中北方地区占 58%，南方地区占 34%。[2]

总体来说，晚清自耕农比重是在减少的。但在同光年间，由于受太平天国起义的影响，在江苏、安徽、浙江、江西、湖北等省，以及捻军和回民起义后的山东、河南、陕西和山西等地某些州县，地权一度分散，小土地所有制有所增长。[3]

五、佃农、半佃农（半自耕农）

佃农是指向地主租种田地缴纳地租，自己没有土地的农民。佃农的人数，一般而言与自耕农成反比，自耕农的比例上升则佃农人数相应减少，总体上晚清的佃农比重是在上升的。在南方地区，尤其是地权高度集中的江苏、浙江、安徽、福建、广东、湖南、四川等省，绝大部分农民为佃农。

至甲午战争前后，租佃关系一直在不断地扩大。据江苏昆山、南通和安徽宿县

---

① 据罗仑表格计算。罗仑、景甦：《清代山东经营地主经济研究》，162~176 页，济南，齐鲁书社，1985。该表标题为"山东 42 县 197 村阶级构成一览表"，表内实际列出 41 县 191 村的数字。
② 章有义：《中国近代农业史资料 第三辑（1927—1937）》，279~730 页，北京，生活·读书·新知三联书店，1957。
③ 郭松义：《民命所系：清代的农业和农民》，235 页，北京，中国农业出版社，2010。

近代以来中国农村变迁史论（1840—1911）

的调查，1905 年 3 县的佃农比重依次为 57.4%、56.9% 和 17.9%，而 1914 年增加到 71.7%、61.5%、26.9%，而同期的自耕农比重则有相应的下降。[①] 浙江金华、兰溪、嵊县、绍兴、衢县、东阳、江山、崇德 8 县的调查资料也显示，虽然各县自耕农、佃农的消长情况互有差异，但总的来看，也是自耕农减少，佃农增加。[②]

这一时期全国佃农、半佃农在农户中的比重，租地在全国耕地面积中的比重，缺乏全面统计。大体上，在 1912 年全国 22 省无地农民中，自耕农占 49%，半佃农占 23%，佃农 28%；1912 年之后半佃农、佃农比重继续上升。[③] 长江流域及其以南地区，地权最为集中，招佃收租是地主土地经营最基本的乃至唯一的方式，富农也往往出租部分土地，佃农、半佃农及其所租土地的比重最高。晚清佃农增加的主要原因，是半殖民地半封建的社会条件下，工业不发达，工业利润没有保障，军政官僚、商人、地主和高利贷者不愿把资金投放到工业上，导致抢购土地成风，土地迅速集中，大批自耕农沦为佃农。[④]

清代地租形态经历了由分成租向定额租，由劳役地租、实物地租向货币地租的演变过程。在定额租制下，土地所有权与土地经营权已完全、充分地分离，佃农真正成为自主经营、自负盈亏的经营主体，谋求自身利益的最大化，租佃制度的激励机制从此趋于完善。[⑤] 在此基础上出现了永佃制，以及租佃关系中的"田底"和"田面"等名目，也就是一田二主，佃农成为了事实上的二地主，也有少数佃农演变成了佃富农。总之，晚清永佃制获得了较大的发展。

但是较自耕农，佃农的生存条件还是相对较差。佃农起码要把生产的一半甚至一半以上缴纳给地主作为地租（少数也有货币地租），虽然佃农不需直接缴纳田赋给政府，而是地主从地租中出田赋，等于佃农承受了政府和地主的双重剥削。晚清佃农贫困化的加剧就是在于地主加重地租剥削，不但侵占了佃农的大量剩余劳动，甚至还侵占了部分的必要劳动，迫使佃农连最低限度的维持肉体生存的生活资料也无法得到，扩大再生产几乎完全不可能，甚至连简单的生产也无法维持。

除了上述身份的农村居民以外，还有少数佃仆和农奴，但并不是主流，只占很小一部分。

---

① 乔启明：《江苏昆山南通、安徽宿县农佃制度之比较以及改良农佃问题之建议》，载《金陵大学农林科农林丛刊》，1926（30），9 页。
② 根据 1922 年北洋政府农商部编：《第七次农商统计表》有关各县统计计算。
③ 朱玉湘：《中国近代农民问题与农村社会》，108 页，济南，山东大学出版社，1997。
④ 朱玉湘：《中国近代农民问题与农村社会》，109、110 页，济南，山东大学出版社，1997。
⑤ 方行：《清代租佃制度述略》，载《中国经济史研究》，2006（4）。

第二节　晚清农民的收入变化

推算农民生产收入必然涉及农业生产率问题，一个时期农业生产率的高低必然会影响农户的整体收入。但也有区别，农业生产率的高低是就整个社会而言，而农民生活水平则具体到每个人。即使在同一时期，不同农民的收入和生活水平也不一样。要推算农民收入和生活水平，首先必须考虑的是在农民队伍中，因掌握生产资料程度不同而存在不同的阶层，如上文所述的自耕农、佃农、半自耕农以及农业雇工，他们的身份不同，收入和生活水平也会有所差异。当然，这不是绝对的，比如在自耕农中，就有少数上等富农和大多数的中下等贫农之分；佃农也是一样，尽管他们需要把将近一半或一半以上的收获物（少数也有折成银子的）缴给地主，但有的佃农颇有一些原来就是富裕自耕农乃至中小地主，而一些具有永佃权的佃农和佃富农，他们的生产生活条件不一定次于自耕农。[1]

一、粮食作物与经济作物收入的变化

在农业生产条件和耕作水平变化不大的条件下，每个农户拥有土地的多少，对于家庭生活的好坏有着十分重要的关系。嘉道年间洪亮吉曾说："一人之身，岁得四亩便可以得生计矣。"不过南北耕作水平不一，收益有大有小，即使同是一人之身，劳力可以达到的耕地数和需要的耕地数也是不同的。

农民主要的收入来源是粮食，但在晚清时期，随着国家赋税中货币份额的增加，城镇人口和其他非农人口比重的加大，田间经济作物面积的不断扩大，以及外来资本主义的影响，使得这一时期粮食商品化的程度比以往任何时候都要高。

晚清中国粮食产量确有所提高，但在很大程度上是这一时期全国气候变暖的结果，与农业生产力的发展没有太大关系。而从农民的角度来说，粮食亩产量的提高与农民收入的增长之间不能直接画等号。如果在产量增加的同时，生产成本增加的幅度更大，

近代以来中国农村变迁史论（1840—1911）

① 郭松义：《民命所系：清代的农业和农民》，213 页，北京，中国农业出版社，2010。

其对农民生活改善的贡献也就微乎其微了。[1] 更关键的是耕地增长速度和农业技术的发展，跟不上人口快速增长的要求，造成同量土地上投入过多劳力，使劳动生产率下降，所以农民的人均粮食收入呈下降趋势（见表 9-1）。

表 9-1　粮农劳动生产率与生活水平估算

时代	每个粮农可养活人数 / 人	粮农并家口平均拥有土地 / 亩	平均亩产 / 市斤	扣除成本外人均粮食 / 市斤	除口粮外可向社会提供 / 市斤
嘉庆中期	5.4	3.2	319	474	121
清末	4.6	3.0	287	400	50

资料来源：郭松义：《民命所系：清代的农业和农民》，212、220 页，北京，中国农业出版社，2010。

由表 9-1 可见，如果仅有一个完整劳动力，嘉庆中期只可勉强维持生活，到清末出现缺口，何况表 9-1 并未把沉重的田赋或地租计算在内。嘉庆中期平均亩产除本身食用外，还可向社会提供 121 斤商品粮，到清末只有 50 斤了。五口之家即使全是完整劳力，不过 250 斤粮食纯收入，应付全家婚丧嫁娶、生老病死以及其他额外费用，显然难以为继。

粮食的价格虽然因时因地而异，但总体偏低，如江西谷价报贱时，每石仅四五百文；山西"粮价较贱"，每石值银一两上下；贵州"米价过廉"，石米值银 5 钱零。1871 年南京上等熟米每担仅 1 400 文，新谷上市，洋银 1 元可易大米一石。[2] 虽然不能用"谷贱"概括当时的粮价，但粮价的贵贱总是朝着不利于农民的方向发展。总体来说，如果只种植粮食作物是肯定入不敷出的，有人给一户租田 5 亩的佃农全年收支做了一个估算，如果自种，亏损 1 000 多文，雇工种植则亏损 10 000 多文。[3] 光绪年间安徽贵池县，全县粮户 45 000 余家，其中"穷窘不能自存者不下三万家"[4]。

同治年间江南一家有田地 10 亩的农户，丰年亩产稻 3 石（米 1.5 石）、麦 1 石，折米后合计 25 石，8 口之家，全年一共食米 11.52 石、麦 5.76 石，合计 17.25 石，剩余稻 7 石、麦 4 石，稻每石卖 800 文、麦 1 200 文，共计 10400 文，赋税每亩 500 文，剩余 5 400 文。5 400 文要包括所有的吃穿用度，显然远远不够。同样是江南一带，光绪年间上地收米 2 石，每石售洋 2 元，除了漕赋 1 元外，每亩仅余 3 元，因此种地几十亩的农户才能供一家之饱暖。[5]

---

① 夏明方：《发展的幻象——近代华北农村农户收入状况与农民生活水平辨析》，载《近代史研究》，2002（2）。
② 严中平：《中国近代经济史（1840—1894）》，822 页，北京，人民出版社，2001。
③ 《申报》，光绪七年闰七月二十七日。
④ 王源瀚：《贵池清赋刍言》，卷下，6 页。
⑤ 严中平：《中国近代经济史（1840—1894）》，824~825 页，北京，人民出版社，2001。

而太湖平原和广东珠江三角洲不仅限于此，男女老少从事大田劳作到蚕织，并从事各种副业活动，几乎没有休闲时间。在这些地区，农业实际上包含现今所谓的农业与林、渔、牧、副等各种经营相结合的大农业概念了，农民收入构成也相对其他地区更为丰富，生活水平也更高一些。尤其是经济作物的广泛种植对农民收入的构成产生了一定影响。

由于轮作复种制和间作套种制的普遍推行，同一块土地，往往既种粮食，又种棉、豆等作物，这对扩大经济作物的种植十分有利。为了增加收入，经济作物的种植，到了晚清以后扩展非常迅速，达到 1.5 亿亩以上。[①] 到晚清时期，随着商品经济的发展，农业生产中经济作物的比重在不断加大，在不少地区，甚至出现排挤粮食生产以种植经济作物的情况，这样也促使商品粮供应的增加。而这一趋势在闽广和太湖平原地区表现得最为明显。新会县"种烟者十之七八，种稻者十之二三"[②]，大埔县因种植烟草"米食倚于邻邑"[③]；福建漳州府，本来就"生齿日繁，民不足于食"，而人们又"多种甘蔗、烟草"取利，使粮食不得不"仰给他州"[④]。

经济作物的确大大增加农民的收益。种茶之利，四川丹棱县，因为种茶可以致富，"民家僧舍，种植成园"[⑤]。蚕桑之利，江西赣州府，采桑饲蚕缫丝，每亩种桑 4 000 株，获利不下 50 金，超过种稻数倍；[⑥] 1889 年山东临朐县，农民种桑每亩高达 21 元，超过种粮收益。[⑦] 甘蔗之利，光绪年间江西抚州府，亩收甘蔗 1 万多斤，卖得三四千文，如果制糖，可得五六千文，"其利甚厚，较之种稻不啻十倍"[⑧]。植棉之利，1888 年山东益都县，棉田亩收 150~200 斤，每斤 200 文，亩产三四万文，是当地小麦产值的三四倍，所以说植棉"其利最厚"[⑨]。种烟之利，四川南溪县"力较逸于田，而利或倍之"[⑩]；山东临朐、临淄两县，亩产烟达 60 元，超过粮田数倍。[⑪] 花生之利，山东高密县花生种植"利倍五谷""以取厚值，田者利之"。[⑫] 但是其中的茶叶、甘蔗分别在 19 世纪 70 年代、80 年代后受到国际市场

① 郭松义：《民命所系：清代的农业和农民》，231 页，北京，中国农业出版社，2010。
② 道光《新会县志》，卷二《物产》。
③ 嘉庆《大埔县志》，卷二十《墟市》。
④ 光绪《漳州府志》，卷三十八《民风衣食》。
⑤ 光绪《丹棱县志》，卷四，64 页。
⑥ 《赣州蚕事》，《农学报》，14 期，光绪二十三年十月。
⑦ 《英国皇家亚洲学会中国分会会报》，卷二十三，85~89 页，1889。
⑧ （清）何刚德：《抚郡农产考略》，卷下，10 页。
⑨ 咸丰《安顺府志》，卷十四，6 页。
⑩ 同治《南溪县志》，卷三，2 页。
⑪ 《英国皇家亚洲学会中国分会会报》，85 页，卷二十三，1889。
⑫ 宣统《高密乡土志》，41 页。

的冲击，使农民在获利之后转为亏损。

二、雇工工资水平对农民收入水平的影响

一般来说，劳动力商品化，即工资劳动者的广泛利用，是资本主义生产的一个最重要标志。在农业中，工资劳动者的利用也是发展资本主义生产的一个必要条件。不过农业生产由于技术上的特性，尤其因为受土地私有制度的束缚，所以农业劳动的构成往往保存以下特点：一是因为小经营的广泛存在，家族劳动往往占有很显著的地位，甚至在数量方面压倒雇佣劳动；二是存在许多季节工人，他们一面出卖劳力，一面自己经营农业，这就是农业特有的半无产者；三是许多雇佣工人往往受土地或债务的束缚，他们的出雇多少带有一点强制性质，因而成为半封建的雇役劳动。在晚清时期的中国农村，因为生产落后，上面所说几种特点自然更加显著。仅从数量方面来说，晚清全国雇农数量及其在农户中的比重，究竟有多大，可谓人言人殊，没有一个权威性定论。虽然这些雇农的数量和比重不算多，但却包括了十分之一的中国农民，是近代中国农村中一个不容忽视的劳动者群体。所以说，雇农的工资水平变化直接影响农村雇佣劳动者生活水平的变化。

亚当·斯密在《国富论》中指出："劳动工资的上升，不受国民财富的实际多少的影响，它是因为国民财富的不断增长所造成的。所以，最高的劳动工资不是在最富有的国家里，而是在发展最快或者说致富最快的国家里。"因此，根据劳动工资的变化情况，可以看出一个国家正处于怎样的经济发展状态。如果劳动工资（实际工资）不断上升，说明该国的经济正处于增长阶段；反之反是。由此可知，观察农村工资水平的变化，便可以反映农村经济发展真实情况以及农村生活水平。

表 9-2　中国农业工人名义工资和实际工资指数

年份	农业工人名义工资年指数	农民所付的农村零售物价指数	实际工资指数
1906	43	71	60.56
1907	53	58	91.38
1908	58	57	101.75
1909	59	54	109.26
1910	60	57	105.26
1911	61	61	100.00
1912	69	65	106.15

资料来源：John Lossing Buck. Land Utilization in China. The Commerical Press, LTD Shanghai, China，1937: 319.

据张履鸾对江苏武进农工工资的调查，1908—1932 年名义工资呈上升趋势，其指数由 79 上升为 137。但如果与当地农人生活费指数比较，则是明显下降的趋势，指数由 98.9 下降为 74.9（均以 1910—1914 年平均值为 100）。[1] 较为系统地反映全国农业工人工资指数变化的统计，是卜凯根据中国 21 省 99 个县 100 个地方的调查资料编制的中国农业工人名义工资和实际工资指数，据此我们可以观察近代中国农业工人的工资水平变化情况。

虽然名义工资有较为明显的上升，但是因为近代农村物价水平也在上升，因此，扣除物价因素之后的真实工资水平基本没有变化，说明这期间工资对于有雇佣劳动的农民的生活水平没有什么影响，仅以真实工资所代表的生活水平没有显著上升或下降。

具体来说，如在山东，为别人干一年活所挣的钱合计不到 5 美元，除管饭外没有另外的赏钱，若赶上哪一年有闰月，平均一天还挣不到 2 美分。当一些地方闹洪灾时，那里的长工只能挣到名义上的工资而拿不到钱。一个身体强壮的小伙子，为别人干了一年活，所挣工钱仅合 1.5 美元。另一个例子是，一个小伙子干了一年苦工，所挣工钱仅合 1.1 美元，其中还要被雇主留下一部分作为不开小差的保证金。[2] 可见雇工工资水平还是比较低的。

三、农民收入的基本估计

在北方，大多数农民每户耕种的土地不超过 30 亩。19 世纪末，每亩平均收入，一年只有 200 余斤粮食。二年只收获三次，小麦亩产 140 斤；其他高粱、谷子和大豆等，平均亩产 160 斤。以每亩平均收入 5 元计算，五口之家，每人平均 6 亩土地，在好的年景，每人只有 30 元的收入，全家共收入 150 元。扣除每亩至少 5 角的田赋和生产成本，30 亩土地的农户，每年纯收入不过 135 元。这是富裕农民的收入。一般农户，只有 10~20 亩土地。在北方，靠这一点土地，是相当艰苦的；在南方，精耕细作，每年可收获二次、三次乃至四次，但耕地少，每户不过 10 亩。上等田，丰收之年，每亩收稻 3 石，麦 1 石，10 亩地共收获 40 石，产值 36 000 文。其中，要交纳租税及杂役费 5 000 文，生活费用 25 600 文，余钱仅 5 400 文。19 世纪末，5 400 文制钱，折

① 王玉茹：《近代中国生产要素市场价格初探》，载《中国经济史研究》，1994（4）。
② ［美］明恩溥：《中国的乡村生活》，陈午晴、唐军译，164 页，北京，电子工业出版社，2012。

合银元不过 7 元，只能买 2 石米，难以度日。[1] 与表 9-1 所反映的一家农户剩余粮食 250 斤的结果相同。

即使算上副业也不容乐观。1879 年，安徽芜湖一户全家 8 口的佃农，租种 30 亩土地，农产收入（主业）137 400 文，副业收入 65 000 文，合计 202 400 文；地租支出 27 000 文，剩余 175 400 文；而雇工及家庭生活费 194 600 文，即使生产资料补偿不计，还净亏 19 200 文，地租侵占了佃农必要劳动的 10%。[2]

制衣服、买犁锄、岁时祭把、伏腊报赛、亲戚馈遗、宾客饮食、嫁女娶妇、养生送死之费，皆出其中，而当凡物皆贵之日，其困固宜。[3] 20 世纪后，生活必需品价格上涨。1890—1910 年 20 年间，粮食价格上升很快。河北小麦每斗由 1 300 文提高到 2 760 文。[4] 中国农村耕种土地在 25 亩以下的农户，生活程度都在贫困线以下。虽然南方与北方因气候和土质不同，产量有高有低，这个估计未必很准确，但也反映一般情况，说明中国农民大部分生活在贫困线以下。

农业总产值反映了农业所创造的纯收入。农业总产值上升，说明整个农业收入上升。由表 9-3 可见整个晚清阶段不过从 92 亿增长到 117 亿，增长并不快。种植业作为主业一般占农业总收入的 80% 左右，但种植业的比重是在下降的。其他产业收入比重均有所上升，副业收入的比重上升幅度最大。农业生产发展缓慢，加上天灾人祸、各种形式的剥削与掠夺，农民的负担日益加重，纯收入更少。副业是晚清农民在耕地不足、负担过重情况下维持生活的重要来源。农民负担愈重，副业在农民收入中所占比重愈高。副业是随着农民收入低而日益增长的，"以副补农""亦副亦农"，道理就在于此。

表 9-3　近代中国历年农业总产值（扣除成本）　　　　　单位：千元

年份	种植业	林业	牧业	副业	渔业	农业产值
1840	7 542 801	147 672	804 386	555 092	142 996	9 192 947
1894	8 992 975	186 382	788 157	638 190	178 277	10 783 981
1911	9 686 019	235 258	930 197	722 482	190 830	11 764 786

资料来源：莫曰达：《1840—1949 年中国的农业增加值》，载《财经问题研究》，2000（1）。

各个地方的大多数家庭都没有什么存款，必须依靠种植的东西满足日常需求。通过这种方式日复一日地过日子，大多数人都由于贫困不得不卖掉一部分剩余产品以维

---

[1] 朱玉湘：《中国近代农民问题与农村社会》，278 页，济南，山东大学出版社，1997。
[2] 章有义、刘克祥：《太平天国失败后地租剥削问题初探》，见《中国社会科学院经济研究所集刊》，第 4 辑。
[3] 李文治：《中国近代农业史资料　第一辑 （1840—1911 ）》，665 页，北京，生活·读书·新知三联书店，1957。
[4] 民国《景县志》，卷六，4~5 页。

持生计。[1] 所谓适当的生活程度,比较抽象,不同社会或不同地区在不同的经济条件下,有不同的内涵。一般地说,有足够的粮食维持健康、有相当的衣服保护身体、有适宜的住屋避风雨,这就是温饱水平,距小康水平还差相当远。即使达到温饱程度,也要有一定的家庭收入作保证。而这一时期的中国农民,绝大多数还达不到温饱水平。

第三节　晚清农民的消费状况

　　农民的消费主要包括赋税、生产和生活消费,其中赋税占消费首位,直接决定农民可支配收益。农民在支付了赋税之后,才能根据剩余情况进行生产投资和生活消费的分配。本节所要探讨的农民生活消费,主要指以衣食为主的物质生活消费,包括文化教育、祈报、婚丧嫁娶、生老病死在内的社会文化消费。生产消费是扩大再生产需投入的费用。

　　生活程度的研究,须用生活费用表明。但农民生活程度的高低,不能仅以生活费用直接表示,而要用生活费用百分比间接表示之。生活费用的项目很多,大体分食品、衣服、住宅、卫生、教育、交际、娱乐、其他等类。前三项衣、食、住最重要,是人类生存必不可少的。收入少的农户,首先要保证前三项的费用,有余钱时方能有生活改进的杂项支出。因此,对贫苦人来说,生活程度的高低,与衣、食、住等所占比率的大小成反比,而与生活改进及杂项等成正比。凡衣、食、住三项所占比率越低,生活改进及杂项的费用越高,生活程度越高;反之,生活改进及杂项等所占比率越低,则生活程度越低。

　　由于农产品受商人的操纵难以取得合理的价格,地租与赋役占去农民至少一半以上的劳动所得,加之为了延续简单再生产,农民总要扣出籽种等必要的生产性开支,因此,可以供家庭衣、食、住等日常生活消费的支出十分有限。[2]

---

① ［美］明恩溥:《中国的乡村生活》,陈午晴、唐军译,95页,北京,电子工业出版社,2012。
② 徐浩:《清代华北农民生活消费的考察》,载《中国经济史研究》,1999（1）。

近代以来中国农村变迁史论（1840—1911）

310

一、沉重的赋税负担

清代的田赋（包括地丁钱粮）并不很重，就正额而论，甚至比明代还轻，然而清代的农民却并未因此少受了多少苦痛，反而减赋抗粮充满了清代末年的历史，一直到辛亥革命。主要原因在于虽然清代的田赋正额不算很重，但除了正赋之外，还有和正赋一同征收且与正供并重的耗羡及杂赋，还有地方官吏差役的浮收与需索。这么一来，在赋制上就有地丁、漕粮（此二者是田赋正额）。地丁里有正款，还有附款；地丁之外，有火耗，还有秤余。漕粮里有本色，还有折色；漕运之外，有运费，还有运耗。赋制如此繁杂，不仅加重了农民的负担，而且给征收田赋的官吏差役开辟了许多敲诈的门路。这样田赋便十分繁重，农民生活大受影响了。而且在专制统治之下，政府或皇室一有需要，即附加或派摊，正赋之额未增，而增赋之实则有。即使正额不重，浮收等已足抵正额三四倍或四五倍，实即苛政。在苛政之下的农民必然生计不保，农业也因而荒废了。曾国藩疏奏中写道："苏松常镇太，钱粮之重，甲于天下。每田一亩产，米自一石五六斗之二石不等，除去佃户平均之数与抗欠之数，计业主所收索算不过八斗。而额征之粮，已在二斗内外；兑之以漕斛，加之以帮费，又须米二斗；计每亩所收之八斗，正供已逾其六，业主只获其二耳。然使所输之六斗者皆以米相交纳，则小民又为取之甚便，无如收本色者少。收折色者多；即使漕粮或取本色，而帮费必须折银，地丁必须纳银。小民力田之所得者米也，持米以售钱，则米价苦贱，而民怨；持钱以易银，则银价苦昂，而民怨。东南产米之区，大率石米买钱三千，自古迄今不甚悬远。昔日两银，换钱一千，则石米得银三两。今日两银，换钱二千，则石米仅得银一两五钱。昔日卖米三斗输一亩之课而有余，今日卖米六斗输一亩之课而不足。朝廷自守岁取之常，而小民暗加一倍之赋。此外如房基、如坟地，均须另纳，准以银价，皆倍昔年，无力监追者，不可胜计！"[①]

从这里我们可以明白清代田赋正额在表面上虽未有巨大增加，而实质上是增加了。曾国藩此段记述是着重在业主（即以田租于佃户而收租者）的，但小业主之痛苦情形也可以适用于小佃，而且有过之而无不及。

---

① （清）李翰章、李鸿章校勘：《足本曾文正公全集》，第二部，377页，长春，吉林人民出版社，1995。

表 9-4　1868—1908 年各省田赋增加百分比示例

年代	地区	田赋标准	未加派前原额	加派后赋额	增加率 /%
1868	江西南昌县	地丁银	1.0 两	1.5 两	50
1877	四川各大县	地丁银	1.0 两	10.5 两	900
1906	四川各小县	地丁银	1.0 两	5~6 两	400~500
1908	福建莆田县	税银	1.0 两	5 000 文	
1908	江西南昌县	地丁银	1.0 两	1.8 两	80
1908	江西南昌县	地丁银	1.0 两	1.9 两	90
1908	江苏上海县	地每亩	13 文	70 文	438
1908	河南浚县	地每亩	0.037 两	0.096 两	159
1908	河南新乡县	地每亩	0.054 两	0.216 两	300

资料来源: 李文治:《中国近代农业史资料　第一辑　（1840—1911)》, 307 页, 北京, 生活·读书·新知三联书店, 1957。

　　有人在宣统二年（1910）四月一日的《国风报》指出:"夫国中贫民, 以农为唯一之职业, 虽有永不加赋之祖训, 而官吏相沿, 巧设名目, 十年以来, 田赋之暗增于旧者, 已不啻二三倍。故负担此赋之小农, 前此仅足以自给者, 今则岁暖而号寒, 丰年而啼饥矣。"[1]

　　农民苛重的田赋负担, 是造成中国近代农业经济和农民生活日益走向衰落和贫困的重要因素, 近一半农民收入要用于支付苛捐杂税。[2] 江苏省江南一带, 农民种 1 亩田所得所入, 需有 45% 支付成本、利息等, 50% 支付赋税, 所剩只有 5%。[3] 此调查虽是抗日战争前的调查, 但料想与晚清相差不大。

二、不平衡的生活消费

　　乔启明曾统计中国农民家庭费用分配, 在食物方面占 58.9%, 房租 5.3%, 衣服 7.3%, 燃料 12.3%, 杂项 16.2%, 较丹麦、日本、美国高得多, 也就是恩格尔系数很高。[4] 而生活费支出又一般占农家纯收入 80% 以上, 甚至有相当一部分农家的生活费支出超过了收入数额。[5]

（一）食品消费

　　食品是人类维持生活最重要的东西。食品之中, 又以粮食最为重要。我国大多

---

[1]　李文治:《中国近代农业史资料　第一辑　（1840—1911)》, 301 页, 北京, 生活·读书·新知三联书店, 1957。
[2]　王玉茹、李进霞:《近代中国农民生活水平分析》, 载《南开经济研究》, 2008 (1)。
[3]　章有义:《中国近代农业史资料　第三辑（1927—1937)》, 34 页, 北京, 生活·读书·新知三联书店, 1957。
[4]　乔启明:《中国农民生活程度之研究》, 载《社会学刊》, 1930, 1 (3)。
[5]　王玉茹、李进霞:《近代中国农民生活水平分析》, 载《南开经济研究》, 2008 (1)。

近代以来中国农村变迁史论（1840—1911）

数农民，因生活困难，粮食不够食用，过着半年糠菜半年粮的艰苦日子。北方虽然盛产小麦，但农民仍以食用高粱、小米、玉米为主。小麦的价值比粗粮高，一斤半粗粮方能换一斤小麦。农民多用小麦卖钱，应付捐税和债务。在冀、鲁、豫平原小麦产区，中农以上的家庭，夏季农忙的四五十天中，中午饭方能吃小麦面馒头。一般地主家庭也要吃正常的粗粮。富农只有大小节日才能吃细粮。

一位外国人 1883 年访问河北省农民后说："他们的食物几乎完全是同大豆或豆腐渣混合起来的高粱、玉米及小米。一块白面馒头便是一种特别的款待，当然更难吃到任何肉食。有一天一位贫农在叙述皇帝豁免田赋时候说道：如果他是皇帝，他将成天都吃大饼，吃饱了就躺下休息。这就是贫农对生活享受的最高理想。另一个贫苦的农民似乎也这样说过：如果他是皇帝，他将随他高兴把面条吃一个饱。对于以高粱为主要食品的农民，毫无限制地吃面条，就是一种理想的生活。"[①]

这并非夸大其词。这一时期的中国农民，莫说吃不上白麦面，正常年景能用粗粮填饱肚子就算好的了。靠山的农民，粮食不够吃，秋天把树叶打下来，浸在瓮里，泡淡了苦味，捞出来拌上糠秕蒸窝头吃；在海边的农民，通常以碱滩中野生的黄菜子作为一部分食物。在安徽婺源县，农民在冬季掘含有淀粉的蕨根以充食。地里的野菜、南瓜、谷糠、地瓜叶都可以代替粮食。半年糠菜半年粮，是多数农民正常年景生活的真实写照。[②]

吃的数量与质量是农民生产生活水平的标志。一般来说，成年男女的口粮标准仍为每人 1 日 1 升，年均成年人是 3.3 石；老年人和未成年人减半，每人口粮仅 0.5 升，年 1.65 石，后者大概是最低的口粮标准，因为它与清政府拨给灾民的赈济口粮在数量上相当。至于一个家庭的平均口粮消费数量，也有人作过估计，如据晚清强汝询估算"八口之家，人日廪米八合，老稚居其半，人日廪米四合，率日食米四升八合，一岁食米十七石二斗八升"[③]。依此标准，农民一家男女老幼每人年食米 2.16 石。有的人对家庭口粮年均消费标准的估计要略高一些，如包世臣说："合女口小口牵算，每人岁食米三石。"[④] 把大小口拉平，每人 3 石左右的年均口粮标准还是差不多的，如果再少，农民就要寻求各种代食品维持基本生计。

① 李文治：《中国近代农业史资料　第一辑　（1840—1911）》，917 页，北京，生活·读书·新知三联书店，1957。
② 朱玉湘：《中国近代农民问题与农村社会》，291 页，济南，山东大学出版社，1997。
③ （清）强汝询：《求益斋文集》，卷四《农家类序》。
④ （清）包世臣、李星点校：《包世臣全集·齐民四术》，211 页，合肥，黄山书社，1997。

（二）住房消费

农民的住房，华东与华北地区有区别。浙江鄞县多是一家一幢房子。江苏、安徽等省多是一家二幢房子。地处华北的山东、河北多是一家三幢房屋。一般中农家庭，都有三间或五间堂房，作为家人住的卧房，两边的二间至四间厢房，作牲畜用房与磨坊，乃至粮食和杂用房，这样的构造为四合院。中农以上的家庭尚有场院房和大车屋。置房属一次性投资，虽花去农家多年储蓄，但可以使用多年。

华北农村住房多于华东沿海的省份，主要有两方面的原因：一是北方土地多，地价低；二是北方多为土墙房屋，成本低廉，不同于华东地区青砖瓦房造价较高。在北方只有地主、富农方能住上砖瓦房。贫苦农民都是土打墙的矮屋三间，屋顶是高粱秆，上面抹上层用细麦秸调和的泥浆。三间矮房两边的房间，每间里面都有一个占去整整半间房的土炕，白天供座位，晚上作卧床。中间的房间是做饭、吃饭、工作和休息的地方，间或放一个碗柜、一张桌子、两个凳子，再加上衣箱衣橱，这就是房间里的全部家具。[①]

清后期银钱比价有所变化，1 两银约合钱 1 600 文，以租 3.5 间、租银 1.6 两算[②]，是为钱 2 560 文。[③] 有的人对房屋费用的计算，系按照房屋本身的价值，以抽 10% 作为租价标准。依这种计算法，中国农民的房屋用费，约占全部费用的 5.3%，合 20 世纪 20 年代的货币为 11.32 元。当然，各地价格不同。安徽宿县是用高粱秆合泥土筑成的草房，平均每家为 4.35 元。这可以代表北部地区农民房屋的费用。江苏江宁县淳化镇的房屋大都为砖瓦造成的，平均每家约为 24.8 元，是房值最高的。[④]

中国普通农民家的厨房、卧房、会客室和劳作室都是连在一起的。甚至有贫苦农家的牛棚、猪栏都和自己的住房靠在一起。穴土而居的农民，还带有原始时代的生活色彩。地处西南边陲的云南省偏僻县份，居住条件并不比北方好些。清光绪末年，富民县知县"因事下乡，目击该局民编草为房，支床为几，拾柴为箸，挖地为炉，等此情形，不胜枚举。叩其储蓄，不过数条藁荐，囤谷数石，与少许杂粮而已"[⑤]。从各

---

① 朱玉湘：《中国近代农民问题与农村社会》，312 页，济南，山东大学出版社，1997。
② "乾隆十八年（1753）苏州租'瓦房三间半，该每年屋租银一两六钱'"。转引自洪焕椿：《明清苏州农村经济资料》，646~648 页，南京，江苏古籍出版社，1988。
③ 张研：《18 世纪前后清代农家生活消费的研究》，载《古今农业》，2005（4）。
④ 冯和法：《中国农村经济资料》，50、51 页，黎明书局，1935。
⑤ 李文治：《中国近代农业史资料 第一辑（1840—1911）》，916 页，北京，生活·读书·新知三联书店，1957。

地农村的统计情况不难看出，这一时期中国农民居住条件极为简陋。

（三）衣服消费及其他消费

衣服为人类最基本的需要之一。衣服最初是用来蔽体和维持体温的工具，后来则成为习惯，并且有装饰与美观的作用。但晚清农民因受经济条件的限制，只求坚固耐用和避寒。他们所用的衣服、被褥、鞋袜，一般都是用粗布制作，城市里出售的各色各样的洋布，农民是很少享受到的。平时，农民所穿的衣服总是破烂不堪，他们只有在过春节、赶庙会或者遇喜事等，才把仅有的一套总算不破烂的衣服穿上。

农家平均岁用土布 5 匹左右，或自织，或买于集市。[①] 衣被的年消费量不大。如晚清山西五台"农人夏一袷，冬一袄一裤，商贾隆冬走山谷，布袄之外，袭老羊皮马褂，士类一棉布袍，一棉马褂，无衣裘衣帛者"。[②] 棉布日益普遍，衣着质量应较粗麻布为优。其时土布"每匹约市钱五百文"，全家全年用棉布 10 匹，是共约钱 5 000 文，合银 3.13 两。[③]

医疗卫生消费。农民有病也不去医院治疗，而是自己寻个土法解决。因此，在农民的费用支出中，医药支出很少。农民一般伤风感冒，喝点姜水或绿豆汤发汗退烧即可，不去找医生。稍为重点的病，找医生针灸或针刺，也无须吃药。这主要是受经济条件的限制，每年医药费支出极少。

燃料消费。晚清时期，据《租核》记载，稻柴每担约 110~200 文，按每担 160 文，农家全年用稻柴 54 担，共约为钱 8 640 文。[④]

三、极低的生产消费

从表 9-5 可见，中国近代农业投资呈增长的趋势，年均增长率很低，且在晚清时期每亩农田的投资处于一个很低的水平。农业投入很少，生产工具落后、生产水平低的状况难以改变。十分有限的投资，也非全部来自农家的储蓄，而是依靠借贷。

表 9-5　1887—1927 年每亩农田的投资

时间	投资额／元	时间	投资额／元
1887 年	0.38	1922 年	2.06
1907 年	1.99	1927 年	2.20

资料来源：张东刚：《总需求的变动趋势与近代中国的经济发展》，143 页，北京，高等教育出版社，1997。

---

① 徐浩：《清代华北农民生活消费的考察》，载《中国社会经济史研究》，1999（1）。
② 同治《五台新志》，卷二《风俗志》。
③ 方行：《清代江南农民的消费》，载《中国经济史研究》，1996（3）。
④ 张研：《18 世纪前后清代农家生活消费的研究》，载《古今农业》，2005（4）。

扩大再生产的消费，具体包括种子、肥料灌溉、人工等费用，一方面生产消费属于与生产密切相关的消费，另一方面晚清生产消费统计不足，本文不再深入探讨。具体可见第四章第四节"资金短缺和生产资料不足"部分。

方行将清初与清末江南农民的生活消费加以比较，结果是粮食消费数量没有减少，质量则有所降低——从全部食用稻米，到稻米与杂粮兼食；衣被数量没有变动，质量却有所提高——从棉麻兼用，到棉布普及，再到"以布为耻，绫缎绸纱争新色新样"。

清前期农家"生存资料"，即每年用于生活消费的支出 = 粮食（主食 18 两 + 副食 7 两）+ 衣物 3 两 + 住房 1.6 两 + 燃料 3 两 =32.6 两。

清后期农家"生存资料"，即每年用于生活消费的支出 = 粮食（主食 50 496 文 + 副食 26 600 文）+ 衣物 5 000 文 + 住房 2 560 文 + 燃料 8 640 文 =93 296 文（合银 58.31 两）。[1]

由此可知江南农民消费结构变动，食物消费占比从 76% 上升到 83%，其中粮食从 55% 下降到 54%，副食从 21% 增长到 29%。可见 1840 年以后，农民消费领域发生了不同程度的变化。但总体来说，农民生活水平提高的程度还是很低的，这与农业生产力的发展程度有密切联系。这一时期农民消费构成中粮食占大部分，反映农民的生活水平仍然处在较低水平。

另外，值得注意的是，这一时期虽然农民与市场的联系越来越紧密，但生活水平并没有得到明显提高。如桂东北地区，桂东北农民在生活消费领域与市场的联系，远没有他们在生产领域与市场的联系那么紧密。圩市虚假繁荣的背后，掩盖农民生活贫困化的真相。在生产领域，农民的生产越来越商品化、社会化；另一方面，在生活领域，农民的生活越来越趋向贫困。桂东北农村商品流通量扩大，圩市繁荣，贫困是其中的原因之一。这是因为大多数手工业者都是小本经营，生产规模小，运转资金少，技术水平相对落后，抗击市场风险的能力弱小。以织户为例，一方面他们要与众多的同行竞争，另一方面又受到包买主的残酷剥削，不得不挣扎在贫穷边缘。所以商品化程度越高，小生产者所处的地位就越不利。市场的发展甚至是以一些手工业者的破产失业为代价的。

也就是说，虽然农业生产的商品化程度提高了，却没有带来生产力水平质的变化，不能导致农民收入有明显的转变，以及农民生活的改观。维持生计尚属艰难，消费能

① 方行：《清代江南农民的消费》，载《中国经济史研究》，1996（3）。

力自然无法提高，也就谈不上有什么购买力。所以说，这一时期在生活消费领域，农民与市场的联系，远没有在生产领域与市场的联系那么活跃。相反，它的活跃加剧了农民的贫困化。[1]

第四节 影响农民生活变化的原因

1840—1911 年是中国历史上一个十分重要的时代。清代道光中后期到宣统时期，虽然只有短短 70 年，却见证了传统帝制时代的衰落敝败和进入另一个时期的巨大变化。促使这种变化的，首先与西方资本主义国家的入侵有关，中国传统社会各种固有矛盾的长期沉淀、积重难返，亦是其重要原因。

我们这里说的生活变化，不是单纯指农民的生活水平，而是方方面面的变化。以生活水平为例，"所谓近代中国农民生活是不断恶化的，的确值得斟酌；反过来，所谓农民生活有明显的改进，也不符合历史事实……普通农民的生活仍处于绝对贫困的挣扎状态。平常年的生活消费如此。天灾人祸之年更可想见"。[2]

影响晚清农民生活变化的原因，从大的方面讲是西方资本主义的入侵和更加腐朽的封建制度，几乎所有宏观和微观的变化都源于这两大方面。具体而言，本文选取比较有代表性的日益飞涨的物价和农民兼业化专门阐述。

一、西方资本主义的入侵

晚清的农业生产，因为战争破坏和自然条件恶化（水土流失加剧、灾害增多），再加上生产成本投入减少，不少地方单产有不同程度的下降，严重的竟降至原产量的五至六成。[3] 不过，此时因关外等地放丈开荒，耕地面积增加，而人口增长却相对处于停滞徘徊，甚至还有下降，避免了人均口粮的大滑坡。在粮食产量下滑的同时，经

---

① 卢敏生：《近代桂东北农民与市场关系研究》，42 页，广西师范大学硕士学位论文，2006。
② 李金铮：《收入增长与结构性贫困：近代冀中定县农家生活的量化分析》，载《近代史研究》，2010（4）。
③ 严中平：《中国近代经济史（1840—1894）》，947 页，北京，人民出版社，2001。

济作物的种植面积却在增加，比如茶叶和蚕桑茧，若 1849 年前夕产量的指数是 100，1894 年茶叶便是 180，蚕桑茧则高达 250。其他如棉花等，也都有不同程度的增加。造成这种情况的重要原因是开放口岸后，对外出口增加。比起以前，农民受市场波动的影响更大了。

对于外来资本主义经济与中国传统自然经济二者的关系，传统观点多认为外国资本主义在中国的扩张，对中国传统自然经济造成了强烈冲击，农村自然经济因难以抵挡外来资本主义机器大生产的猛烈冲击而日益解体。1980 年以来，学者通过对农村经济演进的深入考察，对近代农村"自然经济解体说"提出质疑。[1]

国门洞开后，农民通过生产与市场建立了一定的联系，但沉重负担导致农民的劳动果实无法全部或大部用到自己的生活之中。也就是说，尽管农民终年都在辛勤劳作，但来自各方的剥削使得他们仍然生活在贫困之中。其实际情况是农民卖粮，不是还债就是卖粮之后买一些廉价且家庭必需的用品，还要用卖粮的钱购买维持一家人生活的价格便宜、数量较多但质量较差的粮食，甚至农民买的价格还要高出农民卖粮的价格，因为价格为人所操纵，农民往往在价格很低的时候卖出又在价格很高的时候买进，这一买一卖，无形之中就使农民辛苦劳作的果实付之东流了。因此我们可以肯定地说，正是由于市场的影响力加上生产力发展水平的严重滞后，使农民劳作多而受益少，显然是很不成比例的。

卷入世界市场的中国，随着近代化的深入，农民生活变化受西方资本主义的影响越来越明显。以茶叶生产为例，19 世纪 70—80 年代，由于日本、印度、锡兰的竞争，中国茶叶出口急转直下，种植和经营状况恶化，只得减价出售，1885—1889 年输出量较 1870—1874 年输出量增加 25%，输出值反减 21%，平均每担茶叶由 23.95 两减少到 15.05 两，下降了 37%。[2] 于是茶园荒废，茶农破产。闽北地区茶农"有田者归田，无田者以砍柴为活"[3]。

外部环境的变革对自耕农的影响尤其深远。近代农村中，农业和手工业商品生产以前所未有的速度发展，一些主要的农村手工业中都产生了资本主义生产关系。经营地主和自耕富农在农业经营方面或多或少带有了资本主义性质，一些富裕自耕农成为农村工业中的包买商或中间人，大量的中小自耕农也被深深卷入市场，成为小商品生

---

① 详见罗衍军：《30 年来中国近代乡村经济史研究述评》，载《苏州大学学报》，2013（1）。
② 严中平：《中国近代经济史（1840—1894）》，963~964 页，北京，人民出版社，2001。
③ 海关总税务司：《访察茶叶情形文件》，106 页，1889。

产者，有些农户成为受买主控制的家庭工人。这一时期的自耕农，虽然仍以农业和家庭手工业的结合为特点，然而由于外部环境的变革和内部结构的变化，这种结合已不同于自然经济中的男耕女织，而是带上了时代进步的烙印。

作为个体小生产的自耕农虽然不是资本主义生产方式，但由于自耕农经济更有助于提高农业生产力、加强农业集约经营、发展农业和农村工业的商品生产、提高农民的生活水平，由于自耕农的货币购买力以及生产生活资料的消费水平都高于其他各类农民，自耕农经济的发展也就大大有利于近代农村经济的发展，有利于近代工业在农村的市场扩大。如果说，在封建社会，自耕农经济与地主经济尚有相辅相成的一面，在近代化历程中，自耕农经济更多的是与封建剥削的主要方式租佃制相对立，从而成为有利于资本主义发展的因素。[①]

二、更加腐朽的封建制度

总体来说，晚清时期，我国农村人多地少，文化、科学技术落后，再加上封建的剥削与压迫，生产力水平不高，农民生活水平低下。农村家庭经济长期处于自给自足状态，多数农民家庭处在贫困线上，食物营养不足，衣、住简单粗陋，缺医少药，卫生状况恶劣，人口发病率与死亡率极高。农村经济凋敝，农民生活低劣到不能维持最低生存的程度，被迫逃亡他乡，甚至铤而走险。地主关心的不是土地改良，而是榨取高额地租。

农业直接依赖于土地，离开土地，各项农业的经营就无法进行。土地的肥瘠、季节的变换、日光的充足与否，都会直接影响农业生产的发展。农业生产受土地与气候的影响大，季节性强，作业不固定。家庭经营的方式，局限性很大，不能扩大经营规模，不能采用新的科学技术，无法提高经济效益。由于经常遭受战争和灾荒，特别是地租、高利贷以及买办商业资本的盘剥，农业生产力水平一直很低下。

前文已述赋税、地租负担在这一时期加重，何况在农业生产力下降条件下，更是民生凋敝，没有逃出"黄宗羲定律"的怪圈。

随着商品经济的发展，地主奢靡风气日涨，贪欲进一步膨胀，于是想方设法地加强地租压榨（见表9-6），主要手段有二：增加正租和进行额外浮收。增加正租一方面

---

① 史建云：《近代华北平原自耕农初探》，载《中国经济史研究》，1994（1）。

增加单位面积租额，在人多地少、地价上涨、佃农需求土地迫切和地权高度集中的时候和地区尤是如此。一方面加大征租面积，往往把非耕面积计入征租土地，甚至干脆"虚地实租"；另一方面改变地区形态和增租方式，表现在实物地租和货币地租，分成租和定额租之间的来回转换。而浮收最主要的手段就是大斗收租和提高折价。

表 9-6 安徽黟县某地主追欠记录 单位：文

	米/石	谷/斤	豆/斤
1846 年以前（老欠）	3.3	2 252	84
1847—1852（旧欠）	0.6	596	130
1853—1864（新欠）	1.1	2 710	570
合计	5.0	5 598	784

资料来源：严中平：《中国近代经济史（1840—1894）》，879 页，北京，人民出版社，2001。

此外，地主征收和增加押租也是一种新的剥削手段。地主不但提前收回一部分地租，保证了以后的地租收入，而且可以借机提高佃农的劳动强度和增加地租收入，在终止租佃关系之后，押租理应退还，但实际上往往被地主借故侵吞。地主还有一种特殊的增租手段，即为转嫁田赋给佃农，等于地主间接增加了地租。农民起义后，很多地方政权采取佃户交粮的办法，"令百姓田，钟者皆完粮，派胥役下乡，就佃编户"[1]。即使是地主增租的愿望受到农业生产力状况的制约，租额不得不下降，但是地租剥削率无疑还是提高了，即地主对佃农剩余劳动占有的百分比增加了。

余全有曾以驻马店市为例探析近代农村贫困原因，其中有人多地少矛盾突出，频发自然灾害，官府盘剥、豪绅欺诈加速农民破产，以及土地兼并不断加剧导致农村贫富分化严重等。[2] 上述这些原因造成了该地区农村经济落后和人民生活贫困，并由此导致了各种社会矛盾激化，所以，这里时常发生农民起义和社会动乱，最终引发了近代真正意义上的革命。

三、日益飞涨的物价

农村物价变动实际上是以粮食为主的农产品的物价变动。影响农村物价变动的因素是多方面的，包括人口因素、粮食生产率及生产成本因素、货币因素等。清代 17 世纪中叶到 19 世纪中叶的 200 年间耕地面积扩大了 1 倍，但是人口的增长速度更快，

---

[1] 光绪《兰溪县志》，卷二《土田》，7 页。
[2] 余全有：《驻马店市近代农村贫困原因探析》，载《天中学刊》，2002（6）。

增长了 2.28 倍，结果到 19 世纪中叶，人均耕地面积下降到了约 40%。[1] 人地矛盾突出是物价上涨的重要因素。此外，晚清的粮食生产，随着劳动量投入的增加，存在报酬递减的情况，势必提高生产每一单位粮食所需的成本，粮食价格随着生产粮食成本的增加而持续性上涨。[2]

银和钱兑换比例数并不固定，直接影响物价的高低。1840 年以来，中国的社会经济每况愈下，物价则日益上升。鸦片战争后，"银贵钱贱"十分明显，通货膨胀席卷全国，大量白银出口，造成了银价逐渐升高、钱价逐渐变低，劳动人民的日常收入是以钱计算，钱价变低，物品的价格也就必然提高。上交的田赋是以银作为单位，银价高，付出的铜钱就多，给农民的生活带来困难。1895—1910 年，中国银价上涨了 67%，[3] 但是在世界市场上，白银的价值却在下降。1836—1873 年，世界市场金银比价十分稳定，维持在 1 : 15 左右。从 1874 年起银价开始下跌，到 1915 年最低时几近 1 : 40。这种下跌的趋势主要是由于白银购买力下降所致，导致晚清物价上涨。[4]

咸丰同治年间由于清政府要赔款和镇压太平天国，苛捐杂税多如牛毛；光绪当政的几十年间，天灾人祸频发，物价暴涨；及至清末物价已无法控制，清政府也根本不作控制了。

有记载，"湖南实业不振，佣值低廉，民贫益甚。上年澧州、岳州、常德一带，被水成灾，长沙、衡州、宝庆等处，亦间被旱荒。湖南本为米粮出产地，然因此而收成不如往年"。"复因湖北去年大荒，食米全仰给湖南，商人復时时运米往他处贩售，米之出境者过多，米价渐贵，年下已涨至每石五千，今年陡增至八千"。[5]

产粮大省湖南，粮价一向较低，最贵不超过每石 4 000 文，1910 年"陡增至八千"。可见频发的天灾，加之商人的囤积居奇，都是物价飞涨的原因。

表 9-7 景县物价情况

单位：文

年代	麦子/斗	小麦/斗	玉米/斗	绿豆/斗	香油/斤	食盐/斤	青菜/斤	棉花/斤	棉布/斤
1891	1 300	1 100	600	1 000	240	46	6	80	80
1902	1 700	1 500	800	1 300	480	68	8	120	400
1912	2 760	2 500	1 300	2 600	720	120	80	200	400

资料来源：民国《景县志》卷六。

① 刘佛丁、王玉茹、于建玮：《近代中国的经济发展》，9 页，济南，山东人民出版社，1996。
② 王玉茹：《近代中国农村物价指数变动趋势分析》，载《广东外语外贸大学学报》，2008（3）。
③ 唐伟锋：《辛亥革命前后的物价上涨及其原因探析》，载《中国物价》，2014（1）。
④ 王玉茹：《近代中国价格结构研究》，5 页，西安，陕西人民出版社，1997。
⑤ 《湖南省城饥民焚毁巡抚衙门及教堂学堂》，见饶怀民、藤谷浩悦编：《长沙抢米风潮资料汇编》，227 页，长沙，岳麓书社，2001。

表 9-8　醴陵县物价情况　　　　　　　　　　　单位: 文

年代	谷/石	肉/斤	鸡/斤	鸡蛋/斤	鱼/斤	盐/斤	布/尺
1909	2 000	112	120	4	70	120	60
1912	2 800	160	250	10	90	90	90

资料来源: 民国《醴陵县志》卷六。

再举两例，河北的景县和湖南的醴陵县，一北一南，具有代表性，两县物价情况见表 9-7、表 9-8。

晚清的物价在不少县志中都有记载，而且涉及当时人们的吃、穿、用及建筑用品等许多方面。大体来说从清末到 1912 年，大多数物品价格上涨很多。虽然各地所用货币单位有所不同，但物价升高是一致的。农民生活困苦，饥民起事日益增多，其中尤以长沙抢米风潮更为瞩目，在一定程度上促进了辛亥革命的爆发。

四、农民兼业化

在旧中国，农民是最主要的生产者，然而也是最大的弱势群体。每遇天灾人祸，受到冲击最大的就是农民，有的被迫离开土地，成为流民和游民，也有不少农民因为人地矛盾加剧离开故土。虽然农民离乡主要目的是寻找土地，但也有一部分改转其他行当，这就影响了农村居民的构成。尤其在晚清时期，时局动荡，市场经济发展，城市数量增加和功能不断提升，使这一情况更是有所加剧。一般来说，人多地少、灾祸频仍的地区，靠近都市、市场发达、交通便利的地区，农民离土率较高，落后闭塞地区的离土率较低。

在广大传统农村，农民的作业内容可以说是相当单一的。农业是各地农民经济生活的绝对中心，在这种自然经济占统治地位的状态之下，农民生产的产品主要是用于自己消费，物不外求。只要是自己能生产的，都不求购于市场。当然，农民又不能生产所需要的全部生活生产资料，比如盐铁之类的必需品。所以在传统社会中，农民仍然需要将自己的部分剩余产品拿到市场上交换，以获得自己不能生产的必需品。所以，农民与市场的关系，只处于一种松懈的状态，"趁圩所市，不过布帛米盐，从未有怀重资服远贾以至奇货者""不过菽粟布缕鸡豚蔬菜，随时贸易以谋朝夕耳"。[1] 可见，尽管农民有时候参与商业流通，但很少人把经商作为一种谋生职业。

---

[1]　乾隆《镇安县志》卷 2《舆地志下·墟市》。

近代以来，以农业为绝对主业的农村经济状况被打破。由于与市场的联系越来越紧密，农民职业身份越来越多样化，农民越来越身兼数业，出现了"亦农亦工""亦农亦商""亦工亦商""亦农亦工亦商"等复杂现象。在作业内容上，不再是单一的"面朝黄土背朝天"，在作业时间和作息安排上，也一扫传统的"日出而作，日落而息"习惯，有日农夜工，有农忙为农、农闲为工为商，还有以工为主、以农为辅等形式。而随着职业内容的增多，农工商的职业身份界定越来越模糊化。但联系到农民生活的窘迫，"过度兼业化"是农民为了谋生而不得不进行的自救。它说明了在市场行为上农民的被动性，从事商业是被卷入市场的农民的一大选择。开埠之后，商业和手工业在农民家庭经济收入中扮演越来越重要的角色，在相当一部分地区，商业和手工业"虽为农家之副业，然在农民之经济收入上，则较农业经营尤为重要"[1]。

开埠之后，农村地区的各级圩镇普遍兴盛起来，农民们也因此不再满足于"力农防饥"，而是通过经商牟利以维持生计，并满足其他方面的需要。因此，他们纷纷以集市为基地从事商贸活动，农闲时肩挑手提各类农副产品，奔走于附近圩市之间，依靠两圩之间的差价赚取微利以贴补生活之不足；条件稍为好些的农户，就当起了坐商。一般而言，社会分工越趋于精细化和专业化，则社会生产越进步。农民在市场近代化的浪潮之中，部分地区由于生产资料分布、生产条件的限制，以及市场信息的严重不对称性，在产业选择上不得不转向"过度兼业化"经营。农家产业经营的整体技术含量低下，专业化、商业化程度低下，致使社会分工更加模糊，生产力水平无法取得质的突破，陷入一种简单粗放的低水平的恶性循环，导致这些地区农村整体经济长期处于停滞不前。

---

[1]　千家驹等：《广西省经济概况》，154 页，北京，商务印书馆，1936。

第十章　晚清农村社会与文化变迁

第一节　晚清农村教育与农民素质

晚清农村仍是以封建传统教育为主，清末新政后，废科举，兴学堂，逐步从科举时代的私塾过渡到新时代的学校与私塾并存的时期，进而发展为从幼儿教育到中等教育的教育体系。总体上，晚清农村教育具有新旧驳杂的过渡性，但农民素质却一直难以提高。

（一）农村传统教育系统

我国传统社会的教育系统是由官学和私学构成的一个二元同构系统。从形式上来说，官学包括中央的国子监、旗学和宗学以及地方上的府学、州学、县学和书院；私学则包括私塾、义学、社学等。中央官学多为高等教育性质，地方官学如州县学多是在蒙养教育基础上读"四书五经"和学习诗文，为参加科举考试做准备，属于中等或高等教育性质，因此基础教育的任务多由遍布城乡各地的私学承担。

（一）私塾教育盛行

私塾是古代民间由私人办的学校，按照其程度划分可分为蒙馆和经馆。蒙馆主要负责教识字、启蒙，而经馆则应科举考试要求教授经书等。私塾不仅承担了社会基础教育的重任，还负责为官学输送人才，所以在传统社会中具有非常重要的地位。依据主持者的不同，清末的私塾大体可分为以下三类。

（1）由缙绅富户在家设立私塾，聘请老师在家教育子侄，有的也兼收亲朋好友子弟入学，一切杂用开支及教师的薪资饮食均由主人提供，称为"家塾""家馆"或"家学"等。

（2）由塾师在家或借助祠堂、庙宇、他人房屋等设立私塾，学生按照学习程度缴纳一定的学费，教师的膳食或由学生提供或者自炊，这种形式称为"家塾""团塾""散馆"或"门馆"等。

（3）由一村或一族集资设立私塾，聘请老师，教导本村或本族子弟，其经费来源是主要靠学田地租或群众集资，称为"族塾""村塾"等。这种私塾学生来源更为广泛，与前两类私塾相比数量最多。

晚清以来义田义庄数量大为增加，也就是家族族长利用宗族公款和公房，招收贫寒子弟入学。这类私塾属于这第三类，更多的被称为了"义学""义塾"，下文着重再述。

私塾教学内谷大致可分两类：一类是启蒙教材，如《三字经》《百家姓》《日用杂字》《千字文》《千家诗》等；一类是为科举考试做准备的课程，如"四书五经"《古文观止》《楚辞》《十三经注疏》"二十四史"等。《三字经》《百家姓》等所谓小书，意在帮助儿童识字，灌输封建伦理道德之用，自宋代以来就是蒙学教育最通行的读物。另外还有一些通俗易懂的杂字字书，针对农民子弟和商户子弟编写，目的在于教会他们读书、写字和记账。例如《日用杂字》就是针对农民子弟编写的，结合农村生活用品，多用韵语，通俗易懂。"人生天地间，庄农最为先，要记日用账，先把《杂字》翻……开冻先出粪，制下镢和锨"[1]，这类结合农村生活的教材比较受农民欢迎。实际上，农民读书多是为了识字，随即参加农业生产，并不出于科举的目的。如果需要参加科举考试，就需要读"四书五经"等儒家经典和史书等，学习写八股文，一般的农民子弟只是识得一些常用字后，就回家务农了。

私塾多实行复式教学。一名塾师同时教授数名乃至数十名学童，依据生徒的年龄、程度不同选择教材，分别授课，教学进度也视学生接受能力而定。一般学童8~15岁前读《三字经》一类小书和"四书"；15岁进入志学3年，依朱子法读《四书注》及"五经"《春秋左传注》及哲理诸书；18岁后，开始看史书，读《通鉴》和《楚辞》；20岁开始专力学科举文字。经二三年的功力，方可应举，已经是二十三四岁了。"十年寒窗"正是如此。

私塾强调死记硬背，儿童的身心因此受到戕害。一般在早上背诵正书，上午诵读，中午习书法，下午温习旧课。塾师对学童的教育，以封建礼教为主要内容；对学生的管理，大都实行体罚。学童读不熟或背诵不出，便挨打罚跪。[2]

① 朱玉湘：《中国近代农民问题与农村社会》，521~522页，济南，山东大学出版社，1997。
② 朱玉湘：《中国近代农民问题与农村社会》，522~523页，济南，山东大学出版社，1997。

刘爽等在《吉林新志》一书中，描绘了一些农村私塾生活的场景：生徒与塾师，皆在火炕上工作。每日除送屎尿外，不准出屋。屋内不准高声说话，惟诵读时，则声彻闾门。动作须稳，上学下学，均须向孔子神位及先生行跪拜礼。有犯规者，则以戒尺柄打其掌或臀部。故活泼泼的小孩子，上了三年私塾，就一变而为死沉沉的小木偶，盖其教纯属机械式，且以成人心理，度儿童而责之。不承认有所谓儿童也，更不知儿童心理及教育原理为何物也。[①]

（二）私塾中的"义学"

鸦片战争后，有识之士开始认识到社会改革的重要性，也认识到"非学不能出人才，非人才无以救亡图存，于是再次掀起了兴学设教之风"。[②] 鉴于自身财力不足，清政府开始鼓励民间创办"义学"。

义学，又称义塾，是我国古代社会依靠官款、地方公款或地租及个人捐献而设立的学校。义塾专为孤寒子弟而设，一般不收学费，有时还发给学习用品。社学和义学的教学内容和形式与私塾没有多大区别，只是在办学资金的来源等方面有所不同。

兴义学、设庄塾、开展宗族教育，是义庄义田的重要职能。义庄希冀通过普及教育以雍睦化族，培植家族人才，既光门第又庇宗族。[③] 江西新城的"世家巨族……俱设有学田，随其士之多寡而分之，至已仕乃止，鼓读书而养廉"[④]；常熟杨氏敦本义庄"别置田一千余亩，转给本支读书应试之费"[⑤]。义庄部分承担了国家的教育职能，望族通过义学培养人才，这些人才必然怀着感恩之心，致仕后进一步支持宗族的兴旺。

武训（1838—1896）是这一时期创办义学的代表人物。武训是一个目不识丁的农民，因不识字被人欺负，因此发誓"积赀设义学"。他从1959年起靠行乞兴学，经过30多年的苦行募化，积累了上万吊钱（相当于白银2000多两）。这些钱，他分文不留，全部用来创办义学，分别于1888年和1896年创办了三所义学，即崇贤义学、育英义学和御史巷义塾。义学都分为蒙学和经学两级，学生无论贫富都可以免交学费，实行免费义务教育。

武训行乞兴学，是中国私塾发展史上的特例，说明这一时期学校的初级教育发展极其滞后，不能满足人民最基本的文化教育需求。武训的义举震撼了中国政界、文化

---

① 德惠、刘爽：《吉林史志 吉林新志》，281页，长春，吉林文史出版社，1991。
② 齐春风、周秀文：《私塾、科举》，6页，长春，吉林人民出版社，1996。
③ 陈勇、李学如：《近代苏南义庄的家族教育》，载《历史研究》，2011（5）。
④ 同治《江西新城县志》，卷1《风俗》，6页。
⑤ 光绪《常昭合志稿》，卷17《善举》，11页。

界和教育界，直接引发和推动了近代私塾改良运动，促进了我国基础教育的发展。另外武训的义学也是现代义务教育和群众办学的先驱。

总的来说，这一时期农村教育仍然以传统儒家教育为主，目的在于启蒙教育和科举考试。由于家庭条件的限制和思想的局限性，大部分的农民子弟只能读几年，识得一些基本的字，会记账算数，便回家务农，只有极少数的人有机会进行更深层次的学习，所以全体国民的受教育率不高，而且旧式教育培养的人才也不能够适应时代的发展，不能够承担近代化的重任，农民整体素质自然也较低。

晚清农村私塾是封建半封建农业社会的产物，既具有封建落后性，又有适合分散落后的农村要求的群众性，如着重教珠算、日常用字等。不同私塾的两面性程度各有不同，性质也有很大差别，不能完全作为糟粕摈弃。

二、新式教育进入农村

鸦片战争的惨败使得一些先进知识分子认识到，时局已异，为了强国御辱，需要学习西方，对旧制度加以调整使之适应时代要求。新式教育就是在这一背景下产生的，促使晚清的农村教育发生了巨大的变迁。尽管洋务派从19世纪60年代起就已经开始广设新式学堂，但直到清末新政实施教育改革，新式教育才深入农村。

（一）新式教育的内容

随着科举制度的废除和新学制的确立，新式学校教育兴起。与旧式私塾教育相比，新式教育在教学方法、内容以及设施等方面都发生了很大变化。具体表现在以下两个方面。

（1）在传统的儒家经典之外，增加西学教育。为了培养新式人才，清政府于1901年下旨废除八股程式，乡试、会试等均试策论，并停止武科，稍后又下"兴学诏"，令"除京师已设大学堂应行切实整顿外，着各省所有书院，于省城均改设大学堂，各府及直隶州均改设中学堂，各州、县均改设小学堂，并多设蒙养学堂。其教法当以'四书五经'、纲常大义为主，以历代史鉴及中外政治艺学为辅"。[1] 例如，1906年，琼州府小学堂（原琼台书院）改为琼崖中学堂后，设置新课程，制定新规章，聘请具有西学知识的八名新教员，开始招收甲乙两班新生，分科授课，开设修身、经学、国文、外国语、历史、

① （清）朱寿朋：《光绪朝东华录》，4 719 页，北京，中华书局，1958。

地理、算学、博物、理化、图画、法制、理财、国语、体操等十多门课程。[①]

（2）按学习程度、年龄分班级年级授课。1904年，清政府颁布了"癸卯学制"，对整个国家的学校教育系统、课程设置、教育行政及学校管理等都作了相当详细的规定。"癸卯学制"总共分3等7段，长达29~30年。第一等为初等教育，分蒙养院4年，初等小学堂5年，高等小学堂4年，共3段13年。第二等为中等教育，设中等学堂一段共5年。第三等为高等教育，分为高等学堂或大学预科3年，分科大学3~4年，通儒院5年，共3段11~12年。另外还有师范教育和实业教育等。师范教育分初级与优级两等，修业年限共8年。实业教育分初级、中级和高等3级，修业年限共15年。译学馆及方言学堂属于高等教育阶段，修业年限5年。"癸卯学制"的颁行，标志中国近代教育体制与教育宗旨的确立，而使教育成为国家的要政之一。

（二）新式教育对农村的积极影响

随着"癸卯学制"和教育主管机构的建立与完备，以及相应的兴学措施的推行，各地各类学堂如雨后春笋般地建立起来，尤以直隶、四川、江苏、湖北和湖南最多。仅就浙江一省而言，到宣统元年（1909），全省已有小学堂1 822所。以等级分，包括初等小学堂1 288所、两等小学堂418所、各类小学堂116所；以类别分，包括官立小学172所、公立小学1443所、私立小学207所。各类小学堂中，有女子小学52所。[②]就全国来说，至宣统二年（1910），全国学堂共有42 696处，学生130多万人。[③]

新式教育在全国范围的普及，产生了不少积极作用，主要包括：

（1）在全国范围内传播了现代自然科学知识和资产阶级政治思想。改制后的学校不再仅仅为以"四书五经"培养单一型的政治人才，多样化的科目培养了大批科技、法政、教育和军事人才。

（2）培育了一批受过新式教育的革命人才。学校也成了传播西方资产阶级思想的主要阵地。虽然清廷强调"忠孝"为办学宗旨，灌输忠君爱国的封建思想，但仍培养了一大批资产阶级知识分子，为日后的资产阶级革命培养了大批生力军。

（3）加快了中国教育近代化的步伐。在清政府的号召下，大批乡绅出资办学，全国各地兴办了许多新式学堂，这为提高民众文化素质、开启民智、培养人才提供了基础，也为中国近代化的发展创造了条件。

---

① 谢越华：《海南教育史》，110页，海口，南方出版社、海南出版社，2008。
② 李涛：《浙江近代农村教育史》，23页，杭州，杭州出版社，2009。
③ 刘锦藻：《清朝续文献通考 二》，8 634页，杭州，浙江古籍出版社，1988。

（三）新式教育在农村推广存在的问题

清末，中学教育、师范教育和专业教育虽有兴办，但是规模极小，在农村以初级小学教育为主，半数以上的农民家庭入不敷出，没有余钱顾及后代的教育。政府对农村教育的财政投入极少。清末我国教育发展的推动者主要是政府与士绅，政府办学主要集中在大中城市，而在广大农村新式教育的发展主要是政府和士绅共同合作推进。清末县级政府没有独立的财政收入，不能为教育提供稳定的教育经费来源，直接导致我国从新式教育开始之时政府就对农村教育不承担财政责任。[1] 总之，晚清农村教育一直是落后的，在新式教育实行的前后均是如此。

农村中的新式教育存在很多问题：

（1）改革不够彻底，仍有科举残余影响。除小学堂义务教育外，从高等小学堂到通儒院，仿效科举制度，凡毕业生都给予出身奖励；师资的缺乏阻碍了学堂的进一步发展，于是，一些塾师设法进入新学堂充当教员以补师资之不足。由此可见，科举制度的影响没有因为教育改革而终结。私塾教育因其办学灵活、设施简单、学费低廉在清末非常普遍。即使经过清末的新式教育改革，广大农村依然保留大量私塾。尽管20世纪初废科举、兴学堂给私塾造成一定冲击，但在相当时期内私塾仍是广大农村的主要教育形式。以教育较为发达的江苏省省为例，1909年全省新式小学有800余所，而私塾竟高达7 000余所。[2] 1910年，山东提学司曾下令"私塾一律改为学堂"，但到年底山东昌邑县全县尚共有私塾673处，学生9 502人，学龄儿童入学率达20%。[3] 又如，1908年太原县有将近8 000名学龄儿童（7~15岁），其中1 359人在私塾读书，132人在新学堂，仅20人就读于县里新的高等学堂。[4] 由此可见，传统私塾教育在社会教化中有突出作用，新式学堂的普及率很低。

（2）新式教育不符合农民的实际需要。晚清农村的科举教育，选拔政府需要的人才，是养士教育、取士标准与功名利禄相挂钩，增加了教育的动力。科举教育目标很明确，书籍很有限；从事教育工作门槛不高，既无资格限制也无繁杂课程；学生读书，所需工具极其简单。可以说，晚清的科举教育，简单而易于推行，适应了落后的农村经济状况。私塾无论在城市还是在农村，处处可行，人人可办。私塾的设立既没

---

① 刘惠林：《清末民国时期农村教育经费问题探析》，载《兰台世界》，2013（30）。
② 王树槐：《中国现代化的区域研究：江苏省》，260~261页，"中央研究院"近代史研究所，1985。
③ 山东省昌邑县志编纂委员会：《昌邑县志》，606页，内部发行，1987。
④ ［英］沈艾娣，赵妍杰译：《梦醒子 一位华北乡居者的人生（1857—1942）》，75页，北京，北京大学出版社，2013。

有地理环境制约，也没有人数和时间的限制，且学费低廉，教学灵活，随到随教，因而深得广大民众喜爱。私塾的存在"能投合农民的要求，课余教些杂字杂文，私塾教师亦能为农民书写应用文字。这些都合乎农村的需要，故现在的私塾尚能得农民拥护"。而学校所教的内容，"半是说些城市中间的东西，太不合农村的需要，同时学校教师态度亦多与农民隔绝，所以农民对于学校，大多是有怀疑的"。[①] 农民认为新式学堂的课程对农业生产没有直接的实用价值，"说什么学校里面唱歌、体操和剪纸、拌泥等手工劳作，都是鬼混"，甚至有人认为科举制度已经废除，学堂没有存在的价值了，"可不必读书"[②]。因此很少有农民送孩子接受新式教育。

三、农民素质提升的窘境

农村旧式教育的弊端，前文已经叙述较多，在封建半封建的农村传统教育下，很难培养真正的人才，农民素质普遍较低。新式教育进入农村后，农民素质并没有提升，甚至有所降低，这种情况不但在清末，在民国很长时间亦是如此。晚清时期，农民素质的提升始终处在窘境当中。

（一）农民素质水平徘徊不前

1905 年废除科举考试之后，中国农村私塾教育受到冲击和挑战，并逐步被西方资本主义国家的洋学堂制度所取代。但在经济衰落的农村，农民却失去了普遍受教育的机会。新学制对贫寒而向学之家的子弟有所排斥，导致农村读书人数量日益减少、平均识字率逐渐降低。

晚清时期的私塾，多为自愿或半自愿的私人事业，往往多是创办者出资。新式学堂较前花费大得多，更重要的是办学已成集体或官方之事，这一由私向公的转变可能减弱民间办学的积极性，"办学经费之无从筹措……其结果遂以无补助而至停办"[③]。学校办学困难，招生也困难，农村中人读书的愿望减低，对读书前景的失望和对新体制不信任是农民不让子弟上学的重要原因。在如此办学和招生条件下，农民素质何以提高？

在很多农村，识字率虽未必低到百分之五六，但读书人数量日益减少、平均识字

---

① 李桂林:《中国现代教育史教学参考资料》, 6 页, 北京, 人民教育出版社, 1987。
② 钟叔河等:《过去的学校》, 488 页, 长沙, 湖南教育出版社, 1982。
③ 《论我国学校不发达之原因》, 载《申报》, 1909 年 5 月 24 日第 3 版。

第十章 晚清农村社会与文化变迁

333

率逐渐降低应是一个相对普遍的倾向。[1] 梁启超说："科举制……实我先民千年前之一大发明也。自此法行，而我国贵族、寒门之阶级永消灭；自此法行，我国民不待劝而竞于学。"[2] 新式教育的投入日益昂贵，读书的代价不断增高，那些仍希望走此路的寒门之家比过去更困难了。晚清官立学堂虽不收费，但办学层次较高，数量亦少；而民间之私塾改为学堂者，基本是收费读书，属于"官力不足，失学者多，于是合群力而为私立学堂，是私人代为之延师也"[3] 的情况，就学者的花费多是平均分摊的。

何刚德指出："从前寒士读书，无所谓学费也。且书院膏伙，尚可略资以津贴家用。今则举学中田产，悉数归入学堂，而学生无论贫富，一律取费，且膳宿有费，购书有费，其数且过于学费。"因学制转换而造成的中国人"失学之数，至少亦在百与五之比例。此九五之数，国家欲扩充学堂，徐补此阙，力必不足；若用强迫手段，使此九五之数各自谋学，势更不行"。[4] 因此，新学制最大的问题，就是贫寒而向学之家的子弟失学愈来愈普遍。[5] 正是"今学堂学生，近城镇者入之，僻远不与，有势力者入之，寒微不与"[6]，农民的整体素质并没有因为新式教育而提高，在不少农村反而降低。

（二）农村人才的流失

传统中国士人以"耕读传家"为标榜，多数人在农村读书，继而到城市为官，或候缺或丁忧或告老，读书人多半要还乡。新制则农村人才与城市的关联越来越密切，而与农村日益疏远，导致农村中士与绅的疏离。乡绅的来源逐渐改变，不再主要由读书人组成，特别是下层乡绅中读书人的比例明显下降。"乡曲之中，并稍识高头讲章之理之人而亦无之，遂使风俗更加败坏，而吏治亦愈不易言。"[7]

新式教育培养了一批农村人才，但是这些接受了新教育的人才纷纷涌入城市，很少有留在农村，造成城乡疏离与乡居精英流向城市。"学生在新学堂所学得的声光化电、法理税则和欧罗巴、亚西亚这些东西都是属于城市的，它们与农村社会不仅有隔膜，而且遥远，学生毕业后也不再回到农村。"[8] 学习了西洋文化的新式知识分子向往城市的财富、权势和娱乐享受，不愿意回到农村。

---

① 罗志田：《科举制废除在乡村中的社会后果》，载《中国社会科学》，2006（1）。
② 梁启超：《官制与官规》，《饮冰室合集 文集之二十三》，68 页，北京，中华书局，1989。
③ 何刚德：《客座偶谈》卷 2，8B 页，上海，上海古籍书店，1983。
④ 何刚德：《客座偶谈》卷 2，8B~10B 页，上海，上海古籍书店，1983。
⑤ 罗志田：《科举制废除在乡村中的社会后果》，载《中国社会科学》，2006（1）。
⑥ 故宫博物院明清档案部编：《举人李蔚然请变通整顿学务呈》，见《清末筹备立宪档案史料》，下册，985 页，1979。
⑦ 《论废科举后补救之法》，载《东方杂志》，1905（11），252 页。
⑧ 杨齐福：《科举制度废除后私塾与塾师命运散论》，载《徐州师范大学学报（哲学社会科学版）》，2008（4）。

近代以来中国农村变迁史论（1840—1911）

此外，毁学活动大多发生在农村。毁学是借助暴力手段，毁坏新式学堂、殴杀办学人员。毁学针对的教育机构只有农村新式教育机构，清末 10 年间毁学事件尤其频繁、严重。所以很多乡绅为了生命财产安全都涌入城市，不愿继续待在农村。原来负责农村社会教化的乡绅离开导致农村学堂无人过问，这就使得农村学堂与城市学堂之间的差距不论在数量上还是在质量上日益加大。

农村人才缺失带来了一系列不良后果。废科举在农村造成办学主体由私向公转变，但农民对新教育传授的"知识"并不那么认可，使新学生在农村遭冷落而流向城市；农村读书人心态也开始转变，厌弃田园生活，甚至轻视农民。庄俞在清末就注意到，新学堂教育出来的学生"骄矜日炽，入家庭则礼节简慢，遇农工者流尤讪诮而浅之"[1]。随着城乡的分离，在都市中游荡的知识青年和失去读书人的农村都成为受害者，人才的缺失，尤其是与农业发展相关的技术人才缺乏，制约了农村社会经济的发展。

 ## 第二节　晚清农村医疗与农民健康

鸦片战争以后，中国社会动荡不安，经济发展缓慢，国力日渐衰弱。随着传统社会的瓦解、自然经济的崩溃，大量农民生活窘困，导致了健康状况逐渐恶化、患病率和死亡率日益上升。传染病、寄生虫病和营养缺乏性疾病对农民的健康造成了极大的威胁。农村传统医疗对农民健康既起到了一定的积极作用，也有一定的消极影响；西方医院制度引进以后，引起晚清医疗制度的变革，也引起医疗观念的重大变化，利于农民健康。

一、疫病状况严重

"清代后期仅短短的 72 年，计 50 年是有疫病的年份，平均每 1.45 年中有 1 年出现疫疾流行。如此高频率，在历史上是从未有过的，可见这一时期劳动人民生活的艰难和困苦。"[2]　总体而言，晚清农民健康水平堪忧，身体素质不断降低。

---

① 庄俞：《论小学教育》，载《教育杂志》，1909 年第一卷第 2 期，112 页。
② 张建光：《三千年疫情》，515 页，南昌，江西高校出版社，1998。

（一）疫病状况严重的表现

1. 传染病严重

据不完全统计，1840—1911 年这 72 年间，传染病流行十分严重，出现较大规模流行的传染病有霍乱、鼠疫、天花、白喉、猩红热、斑疹伤寒、流感、脑膜炎、回归热以及痢疾等。

表 10-1　1840—1911 年主要传染病流行频度　　　单位：次

霍乱	鼠疫	天花	白喉	猩红热	斑疹伤寒	流感	麻疹
45	34	11	9	8	7	7	2

资料来源：王吉民、伍连德：《中国医史》，381~395 页，上海，上海辞书出版社，2009。

其中霍乱、鼠疫、天花对农民健康威胁最大。由表 10-1 可知，1840—1911 年，全国共发生较大规模霍乱 45 次，平均 1.5 年就有一次大流行。1910 年在东北地区暴发的鼠疫是 20 世纪以来人类历史上最大的一次鼠疫，导致 6 万多人死亡，农民首当其冲。

2. 寄生虫病常见

在晚清，疟疾、血吸虫病、黑热病、钩虫病、血丝虫病等寄生虫病的流行也十分严重，尤其是在农村地区，大量农民因感染寄生虫病而丧失劳动能力，导致生活窘困，甚至家破人亡。

3. 营养缺乏性疾病普遍

晚清时期，由于社会动荡、经济凋敝，农民的生活质量普遍不高，先天性衰弱和后天营养不良成为一类发病率很高的疾病，在儿童中尤为常见。这类疾病主要分为三类：一是维生素缺乏病，如脚气病、佝偻病；二是营养不良性水肿；三是地方病，如克山病、大骨节病、地方性甲状腺肿大。

（二）疫病状况严重的原因

1. 自然灾害频繁发生

据不完全统计，晚清中国总共发生大规模或者较大规模的自然灾害 3 185 次，本书第三章第二节已有详细阐述。俗话说，"大灾之后必有大疫"，主要是因为灾荒之年常常寒暑雨旱失调，农民的抵抗力下降，容易受疾病的侵扰。

2. 人口众多加剧了疫病的严重程度

清代中后期，我国人口数量激增。人口密度的增大使得一旦发生疫情，受感染的人数难以控制。一方面过多的人口为致病原的传播提供了媒介；另一方面人口过多就导致生活垃圾增多，为致病微生物的生存繁衍提供了条件。除此之外，晚清人口流动

近代以来中国农村变迁史论（1840—1911）

也越来越频繁，加剧了疫情传播的速度。

3. 社会动荡加剧了灾情

晚清战乱频繁，大规模的人员流动不仅增加了感染病毒的人数，而且疫情有时会"随着战场的出现和转移而引发、传播"[1]。如太平天国运动时期，苏南、浙北和皖南地区是疫情的高发地区，太平军和清军的主要战场正是集中在这一带。

4. 缺乏卫生观念

许多人信奉"吃得邋遢，做得菩萨""不干不净，吃了没病"等民间习俗，不讲究室内清洁、个人卫生，随地吐痰、随地便溺，认为常洗澡、打预防针是洋人的习惯，导致各种眼病、喉病、伤寒、痢疾、疟疾、癣、疥疮、疔毒等疾病的发病率相当高。对病死者尤其是染疾夭亡儿童的尸体缺乏有效的处理，或采取水葬，或仅仅浅埋，甚至弃尸荒野，极易造成污染源的扩散以及疫病的传播。

5. 迷信观念盛行延误了疾病的诊治

人们常认为患病是运气不好，或水土不服，或认为是行为不检点，遭天怒神罚，因此患病后便求神问佛。种种愚陋的方法都要试过，若不灵，则各处求单方秘诀，再不中用，则听其自然，认为命该如此。

二、农村社会的传统医疗

自古以来，通常情况下，农民不可能得到官方医者的救治。他们多是进行自我救护，或是依赖本地的走方医，或者是求助宗教医疗等民间医疗资源。这种状况一直延续到民国时期。这种农村社会的传统医疗方式在晚清占主导地位。

（一）走方医

清代的医疗市场是一个开放的、多元的体系，医者之间的界限比较模糊。正如麦高温说的："在中国，无论男人还是女人，人人都可以不受任何限制地公开地行医。"[2]因为从事医疗活动没有特别的资格规定，也没有相应的医疗制度和组织化管理，所以医者的来源五花八门的，有宗教徒，有博览医书成医的，有久病成医的，有家传医术的，有师徒相传的，有科举失败成医的，等等。晚清农村可谓走方医盛行。

① 余新忠等：《瘟疫下的社会拯救——中国近世重大疫情与社会反应研究》，202 页，北京，中国书店，2004。
② ［英］麦高温：《中国人生活的明与暗》，朱涛、倪静译，189 页，北京，时事出版社，1998。

尽管从事医生行业的人员很多，正统医家亦不少，但考虑人口的基数、医疗费用以及疗效，农民还是依靠走方医和土方、验方治病，或者依靠信神和巫术治病。走方医，又称草泽铃医，俗称江湖郎中。走方医不同于坐馆的医生和医疗水平较高的医生，他们对于行医的区域和服务的对象没有选择。他们行医卖药，周游四方，特别是在缺医少药的穷乡僻壤往往能看到他们的足迹。

走方医流动性强，在治疗上往往采用正统医者不屑采用的方法，用药上也常常使用那些廉价的、随处可得而又有奇效的药物满足需求，这就使得走方医受到了农民的热烈欢迎。为了取得农民的信任，走方医多采用速效办法争取患者就医，甚至使用有毒性的药材，如矿物类和动物类药材。尽管他们治疗的疾病种类繁多，但主要还是一些常见病，如流行性、传染性感冒，咳嗽，肠胃疾病，皮肤病，外伤等。这些疾病都是民众在日常生活中经常遇到的，尤其是皮肤病和外伤，对在田间终年劳作的村民来说更是如此。农民对这些疾病不重视，把它当作生活的一部分，不会专门看医生。当走方医走乡串户时，就为他们提供了及时的、廉价的、有效的治疗。

走方医长期漂泊流动的生活方式决定了他们的医疗有自己的特色。走方医因居无定所和文化水平的限制，不易将其诊疗经验与药方详加记录，也不易有指导他人医术、将其药方传递下去的机会。走方医为生计着想，也不愿将医方外泄，所以其药方一般没有记录与流传。总之，在缺乏医疗资源的农村地区，走方医的各种医疗行为自有其生存之道，他们特殊的治疗方式与用药，虽然经常受到正统医家的批评，却能满足广大民众对便利、价廉、速效医疗服务的需求。①

（二）宗教医生和巫医

除寻求走方医的帮助外，由于农村医疗水平低下、经济文化落后以及现实生活苦难重重，很多农民生病时只能求助于宗教医生与巫医。在晚清社会，宗教医学本身就是传统医学的一个重要组成部分，许多佛教徒、道教徒都精于医术。一些寺院庙宇不仅是进行宗教事务之地，也是医疗救助之所。然而，与农民生活联系更为密切的莫过于遍布农村的秘密教门。

生活艰难、社会苦难、死亡与疾病时时与农民相随，使他们始终处于一种烦躁不安、无所适从的状态，而一些宣称能为他们排忧解难和治疗疾病的民间教派则赢得了其崇信。民间教派充分利用了农民的这种情感，依靠某种神秘的力量施药治病，给农

① 王静：《清代走方医的医术传承及医疗特点》，载《云南社会科学》，2013（3）。

近代以来中国农村变迁史论（1840—1911）

民以精神上的慰藉，招纳信徒扩展力量。

以晚清的"一炷香"教为例，治病时令病人在牌前烧香磕头，口念"敬天地全凭一炷香，劝人行好敬天苍，能了诸般百杂病，不用良医外边方"。他们的治疗手段是"批苦"看病，即有病不准找医生看，不准用医法治，只能向师傅陈述病情。师傅令患病者跪香磕头，看你所痛病位批论患病之由来，以及克服疾病之办法，这就叫作"批苦"或叫"找苦""平苦"。此外，还有"捉魔治病"等治疗方法。[①] 这些民间教派的治疗方法，尽管简单而粗疏，同时夹杂迷信色彩的巫术、气功、精神疗法，但是它们也有一些合理的成分，或多或少也能起到消病减灾的作用，深受长年在死亡线上挣扎的贫苦农民的欢迎。"一炷香""批苦"看病实质上是重视分析疾病产生的社会、文化、心理因素。

民间宗教的教首，兼具医疗知识和经验，一般被认为是民俗医疗的医师。传统下层社会的贫苦农民，多因本人或亲人染患疾病，甚至心理遭受挫折，亟待治疗。而民间宗教的教首称能为村民消灾除病，或将茶叶供佛祷祝后煎熬饮用，或教以静养功夫打坐运气，或使用针灸按摩以疗时疾，或教人念诵经咒驱祟禳灾。善男信女相信民间宗教的神力具有治疗的功效，能够无病不医，药到病除。[②] 因此，民间宗教的教首经常为农民治疗时疾，甚至主持下层社会养生送死的各种仪式，极大地影响了农民的医疗观念和生命观，在农村医疗市场中占有重要地位。

巫医在民间也有很大的市场。对于崇信鬼神而又穷困潦倒无钱请职业医生的农民来说，散布在农村的巫医治疗简便易行，花费又少，所以成为他们的优先选择。总的来说，由于医疗水平、经济能力和文化修养的限制，农民很难得到及时、有效的医疗救治，所以农民抵抗力低下、身体素质差，在晚清农村疫病状况严重的环境下，农民健康受到严重威胁。

三、西方医学传入农村

晚清教会医院、红十字会等近代医疗机构传入我国并逐渐渗入农村，西方医学不仅在治病救人上贡献颇多，而且增强了农民的卫生防疫意识，更导致本土新式医疗机构的诞生，农村医疗卫生状况得到了一定的改善。

---

① 路遥：《山东民间秘密教门》，45、59~62 页，北京，当代中国出版社，2000。
② 庄吉发：《清代民间宗教的源流及其社会功能》，载《大陆杂志》，1991（2）。

（一）卫生防疫意识增强

晚清以前，农民主要是以消极内敛的方式防避疫病，并且认为这是个人的而非公共的事务，重点在于疫病治疗而非疫病预防。晚清以降，随着内外时局的变动和西方医学的影响不断加深，农民的防疫意识开始增强，清政府也以行政方式介入，确立了清洁、检疫、隔离和消毒等为主要内容的基本模式，同时还将种痘等免疫行为纳入防疫的范畴。

发生这种改变的原因主要在于受西方卫生观念的影响。同治末年时，有人就已经意识到洋人所居的租界比华人住的城乡要整洁卫生，《申报》有相关记载："盖闻地方以洁净而人获康宁，街衢因污浊而易遭疫疠，斯言固确切而不诬也。观上海城乡内外，街巷似欠清洁，每交夏令，暑气熏蒸，真有不堪闻者也。推原其故，总由中国保甲非比外国巡捕，终日梭行巡缉，以至疲顽成风，置通衢往来之地于度外。现虽已蒙大宪设局委员随时洒扫清理，然终不能如外国租界之认真。况往来行人及两岸住家，每因习惯糟蹋，任意小便堆积，在中国亦素无巡捕看管，以致终不能洁净可观也。"[①]

在西方先进的卫生观念和医疗知识的影响下，晚清的防疫行为和观念发生了很大的改变，具体表现有：

（1）注意环境卫生。原来中国人一直认为是疫气导致了疫情的发生，这种疫气没有办法控制，只能采取被动的躲避措施。近代随着西方卫生知识和经验的传入，加上国人认识的进一步深入，这一看法有所改变，开始主张以清洁周围的环境防治疫气。清洁的范围也不仅局限于"秽浊之气，而进一步扩大到用水和食品等方面"[②]。

（2）主张采取卫生、检疫、隔离和消毒等积极主动的行为控制瘟疫。随着西方和日本的卫生防疫知识和实践的传入，特别是甲午战争以后，卫生、检疫、隔离和消毒等应对疫病的措施已渐渐被国人所接受，并成为主流观念。宣统年间的一份防疫小册子明确指出："公众预防法，无非隔离、消毒、清洁、检疫四端。"[③]

（3）政府开始重视卫生防疫。清政府从新政时开始改变在疫病防治方面缺乏制度性规定的状况，逐渐介入和承担了公共卫生和防疫事业。其主要措施包括：创建医疗卫生行政机构、设立医疗防治组织、颁布卫生防疫法规和培养中西医学人才等。

---

① 《论沪城街道污浊官宜修洁事》，《申报》，同治十二年三月廿三日，第1页。
② 余新忠：《从避疫到防疫：晚清因应疫病观念的演变》，载《华中师范大学学报》（人文社会科学版），2008（2）。
③ 《传染病四要抉微》，见《陈修园医书七十二种》，第四册，2 532~2 533页，上海，上海书店，1988。

近代以来中国农村变迁史论（1840—1911）

（二）教会医院和红十字会

近代中国来自西方的传教士，除了讲道传布福音之外，还对灾难深重、贫穷落后的中国农民深表同情并加以拯救，办医院和进行慈善事业是他们救助的一个主要途径。传教士中不少人是医生或会医术者，他们把西方的医疗技术和思想传到了中国，在晚清农村发挥了积极的作用。

中国近代最早的西式医院是美国传教士彼得·伯驾（Peter Parker）1835 年在广州创办的新豆栏医局。彼得·伯驾 1831 年毕业于耶鲁大学，1834 年被美部会派遣来华，是美国第一个来华传教士。1835 年 11 月 4 日，他在广州新豆栏街 7 号的丰泰洋行内租屋开设"广州眼科医局"，又称"新豆栏医局"。这是中国第一所新式教会医院，西医自此正式传入中国，此后逐渐从城市深入农村。

西方医学传教士大量来华，教会医院在各地大量涌现，为农民提供了一定的医疗卫生服务。如武汉地区在晚清时有九所教会医院，为民众提供医疗救助、疾病预防、医学教育，积极发展公共卫生，培养助产士，关注弱势群体，并且对民众不仅"疗身"，也进行充满人性关怀的"疗灵"，[①] 为中国医疗卫生事业发展作出了很大的贡献。

这些教会医院有的存在了几十年，有的甚至存在了百余年，各医院多收授中国学生，可以说中国初期的新医学是教会派的医学。另外，教会还率先创办了一些医学堂、科技学堂，翻译并传播西方近代医学和科技知识。

晚清合格的传教士医生从 1874 年的 10 人猛增到 1905 年的 300 人左右，1876 年，有 4.1 万多人在大约 40 所医院和诊疗所接受过治疗；以后 30 年内，每年至少有 200 万病人在 250 所教会医院和诊疗所接受治疗。[②]

1904 年日俄战争之际，在欧洲人道主义组织——红十字会的帮助下上海设立了万国红十字会。战争期间，上海万国红十字会派员去战区开展救伤、救难、救灾工作；历时 3 年，对东北灾民救难出险、救伤治病、收容资遣、赈济安置总人数达 46.7 万人，因伤病不治而死者仅 331 人。[③]

1907 年 7 月 21 日清政府批准将上海万国红十字会改名大清红十字会，任吕海寰为会长。1909 年，红十字会在上海建立总医院，设门诊、病房，有解剖房（病理室）、

---

① 康志杰、孙素雯：《生命的见证：近代基督教医疗事工评议——以武汉地区教会医院为背景》，见刘天路等编：《身体·灵魂·自然：中国基督教与医疗、社会事业研究》，46~70 页，上海，上海人民出版社，2010。
② 费正清：《剑桥中国晚清史》，上册，618 页，北京，中国社会科学出版社，1985。
③ 中国红十字总会：《中国红十字会的九十年》，8 页，北京，中国友谊出版公司，1943。

割症房（手术室）、X 光室、化学房（检验室）、药房、药库、制剂室、消毒室、锅炉房、浴室、殡殓所（太平间）等。1910 年，又在总医院旁办医学堂，招收具有英文基础的学生 20 人，专授医学，5 年毕业。以总医院医生为教员，并以化学、西文、国文为附课，各聘教员授习。除培训医员外，还培养必需的看护，选拔熟谙英语者 20 人，分派于各医院，学习看护，这保证了社会救疫治病任务的完成。

1910 年夏，皖北发生旱灾，后又暴发瘟疫，死亡人数很多。红十字会急忙派医生偕同同济德文医学堂及本会学生组织救疫医队甲、乙、丙、丁四队，"由江趋丹率领，携带救疫药械，冒暑驰往皖北之临淮、寿州、凤阳、正阳、凤台、洛河、怀远、龙元、五河、固镇、宿州、泗州、灵璧、蚌埠、蒙城、小涧、西阳集、涡阳、庙集、亳州、河溜，江苏之靖江、宿迁、双涧、海州、桃源、泰兴、窑湾等地，竭力抢救，合计治愈 67 580 人"。①

由此可见，晚清教会医院和红十字会在医疗救助上发挥了积极的作用，一方面传播了西方先进的技术和经验，另一方面也救死扶伤无数，晚清农民自是受益匪浅。

（三）本土新式医疗机构的诞生

在西方医疗思想和技术的影响下，清政府开始培养新式医疗人才，设立相关的行政机关，并且开设针对平民的医院。本土新式医疗机构最初都设立在大城市，后来向农村推广。

1. 医疗人才的培养

中国新医学教育始于同文馆。1865 年同文馆特设科学系，传授医科学识。1881 年，天津设立医学馆，后改名为北洋医学校。1902 年，张百熙主持的《钦定学堂章程》规定，大学专门分科科目中有医术医科，并有《附设医学实业馆章程》。1903 年的《奏定学堂章程》规定，高等学校有预备入医科大学的，修业 3 年；大学分本科及预科，本科有医科，修业 3~4 年，预科 3 年。

2. 医疗行政机关的设立

1905 年清政府在中央设立集公安、民政、司法于一体的巡警部，巡警部的组织机构分设 5 司 16 科。② 其中卫生科属于警保司下属的 4 科之一，它的职责在于考核医学

① 中国红十字总会：《中国红十字会的九十年》，13 页，北京，中国友谊出版公司，1994。
② 徐世昌：《拟定巡替部既内外城警察厅官制折》，《退耕觉政书》（一），见沈云龙主编：《近代中国史料丛刊》，第一十三辑，133 页，台北，文海出版社，1966。

堂的设置是否合理，考察医生是否合格，并对道路清洁、防疫等事宜进行管理。1906年民政部成立，原来隶属于巡警部警保司的卫生科划归民政部，并且升格为卫生司。随着级别的升高，其人员编制、机构设置、部门职能都有所增加。卫生司下设3科，即保健科、检疫科、方术科。保健科主要负责平时的卫生清洁，像检查饮食材质，清洁河道街市卫生，督促平民打扫庭院以及监管公共场所等；检疫科的职责在于日常预防、种痘、检霉以及瘟疫暴发流行时期的停船检验等；方术科的主要责任在于考验医生、稳婆，检验药品并且管理医院。

在地方上，1907年开始各省增设巡警道，下面设有卫生课。这样，从民政部卫生司到巡警道卫生课，上下呼应，形成了一个从中央到省级的卫生行政系统。至于州县，卫生事业属于地方自治事宜，也有专人负责。

3. 新式医疗机构的创立

1906年以前，中国没有自己开办的救助贫民的医院，外国人创设的平民医院却有七八家之多。在此背景下为了弥补行政能力的缺陷，1906年5月巡警部上奏朝廷，请求设立针对平民的医院，是年9月内城官医院开业应诊。内城官医院兼有中西医官，开办以来应诊人数颇多，很受欢迎。后有仿效设立外城关医院。随着平民对西医认识的深入，内外城官医院逐渐演变为以西医为主的综合性医院。

内外城官医院，是近代京城最早的官办医院。内外城官医院是官办医院的通称，兼管防疫和卫生，由巡警部派专人管理。内外城官医院专为平民看病，这标志我国医疗卫生事业开始从宫廷走向民间。这一官办医院的形式一直保留到20世纪20年代。

清末最后10年的官立医疗机构，除了官医局、官医院以外，还有步军统领的施医局、中央大医院、隔离病院及防疫医院等。这些医疗防治机构的开办，不仅推动了民间卫生防疫事业的进步，而且给中国医学界人士提供了交流经验、一展才华的舞台，使他们眼界大开，增加了对西方医学知识的了解，在很大程度上促进了我国医疗事业的发展，成为建设近代医院的开端。

晚清的卫生变革主要是在城市、港口与疫区，除疫区之外，对农村的影响较小。虽然这些变化只是局限于较少的农村地区，但由此，农村医疗市场体系发生了很大变化。尽管传统的医疗资源仍然发挥作用，但他们不得不面临着新的医疗力量的竞争与冲击。接种牛痘在农村的推广使农民接触到了现代免疫服务，其较好的效果也在某种程度上改变了他们的疫病观念。西医传教士的医务传道活动把西医带到了落后的农村地区，与传统中医形成竞争关系，农村医疗市场的开放性也使其显得更为芜杂和缺少制度化。

第三节　农村宗族、宗教与农村文化变迁

一、农村宗族统治的强化和衰落

宗族是由原始社会后期父系家长制的氏族与部落转化而来，具有几千年的历史，是以拥有同一祖先的血亲关系为核心，以配偶和姻亲关系为补充，所有成员均处在一定的长幼尊卑地位的一种人群集合体。广义的宗族包括家庭、家族、宗族、族系四层概念。本文采用的是广义的宗族概念。晚清农村宗族在衰微的大趋势下，又具有若干互相影响、互相制约的延续或增强的动因，有时候在一定范围内甚至出现某种"复兴"的迹象，呈现多元的复杂态势。这种态势，一直影响民国社会的某种走向。

（一）农村宗族统治的存留与强化

晚清的农村宗族大体上保持了清代前期以来的形态，祠堂、族谱、族田、族长以及族规构成了一个完整的功能体系，而构成这一体系的各个组成部分都各有其不可代替的功能。正如道光张海珊在《聚民论》中说："今强宗大姓，所在多有，山东、西江左右，及闽广之间，其俗尤重聚居，多或万余家，少亦数百家。"[1]

咸（丰）同（治）年间，农村宗族势力受到了太平天国运动的冲击。郴州地主曹魁隆，率族中壮丁围剿太平军，旋被消灭；寿州张成蹊率团练镇压太平军，结果被打死 300 余人，其中张族居其半；凤台地主徐登善等团练族人为兵，据家族堡垒抗拒捻军达 9 个月，最后老弱饿死，丁壮多战殁。[2] 此外，太平军所到之处，焚寺庙、毁神像、没收族产公田，铲除宗族制度的精神偶像和物质基础。

农村宗族统治得以存留是因其独特的社会与文化角色发挥过重大作用，形成前所未有的族权扩张之势。首先在太平天国时期，清政府为了稳定基层社会，迅速扑灭太平天国和各地风起云涌的农民起义斗争，被迫改变不承认族权的政策，准许在职官吏各回本籍凭借宗族势力举办团练。这就不仅赋予族权一定的政治性质，而且还将平时国家才能具备的拥兵权也下放到农村宗族，宗族获得了新的发展生机与活力。此后，随着各地团练武装的普遍建立，农村宗族尤其是大姓宗族势力一度迅速膨胀，族权也

---

① （清）贺长龄、魏源：《清经世文编》，中册，1464 页，北京，中华书局，1992。
② 徐扬杰：《中国家族制度史》，432~433 页，北京，人民出版社，1992。

近代以来中国农村变迁史论（1840—1911）

随之得到了不同程度的强化，进而在太平天国失败后的大规模社会重建过程中得到进一步的巩固。

太平天国失败后，地主纷纷修葺祠庙、厘定族规、撰修谱牒、兴建义庄，恢复和加强被农民革命削弱了的族权，巩固宗族统治，加强对农民的经济强制。如安徽歙县程氏世忠祠1866年重订族规、议定章程、恢复旧例；河南安阳马氏宗族于1866年厘订东、西支祠，家庙和义庄条规。[①] 很多农村宗族强固的统治甚至得到进一步的加强，安徽怀宁在乾隆中叶就已存在修祠堂、修谱牒的宗族活动，然而"不过一二望族"，到太平天国失败以后"比户皆知惇叙……有不率教者，族主得施扑，居然为政于家"[②]。有的地主为了抵消农民起义的影响，往往把建置义庄作为强化宗族统治、笼络人心的一种手段。据统计，常熟、昭文两县在1550—1910年近400年间共建有义庄86处，其中1500—1850年有16处，1851—1863年有11处，1864—1910年有59处，[③] 太平天国失败后的50年建立的义庄比前300年的总数还多1.19倍。族田、义庄的建立，在晚清的江苏、安徽、浙江、湖南等省盛极一时，动辄成百数千亩。

（二）农村宗族统治的衰落

清末，延续数千年的农村宗族统治开始受到前所未有的冲击，这个旧的维护社会秩序的力量无可奈何地走向衰落。其主要表现为：

（1）西方经济的入侵使农村宗族统治的根基产生动摇。自给自足的农业经济同以血缘关系为纽带的宗族统治牢牢地联接在一起。宗族乡民最基本的日常生活用品几乎全由家庭手工业制造、供给，传统的"男耕女织"经济生活模式把它的重要性充分展现出来。而西方经济的入侵，对中国延续几千年的自给自足的经济模式产生了较为深入的冲击，广大宗族乡民陷于破产，宗族自身的凝聚力减弱。商品经济的活跃还冲击了人们的传统观念，"工商皆本"的思想开始深入人心。一旦家族成员脱离世代聚族而居的村落，可以较为方便地从家族共同体之外获得生存资源，村落家族文化就会消解。[④]

（2）近代工商业城镇的兴起使农村宗族组织趋于瓦解。甲午战争后，中国的城市无论是在数量上还是在人口规模上均呈迅猛增长之势，而且崛起了一大批新兴城市。

---

① 严中平主编：《中国近代经济史（1840—1894）》，上册，864~865页，北京，人民出版社，2001。
② 民国《怀宁县志》，卷十，第8页。
③ 潘光旦、全慰天：《苏南土地改革访问记》，64~69页，北京，生活·读书·新知三联书店，1957。
④ 王沪宁：《当代中国村落家族文化：对中国社会现代化的一项探索》，33页，上海，上海人民出版社，1991。

如哈尔滨原来只是松花江边的一个小村落，随着中东铁路的修筑而迅速发展，到1905 年成为拥有 10 万人的北国重镇。[1] 这些增长的人口来自流动人口，即农村的破产农民。大批破产农民离开世代聚族而居的村落而涌入城市，致使宗族势力再也无法控制这部分族众，造成了宗族的离散。随着城市学校、商会、医院等一批近代公共服务组织的大量涌现，更进一步削弱了宗族的部分职能。公共领域的发达意味着宗族社会功能的萎缩甚至丧失。

（3）族田的兼并买卖使宗族组织的活动逐渐涣散。族田是在名义上同族共同占有土地的一种形式。族田的收入主要用于祭祀，其次用于教育、抚恤和各种公益事业。族田是不准买卖的，但是到了晚清乡绅兼并族田和族长盗卖族田现象开始变得普遍起来。道光年间，苏、松、常等地太湖水利同知刘鸿翱，在任上办理的重要案件就是处理吴江县洞庭西山沈氏和东山严氏族绅盗卖族田两案。[2] 侵吞族田的现象愈演愈烈，族田逐渐变为本族地主的私产，贫穷族人变为佃户，族田的公有性质不复存在。

虽然农村宗族统治在清末走向衰落，但并未发生根本性的变革，表现在宗族统治依旧保持较为完整的形态，族田、祠堂、族规、族学等维系宗族感和活动的实体仍旧普遍保存。如即使到了 20 世纪 20 年代，广东省的族田占全部耕地的 30%~40%，福建的族田面积更是超过全省耕地面积的一半以上。[3] 维持家族团结的祭祖、拜会等活动绵延不断，族长的权力仍得到族众以及官方的承认，其原因在于物质生产力水平低下、宗族统治根深蒂固和国家政权对宗族统治的保护和利用。

（三）农村宗族制度的影响和特点

晚清农村宗族制度影响总体比较恶劣，保住了腐朽的清王朝的封建专制统治，而且助其实现了所谓的"同光中兴"。具体来说：①阻碍和破坏了社会生产的发展。农村宗族垄断和封锁传统的生产技术、限制和扼杀新的生产技术，压制和摧残新的资本主义生产关系萌芽。家族工艺在保持和提高民族传统生产技术方面起了一定的积极作用。②维护和巩固清王朝的专制主义统治。农村宗族制度保证了清政府的赋税收入，并且维护地主的统治和基层封建统治秩序；挑动家族的械斗转移农民的斗争，建立家族防卫体系扼杀农民的反抗，直接镇压农民的反抗和起义。③宣扬封建伦理道德和剥削阶级的处世哲学。宗族制度极力维护封建儒家正统思想，倡导封建纲常

① 宓汝成：《帝国主义与中国铁路》，602 页，上海，上海人民出版社，1980。
② （清）刘鸿翱：《杜盗祭款立碣记》，转引自《江苏吴县洞庭东山严氏族谱》，卷十二，民国二十一年上海中华书局聚珍仿宋版铅印本。
③ 岳琛主编：《中国土地制度史》，218 页，北京，中国国际广播出版社，1990。

近代以来中国农村变迁史论（1840—1911）

名教，排斥并摒弃异端文化，宣扬以孝为核心的封建伦理纲常，极力宣扬和灌输腐朽、庸俗的处世哲学。但宗族制度在宣传民族传统美德方面所起的作用，也是值得肯定。

晚清农村宗族制度也有了一些新的特点：①新型学校的诞生不仅打破了宗族界限，使不同宗族的子弟得以坐在一间教室接受教育，而且传播了近代民主科学，淡化了宗族观念。农村宗族由于各种因素而迁徙，特别是向城市集中更加频繁，分家现象更为普遍，传统宗族格局受到严重挑战。②婚姻自主、家庭关系平等的观念逐渐为越来越多的农村宗族所认可。传统宗族制下的包办、买卖婚姻以及家长专权制度有所动摇，祖宗不再神秘莫测，受到顶礼膜拜。③一些农村宗族采取了某些新潮的形式，如宗族组织采用理事会模式，家法族规被称为契约、规章，加入如禁止吸食鸦片、禁止加入洋教、保家卫国等规定，以适应新形势的要求；宗族的族长、宗子角色在淡化。④在宗族衰微的趋势下，为了加强对日趋流散的族人间的感情与相互联系、保护与合作，挽救宗族发展的不利态势，晚清有些地区的农村对宗族发展的人为干预更加明显，如不少地区大力倡导建祠堂、联族谊、办族学、修族谱。

二、农村宗教的盛行

一切宗教都不过是支配人们日常生活的外部力量在人们头脑中的幻想的反映，在这种反映中，人间的力量采取了超人间的力量的形式。[①] 在中国漫长的历史中，尽管儒家思想在意识形态中占主导地位，但是宗教的势力和影响一直在社会上存在，在人们精神生活中占据一定地位，在农村影响尤其大。两宋以后，意识形态出现了儒、释、道三家合流的趋势，封建统治者及其尊奉的官方哲学，对中国社会存在的主要宗教——佛、道二教，采取利用和宽容的政策，给予充分的活动空间，这就形成了多种宗教同时并存的局面，这种情况一直延续到晚清。

（一）晚清宗教的多样化与包容性

晚清社会流行形形色色的宗教，因而也就存在多种多样的宗教信仰。晚清社会是"诸神并存"的社会，主要宗教有佛教、道教、伊斯兰教、西方宗教（基督教、天主教、东正教等），还有大量的民间宗教。

---

① 《反杜林论》，见《马克思恩格斯选集》（第三卷），666~667页，北京，人民出版社，1972。

清朝的君主专制达到封建社会的高峰，宗教被摒弃在国家政权之外，受到一定的抑制，但并不能阻挡宗教的传播，1840 年以来随着封建统治的衰落，宗教则更加盛行。据郑观应估计："僧道两门所聚徒众不下数十万，或众至百万人。"[1] 这还只是针对佛道二教而言。徐珂在谈到晚清佛教的状况时说："寺院遍郡邑，供奉文殊、普贤、释迦、观音诸像。晚近信徒多乏知识，但业忏醮为生计。男称僧，女称尼。惟人情每不能脱然于生死之际，故中下社会仍多信之，用以治丧，外人遂称我国为佛教国。其实汉族于此，远不及蒙、藏二族信奉喇嘛教之笃也。"[2] 道教中的全真道尤为兴盛，如湖北武昌长春观，在清末"着屋千万，道友万数"[3]，是当时的大丛林。晚清伊斯兰教的信奉者主要分布在边疆地区的回族农村，曾发起过大规模的回民起义。西方宗教如基督教在农村也十分流行。基督教的布道所大量分散在各个农村，一般就设在教徒家中。太平天国是中国历史上唯一一次以基督教的旗号发动的大规模农民起义。

除了上述宗教，晚清民间宗教还广泛流行。相对于公开活动的正宗宗教，民间宗教泛指那些不能公开活动，被统治阶级斥为"邪教""异端"的宗教组织。这些宗教"依托宗教之旁门左道，不可胜数，弥勒教、白莲教、天理教、中洋教、上帝教、三祖教、黄天教、在理教、义和团、大成教、萨满教及崇拜一切自然物如水火龙蛇之类者，非流于妖邪，即困于鄙陋，实皆不足以言宗教也"[4]。此外，还有斋教、黄天道、清水教、青莲教、白阳教等。民间宗教的来源比较复杂，有来自基督教者（拜上帝教），有来自道教者，更多是由佛教演化而来，特别是元明以来流行的白莲教，是民间宗教的主要来源。

（二）农村宗教信仰的混合性

晚清宗教纷繁芜杂，其信徒主要分布在农村，这就造成了农村宗教信仰的混合性。首先是农村的祖先崇拜与儒教信仰，百姓普遍认为人死仍有灵魂存在，因此农村的婚丧嫁娶等风土习俗，莫不以祖神的崇拜为核心，而这些又与儒教信仰紧紧地结合在一起，虽然晚清儒家的统治地位受到了冲击，但"天不变、道亦不变"的儒教信仰依然占主导地位。因为宗教尊奉的神祇十分庞杂，所以在农村信仰的神灵十分混乱，玉皇大帝、弥勒佛、关圣帝君、骊山老母、张天师、鸿钧老祖等都可以作为顶礼膜拜的对

① （清）郑观应：《盛世危言》，256 页，郑州，中州古籍出版社，1998。
② （清）徐珂：《清稗类钞》，第四册，1 940 页，北京，中华书局，1984。
③ 任继愈：《中国道教史》，655 页，上海，上海人民出版社，1991。
④ （清）徐珂：《清稗类钞》，第四册，1 969 页，北京，中华书局，1984。

象。晚清许多农民起义的起源都是民间宗教，这也是清政府采取取缔政策的原因。民间宗教作为俗化的宗教信仰，是晚清农村中普遍存在的信仰，也就促成了"多神崇拜"的局面，一般农民不在乎宗教义理和宗教之间的分歧，甚至不清楚崇拜的神属于什么教门。晚清华北地区农村有悬挂"全神图"的习俗，农村住民信仰佛教，又信仰道教，或儒释道混合信仰，这种亦宗教、亦巫祝、亦伦理的互相掺杂，正是农村宗教信仰的混合性表现。

晚清基督教比传统宗教发展更快，教会以小恩小惠吸引贫民，如冀东南流传"你为什么入教？我为京钱两吊""你为什么领洗，我为一斗小米"① 的民谣。也有农村住民为治病、需求庇护、学习文化知识等原因加入教会。教会还以办慈善事业如孤儿院吸引教徒，农村住民不少在感激之下容易接受教会的宣传，成为忠实的教徒。

晚清农村的宗教信仰还表现在许多人具有普遍的鬼神迷信观念及从事与鬼神有关的迷信活动，这类人远比入教者多，而且在晚清表现最为明显。可以说晚清神祇充斥在农村的各个角落，祭祀鬼神是一种规范化的、农民不可或缺的精神活动，多由官府例行召开。农村要祭祀的神灵多如牛毛。梁绍壬说："吾杭清泰门外有时迁庙……济宁有宋江庙……汲县有纣王庙……颖之卫灵公庙，闽之吴天保庙，涌金门外有张顺庙，赤山埠有武松庙，石屋岑有杨雄庙、石秀庙，闽楚多齐天大圣庙，黔中多杨老令婆庙。"② 建庙名目之荒诞，已经到了无以复加的地步。仅就山东一省不完全统计，清末这类自然神庙坛数量达到 1 213 个，全省 107 个县，平均每县 11 个。③

（三）农村宗教信仰的影响

总体说来，晚清农村的宗教信仰和宗教活动的消极影响是主要的。因为宗教贬低了人的价值，认为人的一切遭遇都是神的主宰。宗教往往被封建势力和帝国主义利用，作为麻痹人民的精神武器。国内统治阶级主要是控制和利用儒、释、道，晚清帝国主义的殖民侵略主要通过基督教活动，培养信徒、麻痹农村住民的反帝爱国意识。当然，外国宗教活动是以办学校、医院及其他救济机关作为辅助手段，在传教的同时，在农村也传播了自然科学知识，引进了一些物种、工艺，推广了先进的文化观念，有一定的积极作用。

农村宗教信仰对农村住民影响日渐加深，农村宗教活动颇多，耗费了农民不少的

---

① 《河北文史资料选辑》，第一辑，128 页，石家庄，河北人民出版社，1980。
② （清）梁绍壬：《两般秋雨庵随笔》，卷一《世俗诞妄》，21 页，乌鲁木齐，新疆人民出版社，1995。
③ 民国《山东通志》，卷三十八，1 447～1 476 页。

时间和物力，在农村除了寺庙香火钱外，各种宗教活动甚嚣尘上。据统计，全国农村在抗日战争前消耗于宗教的费用约有 3 亿美元。[1] 晚清农民组成各种打着宗教旗号的农民团体，以反抗帝国主义和封建势力的压迫。

总之，1840 年以前流行于中国的佛教、道教、伊斯兰教及民间宗教，在晚清都有不同程度的发展，同时西方宗教势力也卷土重来，使农村的宗教信仰更加多元化、复杂化。农村住民普遍的神鬼崇拜、迷信习俗，本质上说也是一种潜在的宗教形态。农村的宗教信仰是影响晚清农村变迁的重要因素，既是广大民众寻求精神慰藉的一种寄托，又是统治阶级稳定农村的一种手段，还是反清势力反动革命的思想武器。

三、农村文化的变迁

农村文化的发展具有历史的连续性，有着深厚的群众基础。在小农经济基础上产生和发展起来的农村文化，具有明显的稳定性、保守性和封闭性，但西方文化的传入对晚清的农村文化产生了潜移默化的影响。

（一）农村衣食住行

1. 服饰

服饰是农村文化中较早发生变革的领域，晚清以来"洋布""洋纱"的大量倾销，极大地改变了农村服饰用料的构成。郑观应在 1893 年指出："洋布、洋纱……华民皆采购用……无论通都大邑，僻壤遐陬，衣大布者不过十之二三，衣洋布者已有十之八九。"[2] 在万全县，"衣服普通多细布、洋布、绒呢……花样竟为技巧，质料日见名贵，力事修饰，追逐潮流"。[3] 但多数农村比较穷苦，无钱置办新衣，还是"一衣破而补，补而烂，单而夹，夹而棉"[4]。

2. 饮食

农村以多食杂粮为主。高产美洲作物如玉米、番薯、马铃薯、南瓜等，救荒价值颇高、栽培容易、适应性强，深受农村住民喜欢。诸多美洲作物主要是清代流行，在晚清达

① 乔启明：《中国农村社会经济学》，372 页，上海，商务印书馆，1946。
② （清）郑观应：《盛世危言》，卷八《纺织》，519 页，北京，华夏出版社，2002。
③ 民国《万全县志》，见丁世良：《中国地方志民俗资料汇编》，209 页，北京，书目文献出版社，1989。
④ 民国《顺义县志》，卷十二，2 页。

到高峰，"至日食常佐若番瓜、番薯、蔓菁，几与五谷同时珍重，谚曰田家饭一半"[①]，改变了晚清民食结构。云南昭通府"民人甚贫，食玉蜀黍及豆，度日极简……食用木筋，无刀叉，食品极少"[②]，能够反映农村饮食的一般状况。

3. 住房与交通

虽然晚清城镇住房与交通受西方影响较大，但农村的变迁相对不大。尤其住房这种长期耐用的大型生活必需品，也没有必要紧随时代潮流，更为重要的是农民没有资金进行变化。所以淮北农民"居惟茅舍，卑狭殊甚，仅堪蔽风雨而已"，贵州农民房屋"多半是自筑土墙，'牵萝补茅'的筑成"。[③] 交通工具如公路交通、铁路与航运，对农村的影响也比较有限。

（二）农村习俗

晚清由于社会发展节奏加快，社会生产、生活方式发生了较大的变化，农村习俗也发生了较大的变化，主要反映在以下几个方面。

1. 出生习俗和成人习俗

农村有一系列关于"出生"的习俗，诸如"洗三""满月""抓周"等，晚清农村关于出生的习俗变化不大，但由于医学的发展，"洗三"（小孩出生第三天为其日后健康成长而用中草药洗浴的习俗）越来越少。贺喜的方式、送礼的内容亦因时代变化而变化。男子20岁、女子15岁左右会举行成人礼，晚清该仪式逐渐消失。

2. 婚姻习俗

晚清农村婚俗逐渐受到西方文化的影响，一时出现新陈并杂的局面。一些经济较为发达的地区出现择亲论财的现象，是商人地位提高的一个标志，"士如一登科第，择乡里之富厚者，广送朱卷，不问其出身奚若……甚且结为婚姻"[④]。农村婚礼程序也出现了简化的趋势，"昔日娶亲风俗，头日迎妆，二日娶亲，三日会亲，今改为早辰迎妆，上午娶亲，下午会亲"[⑤]。至"光宣之交，盛行文明结婚，倡于都会商埠，内地亦渐行之"，文明结婚就是新式婚姻程序。

3. 丧葬习俗

晚清部分地区由于人地矛盾突出，开始流行火葬。同治年间，吴越一带火葬就

① 道光《荣成县志》，卷三，6页。
② 陈曾谷译：《丁格尔步行中国游记》，载《东方杂志》，1912，9（3），64页。
③ 邵雍：《中国近代社会史》，154页，合肥，合肥工业大学出版社，2008。
④ 沈守之：《借巢笔记》，见陈登原《中国文化史》，下册，297页，上海，世界书局，1935。
⑤ （光绪）《顺天府志》卷十八，第6页。
⑥ （清）徐珂：《清稗类钞》，第五册，1987页，北京，中华书局，1984。

十分常见。[①] 但是厚葬之风依然比较流行，晚清的农村变迁对其产生了一定的冲击。首先，太平天国时期，不允许从容祭奠亡灵，加上拜上帝教信条的影响，天朝也提出了一些改革丧葬方面的措施；其次西学东渐之风对移风易俗的影响更大，农村厚葬之风有所遏制。

4. 社交礼俗和年节礼俗

晚清的社交习俗，既有传统习俗又形成了新的习俗。在戊戌变法期间，对体现封建等级关系的社交习俗提出了批判，在农村社会产生了一定的影响。随着晚清社会的发展，一些不适于农村生活的年节礼俗受到社会变革的冲击，如太平天国颁行《天历》，对旧历法实行改革，资产阶级改良派和革命派也提出自己的纪年方案。

（三）农村文艺

1. 农村文学

农村文学是农村现实生活的反映，晚清农村所流行的小说、民歌、戏曲等，具有鲜明的民族特色和时代特点以及独特的艺术风格。晚清民歌数量众多，表达了农民对剥削者、压迫者的仇恨和反抗，以及对理想婚姻的追求，反映了晚清的社会现实。农村故事和小说，如晚清山东和东北流传的《秃尾巴老李》神话，反映了山东人民和东北人民共同开发东北的艰辛历程。农村戏曲中的山东琴书在晚清流行甚盛，富有农村生活气息；山东快书，产生于咸丰年间，最初在鲁西北农村流行。京戏在晚清逐渐深入北方农村，形成了诸多的农村业余京剧团体，自排自演、同唱同乐。

2. 农村美术和音乐

杨柳青年画流行较早，光绪年间涌现一批著名农民画师，以高铜杆最负盛名。潍县年画在晚清最为兴盛，内容与农业生产、生活息息相关。河北蔚县剪纸艺术也是在晚清发展起来的。鸦片战争后，我国农村音乐艺术也得到较为迅速的发展，尤其是学堂乐歌逐渐产生和发展起来。

① 史革新主编：《中国社会通史（晚清卷）》，408页，太原，山西教育出版社，1996。

第十一章 "西学东渐"与近代农业科技的引进

晚清时期，中国社会面临巨大的社会变革。1840 年鸦片战争的失败，打破了中国封建统治阶级的"天朝上国"美梦，促使国人开始进行深刻的反省，一批先进的知识分子走上救亡图存的道路，其间重要的推进动力就是"西学东渐"。"西学东渐"是晚清时期一种特殊的社会文化现象，它动摇了中国千年封建专制形成的文化根基，引进了西方的先进思想和文化，使得多元文化在中国本土融合，对中国的政治、经济、文化和社会产生了深远的影响。随着"西学东渐"的深入，近代农业科技的引进和推广加速了我国传统农业向近代农业的转化，是近代农业改良的重要推动力。

第一节 "西学东渐"与近代农学的传播

一、晚清时期"西学东渐"的内容和历史分期

"西学"是指西方文化，"渐"是指传入、流入，西方学术思想传入中国的过程就称为"西学东渐"。"西学东渐"前后历时 300 多年，其中有停滞不前，也有渐入佳境，不同的时代有着不同的发展和学习主题。

始于明末清初、以利玛窦传教士为代表的首次西学传入，主要以传教士和一些中国人对西方科学著作的翻译为主，影响仅体现在天文学、数学和地图学方面。由于只在少数士大夫阶层流传，且大部分深藏皇宫，因此未能很好地普及。后因清朝统治者实行了闭关锁国政策，西学的传入被迫中止。

1840 年鸦片战争后，我国掀起了"西学东渐"的高潮。晚清时期的"西学东渐"可以分为两个阶段：第一阶段是 1840—1894 年；第二阶段是 1895—1911 年。

（一）晚清"西学东渐"的第一阶段

晚清"西学东渐"的第一阶段（1840—1894）即从第一次鸦片战争到中日甲午战争前。第一次、第二次鸦片战争失败后，清政府被迫签订了《中英南京条约》《中美望厦条约》《天津条约》《北京条约》等一系列不平等条约，割让香港给英国，开辟广州、福州、厦门、上海、宁波五地为通商口岸，为西学传播提供了良好的途径。这一阶段传入的西学主要是自然科学，如数学、天文学、物理学、化学、动植物学、地质学、地理学、医学等基础科学，与工业制造有关的冶炼、造船、化工、开采、纺织、驾驶、军械等应用科学都有大量和系统的介绍。单项学科的引进也很全面，如物理学中就包括了力学、电学、声学、水学、热学等分支学科。社会科学在这一时期虽然也有一些介绍，但这种介绍是附带的、零星的，无论在数量上还是质量上，都远远无法与自然科学的介绍相比。[1] 可以说，自然科学的大量引进是西学在这个时期传播的重要特征。[2]

（二）晚清"西学东渐"的第二阶段

晚清"西学东渐"的第二阶段（1895—1911）经历了中日甲午战争的失败、戊戌维新变法的失败和八国联军入侵北京等一系列事件，国人对清政府所实行的西学政策发生了认识上的根本变化。严复在甲午战争后连续发表文章，反省洋务运动失败的原因，强调"大讲西学"的重要性，批评洋务派对西学的片面认识。在他看来，商政、兵法、造船、制器，乃至天文、算学、格致，都不是西学的根本。西学的根本在"于学术则黜伪而崇真，于刑政则屈私以为公"，亦就是我们所讲的科学与民主。梁启超在《戊戌政变记》的"上谕恭跋"里说："甲午以前，我国士大夫言西学者，以为西人之长不过在船坚炮利，机器精奇，故学知者亦不过炮械船舰而已。此实我国致败之由也。己未和议成，士夫渐知泰西之强由于学术。"爱国志士深刻认识到，必须学习西方的社会政治制度和先进科技文化，才能获得民族独立和国家强盛。此后，留学热潮持续升温，翻译西书总量剧增，学成归国的留学生取代传教士变成"西学东渐"的主体，全国范围内形成了一股强劲的"西学东渐"思潮。中国大规模的近代西方农学引进也在"西学东渐"的历史大潮中迅速展开。

---

① 郑大华：《论民国时期西学东渐的特点》，载《中州学刊》，2002（5）。
② 熊月之：《西学东渐与晚清社会》，11~12 页，上海，上海人民出版社，1994。

二、西方近代农学在中国的思想启蒙

鸦片战争后，在"西学东渐"的文化变革中，中国的农学开始了从经验农学向实验农学转变的历程。明清以前一直领先于世界的中国传统农业讲究天人合一、精耕细作，这种基于整体观察、外部描述和经验积累的农学体系被称为"经验农学"。而与此同时，西方世界确立了一套全新的农学体系，主张对动植物个体的内部结构甚至细胞结构进行解剖分析，利用人为控制的环境进行农业生产过程的模拟实验，从而在较短时间内发现和抽象生物个体的生长规律，并以此指导现实的农业生产。这种基于个体观察、内部剖析和科学实验的农学体系被称为"实验农学"。[①] 鉴于实验农学在实际应用中的突出表现，19世纪下半叶，近代西方农学体系在世界农学范围内占据了主导性位置，被东方各国纷纷效仿。

农学启蒙较为直接和有效的方式就是翻译介绍农业科学著作、编写相关书籍和创办学术刊物。借助这种最具社会传播扩散力的媒体手段，早期的农学启蒙在知识阶层和开明士绅中产生了广泛的影响。以魏源、李善兰、郑观应等为代表的中国先进知识分子自鸦片战争后开始主动学习西方知识，一边与外国人合译科技著作，一边开始自己写书向国人介绍西方农业科技或积极提出引进西方农业科技的主张。正如《邵氏危言·纲纪》云："道光咸丰以来，中国再败于泰西，使节四出，交聘于外。上大夫之好时务者，观其号令约束之明、百工杂技之巧，水陆武备之精、贸易转输之盛，反顾赧然，自以为贫且弱也。于是西学大兴，人人争言其书，习其法，欲以变俗。"

西方近代农学在中国兴起的启蒙思想家，首先应提及爱国学者魏源。魏源是近代中国"睁眼看世界"的先行者，于1842年完成了著作《海国图志》，描述了先进的西方农业现状，"农器便利，不用来耙，灌水皆设机关，有如骤雨"。同时该书也详细介绍了西方各国的历史、政治、经济、文化、地理、各种武器的制作等。[②] 魏源是我国第一位系统提出学习西方先进科学技术、发展工商业的人，他总结的"师夷长技以制夷"新思想成为了洋务运动的宗旨。

1858年，英国韦廉臣（Alexander Williamson）和中国学者李善兰根据英国植物学家林德利（John Lindley）所著《植物学基础》，合作编译出版了《植物学》一书，介

---

① 曹幸穗：《启蒙与体制化：晚清近代农学的兴起》，载《古今农业》，2003（2）。
② 郭欣旺：《清末西方农学引进述论——兼论日本学者藤田丰八的作用》，12页，南京农业大学硕士学位论文，2004。

绍近代西方在植物学方面取得的成就。该书介绍了植物学的基础知识，有别于我国传统农学中侧重于实用的有关植物知识著作，它对植物各个器官的形态解剖和生理机能进行了描述，反映了近代西方在实验和显微镜观察的基础上建立的细胞结构理论和植物各器官的生理功能理论。对中国人来说，它是新生事物，使国人了解到西方植物研究的动态和水平。该书的出版对中国植物学的发展起到了巨大的推动作用。[①] 在江南制造局当翻译的传教士傅兰雅翻译了《论植物》《植物须知》和《植物图说》三本有关西方植物学的书籍。除此之外，还有艾约瑟译《植物学启蒙》（1886 年）、《动物学启蒙》（1888 年）等书。这些著作传播的知识，虽然不是农学，而是生物学，但它是近代农学的基础，所以当时梁启超将它作为"农学畜牧之资"而介绍给读者。[②] 梁启超在《中西学门经书·读西学书法》中说："动、植物学，推其本原，可以考种类蕃之迹，究其效用，可以为农学、畜牧之资，乃格致中最切有用者也。"

19 世纪 60 年代，思想家王韬建议政府购买和仿制西式"火机之纺器织具"和"犁耙播刈诸器"，"以兴织纴，以便工作，以利耕播"。[③] 以后，郑观应提议"参仿西法"，派人到"泰西各国讲求树艺，农桑、养蚕、牧畜、机器、耕种、化瘠为肥，一切善法"，编为专书，传播给农民。[④] 马建忠也建议"访求西法，师其所长"，改良中国农业。[⑤] 90 年代初期，陈炽说："（西方国家）农事有书，植物有学，更进划分土质，审别粗细，故能百产蕃昌，亩收十倍。"[⑥] 他认为中国应汇通中外，博采旁稽，编成通晓易懂文字，颁发给农民。一些开明的绅士及民族企业家亦开始引进西方的农业技术，用新法从事农业生产。

除了一些先进知识分子的努力外，清政府也意识到，想要改变处处落后挨打的局面，自己必先要强大起来。清政府设立了总理各国事务衙门，大力开展洋务运动，创办了京师同文馆、上海江南制造总局译书馆、广州同文馆等译书机构，在全国各地开设了很多专业学校，出现了多种多样的报纸杂志，这对西学传播产生了重大影响。[⑦]

应当指出，在农学启蒙过程中，除了少数在海外留学的青年学生，早期的农学启蒙思想家们大都具有一个共同的特点，即他们作为一个特定的知识群体，都没有接受

① 强百发：《近代中国对西方农书的翻译及其传播研究》，载《安徽农业科学》，2007（2）。
② 白鹤文、杜富全、闫宗殿：《中国近代农业科技史稿》，6 页，北京，中国农业科技出版社，1995。
③ 王韬：《理财》，见《弢园文录》（外编），卷十二。
④ 郑观应：《农功》，见《盛世危言》（初编），卷四。
⑤ 马建忠：《富民》，见《适可斋记言》。
⑥ 陈炽：《内篇·农政》，见《庸书》。
⑦ 刘登阁、周云芳：《西学东渐与东学西渐》，13 页，北京，中国社会科学出版社，2000。

过西方近代农学的系统训练。他们只是从不同来源的分散的知识信息中，依稀地感觉到西方农学的先进。因此，他们所介绍的西方农学，是一种表象化的农业技术，或者说是一种被物化了的技术，比如农业机械和作物良种等。他们还没有揭示农业科技与整体科技文化之间的关系，没有揭示近代农业与资本主义工商业的关系，没有揭示农业科学技术内部的整体性和系统性结构，等等。当然，他们的先知先觉般的提倡，对于沉浸于历史传统中的古老中国，对于承袭了数千年积淀的农业技术，依然产生了前所未有的震荡，如同黑夜中的一缕亮光，燃起了一种全新的希望。[①]

三、西方近代农学在中国的传播

（一）译介出版农业专著和文章

翻译外国农学论著是将西方农业科技引入我国的有效手段。在甲午战争之前，翻译主体主要是外国传教士和中国人合作，采用"西译中述"的方法进行。19世纪末，翻译主体扩大到留学生、江南制造局、翻译馆、农学会等学术团体和社会机构，他们翻译编著了涉及农业政策、农业经济、农业科技、农业教育、农业法规等方面的农业科技书籍和报刊，向国人介绍当时西方发达国家的主要农业科技成果。

晚清翻译的外国农业书籍中，既有农业基础科学部分，又有应用科学、应用技术部分。基础科学部分的外国农书涵盖植物学、昆虫学、真菌学、化学、力学、地质学等，应用科学包括林学、土壤学、气象学、蚕体解剖学和蚕体病理学，应用技术包括作物栽培与育种、作物病虫害防治、园艺技术、茶树栽培、畜牧、兽医、耕地、施肥、造林、渔业技术、蚕桑技术、气象预报、农业机械、灌溉与排水等。[②]

植物学是重要的农业基础科学，引进、翻译西方植物学的著作颇多，如19世纪60年代前后李善兰与韦廉臣合作编译了《植物学》一书；而19世纪后半叶，英国传教士傅兰雅曾在江南制造局翻译了《论植物》《植物须知》和《植物图说》三种有关西方植物学的书籍；1906年《农学丛书》译书百种，其中也组织翻译了诸如《农用种子学》《植物选种新说》等若干植物学书籍。

化学与土壤学理论帮助国人从科学的角度研究土壤。在晚清翻译的近代农学著作

① 曹幸穗：《启蒙与体制化：晚清近代农学的兴起》，载《古今农业》，2003（2）。
② 魏露苓：《洋犁初耕汉家田——晚清西方农业科技的认识传入与推广》，182页，广州，世界图书出版广东有限公司，2012。

与文章中，包含了一些化学、地质学和微生物学知识，以供研究土壤肥力和科学施肥之用。如《农务土质论》《肥料学》《农务化学简法》《农务化学问答》等，都是当时中国人尚未曾接触过的农学新知识。

昆虫学与真菌学理论让国人对昆虫和菌类的认识不再局限于经验层面，传入中国的主要有《日本昆虫学》《农作物病理学》《论虫害与病害有别》《治蝗虫及蚜蚝新法》《论养蜂法》《蜜蜂之分封》《麦类病菌图说》《苹果病菌图说》《甘薯病菌图说》等。

西方近代农业机具的论著中，影响较大的有《农学入门》《农学初阶》《农具图说》《日本特许农具图说》《农用器具学》《农业工学教科书》《美国农器新法》等。

作物栽培技术和良种培育在中国传统农业中受到特别重视，因而在翻译的西方农业科技文章中内容相当丰富，如《德国棉业考略》《美国种印度粟法》《日本甜菜栽培法》《记试种美棉》《意大利之栽种法》《日本棉业考略》《美国棉业考略》《印度种植茶叶》《西国种茶树》等。

肥料是作物生长不可缺少的营养元素，施肥方法与新型肥料技术在晚清翻译的西方近代农业著作中也有大量介绍，如《粪料说一》《制土肥法》《粪园圃法》《间作豆科绿肥之利益》《粪料造法》《深土肥料说》《葡萄肥料试验》《竹叶为肥料》《以池泥制堆肥法》《蚕蛹制造肥料》《论粪田》等。

西方发达的牧业为畜牧良种培育与饲养创造了良好的条件。畜牧养殖技术方面的书籍与研究文章传入中国的也不少，如《养小鸡法》《糖蜜饲畜》《饲鸡新法》《论养马》《酸乳饲禽》《养犊法》《养鸡杂谈》《种驹法》《保护孕牛法》《新法饲猪法》《饲畜之秘诀》等。

在栽桑与养蚕技术方面，西方农学著作中也出现了多种类型专著，如《光线与饲蚕之关系》《巴西蚕业》《记美国蚕业》《记秘鲁蚕业》《法国桑蚕之衰势》《日本蚕务图说》《记意大利植桑改良法》《论秋蚕》《美国养蚕事业》《西人论中国蚕丝业》《美国蚕业沿革考》等。

西方近代农书的引进，扩大了人们的视野，为人们提供了一种观察和处理农业问题的新工具。

（二）聘请外国学者任教

19 世纪末 20 世纪初，我国相继成立了较多中高等农业学堂，各地建立了农事试验场，急需通晓近代农业科学理论和农业应用技术的专门人才。为解决高层次人才需求，清政府从欧美和日本等国聘请了大量从事农业教育和农事试验的专家，到我国农业学堂或农事试验场担任顾问、教习或翻译。

随着各级农业学堂的相继创设，聘用外国农学教习更为普遍，尤其是日本教习的人数大幅度增加。张之洞创办湖北农务学堂，1897 年聘请了日本峰村喜藏为教习；1898 年，聘请美国布里尔（Brill）为农务学堂正教习，"教导学生、农人，依法种植"[①]。1898 年杭州太守林迪臣创办蚕学馆，先后聘请了日本轰木长君、前岛次郎为总教习和教习。1902 年袁世凯在保定设立农务局，聘定日本农学士楠原正三来直考求种植之法。1903 年山东农事试验场设立，占地 1 顷 80 余亩，以日本人谷井恭吉为农桑教习。1904 年江南实业学堂成立，聘请日本芳贺龟太郎教授农科。同年，北洋马医学堂创办之初，因国内尚无专业课教师，聘请东京帝国大学教授野口次郎等人来中国执教，由野口任总教习，伊藤三郎、田中醇等为教习，分别讲授各兽医课程，另聘请老技工浅见正吉为蹄铁学助手(相当于助教)。据统计，湖北省 1897—1911 年聘用的 15 名外国农学教习中，即有 13 人为日本人。1906 年，在全国各地农业学堂任教的外国教习达500 人之多。[②]

此外，延聘外籍农学翻译人才在各地的译书机构和农学报馆中也十分普遍。如上海《农学报》就曾延聘日本人藤田丰八担任翻译，主要从事农学书籍的翻译及农学译员的培养工作。其他各地的农学刊物如保定的《北直农话报》、广州的《蚕学报》、杭州的《农工志》、武昌的《湖北农会报》，也都聘多名外籍农学人才担任翻译等工作。这些应聘来华的外国农学顾问、教习和翻译人员虽有鱼龙混杂的情况，但从总体上看，质量还是比较高的。他们中一些人既有理论知识，又有丰富的实践经验，属于有真才实学的专家学者，且热心于中国的农学事业，协助我国培养了一批最早的近代农学专门人才。应该说，在当时国内农学人才奇缺的情况下，清政府引进国外农学人才以加快农业科技引进的步伐，不能不说是一种可取的权宜之计。

（三）派遣学农留学生

在聘请外国学者任教的同时，19 世纪末，农会、农报、农书、农务学堂在我国大量出现，急需农学专业人才的加入。但是当时中国学农人才非常缺乏，于是，派人出国留学习农被认为是解决国内农学人才匮乏状况的权宜之计。

---

① 赵德馨主编：《札委张鸿顺等督办农务、工艺学堂》，见《张之洞全集》，第 5 册，3 572 页，武汉，武汉出版社，2008。
② 谢长法：《清末农业科技的引进》，载《琼州大学学报（社会科学版）》，1998（3）。

1879 年前后，福建人陈筱东渡日本学蚕桑，这是我国学生出国学农之始。1885 年，清廷学务处选派 7 人出国学农，是官派学生出国留学学农的先声。1896 年清政府首批派遣的 13 名日本留学生中，有 1 人学农。1897 年浙江蚕学馆派嵇侃赴日本东京西原蚕业讲习所学习蚕丝理论和技术，以后又派毕业生方志澄、朱显邦赴日本学习。1899 年 8 月，军机大臣鉴于中国风气未开，绝少精于各种专门学问之人，故建议以后应多派出洋学生"分入各国农工商等学堂专门肄业，以备回华传授之处"。[①] 是月，总理各国事务衙门根据军机大臣的建议拟就了《出洋学生肄业实学章程》，规定选择学生"择优送入农工商矿学堂肄业"，学成回华后"分派各省农工等艺学堂以开风气"。1901 年 6 月，两江总督刘坤一、两湖总督张之洞在"第三次会奏变法事宜"中又提出："学生有愿赴日本农务学堂学习，学成领有凭照者，视其学业等差，分别奖给官职。赴欧洲美洲农务学堂者，路远日久，给奖较优。自备资斧者，又加优焉，令其充各省农务局办事人员"。[②] 所有这些措施，有力地促进了习农留学生的派遣。

在派往的国家中，以日本为主，欧美为辅。这不仅是由于日本路近、费省、可多遣，两国文字、风俗相近；更由于当时日本步英、美等国之后尘，农业教育甚为发达。当时日本国内农业学堂发展甚速，不仅有东京帝国农业大学、札幌农学校、盛冈高等农林学校等水平甚高的高等学校，而且中等农业学校遍及各地，差不多每县都有一两所，有的县甚至达五六所。1903 年京师大学堂派 31 人留学日本，学农及学农艺化学各 1 人。1905 年山东派 24 人赴日，其中习农学者 10 人，同年农工商部派 30 人去日本学农。据统计，至 1908 年，在日学习农学的中国留学生达 300 余名。[③]

除了派遣大量学生赴日习农外，清政府还派了一些学生到欧美等国学习农学。1908 年，清政府利用美国的"庚子赔款"派遣学生留美，在留学学生中攻读农科者占有相当的比例。如 1909—1911 年派出的三批共 180 人的留美学生中，习农的就有 15 人。[④] 他们中有邹秉文、竺可桢、过探先等人，在美国分别获得农科硕士或学士学位，后来成为了农林教育界的著名专家。除美国外，在 1910 年前后，英国利兹大学、爱丁堡大学，法国的格里浓国立农学校、都露士大学农科，德国的柏林农科大学、柏林农务堂等学校，

① 朱有瓛主编：《中国近代学制史料》，第 1 辑，下，935 页，上海，华东师范大学出版社，1986。
② 朱有瓛主编：《中国近代学制史料》，第 1 辑，下，940 页，上海，华东师范大学出版社，1986。
③ 谢长法：《清末农业科技的引进》，载《琼州大学学报（社会科学版）》，1998（3）。
④ 刘真主编、王焕深主编：《留学教育——中国留学教育史料》，第 1 册，236~237、615、638 页，台北，"国立"编译馆，1980。

也都有中国习农留学生。

清末，清政府派学生"远适异国"博采东西洋各国农学之长，他们中很多都学有所成，回国后得到了清政府的重用。如 1906—1909 年，清政府先后组织了四届留学毕业生考试，计录取 418 名，其中有 3 名被授予农科进士，29 名被授予农科举人，而在 1908—1911 年清政府举行的四届留学毕业生廷试中，共录取 824 人，其中农科进士就达 10 人之多，农科举人有 46 人。[①] 这些归国习农留学生，活跃在农业教育、科研、推广等各个岗位上，为我国近代农业科技的产生与发展，为农业科技人才的培养作出了重要的贡献。事实证明，派遣学生出国习农，是引进外国农业科技的富有成效的途径。

第二节　近代农业教育的肇始与人才培养

农业教育是发展农业经济、改善农民生活的基础。近代农业教育在晚清兴起，其产生与发展都具有积极的历史意义。总结其特征，研究其体制的建立，对其今后的农业生产和教育发展具有深远的影响。农业教育机构的创办，给中国传统的小农社会注入了新科学的活力，不仅为各地培养了一批懂得农业科学技术的专门人才，而且推动了农业技术的推广和传播，对晚清农业改良和近代农业发展有着不可忽视的影响。

一、近代农业教育的兴起

18 世纪工业革命后，西方在农业领域亦引发了一场农业革命，促进了农业和农业教育的跨越式发展。当时，中国的传统农业长期处于一种停滞不前的状态。《科学世界》在论述农业和科学的关系时，特别指出，我国农业生产的弊病就是不讲科学不讲教育。"我中国固素称以农立国者也，而何以农作物之产出远不逮欧美，近日水旱连年，一夫之所获，尚不足供一家之需，曰是无理科固，今夫土壤学，肥料学，家畜饲养学，

① 刘真主编、王焕琛编：《留学教育——中国留学教育史料》，第 2 册，771 页，台北，"国立编译馆"，1980。

植物病理学，固农家最要之学科而缺不可者也。"① 现在看来，当时的传统农业不但不能富国，且将灭国，面临严重生存危机。清中后期以后，人口迅速膨胀，人多地少，粮食供应成为严重问题。据统计，1841 年人均耕地仅为 1.64 亩，远低于维持生活所需的土地数。缺乏新式农业教育，技术落后在很大程度上导致晚清农产品对外贸易的衰落，特别是丝茶（丝绸、茶叶）出口的大幅降低。19 世纪 70 年代中国丝茶出口占出口总额的 87% 左右，而 1893 年的丝茶出口占出口总额的比例下降为 48%。②

清末农业教育匮乏及农业科技落后的现实，不能不引起一批有识之士的警醒。经历了近代农业科学思想的启蒙和西方农学知识在国内的早期传播，有识之士认为要改变落后，走向发达，在继承发扬中国传统农业精华、学习借鉴西方先进农业科技的同时，必须要大力兴办农业教育。梁启超在《农会报·序》中指出："秦汉以后，学术日趋无用……学者不农，农者不学，而农学之统，遂数千年绝于天下，重可慨矣。"1897 年，张謇在《请兴农会奏》中提出"设立学堂，讲求土宜物性"。1898 年，康有为在《请开农学堂地质局折》中请求光绪帝饬下各省府州县皆立农学堂。还有一些清朝大吏也看到了问题的严重性，认为只有设立农业学堂，培养农业人才，把农业置于科学之上，中国的农业才有出路。湖广总督张之洞就认识到："中华向为重农之国，乃因农学不修，农利日薄，以致利权外溢，民生益困，亟应创设农务、工艺各学堂，采用西法，实力讲求，以开风气，而广利源。"③ 总之，清末面临的亟迫问题已经引起相当人士的高度关注，并成为这些有识之士的普遍要求，舆论的推动为清末近代农业教育的兴起营造了一个良好的氛围。

在维新运动的推动下，创建近代农务学堂的实践活动在全国各地兴起并得到蓬勃发展。1898 年清政府命令各省府、州、县将书院一律改为学堂，兼习中学和西学，此后各级学堂陆续兴办。据史料记载，1898 年 3 月杭州知府林迪臣率先在杭州创办"浙江蚕学馆"，学制为 3 年，每年招学生 30 名。著名洋务派官僚张之洞调任湖广总督后，1898 年 4 月在武昌创办了"湖北农务学堂"，设农、蚕二科，首次招生 120 名。这两所学堂是中国近代出现最早的农业学堂。从此，近代农业教育便在我国迅速发展，由民办转向官办，由局部推向全国，由自发变为有组织的活动，成为当时的一种思潮。④

---

① 章有义：《中国近代农业史资料 第二辑（1912—1927）》，67~72 页，北京，生活·读书·新知三联书店，1957。
② 包平：《二十世纪中国农业教育的历史分期》，载《中国农史》，2006（4）。
③ 朱有瓛主编：《中国近代学制史料》，第 1 辑，下，958 页，上海，华东师范大学出版社，1986。
④ 彭月才：《试论清末农业教育的近代化》，载《铜仁学院学报》，2008（1）。

二、清末近代农业教育机构的建立

农业教育机构是近代中国萌发的新事物，它对中国近代农业的发展起着非常重要的作用。清末推行新政，在农业领域进行教育改革，使得人们发展农业教育的愿望成真，对各地农业教育机构的诞生产生了很大的推动作用。

我国最早兴办的农业教育机构是 1896 年创办的江西高安蚕桑学堂，被一些学者看作是近代农业教育乃至职业教育的开端。1898 年以前成立的农业学堂还有遵化农算学堂、江宁农务学堂、湖北武昌农务学堂、温州蚕学馆、浙江杭州蚕学馆等少数学堂。至此，兴办农业教育还未形成普遍风气。1901 年前后，光绪帝一系列变法诏书，清末新政中屡屡督饬各地兴办包括农业学堂在内的新式学堂，兴办农业教育成为了一项基本国策，兴办各类农业学堂进入高潮。广西农学堂、直隶农务学堂、山西农林学堂、湖南农务工艺学堂、四川蚕桑公社等，在此时期陆续成立。癸卯学制于 1904 年颁行后，各地办学更加规范。此期间湖北、直隶农务学堂分别改办为湖北高等农业学堂和直隶高等农业学堂，山东高等农业学堂、江西高等农业学堂、山西农业学堂、浙江高等农业学堂先后成立，另有为数不少的中、初等农业学堂也在各地建立。

根据学部《第一次教育统计表》统计，1907 年，全国农业高等学堂 4 所、中等 25 所、初等 22 所。学部《第三次教育统计表》统计显示，1909 年，全国各类高等农业学校 5 所，学生 530 人；中等 31 所，学生 3 226 人；初等 59 所、学生 2 272 人。1909 年至 1911 年是兴办农业学校的高潮，但学部没有编制学务统计表。根据当时的《大公报》《东方杂志》《中国近代学制史料》等报刊资料，据不完全统计，截至 1911 年 4 月，全国各类农业教育机构约 315 所。全国 22 省开办农业学堂统计如表 11-1 所示。

表 11-1　1911 年全国 22 省各类农业学校

省份	数量/所	省份	数量/所	省份	数量/所
四川	81	山东	9	甘肃	2
湖北	48	江苏	8	江西	2
广西	41	山西	8	吉林	1
河南	26	广东	7	新疆	1
陕西	18	福建	6	湖南	1
云南	16	浙江	6	贵州	1
直隶	15	安徽	5		
黑龙江	10	奉天	3		

资料来源：《申报》《大公报》《东方杂志》《中国近代学制史料》《中国近代教育史资料汇编》《农工商部统计表》。

从表 11-1 可以看出，各地农业学堂的数量和规模有较大差异，在区域分布上存在明显的不均衡性，有较大差异。吉林、新疆、湖南、贵州等地的农业学堂数量均为 1 所 (应和实际有出入)，而四川、湖北、广西、河南等省份相对较多。

近代农业教育机构在兴起阶段形成了两种主要类型，一类是大学堂农学科，一类是隶属实业教育领域的各级各类农业学堂。创办于 1898 年的京师大学堂和之后成立的农科大学，是清末时期层次最高的农业教育。其课程设置、教学方法、教材选用等对各地各级农业教育产生了极大影响。[1] 担任农业教育主角的是隶属于实业教育系统的各级各类农业学堂。1904 年颁行的癸卯学制，在普通教育的两翼设计了师范教育和实业教育，实业教育包括农、工、商等门类，农业教育分高、中、初三个层次。

除综合性的农业学堂外，蚕桑、林业、兽医、渔业、茶业等专科性的教育机构也相继出现。早期以蚕桑学堂居多，以今天重庆直辖市所辖地区来说，当时就先后有十几所蚕桑学堂成立，其中影响最大的是浙江杭州蚕学馆。浙江的杭州、嘉兴、绍兴是我国蚕桑生产最发达的地区，创办目的在于改进浙江的蚕桑生产。杭州蚕学馆聘请日本蚕师轰木长为教习，学生定额 30 名，无论举贡、生童，家世业蚕、文理通顺、年在 20 岁左右、明敏笃静者，准其报名投考，考取后要面问养蚕成法，以定去留。

林业教育除了在普通农业学堂开展外，单独设立的林业学堂还有奉天森林学堂、江西高等林业学堂、贵州森林学堂、云南森林学堂等。奉天森林学堂设于省城东门外，"以实施种植学之教育导以先路，以兴林政而辟利源为宗旨"[2]，购中外树秧，仿新法试种，以推广林业。

兽医学科的专门学堂只见有北洋马医学堂的记载。在渔业方面，有烟台水产小学堂、直隶水产讲习所、初等实业水产学堂。茶业方面，四川通省茶务讲习所是我国第一所近代茶业教育机构，"兼设试验、制茶场两部，招生学习，以为实施改良之计"[3]，在四川茶业现代化建设中起到了积极作用。除此之外，广东、安徽、浙江等茶学教学机构先后设立，为各地培养了茶业技术专业人才，对各地茶业的改良发挥积极作用。

由此可见，近代农业教育在清末取得了初步发展，学科领域基本齐全，结构体系基本成形，区域布局已覆盖多数省份，近代农业教育的雏形已经呈现。

① 吴玉伦:《近代农业教育在清末的兴起》，载《河北师范大学学报 (教育科学版)》，2009 (7)。
② 《第二次农工商部统计表》(宣统元年第 2 册)，农政，4。
③ 查报龙井茶选种栽植情形，《申报》，1911 年 3 月 21 日。

三、清末近代农业教育的人才培养与课程设置

随着近代农业教育的兴起，新的教育学制开始发挥作用。1901—1905 年，清政府陆续废八股、停科举、设学堂、置学部、奖励留学、增设商部、制定奖励实业章程等。1903 年始，陆续制定和颁布一系列关于发展农业教育的规章和政策。首先颁布了《奏定实业学堂通则》，规定农业学堂分为初、中、高三级。高等农业学堂招收年在 18 岁以上、中学毕业者；中等农业学堂招收 15 岁以上、高小毕业者；初等农业学堂招收 13 岁以上、初小毕业者。

1903 年，清政府同时颁布了《奏定初等农工商实业学堂章程》《奏定中等农工商实业学堂章程》《奏定高等农工商实业学堂章程》，具体规定了初等、中等、高等农业学堂的开设办法。

（一）初等农业学堂的课程设置

据《奏定初等农工商实业学堂章程》规定，初等农业学堂入学资格是初等小学毕业者，以教授农业最浅近之知识技能、使其毕业后实能从事简易农业为宗旨，课程分为普通科及实习科两类，通限 3 年毕业。普通科目为修身、中国文理、算术、格致、体操五门，此外尚可酌加地理、历史、农业理财大意、图画等科目。实习课程有农业、蚕业、林业、兽医四科，每一专业都设有实习课程。[①] 初等农业学堂专业课程开设情况如表 11-2 所示。

表 11-2 初等农业学堂各专业课程

类　别	课　　程
农业科	土壤、肥料、作物、农产制造、家畜、虫害、气候、实习
蚕业科	蚕体解剖、生理及病理、养蚕及制种、制丝、桑树栽培、气候、农学大意、实习
林业科	造林及森林保护、森林利用、森林测量及土木、测树木及林价算法、森林经理、气候、农学大意、实习
兽医业科	生理、药物及调剂法、蹄铁法及蹄病治法、内科、外科、寄生动物、畜产、卫生、兽疫、产科、剖检法、实习

资料来源：朱有瓛主编：《中国近代学制史料》，第 2 辑，下，35~36 页，上海，华东师范大学出版社，1989。

（二）中等农业学堂的课程设置

中等农业学堂是为高等小学毕业生开办的，以授农业所必需之知识艺能、使其将来实能从事农业为宗旨，以各地方种植畜牧日有进步为成效。此类学堂分预科和本科，

---

① 朱有瓛主编：《中国近代学制史料》，第 2 辑，下，35~36 页，上海，华东师范大学出版社，1989。

预科二年、本科三年毕业（本科可酌量地方情形节缩至 2 年或展长 5 年以内）。预科课程科目有八门：修身、中国文学、算术、地理、历史、格致、图画、体操，并可加设外语。本科课程科目有八门：修身、中国文学、算术、物理、化学、博物、农业理财大意、体操。本科之专业分为五科：农业、蚕业、林业、畜医、水产。前四科较之初等农业学堂课程科目差不多（除农业增加园艺、养蚕、林学大意、畜医学大意、水产学大意外），仅仅是课程深度有所增加。水产科又分为四类：渔捞、制造、养殖和远洋渔业。① 其中最具发展潜力的远洋渔业，科目设置更细化、更具实用性，且一些科目具有时代领先性。

表 11-3　中等农业学堂各专业普通科目课程

类别	课　程
农业科	修身、中国文学、算术、物理、化学、博物、农业理财大意、体操、地理、历史、外国语、法规、簿记、图画
蚕业、林业科	修身、中国文学、算术、物理、博物、农业理财大意、体操、地理、历史、外国语、各业章程、簿记、图画
兽医科	修身、中国文学、体操、地理、历史、外国语、各业章程、簿记、图画
水产科	修身、中国文学、算术、物理、化学、博物、理财学大意、地理、水产法规及惯例、图画、体操

资料来源：朱有瓛主编：《中国近代学制史料》，第 2 辑，下，35、65~66 页，上海，华东师范大学出版社，1989。

表 11-4　中等农业学堂专业课程

类别	课　程
农业科	土壤、肥料、作物、园艺、农产制造、养蚕、虫害、气候、林学大意、兽医学大意、水产学大意、实习
蚕业科	蚕体解剖、生理及病理、养蚕及制种、制丝、桑树栽培、气候、农学大意、实习
林业科	造林及森林保护、森林利用、森林测量及土木、测树木及林价算法、森林经理、气候、农学大意、实习
兽医业科	生理、药物及调剂法、蹄铁法及蹄病治法、内外科、寄生动物、畜产、卫生、兽疫、产科、剖检法、实习
水产科渔捞类	渔捞法、水产动物、航海术、渔船运用术、气象学、海洋学、船舶卫生及救急治疗、实习
水产科制造类	水产制造法、水产动物、水产植物、细菌学大意、分析、机器学大意、实习
水产科养殖类	水产殖法、水产动物、水产植物、发生学大意、实习
水产科远洋渔业类	航海术、渔船运用术、渔捞法、造船学大意、气象学、海洋学、外国语、实习 生理、药物及调剂法

资料来源：朱有瓛主编：《中国近代学制史料》，第 2 辑，35、65~67 页，下，上海，华东师范大学出版社，1989。

---

① 朱有瓛主编：《中国近代学制史料》，第 2 辑，下，64~67 页，上海，华东师范大学出版社，1989。

（三）高等农业学堂的课程设置

高等农业学堂是为普通中学毕业生入学，以授高等农业学艺、使其将来能经理公私农务产业、并可充实各农业学堂之教员、管理员为宗旨；以国无惰农、地无弃材、虽有水旱不为大害为成效。目标远大，责任甚重，是农业教育的承担人，国家农业发展的希望所在。同样分预科和本科，前者1年毕业，后者3年毕业。本科专业分成农学科、兽医科、森林科、土木工学科四科。高等农业教育又包含大学生、留学生、研究生教育三个层次。高等农业学堂各科目的课程设置明显更为精细、复杂，难度也加大，详见表11-5。

表 11-5　高等农业学堂各专业课程

类别	课　　程
农学科	农学、园艺学、化学及农艺化学、植物病理学、昆虫学及养蚕学、畜产学、畜医学大意、水产学大意、地质学及岩石学、土壤学、肥料学、算学、测量学、农业工程、物理学、气象学、理财原论、农业理财学、农政学、殖民学、体操等 实习农业科目：耕牛使役法、农具使用法、家畜饲养法、肥料制造法、干草法、农用手工、农具构造、养蚕法、排水及开垦法、制麻法、制茶法、制丝法、榨乳法、牛酪制造法、养蜂法、各种之烫发、炼乳制造法、干酪制造法、精乳制造法、蔬菜果树干燥法、罐藏法、制矸法、淀粉制造法、酱果制造法、酿造法
兽医科	化学、生理学、药物学、蹄铁法、蹄病论、病理通论、内科学、外科学、外科手术学、寄生动物学、病体解剖、动物疫论、畜医警察法、胎生血、产科学、眼科学、马学、卫生学、霉菌学、畜产学、家畜饲养论、乳肉检查法、农学大意、体操 蹄铁法实习、家畜管理实习、外科手术实习、家畜病院实习、内外诊察实习、调剂法实习、乳内检查实习、牧场实习及植物采集
森林科	物理学、气象学、化学、地质学、植物学、动物学、森林测量术、图画、森林数学、枣林学、森林利用学、林产制造学、森林经络学、森林保护学、森林管理、森林道路、理财学、法律大意、森林法、林政学、农学大意、财政学、狩猎学、殖民学、体操 森林测量实习、造林实业、林产制造实习、森林经理实习
土木工学科	测量法、微分积分大意、物理学、化学、制图及建筑材料、应用数学、道路建筑法、桥梁建造法、铁路建造法、石工造物法、水利工学、农业工学、器械运用法、工业理财学、农业理财学、殖民学、土木法规及农事法规、体操 测量实习、工事设计实习

资料来源：朱有瓛主编：《中国近代学制史料》，第2辑，下，99~100页，上海，华东师范大学出版社，1989。

农学除了正常科目外，还有实习农业科目，大约有25门（如表11-5中所述）[①]。实习科目分类如此精细，几乎涉及当时所有农业部门，且一些加工技术已经达到了世界一流水平；可见其对实践能力培养的重视程度，实为当今一些农业大学值得借鉴。

[①]　朱有瓛主编：《中国近代学制史料》，第2辑，下，98~106页，上海，华东师范大学出版社，1989。

根据以上课程的设置情况可以看出，晚清时期我国农业教育已经大大突破了传统的教学内容和教学方法。首先，分科非常具体、全面，学习年限也不一致，培养了各专业、各层次的农业人才，既使更多的农学毕业生能直接投入基层农业实践，同时又注重高层次农业人才的培养，整体上、全面地推进农业近代化。其次，非常注重学生的能力与实践参与意识，几乎各个层次、各个专业都设有实习课，从根本上改变了传统的灌输式僵化死板的教学方法。最后，受西方资产阶级教育模式的影响很深，不再局限于狭隘的农业，追求的是更广泛意义上的农业发展，包括蚕、林、桑、兽医、渔业等，十分注重病虫害的科学防治，农产品的储藏技术对今天仍具有借鉴意义，更为可贵的是开设了土木工程学，具有前瞻性，为近代农业工程的建立培养了大批人才。

四、清末农业教育的成就及影响

发轫于清末的中国近代农业教育至辛亥革命爆发的 1911 年，从高安蚕桑学堂设立到大清土崩瓦解，清末农业教育前后不及 20 年。就是在这为期不长的时段内，中国近代学校性质的农业教育从无到有，逐渐发展，其兴办成效显而易见，影响直至当今。晚清时期我国农业教育无论是在教学内容、教学方法、师资构成、农业学堂的行政组织和规章制度等方面，还是在理论联系实际、农学思想的传播等方面，都充分学习和借鉴了西方的资产阶级教育模式，培养了大批农业专门人才，为我国农业教育的近代化作出了巨大的贡献。[①] 无论沿农业发展的历程进行分析，还是从教育沿革的轨迹进行评判，近代农业教育的产生和发展都具有积极的历史意义，并对其后的农业生产和教育发展产生深远的影响。

（一）造就了杰出的农业教育家和一大批农业科技人才

近代农业教育培养了一批彪炳史册、对中国近代农业发展和农业教育影响至深的大家。例如，过探先是我国现代农业教育和棉花育种事业的开拓者，在 20 世纪 20 年代创办国立东南大学农科和金陵大学农林科，造就了一批我国早期的农林科技教育人才。胡竟良是棉花科学家、中国棉产改进事业开拓者，早期提倡用劝导与合作方式推动植棉事业。北洋马医学堂毕业的崔步瀛成为兽医学家、农业教育家、我国现代家畜内科学及兽医临床诊断学奠基人。浙江蚕学馆毕业的郑辟疆成为民国时期蚕丝教育家、

---

① 彭月才：《试论清末农业教育的近代化》，载《铜仁学院学报》，2008（1）。

蚕丝技术革新家。除此以外，更有大批普通学员分布于科研、教学和农业生产的实地，运用从学堂所学知识，为近代农业发展献力献策。

据学部所编的《教育统计表》显示，1907年全国各级农务学堂在堂学生2 800余人，1908年4 500余人，1909年达到6 028人，民国成立前各级农务学堂在校生增加到了15 379人。各类讲习所、传习所、农事半日学堂等也培养了数以千计的学生。初等农业学堂的建立，使大量初等小学毕业者能掌握最浅近、最基本的知识技能，这些学生毕业后投入最基层的农业实践，对基层的农业科技知识的传播起着不可估量的作用，有利于促进近代农业的进步。各类中等农业学堂的建立，满足了高等小学毕业生掌握专门农业所必需知识技能的需求，他们毕业之后大都从事种植和畜牧业等，成效十分显著。他们不仅传播了农业科技知识，而且直接带动了当地农业的发展。各省高等农业学堂主要是向文化层次更高的中学毕业生传授高层次的农业科技知识和技艺。他们毕业之后一则可以担任各级农业学堂的教员，二则可以自主创立一批农垦企业以促进当地农业的进步，一些精英分子还从事农业科学研究工作，为近现代中国农业的现代化进程作出了不可磨灭的贡献。

（二）推动了近代农业生产技术的改进和农业知识的传播

近代农业教育的开展大大推动了我国近代农业生产技术的不断改进和广泛传播，集中体现在选用良种、使用人工肥料、引用新式农具三个方面。清末农业教育注重从西方直接引进先进的农作物品种进行改良试种，然后全国推广。在利益的驱动下，农民在生产中越来越注意选用良种。以棉花为例，华北农民主要是扩大美种棉的种植，在"山东省西北和直隶南端各县，地土于种棉尤相宜，从前所种土产，现已悉改美种，收成有十倍之望""去年棉花出市，即悉被购尽，有欲购不得者"[1]，农业产量和农民收入都得到了较大提高。1902年，武汉地区天气恶劣，导致蚕桑业大受影响，但采用了近代先进技术的农务学堂却产量颇丰，引得不少蚕农纷纷采用新技术。1906年，工商部从国外引进玉米新品种，并采用先进农业技术试种，亩产玉米产量比传统玉米品种多出43公斤。新式优良品种获得了极大的成功，很快在全国推广种植。直隶农务学堂直接从日本学习近代蚕桑养殖技术，引进先进品种进行试种改良并加以推广，有力地促进了当地的蚕桑生产的升级。

随着经济作物种植面积的扩大，农民们为获得好收成对肥料的需求日益增加，逐

---

[1] 李文治：《中国近代农业史资料 第一辑 （1840—1911）》，895页，北京，生活·读书·新知三联书店，1957。

渐接受了人工肥料的使用，打破了传统的栽培模式，大大提高了作物的产量。江苏通海垦牧公司的棉麦种植皆"采用美国大农法，七堤之内，用大犁次第普为翻垦，俾通空气，透日光，浸渍雪霜雨露，易于成熟"。[①] 此外，当时北方不少农垦公司还购买和引进西方先进农业机械，从事新的、大规模的农业经营，极大地改变了传统的以耒耜为主的农具，逐渐走向农业机械化。农业生产技术的不断改进，不但使农民负担减轻、农业产量提高和经济收入增加，而且使我国农业逐步由经验农学向实验农学转变，加速了我国农业近现代化进程。

与此同时，各级农业学堂还发行农业报刊传播农业生产技术。如直隶农务学堂创办了《北直农话报》和《农务官报》。[②]《北直农话报》在创办时就以"振兴农业，开通民智"为宗旨，以通俗易懂的语言宣传推广近代农业生产技术和管理技术，使当地农民的农业技术得到了提高。湖北农业教员讲习所出版农报，"该报日出一册，以通俗为主义"[③]，向省内广泛发行，作为农业改良之助。

（三）促进了大量农业公司的出现和农产品商品化的发展

清末农业教育的兴起和发展促进了一大批近代新式农垦企业和公司出现，并带动了边疆地区土地的开发和利用。截至1912年的统计，全国共有新式农垦企业171家，资本总额635万多元，主要集中在广东、广西、江苏、湖南和奉天一带，其经营范围以农牧为主，兼及桑、茶、园艺等商品化农业生产，[④] 近代农业教育的发展为其提供了技术和人才保障，如病虫害的防治、栽培嫁接技术的改良等。农业技术的改进也使边疆荒芜地区的开发成为可能。清末民初大量移民涌向东北、内蒙古、新疆等地区，拓荒殖业，促进了垦殖区农业生产的发展，实现了土地的充分开发和利用，加快了我国农业的全面发展。

清末经营具有资本主义性质的农业公司，大多数经营范围以农林畜牧为主，兼及棉、桑、茶、园艺。一些大公司已突破传统单一的粮食种植模式，从事综合性农业开发。如阳羡垦牧树艺公司"栽种松、竹、茶、桑等树，兼及播种、蒔芋、畜猪、牧养各事"[⑤]。还有的公司将其收获的农林牧产品加工出售，以赚取厚利。如普华垦牧公司将"各种之农产、畜产、林产各品，以之制油、制粉、酿酒、酿醋、造肉、制乳、制皮、制碳、

① 张怡祖：《实业录（卷二）·张季子九录（第三册）》，30页，台北，文海出版社，1983。
② 刘孝阳：《清末农业教育近代化研究》，载《农业考古》，2014（3）。
③ 劝业道饬办农报，《申报》，1910年2月19日。
④ 李文治：《中国近代农业史资料 第一辑 （1840—1911）》，697页，北京，生活·读书·新知三联书店，1957。
⑤ 戴鞍钢、黄苇主编：《中国地方志经济资料汇编》，508页，上海，汉语大词典出版社，1999。

制木材等"①，然后到市场销售。显然，各农业公司发展经济作物和林牧渔业、兴办农产品加工、进行农业综合开发，无一不是立足于市场，发展商品生产、开拓市场，满足市场需要。这对于进一步推动清末农产品商品化的发展，具有不容忽视的积极作用。

由此可见，清末近代农业教育取得了一定成绩，对我国农业技术提高和农业生产改良起了很重要的作用。但是，由于种种原因，农业教育的发展并未从根本上改变我国农业生产落后的状况和满足全国人民生活的需要，局限性也是存在的。

从政府方面看，当时清政府处于末世，政局不稳，吏制败坏，财政拮据，在农业教育的经费投入上捉襟见肘，无力扩大招生规模或兴办更多的农业学堂。如杭州省城农业学堂开办两年已颇具成效，拟添农业简易科，扩招生徒，但款项缺乏，"禀请商学两宪酌拨官款接济"②，该省巡抚鉴于库款支绌，未能允准。有些地方官吏虽然热衷于兴办农业教育，但限于经费也是力不从心。1909 年全国共有各类农业学堂约 95 所，在校生 6 000 余人；而同期日本农林学校公立私立者已有 81 所，平均每所生徒达 8 094 名，另外还有农业补习学校 4 000 余所。中日比较，我国农业受教育人数远远低于日本。正如杜佐周所言："我国土地如此广大，农民如此众多，农业历史如此长远，农民子女之能受教育者，尚七不能得一；至若受专门农业教育者，更如凤毛麟角，万不得一！"③

从教学效果和师资力量来看，由于各地学堂大都采用外国教材，多数教师存在照本宣科的情况，不问效果如何。农业地区性很强，教师对于中国农业生产的实际十分隔膜，而且外国的一套并不一定切合中国农业生产的需要。学校中所讲的往往与实际生产脱节。另外，当时的一般青年"学而优则仕"的思想十分浓厚，农业学校的学生也不例外。他们来到农业学校，志趣不一定在农，且在当时的农业发展环境下，农科毕业生普遍"学非所用"，学农学出身的人，除了在北京做官而外，大多数改行做了别的事情。④ 总之，清末中国近代农业教育尚处在初级阶段，各方面亦不完善，具有较大的局限性。不过，这毕竟是在中国这个古老的农业国度中出现的新生事物，需要加以认真研究，对其作用作出符合事实的估量。

① 中国北部之农牧业谈，《大公报》，1908 年 9 月 16 日。
② 农业学堂请款维持，《申报》，1908 年 7 月 24 日。
③ 包平：《中日近代农业教育学制比较》，载《中国农史》，2004（4）。
④ 李秀霞：《清末民初我国农业教育的普及与推广》，载《法制与社会》，2006（9）。

第三节　晚清近代农业技术的推广应用

19世纪末20世纪初,西方近代农业科技传入中国,各地纷纷建立农事试验场,引进西方近代农机具,从事近代意义上的农业改良和试验活动,以农作物、茶叶、蚕桑品种改良和以园艺科技、土壤肥料事业为开端的现代农业科学研究逐渐在中国发展起来。

一、清末农事试验机构的创建与兴办

清末,农事试验场初步开展了近代农业技术的引进与试验,标志近代实验农学和近代农业技术的开端。我国最早建立的农业科学试验机构是1898年在上海成立的育蚕试验场和1899年于淮安成立的饲蚕试验场。这些试验场都是以新法进行养蚕、育种、防病试验的专科性机构。从当时实际情况看,这两处试验场规模还比较小,而且只是进行蚕业单科试验的专门性试验机构。自1902年,以直隶省保定农事试验场创立为标志,规模较大、分科较全的综合性农事试验机构全国各地陆续诞生。[①]1902—1906年,综合性的农事试验场在湖南长沙、河北保定、山东济南、福建福州、北京、奉天(沈阳)等处先后建立(见表11-6)。1906年清政府农工商部在京师还成立了农工商部农事试验场,就“各直省解到物品,以及外洋各国选购种子”进行试验[②],标志我国第一所国家级的综合性农事研究机构诞生。同年,奉天农事试验场成立,场址约为300亩,场内附设学堂一所;1907年试验场面积扩大到1 300余亩,分为试验区、普通耕作区、蔬菜区、果树区、苗圃、桑地、树林地、牧草地八区,是当时规模最大的农事试验机构。

表11-6　清末综合农事试验场一览表

场　　名	场址	建立年	试　验　内　容
湖南农务试验场	湖南长沙	1901	
直隶农事试验场	河北保定	1902	调查全省土壤,讲求蚕桑、种植禾稼并制造各事
山东农事试验场	山东济南	1903	考天时,验土考,试肥料,选种类,考求蔬圃禾稼各事,耕耩锄割等法

---

① 朱世桂:《中国农业科技体制百年变迁研究》,南京农业大学博士学位论文,2012。
② 农政,第二次农工商部统计表,8页。

近代以来中国农村变迁史论(1840—1911)

场　　名	场址	建立年	试　验　内　容
山西农事试验场	山西太原	1903	分旱地、园地二部
福建农事试验场	福建福州	1906	一切试验事宜暂照土法考究，民间能以新法种植者，准其来场试验，有成效由农桑局分别奖励
农工商部农事试验场	北京	1906	试验分五大类：符麦、蚕桑、蔬菜、果树、花卉，均就各直省解到物品，以及外洋各国选购种子，分别试验，以相土宜，而兴地利
奉天农事试验场	沈阳	1906	农场动物、植物，拟择奉省所产者先行试办，如各乡农备有土产佳种，皆可送场试验

　　资料来源：李文治编：《中国近代农业史资料　第一辑（1840—1911）》，873~876 页；《湖南农业志》，第三卷，307 页；《农工商部统计表》，第二册，15 页。

二、西方近代农业机具的引进与改良

　　"欲善其事，先利其器"，作为生产力显著标志的生产工具的改进，是促进生产力发展的一个重要因素。我国在 19 世纪 90 年代以前开始从西方引进农业机械工具，开始从手工工具向机械、半机械化的转变。当时比较重视耕田、整地、播种等大型农具器械。1900 年前后，清政府提倡振兴实业，鼓励官商投股或利用华侨资本兴办垦殖企业，并给予优惠政策，在全国范围内出现兴办垦殖企业高潮。其中一些企业将新机具和新方法引进国内，如 1901 年张謇在江苏创办通海垦牧公司，采用美国大农法。

　　《农学报》的报道表明，晚清时期从国外广泛引进制茶、缫丝、灌溉、纺织、耕垦、粮食加工等方面的机具及某些教学仪器设备，各地纷纷试验采用这些新式机具器械。由于东北地区许多地方地势平坦开阔，有大片未经开垦的土地，适宜采用拖拉机等新式农业机具进行垦殖。据《奉天农事试验场报告》，奉天农事试验场曾从日本、欧美国家购置试用了犁、马耙、刈麦器、刈草器、玉蜀黍自束器等多种农用机具[1]。又据《东方杂志》报道，光绪三十二年前后，山东农事试验场"曾由美国购回农具二十余种，日本购来数十种，多能试验合用"，其中主要是耕耙等机具。到 1910 年，我国已引进多种农业机械，主要是以农产品加工工具为主，详情见表 11-7。

---

[1] 李文治：《中国近代农业史资料　第一辑（1840—1911）》，880~881 页，北京，生活·读书·新知三联书店，1957。

表 11-7　农机具引用情况

	机 器 种 类①	引 用 地 区	出 产 地
1880 年前	农机、缫丝机械	天津、南通、南海	不详
1897 年	碾米机、磨麦机、制蔗糖机、制茶机、显微镜、轧花机及制衣机等	芜湖、福建、温州、杭州、汉口等	美国、德国、爱尔兰、日本及自制等
1898 年	坐缫机、台维生焙茶机、碾压机、茶叶制焙机、犁、纺纱机、轧花、磨油、排水器	河北省、扬州、常熟、高邮、汉口、湖北省、皖南、福建、温州、福州、江宁等	日本、英国、美国等
1899 年	风车、坐缫机、打米机、水力纺纱机等	江西省、无锡、杭州、绍兴、福建	日本
1990—1907 年	割草机、畜力农用机、缫丝机、畜力农机等	杭州、新安岭、山东省、德惠	俄国、美国、日本
1908 年	头曳犁、头曳再垦犁、方形马耙、铁制弹齿马耙、刈麦器、别草器、干草搅拌器、玉蜀黍自束器、播种器、脱粒器、截根器	辽宁	日本、美国
1909—1910 年	新式农具若干	海参崴、黑龙江省	欧洲国家、美国、俄国

　　资料来源：闵宗殿、王达：《我国近代农业的萌芽》，载《农业考古》，1984（2）。《益闻录》66 号、宣统《南通县志·列传》、光绪《农学报》《满洲农业改造问题的研究》《东方杂志》《奉天农业试验场报告》等。

　　① 所列机器包括自制的。

三、晚清近代作物品种的引进、改良、推广和应用

　　近代中国农业发展水平及发展动力一直是学术界长期争论的学术问题。有学者认为，中国农业在宋元时期已发展到顶峰，明清时期趋于停滞和衰落。而事实上，中国农业这一时期仍有长足的发展，其中重要生长点之一就是高产美洲作物的引种和推广。[①]农作物品质、产量的高低与作物品种的关系最为密切，农业的蓬勃发展与引种事业的发达有紧密的联系。在明清时期，我国传统农作物品种的产量极低，已经承受不了人口迅速增长的压力，所以在引进西方农业先进农业技术时，大量国外农作物的优良品种被引进到我国，为近代中国农业生产作出了很大的贡献。

（一）玉米品种的引进与推广

　　玉米原产南美洲，大约在 16 世纪中叶传入中国。因为玉米的适应能力较强，拥有良好的实用价值，可以缓解人口急剧增长对粮食的需求，在 19 世纪末发展成为中国重要的粮食作物和饲料作物。20 世纪初，中国玉米品种改良事业起步。1902 年，

---

① 王思明：《美洲作物在中国的传播及其影响研究》，1 页，北京，中国三峡出版社，2010。

直隶农事试验场最先从日本引进玉米良种。1906 年，奉天农事试验场把研究玉米品种列为六科之一，从美国引进 14 个玉米优良品种进行比较试验。同年，农工商部北平农事试验场成立，着手搜集和整理地方玉米品种，并从国外引进了国白（Italian White）、菲立王（Philip King）、马士驮敦（Marsdorton）等 7 个玉米品种。[①] 1908 年，吉林农事试验场成立，从国外引进 14 个玉米新品种试种推广，所属农安县分场试种的品种有美国红玉米、黄玉米、奉天金黄、奉天白冠等。

（二）优良棉种的引进与推广

棉花是我国近代作物育种中最早从国外引进的作物。据文献记载，最早引进美国美棉陆地棉品种是在清同治四年（1865），大量输入陆地棉是湖广总督张之洞于 1889 年在湖北武昌创办机器织布厂和纺织厂之后开始的。[②] 中棉产量低、品质差、纤维粗短，不宜纺纱布，不如美棉（陆地棉）纤维匀细柔韧、成布光滑耐看。1892 年，张之洞便电请清政府出使美国大臣崔国因在美国选购适宜湖北气候土质的两种陆地棉种子寄回湖北，分发湖北产棉较多的各县试种。继张之洞引进美国棉花之后，山东巡抚杨士骧、东昌太守魏家骅、鄂督赵尔巽等人又先后引种美棉均告失败。自此以后我国曾经三番五次地大量输入陆地棉的各个不同品种驯化栽培。从 19 世纪末到 20 世纪前期的 10 多年间，无论是官厅还是商民团体，引种陆地棉收效甚微，几乎全部失败，主要原因是在于引种推广时没有采取科学的方法，国外棉种未经驯化就直接散发给民众，并且缺乏相应的指导。

张謇等人后来进一步加强了对陆地棉的引进和驯化工作。光绪二十二年（1896），张謇创办"大生纱厂"，提倡引种陆地棉，以供大生纱厂纺织原料。张謇认识到引种之前必须用科学的方法事先经过实验，才能收到预期的效果。在张謇的倡导下，1906 年美棉首先在通海垦牧公司以及苏北盐垦区推广。1907—1908 年，他从清政府农工部得到一批美国棉种子，由南通农校、农会和第二棉作实验场试种驯化，并在新建的盐垦公司推广，获得了成功。

（三）烟草的引种与推广

烟草原产中南美洲，16 世纪中后期传入中国。烟草引入初期是做药用，后来成为人们的嗜好品。由于种烟含有巨大的经济利益，因此种植传播速度极为迅速。至清代，烟草种植面积已遍布全国，产量更有大幅度的提升。由于帝国主义列强的入侵，

---

① 穆祥桐：《农工商部农事试验场》，载《中国科技史料》，1987（4）。
② 汪若海：《我国美棉引种史略》，载《中国农业科学》，1983（4）。

使得烟草成为疯狂掠夺的对象，在刺激烟草生产的同时，也促进了我国烟草商品化程度的提高。19世纪末，国际烟草托拉斯开始向中国引种外国烤烟品种。1890年开始倾销洋烟，在上海设厂生产。1902年"英美烟草公司"在中国成立，收买了在华的大部分外商卷烟厂，又在上海、天津、青岛、沈阳、营口、哈尔滨、汉口等地先后设厂，引进美国烟种种植。从1900年起，英美烟草公司派技术人员对我国各大主要烟区的土壤、气候、地价、烟草品种、生产状况等各方面进行了详细调查，几经辗转试验，终于选定安徽凤阳、河南许昌等地较为理想的烤烟产区。1910—1912年，英美烟草公司在山东威海地区首次种植美国烤烟，由于气候及交通条件不理想而停止。1913年又选定潍县，租种了180亩土地试种烤烟，获得了成功。1914年在山东推广，1915年增加为9536亩，1916年为2.98万亩，1919年增至11万亩。随后，英美烟草公司又将烤烟种植扩展到了河南、安徽、广东等地，发展迅速。

（四）国外园艺蔬菜新品种的引进与推广

1871年，传教士倪维思（J.L.Neveus）至烟台传教，在教堂周围兴建果园，引入西洋苹果13个品种，西洋樱桃8个品种，[①] 后由当地果农加以培育，逐渐推广。19世纪末，一些德国人及日本人又引入一些欧美苹果在青岛种植。[②] 1889年，美国传教士汤普森（Thompson）从美国携带4夸脱（约合10市升）大粒花生到上海。当时有美国长老会传教士米勒斯（Charles R. Mills）将从上海去山东蓬莱县，汤普森将2夸脱大粒花生分给米勒斯带到蓬莱，经试种后传播到莱阳、长山、新泰、邹平、昌乐、滕县等地及河北有些地区。[③] 我国原来种的是小粒种花生，美国花生与我国原产花生相比，有颗粒大、产量高等优点，后来成为驰名中外的山东大花生。光绪十八年（1892）华侨张弼士在烟台创办了"张裕葡萄酒公司"，并从法国、意大利引入世界著名葡萄品种赤霞珠（Cabernet Sauvignon）、品丽珠（Cabernet Franc）、贵人香（Iatlian Riesling）、梅鹿特（Merlot）等120个。[④]

四、茶业科技的普及与推广

茶树起源于中国，唐代之后引种至日本、韩国，而西方是通过茶业进口，先有茶业运输贸易，再有茶树栽培、制茶技术的。伴随西方茶叶生产和近代茶业生产科技发

① 李文治：《中国近代农业史资料　第一辑　（1840—1911）》，859页，北京，生活·读书·新知三联书店，1957。
② 胡昌炽：《讲苹果》，《农林新报》，民国二十四年第12卷第3期。
③ J.H.Reisner. *The Church Rural Work*, The Chinese Recorder, 1924：12。
④ 郭文韬、曹隆恭：《中国近代农业科技史》，508页，北京，中国农业科技出版社，1989。

展，我国传统茶叶产销急转直下。1886 年我国茶叶出口为 268.2 万担，1901 年跌落到 140 万担，短短 15 年间我国茶叶出口锐减了 128 万担。我国近代茶业科技的改进主要是从 19 世纪 90 年代中期开始的。当时维新派创办的刊物上发表了一些介绍近代西方茶叶科技和茶业改革的文章，1897—1898 年的《农学报》每期都刊登有关茶叶的奏折文札、茶事报道和国外科技，内容超过蚕桑、树艺和畜牧。至此，我国福州、温州、皖南等地在 1897 年前后开始兴起使用机器制茶。

清末近代茶叶科技的普及与推广，除了印发科技刊物，还主要体现在参加茶博会。参加和组织博览会是促进茶叶生产和茶业科学技术发展的一个重要方面。1900 年，罗振玉翻译的日本《新农报》刊载《记巴黎世界大博览会农民馆》一文，记载了日本参展的情况，称"场所既狭，出品亦少"，但"日本茶、台湾茶、酱油"三样展品却受到参观者的特别"嘉许"。台湾其时刚被日本占据，"台湾茶"被日本送到博览会，是中国茶叶首次参加世界博览会。此后，1904 年清廷派官员率商民参加了美国圣鲁易举办的博览会。虽然清末民初我国参加、召开此类博览会不多，但通过博览会这种新颖的交流形式迅速将中国茶的生产、贸易带入近代机制，而且推动了科学技术的交流，宣传了良种良法，对我国茶叶生产特别是制茶科技起到了明显的促进和推广作用。

五、蚕业科技的改进和发展

养蚕缫丝织绸始于中国，栽桑养蚕是中国历代农家的重要副业。中国农家养蚕可从历代编写的《蚕书》中得以反映。19 世纪中叶以后的半个多世纪，中国有大批蚕桑专业书籍问世，大约有 200 种，主要是官绅为了发展蚕桑业、向农民传授蚕桑方法而编辑发行的，相当于现在农业推广中常用的浅说、小册等宣传读物。19 世纪后期，受生丝外销刺激，栽桑养蚕较粮食作物种植有更高的经济利益，全国各地出现了发展蚕桑的热潮。19 世纪末，浙江新昌漫山遍野全是桑林，蚕业之盛，似已超过诸暨和嵊县；广东顺德地区稻田改为桑园；西南三省发展蚕桑业都以浙江为样板，推广的大多是浙江的蚕桑技术。

1896 年，日本蚕务讲习所派技师松永伍作来中国考察蚕业，其在报告中写道：苏州、无锡一带养蚕方法劣于日本，颇似日本三四十年前的情形。其时日本已用近代科学技术改进他们的养蚕方法，中国则故步自封，仍然沉浸在传统的养蚕技术中。20 世纪前后，部分地方开始提倡蚕业改良并从兴办蚕业教育入手，引进国外先进养蚕技术，传播近代科学养蚕制种的新方法。最早兴办蚕业教育的是浙江蚕学馆和湖北农务学堂的蚕科，在引进和传播近代蚕业科学知识上起到了很大的作用。其后许多地方都兴办蚕业教育，或设单科性的蚕业学堂，或在综合性的农业学堂设蚕桑科。所有蚕业学校只要有条件，无不实施教学和制种推广相结合的方针。我国最先制造和推广改良种的是浙江蚕学馆。1898 年春期该馆即制改良种千余张，其中 500 余张出售给有关单位及个人，余下的则分送附近蚕农试育。[①] 同年，上海农学会在上海高昌庙桂墅中设育蚕试验场，由日本人井原鹤太郎主持，用日本新法饲养绍兴种、湖州种和日本种等，并制成改良种。自此以后，中国蚕种制造和推广改良种的机构逐年增加。不过学校毕竟以教学为主，受到经费的制约，每年虽制造和推广一些改良种，但数量很少。更多的推广改良任务由蚕业试验推广机构和私营制种场承担。

六、近代土壤肥料技术的传入与发展

农业改良除研究和推广新品种外，还研究"土壤之适应，肥料之使用"[②]。晚清时期，我国的肥料事业在继承传统积肥、制肥、施肥技术的同时，引进、吸收了一些外来的肥料学知识。我国传统土壤学的一些观点、土壤开发利用的一些做法虽然是正确的，但却是"知其然而不知其所以然"。务农会的创始人之一罗振玉，是一位西方近代土壤学的积极倡导者。他在介绍外国近代土壤科学知识后说："考农事以辨土性为第一，能辨土性方知土中所缺者何元素，所饶者何元素，然后施肥，乃有把握。"[③]近代肥料学的知识告诉我们，肥料的效果不仅在于肥田，至少还有五方面的作用：供给植物必需的养分；保持土壤化学成分适当比例，以适应植物需要；变土壤中的不可溶解成分为可溶解成分，以利植物吸收；改良土壤的物理性状；将土壤中的有害物质转化为无害物质。中国在引进化学肥料新生事物的同时，也引进了定量分析的研究新法，对提高当时科学施肥水平起到了重要作用。

1904 年，化学肥料开始传入我国，品种为硫酸铵。[④] 1906 年，济南市已有机构生产、推广化学肥料，并且在生产中初见成效。据《东方杂志》三卷十期《实业》记载："济

---

① 蒋猷龙：《浙江蚕种生产发展史》，见《浙江蚕业史研究文集》，第一集，浙江农科院蚕桑所资料室等编，1980。
② 徐绍圣、李炘：《安徽农业情形》，《全国农会联合会第一次纪事》，台北，文海出版社，1966。
③ 罗振玉：《卷首语》，载《农学报》，1910（94）。
④ 原颂周：《中国化学肥料问题》，载《农报》，1937（2）。

南济农公司专仿美洲新法制造肥料，前因开办伊始，土人未诸农学，不明其理，以致过问无人，嗣乃减价出售，始有人购以种麦，至今麦熟，用该公司肥料者，较用旧料丰收几倍，于是购买者日形踊跃。该公司拟添招股本，大加推广，以期振兴农业云。"从全国范围看，化学肥料当时在农业生产中几乎谈不上应用，各地农民对它闻所未闻。但在为数不多的教学、研究机构中，已经开始研究化肥，并进行了零星的肥料试验。近代土壤科学事业自晚清时期萌芽后，在民国时期有了较大的发展，成立了专门研究土壤的机构，进行了我国历史上第一次大规模的土壤调查，运用近代方法进行了首次大范围的地力试验，为发展我国的土壤科学事业奠定了良好的基础。

第十二章　晚清的农业改良与农村发展

中国作为传统农业大国，曾在历史上创造了高度发达的农业文明，农业科技水平长期领跑于世界。但是到了清代末期，随着帝国主义列强的入侵，半殖民地程度的加深，清王朝自身的腐败与衰落，西方近代农业的崛起，中国传统农业在国际上的影响力渐趋衰退。面对内忧外患的严重局势，清朝统治者作出了一系列的努力，在全国上下推行农业新政，在农业领域进行农业改良，企图挽救处于水深火热的近代中国。

第一节　内忧外患的挑战与压力

　　晚清时期，中国传统农业发展日渐衰落，统治者面临前所未有的困境和危机。这其中有广泛而深刻的历史背景和社会原因：技术落后的原因，制度安排的原因；人为因素的作用，自然灾害的影响；本国内部自身的原因，外患因素冲击的影响。究其根源，是西方先进工业文明对中国传统农业文明冲击的结果。

一、晚清农业变革的内部影响因素

（一）封建剥削制度的顽固存在

　　封建剥削制度的顽固存在并日益腐败，是阻碍中国晚清时代农业近代化进程的内部因素。[①] 1840 年鸦片战争之后，帝国主义入侵对中国社会政治经济生活造成一定程度冲击。但是在广大农村，原有的封建土地制度并没有被摧毁，"封建地主阶级土地所有制仍占据着统治地位，大量土地集中于地主手中，且土地集中的趋势日益加剧，

第十二章　晚清的农业改良与农村发展

更多的农民沦为佃农或半佃农。地主阶级所占有的土地一般自己不组织经营，除 10% 的土地自己经营外，其余 90% 的土地是分开租给农民分散经营的"[1]。这种土地制度，不仅从经济上阻碍了中国近代农业现代化的进程，也在政治上制约了农业现代化的转变。

晚清政府横征暴敛和封建地主阶级的残酷剥削，是阻碍清末农业发展的又一经济因素。清朝晚期，吏治腐败，贪污成风，各级官吏只知向农民搜刮，中饱私囊，并不关心农业的发展。庚子战后，清政府赔款高达 4.5 亿两，财源枯竭、国库空虚、债台高筑，为获得资金，只得扩大税源，摊派给各省自行筹措。中国是一个农业国家，农业生产是国家财政的基础，农民是税负的最终落脚点。各种税收负担最终直接或间接的转嫁到农民身上。地方督抚为了完成朝廷摊款，多在原有税负的基础上巧立名目，横征暴敛，几乎达到无事不捐的地步。正如时人所言"所有柴、米、纸张、杂粮、蔬菜等项，凡民间所有几乎无物不捐"[2]。

在清政府增加捐税的同时，各地林立的厘卡也在货物运输过程中盘剥农民。又由于清政府实行"钱、银"两种货币体系，民交税需要用钱换银，投机商人也借机渔利、盘剥农民。据史料记载："近年来、民生已极凋敝，加以各省摊派赔款，益复不支。剜肉补疮，生计日蹙，各省督抚因举办各方要政，有复多方筹款，几同竭泽而渔。"[3]

同时，晚清地主阶级对农民的剥夺也是非常残酷的。其地租剥削一是名目繁多，除正租外尚有各式各样的附加租，这些附加租有的以实物形式，有的以劳役形式，有的以货币形式，甚至有的以妻子及农人自己的生命为附加；二是剥夺量大、地租率高。实物地租一般都占收入量的五成左右，甚至高达六成、七成，以至于八成。货币地租一般都超过地价的 $1/100$。[4] 残酷的地租剥削是中国农业发展的桎梏，严重制约农业的近代化进程。

（二）农业科学技术的落后

农业科学技术落后，首先，表现在生产工具方面。从生产工具的状况看，全国广大农村所用的农具皆沿袭历代旧物。据当时外国人观察："中国用以活土之犁、镢头之

① 岳琛：《中国农业经济史》，305 页，北京，中国人民大学出版社，1989。
② 中国第一历史档案馆、北京师范大学历史系：《辛亥革命前十年民变档案史料》，上册，355 页，北京，中华书局，1985。
③ 朱寿朋：《光绪朝东华录》，第五册，5 251 页，北京，中华书局，1958。
④ 陶直夫：《中国地租本质》，见冯和法编：《中国农村经济论》，266 页，上海，上海黎明书局，1934。

达 15 厘米，至深亦不逾 20 厘米，再下之土未曾一动。""其所用农具，颇欠精良。""所用齿钯、锄、犁等具，均甚笨拙，翻土既不能深，碾土又不能细；所用耕牛大车，蹇缓无力。"[①] 而且大部分农民非常贫苦，缺乏耕畜，缺乏农具，他们只能靠自身劳力在狭小的土地上劳动。其次，从种植方法上看，当时整个社会的文化格局是"学者不农，农者不学"，大部分农民为"不读书识字之人，其所种之物，种植之法，止系本乡所见，故老所传"[②]。种植方法陈旧，不可能有所创新。就连农业技术水平一向较高的浙江省，"乡民务农，而不知农之有学。其于辨土性、兴水利、除虫害、制肥料等事，懵然不知"[③]。农业生产技术落后，农作物产量普遍低下，严重摧残了中国农业经济，加剧了农村生产的衰退，大大了加速了农民的贫困化。大部分农民丰收之年也只吃粗粮糙饭，一旦风雨不调，饥民遍野，饿殍塞道。随着农业危机的加深，农村离村人口更是日益增加。许多农民抱着一线求生的希望，负痛背井离乡。在江苏，"江北一带村农，每至荒年，辄即扶老携幼，谋糊口于苏城，相沿成例""在徐海一带及山东沂州府等处人民，成群结队，襁负而来，挨村索食，栉比无遗"。农村成了失业、饥饿与死亡的渊薮。农村的日趋衰败和危机，充分暴露了传统农业已失去调节能力和复苏能力，晚清农业期待根本性变革，以获得新的增长。而仿效西法，学习外国的先进技术经验，对传统农业进行一番彻底的变革，则成了晚清农业进一步发展的急切要求[④]。

（三）农村社会秩序的崩溃

晚清传统农业经济衰败带来了农村社会秩序的崩溃，表现在无业游民、盗匪和农民暴动的大量出现上。国家和地主阶级对农民的残酷剥削使大量农民失去土地，成为无业流民。当时，在全国许多城镇都聚集着一支庞大的游民队伍。如山东地区"人多田少，不敷耕种"，闲民日多；福建永春一带，"田土膺隘"，百姓"资生无策，半游食于延津两府"；四川、广东等地的游民就更多。这些游民到处流浪，或乞讨，或偷窃，或拐骗，或投身娼妓业，客观上为社会大动荡提供了社会因子。由于农民无地可耕，"弱者坐守饥困，黠者流为剿窃"，使晚清社会成为一个盗匪蜂起的世界。农民为盗，多因谋生无路。"贫人既无生计，饥寒亦死，为盗而为官所捕亦死。等是一死，而饥寒

① 李文治：《中国近代农业史资料 第一辑 （1840—1911）》，581~583 页，北京，生活·读书·新知三联书店，1957。
② 王树楠：《张文襄公（之洞）全集：奏议》，卷 54，影印本，12 页，台北，文海出版社，1973。
③ 浙江海宁绅士请创树艺会禀，载《农学报》，1898（26）。
④ 范朋欣：《晚清时期的农业变革及现实启示》，载《中国农学通报》，2011（8）。

重迫，必死无疑，为盗虽犯法，然未必为盗者，人人尽为官所捕。即捕，亦不过一死。是不为盗则死在目前，为盗且可以侥幸不死。"这段分析较为准确地反映了绝大多数沦为盗匪之农民的心态。

如果说游民和盗匪至多不过是对晚清社会秩序的一种消极和无序的冲击，有组织的农民暴动则是对这种秩序的积极突破。杨庆塑根据大清历朝实录进行统计，1866—1875 年民众运动达 909 次，1896—1911 年达 653 次。又据载，仅清末最后 10 年，以抗税、抗捐为主要内容，形成了较大规模的农民暴动就不下 20 余起。农民暴动多因农民与上层社会在制度上的联系过于脆弱，以及这种联系的剥削性特征增强。这两个条件在晚清皆已具备，只是由于当时的社会精英未能实现与农民的结合，农民暴动才没有来得及发展成为大规模的起义。即使如此，农民的暴动也极大地动摇了清政府的统治，大伤了清王朝的元气，并且在客观上使现代化所必须依赖的有效的社会控制丧失[①]。

二、晚清农业变革的外部影响因素

（一）帝国列强的殖民侵略

帝国主义列强利用战争的或非战争的侵略手段，在中国攫取了一系列政治和经济特权，通过大肆掠夺农产品原料、控制农业生产、倾销过剩农业产品等手段，把中国农业变为帝国主义经济的附庸，使农业蒙受极大经济损失，失去继续发展的经济资源。[②]

帝国主义的殖民掠夺，造成中国农业经济的凋敝。清朝末年，帝国主义对中国农业经济的掠夺，一方面是向清政府索取巨额战争赔款，这些赔款，清政府除了一部分用其他方式筹集外，大部分以税、捐等方式转嫁农民身上；另一方面，他们在经济侵略中贯彻"工业自己，农业中国"的方针，先是控制流通领域进而控制生产领域，对中国农业大肆进行商业性掠夺。其主要掠夺方式：一是掠夺中国农产品原料。19 世纪后期列强对中国农产品的掠夺主要是丝茶，20 世纪后掠夺产品种类不断增加，棉花、大豆、豆饼、植物油、桐油、蛋类、皮革、皮毛、猪鬃、羊毛等均在其列。[③] 二

① 吴毅：《农村衰败与晚清现代化的受挫》，载《天津社会科学》，1996（3）。
② 张昌良：《清末阻碍中国农业近代化进程的原因》，载《史学月刊》，2009（8）。
③ 严中平等：《中国近代经济史统计资料选辑》，72~73 页，北京，科学出版社，1955。

是操纵中国农产品价格，在贸易中进行不等价交换。把输出到中国价格提到本国价格水平之上，把原料收购价格压低到中国农民生产成本以下，利用这种剪刀差获取利润。西方列强的经济掠夺和不平等的国际贸易环境使中国农民陷于十分被动和无力的境地。

（二）自然灾害的频繁发生

在传统型农业日益衰落的过程中，农村也丧失了对自然灾害的调节能力及经济复苏能力。晚清时期，自然灾害频繁，其后果之残酷，为历史上所少见。特别是19世纪80年代以后的20年时间里，情况最为严重，水、旱、雹、风、虫等灾害几乎年年发生，长江、黄河两大流域的广大农业生产区域频频陷入绝境之中。据统计，1875—1911年的36年间，直隶、山东、河南、山西、陕西、甘肃、江苏、安徽、江西、湖北、湖南等12省，共有13 476个州县遭受水、旱、风、虫、雹、霜等自然灾害的袭扰，平均每年受灾州县达3 743个。[①] 大灾过后，受灾州县地荒人逃，死者遍野。土地抛荒，劳动力短缺，生产力下降。年收成达八成以上州县越来越少。农民生活日趋困难，卖地者日众，"浮口"或"游食者"急剧扩大，"失南亩之利，故失业者多"就是当时写照。[②]

（三）农业竞争国际优势不再

随着鸦片战争结束后，一系列不平等条约的签订和中外贸易商埠的增开，中国农业迅速被卷入世界资本主义市场，并面临日益增加的国际农业竞争的压力，在中外贸易关系上已处于非常不利的境地。例如，以前中国茶叶、生丝几乎独占国际贸易市场，但到晚清时期，茶之利"已为印、锡十夺八九"[③]，意、法、日等国丝"已骎骎乎效中国之长，夺中国之利"[④]。在1886年以后，华茶在国际市场上长期占据的优势地位逐渐丧失，出口之数连年下降。过去，中国生丝在国际市场上也处于独占地位，但在19世纪60年代以后，出口蚕丝已面临法、意、日等国日益增加的竞争压力。中国丝、茶等主要传统出口农产品在世界市场上受到国外同类产品的严重挑战。同时，外国农产品日益横行于中国市场，其中棉布棉纱为"进口货之巨擘"，大都来自英美，而且呈现逐年递增的态势，1867年进口棉布值关平银12 152 701海关两，棉纱1 615 766

① 李文治：《中国近代农业史资料　第一辑　（1840—1911）》，581~583页，北京，生活·读书·新知三联书店，1957。
② 任保秋：《中国近代农业发展缓慢原因的中长期历史考察》，载《安徽农业科学》，2008（17）。
③ 《农学报》，卷17。
④ 《皇朝经世文三遍》，卷31，柯来泰"救商十议"。

海关两；1890 年进口棉布增至 24 888 347 海关两，棉纱 19 304 718 海关两，到 1902 年进口棉布竟达 70 411 619 海关两，棉纱 54 274 865 海关两。当时，洋纱布在中国倾销导致的漏卮已远在鸦片之上，张之洞曾感慨地说："人谓鸦片为中国漏卮，岂知洋布之为漏卮更大。"[①] 洋布洋纱的大量进口，严重破坏了中国农村的家庭手工纺织业，"自洋布洋纱入口，土布销场遂滞，纺织稀少，机轴之声，几欲断矣！""织妇机女束手坐困者，奚千百万人"[②]。

中国农业和农产品加工业在竞争中处于越来越不利的境地，是因为在新兴的近代实验科学农业面前，农业技术、农业经营方式等日益暴露自己的弱点。[③] 时人似乎已经注意到了这一点，如《贸易报告》就指出，印茶之所以能压过中茶，是由于其"在机器制造方面力求改进""运用了更多的知识、技术及资本"[④]。《华北捷报》的文章则更明白地指出："印度制茶较中国优越的地方，在于机器胜过手工。"[⑤] 中国生丝和棉业的困境，同样由于技术落后、经营方式落后。显然，要使中国农业在国际竞争中立于不败之地，必须进行一番彻底的改良。

延续两千多年的封建统治，在晚清时期由于自身内部日益激化的各种矛盾和外来帝国主义势力的侵略，陷入岌岌可危的境地。中国传统农业的发展也是步履维艰，每前进一步都要受到来自帝国主义和中国封建势力的双重阻挠。一方面，帝国主义需要打破中国封建的经济基础，把中国广大农村纳入西方经济体系，获得商品市场和原料产地，从中攫取最大利益，同时又唯恐这种变革发展太快失去控制，危及自身利益，从而设下重重障碍；另一方面，中国封建统治阶级为了维护其统治需要，加快近代化进程，发展经济，同时又唯恐这种变革会触及其根本利益。不同的自身利益、共同的心理状态，使这两种势力最终结合在一起，共同对付农民这个中国最大的社会群体，使之承受最沉重的经济剥削和政治压迫。中国农业期待根本性的变革。

① 李文治：《中国近代农业史资料 第一辑 （1840—1911）》，489~490 页，北京，生活·读书·新知三联书店，1957。
② 李文治：《中国近代农业史资料 第一辑 （1840—1911）》，756~760 页，北京，生活·读书·新知三联书店，1957。
③ 王利华：《晚清兴农运动述评》，载《古今农业》，1991（3）。
④ 姚贤镐：《中国近代对外贸易史资料》，第二册，1 208~1 209 页，北京，中华书局，1962。
⑤ 李文治：《中国近代农业史资料 第一辑 （1840—1911）》，394 页，北京，生活·读书·新知三联书店，1957。

第二节　呼唤变革的农业改良思潮及实践

　　1860年以后，中国对外联系的增多、对外贸易的发展、新型工业的创建、资本主义商品经济的萌芽，与有识之士的"求变""务实"主张相联系，促进了近代中国社会思潮的流转。以张之洞、刘坤一、罗振玉等人为代表的知识阶层，实业救国论者和部分统治者，企望在中国建立植根于近代工商业之上的农业。这种呐喊与当时正在兴起的变革思潮相裹挟，形成了晚清颇具影响的农业改良思潮，并引发了农业政策体系的新一轮改革和农业科技革新。

一、不同历史时期的晚清农业改良思潮

　　晚清农业改良思潮是在国势衰微、民族危机等外力催化下的时代产物，亦是近代中国社会经济、文化变迁在国人意识形态领域中的一种反映。[①] 就其发展演变的轨迹来看，大致可分为酝酿萌芽期、发展高峰期和深化改革期三个阶段。

（一）从鸦片战争到甲午战争前夕的酝酿萌芽期

　　鸦片战争前，清政府许多官员"不知农桑为何事，深坐衙署，幕友办公，自享安逸，经时累岁，足迹决不至田间，求其讲习农务者，盖百无一人焉"。这句话真实地反映出了时人对农学的态度。到了近代，尤其是鸦片战争后，国人对农业的看法有了很大的转变。19世纪四五十年代，一些先进的知识分子，如魏源、王韬、郑观应等，已经开始认识农业对于国家的重要性，看到西方近代农业胜过中国传统农业，纷纷提出学习西洋的农业技术。一些开明的绅士及民族企业家亦开始引进西方农业技术，用新法从事农业生产。

　　随后，从19世纪60年代到90年代初期，国人在农业与工业、商业等产业的关系理解方面也更进了一步。例如，包世臣认为"治平之枢在郡县，而郡县之治首农桑"[②]，因为"夫无农则无食，无工则无用，无商则不给，三者缺一，则人莫能生也"[③]。陈炽明确地说："商之本在农，农事兴则百物蓄，而利源可浚也。……商之体用在工，工

---

① 赵泉民：《论晚清重农思潮》，载《社会科学研究》，2000（6）。
② 包世臣：《齐民四术》，卷1，上册，2页，北京，中华书局，2001。
③ 包世臣：《说储上篇前序》，见陈绍闻主编《中国近代经济文选》，45页，上海，上海人民出版社，1984。

艺盛则万货殷阗，而转运流通可以周行四海也。"① 郑观应主张在国民经济整体发展规划中，"以农为经，以商为纬，本末备具，巨细毕赅，是即强兵富国之先声，治国平天下之枢纽也"②。这些言论都具备一个共同点，表明先进的知识分子已经认识到农工商三者之间的平等交互复杂关系，开始改变过去那种认为农工商是互不相关的两极看法，重新审视三者的关系。③ 人们在强调商业于国计民生中的功用时，又突出了农工商三者之间的内在联系，洞察农业发展、工业繁荣对商品竞争的支柱作用。这是近代中国对农工商关系较为全面的认识，这种变化随着西方农业思想的传入和贸易的发展在历史的脉络中日益凸显。

此时的农业改良思潮仅停留在理论和口头上，因为当时清政府的精力主要用于兴办"洋务"，企图通过训练新军，兴办工业"自强"和"求富"，以维持摇摇欲坠的封建统治。虽然国人对于农业的基础地位有了初步的认识，传统的农本观也有了改进，但是对于农业在整个国民经济中的地位，对农业与生产和消费以及和其他产业的关系还没有系统深刻的认识，农业改良的呼声非常微弱，所以说这个时期的农业改良思潮还只是初级阶段。

（二）从甲午战争到农业新政前夕的发展高峰期

1894 年甲午战败、割地赔款，中国面临空前严重的民族危机。朝野有识之士都在思考战败的原因，一部分资产阶级和进步知识分子在戊戌变法中提出了发展资本主义经济、政治和文化的要求，维新与自强成为一种影响广泛的资产阶级改良主义的社会思潮，深入民心。与维新思潮相呼应，更多人士开始认识农业改良的重要性，发出了改良农业的强烈愿望和呐喊。这里面不仅有维新派人士，还包括清政府的各级官员和政府本身。

梁启超认为"农者，地面之物也；矿者，地中之物也；工者，取地面地中之物，而制成致用也；商者，以制成致用之物，流通于天下也，四者相需，缺一不可"，把农业作为工商业的根本，并且和矿业四者环环相扣，不可分割，成为国民经济主干。康有为在《大同书》中提到"人生之所赖，农出之，工作之，商运之，资生之学日精，择实业之依倍切"，把农工商作为资生之道，振兴实业的依靠。李鸿章评价"夫太平

① 侯厚吉、吴其敬：《中国近代经济思想史稿》，第 2 册，368 页，哈尔滨，黑龙江人民出版社，1982。
② 郑观应：《盛世危言·农功》，见夏东元编《郑观应集》，下册，738 页，上海，上海人民出版社，1988。
③ 汪巧红、滕峰丽、周春果：《简论晚清的重农思潮》，载《农业考古》，2009（3）。

近代以来中国农村变迁史论（1840—1911）

有三美女也。农，一也；工，一也；商，一也。女三成粲，而实共争妍斗丽于太平之世"，强调三者的一体化发展。

一些守旧人士的观念也开始发生改变，如直隶总督荣禄说："农工商三事，为民间衣食之源，国家富强之本，现今惟有农务讲求，种植得宜，地利克尽，则间阎渐臻殷富，工作必自繁兴。艺事既精益求精，商贾资以获利，转运负贩必日益辐辏，分之各有专属，合之事实相因。"充分反映了当时人的农业思想变化之巨。

张之洞通过自身的洋务实践，对农工商的关系有了更进一步的认识。对一个地方官来讲，"必将农工商三事合为一气贯通讲求，始能阜民兴利"，对于一个国家而言，应"以多出土货为要义，无农以为之本，则工无所施，商无所运"。张之洞已经背弃了厚此薄彼的观念，窥见农工商各部门之间的相互依存关系。他在《劝学篇·农工商学》中又从国家存亡的高度阐明了农工商一体化经营的重要性："大抵农、工、商三事，互相表里、互相钩贯，农瘠则病工，工钝则病商，工商聋瞽则病农，三者交病，不可为国也。"这种认识改变了农工商厚此薄彼的观念，充分顺应了产业间的内在逻辑，因为通商时代必然要求农业部门提供充足的原料或农产品，同时又要以工业为支柱，加大其竞争力和价值附加量，三者缺一不可。

19世纪末20世纪初，面临民族危亡，在各种势力的共同冲击下，为数众多的绅商和身居要位的封疆大吏多次呼吁，终于引起了各方共鸣与响应，使得重农兴农成为了19世纪末20世纪初的一股新潮流。在这股潮流的推动下，1898年7—8月，清政府两次颁布上谕，称"通商惠工，务材训农，古之善政。方今力图富强，业经明谕各省，振兴农政，奖工艺，并派大臣督办沿江等处商务"，把农业和贸易、工业等放到了平等的位置，认为此是治国大道。同年又发布上谕："万宝之源皆出于地，地利日辟，则物产日阜，即商务亦可扩充，是训。农又为通商惠工之本，中国向重农，惟无专董其事者，非力为劝导，不足以鼓舞振作，著于京师设立农工商局。"清政府改变了以往重农抑商的片面做法，使改良农业提升到治国之道的高度，并且不断强化。

（三）农业新政期间的农业改良主张

1901年1月29日，在西安逃亡的慈禧太后面对国破家亡的危险，以光绪帝的名义下诏变法，诏令"军机大臣、大学士、六部九卿、出使各国大臣、各省督抚，各就现在情弊，参酌中西政治，举凡朝章国政、吏治民生、学校科举、军制财政，当因当革，当省当并，如何而国势始兴，如何而人才始盛，如何而度支始裕，如何而武备始精，各举所知,各抒己见,通限两个月,详悉奏议以闻"。这份变法诏书中提到的"民生""如何而度支始裕"等,与农业、兴农增收有紧密联系。20世纪初的这场清末新政改革必定包括农业,其实质是对中国传统农业进行现代化改造。

在新政下发不久,1901年7—8月,两江总督刘坤一和湖广总督张之洞联名上书三折,畅想农业改良的未来,提出了很多真知灼见。在第一折中,他们将中国贫弱的原因归结于人才和志气的短缺,认为改革应从育才、兴学两方面入手,提出"设文武学堂、酌改文科、停罢武科、奖励游学"等主张;第二折主要就中法进行整顿,12条建议更多地涉及政治体制改革问题;第三折中提出了"广派游历、练外国操、广军实、修农政、劝工艺、定律例、用银元、行印花、推行邮政、官收洋药、多译外国书籍"11条西法。以上三折明确规划了清末各项改革的基本思路和步骤,农业改良与经济、政治、军事、教育等其他各项新政并驾齐驱,相辅相成。

二、晚清近代农业的改良举措和实践

晚清的最后10年,即1901—1911年,是中国近代农业改良的真正开端。10年内,无论是组织设置、制度安排,还是行政机关、社会团体、高校、民间,全国上下都在参与农业的振兴和改良实践,有力地推动了清末农业的发展。除了上一章提到的农业教育实践,农业改良的实践具体还体现在农政机关的设立、农业学术团体的成立、农业科研推广机构的建立、农牧垦殖公司的创建等方面。

(一)农政机关的设立和运行

设立农业行政机构是晚清改良农业的一项重要举措。早在戊戌变法时期,康有为就在《请开农学堂地质局折》中提出"古者有大农官,唐宋有劝农使,外国皆有农商部",建议清政府在京师设立农商局,在各省设立农商分局,以统帅全国。很快,光绪帝就采纳了康有为的建议,于1898年7月发布上谕:"中国向本重农,惟尚无专董其事者以为倡导,不足以鼓舞振兴,著即于京师设立农工商总局。"[①] 这道上谕发布不久,清政府就在京师设立了农工商总局。但是由于慈禧太后守旧派的反对,戊戌变法很快失败,农工商总局昙花一现,毫无政绩可言。

1903年9月7日,为加强对全国实业的统一领导,在各地官绅的大力推动下,清

---

① 朱有瓛主编:《中国近代学制史料》第一辑,下册,922页,上海,华东师范大学出版社,1986。

近代以来中国农村变迁史论（1840—1911）

政府正式在中央设立商部，部下分设保惠、平均、通艺、会计四司，其中，平均司就是专职掌管与农业有关的如"开垦、农务、蚕桑、山利、水利、树艺、畜牧等一切生殖之事"的农政机构。从此，政府有了专门管理、指导农务的行政机关。1906年，清政府订立内阁官制，将商部更名为农工商部，规定部内设农务、工务、商务、庶务四司，改原平均司为农务司，专门执掌农政，并将"旧隶户部之农桑、屯垦、畜牧、树艺等项""旧隶工部之各省水利、河工、海塘、堤防、疏浚事宜"均划归农务司管理。[1] 在地方，早在戊戌变法时期清政府就令各省设立农商分局。到清末新政时期，各省名目不同的农务局、农政局、农工商局、农工商矿局等行政机构先后设立。

1907年，清政府又令各省设劝业道，并将各省原设农工商矿各局一律裁撤，其所办事宜均归劝业道管理。劝业道就所治地方设立劝业公所，公所分为6科，分别为总务科、农务科、工艺科、商务科、矿务科、邮传科。其中农务科掌农田、屯垦、森林、渔业、树艺、蚕桑，以及农会、农事试验场各事项。这样，从中央到地方初步形成了上下相依、指臂相连的农政系统，打破了以往那种政府决策作出后，由于缺乏从中央到地方的垂直领导系统及固定机构而难以贯彻执行的流弊，改变了过去农事仅靠户部和地方基层官吏兼理而无专人负责的现象，也缓解了以前一些官员因职权不清、职责不专而带来的精力分散、穷于应付的弊端。至此，晚清农业管理开始走上职能化、专门化的轨道。

（二）农业改进学术团体的成立及其农业改良活动

在近代农业改良过程中，社会群众组成的农业团体也发挥了巨大的作用。我国最先倡议组织农学会的是孙中山先生，他主张用西洋的农业理法改进我国农业生产。孙中山计划在广州创立农学会，1895年在广州的《中西日报》上登载了《拟创立农学会书》，认为农学会可以开展下列各项工作：第一，搜集各国农桑新书，译成中文；第二，开设农学堂，培养农学人才；第三，考察各地土壤及农产品，研究各种作物栽培方法，指导农民种植；第四，举行农业博览会，鼓励农民农业生产；第五，筹集资本，开垦荒地等。[2] 后因广州起义失败，孙中山逃亡日本，成立农学会一事就告吹了。

虽然广州未能成立农学会，但自此以后很多地方纷纷组织学会，其中，1896年由罗振玉等人成立的上海农学会最为典型。农学会的日常工作与孙中山在《拟创立农学会书》中列举的大致相似。其中最主要的任务是编辑《农学报》和翻译西洋各国农书；

---

① 商务印书馆编译所：《大清光绪新法令》，第16册，76页，上海，商务印书馆，1909。
② 王红谊、章楷、王思明：《中国近代农业改进史略》，3页，北京，中国农业科技出版社，2001。

其次是创办农业学校，推广销售作物良种、肥料、杀虫药剂、农具等各种农业生产物资；最后是举办产品比赛会，栽培一些从国外引进的新作物加以提倡。

上海农学会于 1897 年创办了我国最早的农学刊物《农学报》(1897—1906)，梁启超为创刊号作序，张謇、谭嗣同等人为会刊撰文，宣传"农学为富国之本"。自 1897 年 4 月创刊，初为半月刊，1898 年起改为旬刊。后因负责人罗振玉 1906 年去北京学部任职，《农学报》不得不停刊。在短短的 10 年间，《农学报》先后发行了 315 期，翻译刊载了大量东西方农学专著和教材。如日本稻垣乙丙的《农学入门》、法国蓝涉尔芒的《农具图说》、英国康发达的《蚕务条陈》、荷兰佛里寺省牧牛公司的《荷兰牧牛篇》、美国啤耳的《厩肥篇》等。《农学报》还发表了很多中国学者的论著，如朱祖荣的《蚕桑问答》、张寿语的《农学论》、汪日桢的《湖蚕述》等。

创办《农学报》的同时，上海农学会罗振玉等人还共同出版了《农学丛书》，署名江南总农会编，1897—1905 年共出版了 7 集，收入农学译著 149 种，共有 235 篇文章，总计 645 万字。《农学丛书》汇集了我国古代农业生产科学技术，反映了当时中国传统农学及其发展趋向，还译述欧美、日本农业著作、论文、实验农学的材料，内容包括农业政策、农业经济、农业科技、农业教育、农业法规等。《农学丛书》提出农事以辨土性为第一的思想，提倡使用化学肥料，主张引进良种和科学育种，提倡种牧草以兴牧业，种豆科植物及使用植物枝叶沤肥等，倡议创立虫学研究所，发展农业中的商品生产。这套丛书体现了我国传统农学和实验农学的重要交汇，初具新农学体系的雏形。

上海农学会的成功运行，促使清政府农工商部在 1906 年号召全国各地积极仿效组织成立农学会或务农会，这些农会或多或少都受上海农学会的影响。1907 年直隶省成立了农务总会，编辑出版《农话报》，日均销售 2 000 份，同时还编译一些农学教材和蚕桑书。直隶省下属各府、州、县亦在其指导下开设了农务会或分会。据统计，1910 年广东省成立农务会 43 家，分会 18 家。1910 年 10 月，各地农学会或农务会在南京组成全国农务联合会（后于 1913 年 2 月易名为全国农会联合会），这是迄今中国历史上唯一的全国性农会团体。农务联合总会在清末民初联络全国农业机关，调查全国农业状况，规划、劝导全国农业改良与进行，开展了富有成效的活动，对推动中国由传统农业向近代农业转型起到了不可忽视的作用。[①] 总之，以振兴农业为己任的农

① 李永芳：《清末民初全国农会联合会与农业改良》，载《河南师范大学学报（哲学社会科学版）》，2009（5）。

会组织的出现加速了社会向科技型、知识型和精密型分化，提高了农业自治程度和水平，呼应了社会近代化发展的大趋势。

（三）农业科研推广机构的建立及其农业改良活动

为振兴农业，推广普及先进的农业技术，1903 年商部奏请通饬各省振兴农务，指出"中国地当温带，自昔醴称，乃农政不修，膏腴坐废"，提出促进的办法之一是"土货之划分，种子之剖验，肥料之制造，气候之占测，皆施立试验场，逐一考求，纵人观览，用意美善，尤宜仿行"[①]，在全国拉开了倡导创办农事试验场的序幕。三年过后，只有山东、山西、福建、河南、直隶、奉天农事试验场应声建立。鉴于全国各地创办农事试验场进程缓慢，商部加强了自创农事试验场的力度。1906 年 4 月 15 日，清廷准商部奏，拨西直门外乐善园官地，兴办农工商部京师农事试验场。

农工商部通过各省督抚及地方官搜集国内物产良种，同时又借助驻外使臣和外国华侨商会的力量采集、收购外国的优良物种。如 1907 年 2 月 30 日，长崎中华商务总会禀报农工商部称：共采得"花木果品 266 种，均系日本著名特别之品，每种以日文标示名目、缮拟其培植灌溉之法附上……""并交由日本邮船会社山东丸运送"[②]。

农工商部京师农事试验场经过商部（农工商部）着力经营，逐渐具有了一定的规模。[③] 该场"历办农林事宜，其业经遴选佳种、辨别土宜先行，试验者约分五大宗，尤以农桑为重。一曰谷麦试验。就场中辟分六区，合计七十五亩。如直隶江苏之陆稻、芝麻，山西河南四川之高粱、菽豆以及法兰西之高粱、美利坚之玉米、意大利之陆稻、日本之花豆等类；畦向有南北畦、东西畦之别；播法有散播、条播、点播之分；肥料有氮肥、磷酸肥料、加里肥料之殊。二曰蚕桑试验。就场中辟分室、缫丝室、切桑室、机器标本陈列室各一区。蚕种则有中有外，饲养法则有人力有天然，其人力饲养之法计分温育、凉育、适中育三项；刻正检查蛾蝗种消除菌毒，总以祛病孳生为主义。桑园辟地五十五亩，已栽成者一万五千株，桑条摇曳生趣快然，桑亩迤北分植棉、麻，麻所占地六亩，棉所占地十亩，即就直隶、奉天以及美利坚、日本之麻籽，直隶、山东、江苏、安徽、湖北以及美利坚日本之棉籽详晰试验而于棉业尤所注意，种分中西色、

① 刘锦藻：《清朝续文献通考》，卷 378，1 241 页，上海，商务印书馆，1936。
② 农工商部致天津海关电，1908，中国第一历史档案馆（490-20-206）。
③ 王奎：《清末农事试验场的创办与农业经济形态的近代化》，载《华南农业大学学报（社会科学版）》，2007（4）。

分墨绿，采用美国种棉成法，如选种加肥摘心培土……"[①]。

1909 年 11 月，农工商部通饬各省仿照京师设立农事试验场，各省"广采中外植物种类，按照本省水土性质，试验布种何项最获丰饶之益，然后晓谕农民，以收实利"。在农工商部京师农事试验场的带领下，在农工商部的倡导下，全国各省、府、州、县都加快了农事试验场的创建工作。至 1911 年，全国主要省份的省县级农事试验场基本上都建立起来了（见表 12-1）。农工商部从各个方面对试验场给予大力支持，从经费上可以看出，"1905 年，农工商部拨出经费 70 000 两用于农事试验场预购工程材料；1908 年，农工商部拨出经费 25 372 两 3 钱 3 分用于农事试验场的常月开销，拨出 21 702 两 4 钱用于试验场工程款，拨出 26 100 两 2 钱 3 分 3 毫用于试验场添置器具，拨出 22 111 两 2 钱 1 分 1 厘用于试验场试验经费"[②]。农事试验场在开启民智、启迪风气，引进推广近代农业科学技术等方面取得了一定成绩。

表 12-1　农业试验、改良、推广机构建立一览表

类　　型	时　　期	数量	分　布　地　区
农业科学试验机构	1898—1904	7	上海、淮安、保定、济南、内县、广东等
	1905—1908	6	南京、贵州、束鹿县、沈阳、四川、北京
农业改良和技术推广机构	1987 年前	2	上海、长沙
	1898—1908	26	瑞安、贵溪、海宁、东乡、进贤、如皋、咸阳、金匮、苏州、松江、无锡、淮安、杭州、嘉兴、湖州、宁波、绍兴、兖州、临沂、曹州、济南、滋阳、信阳、阳谷、河南、保定
	1910	1	宁垣

资料来源：闵宗殿、王达：《晚清时期我国农业的新变化》，载《中国社会经济史研究》，1985（4）。

晚清末年，全国各地农事试验场在采集优良物种的基础上，开始进行作物品种改良研究和新技术推广运用。农事试验场主要围绕两个方面开展农业改良活动：

（1）引进国外作物良种并进行品种改良。清末的农业改进主要集中表现在对棉花品种的引进和改良上。我国古代栽培的棉花都是亚洲棉（又称为"中棉"），纤维粗短，捻曲数少，拉力弱，适于纺 16 支以下粗纱，是较好的手工纺纱原料。19 世纪末 20 世纪初，国际纺织市场上对棉花的需求量与日俱增，由于我国传统栽培的亚洲棉种

[①]　记京师农事试验场，1909，中国第一历史档案馆（490-20-205）。
[②]　农工商部经费表，1910，北京，国家图书馆清史文献中心（LS29-201）。

退化严重，产量低、纤维粗短，不能适应新兴的机纺要求，因此农工商部拟整顿棉业，分调查、提倡、保护三期，先从调查入手，逐渐加以提倡，并通饬地方官妥为保护。在农工商部的大力推广及各农事实验场的研究指导下，棉业改良在各试验场取得了较好的成效。1906 年，山东省东昌府试行种植美国棉种，事实证明，美国棉种是土棉的 3 倍高，每亩地土棉约种 7 000 棵，美棉最多不过 1 000 棵；土棉结实不过 20 棵余，美棉可得七八十余棵；土棉每亩约收七八十斤，美棉可收 100 余斤到 200 斤不等，且丝长光细，利于纺织。[①] 在山东省宾州、夏津、恩县等地种植的美棉，收成也是当地土棉的几倍。由于美棉的成功种植，促进了山东省棉花的出口，以前每年要从上海输入棉花三五万担，到 1910 年，山东已经能出口 1.5 万担，1911 年出口又增至 4 万担以上。[②] 至 1911 年，我国美棉的产量已达到湖北 484 000 担，陕西 422 640 担，河南 177 184 担，直隶 75 339 担，山西 45 023 担，山东 12 704 担。如此，一方面提高了农作物的产量；另一方面也增加了清政府的财政收入，堵塞了利益的外漏。

除引进、改良美棉以外，农工商部积极引导各地农事试验场引进其他更多优良农作物品种，让试验场真正成为研究、改良新品种的实验基地。山东农事试验场从美国购回豆、麦、蔬果种子，从日本购回马铃薯、小麦、稻子种子，按照西法播种，均能收成有加。美国的豆麦，日本的马铃薯，试种效果尤佳。平度教民袁克仁与人试种大种落花生，效果优良，遂推广全境，当地花生旧种几乎灭绝。[③] 据统计，奉天农事实验场在 1907—1908 年引进和试种外国农作物品种玉蜀黍类 14 种，麦类 9 种，豆类 18 种，瓜菜、萝卜类 84 种，棉花 11 种，牧草类 37 种，树木类 12 种。[④]

从引进成果看，山东从美国引进了棉种、烟种和甜菜种子；山西不光从美国引进了甜菜种子，还从德、法、美等国引进了葡萄种苗；河南许昌从美国引进了烟种，中原地区还广泛引种了外国花生种子；江苏、浙江、安徽三省交界地带从日本引进了早稻品种种植；广东、福建等省从爪哇引进甘蔗品种；南方养桑蚕地区按照新法培育种蚕和改良蚕种等。经过一段时期的种植，从国外引入的新品种有些完全取代

---

① 文庆：《试种美棉成功》，载《东方杂志（实业篇）》，1907（2）。
② 李文治：《中国近代农业史资料（1840—1911）》，第一辑，424 页，北京，生活·读书·新知三联书店，1957。
③ 张玉法：《中国现代化的区域研究——山东省（1860—1916）》，614 页，济南，山东人民出版社，1994。
④ 李文治：《中国近代农业史资料 第一辑 （1840—1911）》，891 页，北京，生活·读书·新知三联书店，1957。

了原有物种，有些还促进了原有物种的改良，促使中国农业生产逐步走出传统社会的封闭型种植方法，扩展了农民的视野，转变了故有的生产观念，大大推动了中国近代农业发展，尤其是经济作物和商业性农业发展。至 1909 年，中国农产品（包括农、林、牧、渔）出口总值达 2 319 517 万元，较 1903 年增加近 2 倍，较 1893 年增加 7 倍多。[①]

（2）化学肥料的引进和推广。农工商部非常重视化学肥料在农业生产中的作用。我国农民向来施用的是有机肥料，从 1905 年始已有外国商人在我国采用各种方法推销化肥（洋人把化肥统称为肥田粉）。起初我国农民不知肥田粉为何物，但经过洋商的推广活动，如宣传资料发放、向农民无偿赠送少量肥田粉试用以及在上海愚园路开辟肥田粉农事试验场供农民参观，清末中国的肥料出现了农家肥和化肥并存的局面。作为提高农产量手段之一的化学肥料，清末已开始从外国引进，这也是晚清农业科技进步的一个重要表现。如山东农业试验场从日本购回化学肥料十多种，并对它们逐一试验，"何者可以补土壤之缺，何者可以收营养之效，以期日有进益"[②]。奉天农事试验场把当地惯用的肥料与引进的肥料来进行比较。更多的试验场则自己设立了肥料厂，专门试验制造肥料，如苏州农业中学堂试验场就专门设立了一个肥料所，专门试验肥料。总之，化学肥料的引进和使用成为中国农业近代化的标志之一。据海关统计显示，1910 年中国进口化肥 526 493 担，1911 年则达 761 519 担。[③]

（四）农牧垦殖公司的创建及其农业改良活动

在外国资本主义入侵影响下，中国农村的自然经济顷刻瓦解，农产品朝着商品化、市场化方向发展。晚清时期农垦公司的出现是晚清农业经济生活中的新现象，对农业经济的现代化发展建立了筚路蓝缕之功。甲午战争结束后，在"设厂自救"的民族呼声中，创建了大批工商企业，出现了若干个农业公司。据不完全统计，到 1909 年，全国共有农垦公司 91 个，分布于浙江、江苏、安徽、福建、湖南、湖北、山东、江西、河南、河北、内蒙古、辽宁、黑龙江、四川、广东、广西 16 个省份，其具体情况如表 12-2 所示。[④]

---

① 李允俊：《晚清经济史事编年》，1 142 页，上海，上海古籍出版社，2000。
② 山东农事试验场试办章程，载《东方杂志》，1905（12）。
③ 章有义：《中国近代农业史资料 第二辑（1912—1927）》，410 页，北京，生活·读书·新知三联书店，1957。
④ 闵宗殿、王达：《晚清时期我国农业的新变化》，载《中国社会经济史研究》，1985（4）。

表 12-2　农业公司创立经营情况一览表

创立时间	1897 年前	1898—1908	1909 年	合计
公司家数/家	3	79	9	91

经营范围	综合	种植	综合	垦殖	蚕桑	种植	渔业	灌溉	茶叶	酿酒	畜牧	烟草	樟脑	综合	种植	蚕桑	垦殖	合计
数量	2	1	13	23	13	13	4	3	2	2	2	2	2	2	2	1	4	91

资本数额/元	1 000 以下	1 001~10 000	10 001~100 000	100 000 以上	未详	合计
数量	5	10	25	15	36	91

在 90 多所创办的新式农垦公司中，要数张謇 1901 年创办的江苏南通通海垦牧有限公司规模最大、组织最为完备。该公司占有海门、启东沿海盐滩荒地 20 余亩，围堤成田，主要种植从美国引进的良种棉，为张謇所创办的大生纱厂提供原材料。[1] 在政府的鼓励下，类似的农垦公司、大型农场迅速成长，除通海垦牧公司外，著名的还有天一垦牧公司、广西农林公司、江苏阜海开垦股份公司等。据农工商部统计[2]：黄鼎、袁仁茂等集股 5 万元，于丹徒县创办利用树艺公司，租买荒山，种植树木，于光绪三十二年二月呈报立案；周震集股银洋 10 万元，创办崇实树苗公司，于甘泉、仪征两县买地开垦，种植树木，于光绪三十三年正月呈报立案；丁彦羾创办阜生种植公司，于金山县朱泾镇开荒种植桑柏杂树，于光绪三十三年二月呈报立案；杨良骏集股 10 万元，于溧阳县创办吉金树畜公司，购地 2.06 万余亩，开稻田，种树木，于光绪三十三年九月呈报立案。

这些农垦公司绝大多数是属于集股商办，一般以讲求新法、购置农机工具进行垦荒、放牧、造林，发展棉、茶、蚕桑相标榜。与旧式农业相比，这些公司具有较多的资本主义因素，有的已属于资本主义农业范畴，有的则接近于资本主义农业性质。据农商部民国元年第一次农商统计表统计[3]，截至 1912 年，全国集股开办的农牧垦殖公司已达 171 家，其中资本额多在 10 万元以上，最高的多达 100 万元，总资本为 6 351 672 元，分布在全国 18 个省份，其经营范围大致有垦牧种植、森林、桑茶园艺、

---

①　薛建红：《晚清中国农业领域里的变革》，载《农村·农业·农民》，1998（10）。
②　李文治：《中国近代农业史资料　第一辑　（1840—1911）》，224~225 页，北京，生活·读书·新知三联书店，1957。
③　同上，694~698 页。

蚕业、榨乳等多种，其中以垦牧种植为最广，占总数 60%。

这些新式的农垦公司多数是由华侨、商人和工业资本家创办，在商品经济较发达的地区选址，主要经营畜牧、蔬菜、果树等农副产品，并能运用先进的科学方法进行大规模的农田水利建设。[①] 来自安徽省的安阜农务公司进行沟渠建设时，"相度地形，筑堤建闸，并依照古井田沟田成法，略加变通，每方一里划成一区，四围疏溏沟渠，借资蓄泄……是项经费，约共估需银洋二十万元"。[②] 南通通海垦牧公司1901—1910 年共修建了八个堤渠工程，"大要则地势由西北而东南，共修大堤、石堤、里堤、格堤、干渠、支渠、外河 77 333 丈，用钱领六十万""其田制，方画百亩为界，又五分其。百亩有界沟，广二丈，深四尺。有沟，广二丈，深四尺。长八十丈，广十五丈"。[③] 将水利工程与农田规划紧密结合的工作理念充分体现通海垦牧公司水利工程规模之宏大。

此外，新创办的农垦公司也非常重视农业机具的应用以及作物良种的推广。如黑龙江省的兴东垦务公司，在预算中即开列了"种植项下计买火力开荒耕割机器全副，连犁耙收割车床、并耕声房屋、买马、助耕家具、货物、工食、机器、柴炎、杂用、麦种等，共银五万七千八百元，以五厘息算至十年，可得溢利银一百三十万元；磨面项下计买磨面火力机器全副，共银四万元，至十年可得溢利银百余万元；畜牧项下计买牛马羊若干头，共银一万五千元以五年为一届计之，至第三届可得三十六万元"。[④] 瑞丰家务公司"购办外国大犁开垦"。通海垦牧公司在"南洋开劝业会公司，以试垦美棉通棉各种农产之成绩陈列会场，得优等奖牌"，[⑤] 还派人前往美国考察大农业开垦之法，并采购机器模型以资仿造。总而言之，在各农垦公司的主要经营项目中已经出现从传统农业技术向近代农业技术的转变和过渡，并从事农业改良的各项活动。

除了以上几种主要农业改良举措和措施外，19 世纪末 20 世纪初，中央和地方还先后多次派人赴国外考察农务，分派出使大臣学习引进西人农务之新法，设立农林讲

① 冯云琴、王登龙：《晚清农垦公司简论》，载《石家庄经济学院学报》，2000（4）。
② 李文治：《中国近代农业史资料 第一辑 （1840—1911）》，226 页，北京，生活·读书·新知三联书店，1957。
③ 同上，702 页。
④ 同上，215 页。
⑤ 同上，708 页。

习所和演说场，在南京、武昌等地举办物品博览会、南洋劝业会，翻译西方农业科技著作等。[1] 众多政策和措施的出台，从不同层面对农业改良提供了一种持续的推动力，形成了社会上较为浓厚的兴农氛围。

综上所述，在晚清这一特殊的历史时期，中央和地方农业行政组织的创设、农业改进团体的建立、农业科研推广机构的设立、农垦公司的创建，这些农业领域里的局部变革，不可能改变中国传统的封建农业性质，但是它毕竟给死气沉沉、千年不变的中国落后农业经济吹进了一股清新的气息，在一定程度上促进了农业资本主义的发展，为建立近代农业体制奠定了基础，在农业改良中兴起了新式农学，加速了近代科技对乡土社会的浸润，增加了乡土中国的现代性，促进了社会的发展，揭开了中国农业近代化的序幕。

第三节　由传统迈向现代的农村社会变迁

步入 19 世纪后半叶，清末民初社会剧烈变迁，冲突和失调无处不在，例如来自农业的失调，人口与土地比例关系的失调，家庭内部问题的冲突等。在近代中国，农村一直被视为中国农业经济发展的基石，农村的社会发展状况在很大程度上决定了中国社会转型的状态和发展的整体质量。

农村问题历来复杂。农村问题在政治家看来主要是政治性问题，在学者看来主要是社会性问题。事实上，它与政治、经济、思想、文化、教育等问题交错在一起。其中，经济问题是其基础问题，政治问题是其制约因素。晚清农村社会变迁涉及诸多方面，新旧交替，多元混合，是多种因素交织互动的结果。近代农村社会变迁与社会转型的历史是当代社会发展的一面镜子，在农业现代化快速发展和农村深化改革的情况下，开展对近代农村社会变迁与社会转型的研究十分必要。

---

① 赵泉民：《晚清新政与中国农业的现代化》，载《学习与探索》，2000（5）。

一、晚清农村社会变迁的内涵

社会变迁是由一个旧的安定、和谐而整合的社会，转变为一个新的安定、和谐而整合的社会的过程。社会变迁之所以发生，是因为社会有流动性和不稳定性，变迁的原因之一是要维持社会的稳定与平衡。[①] 从社会学意义来看社会变迁范畴，社会变迁既泛指一切社会现象的变化，又特指社会结构的重大变化；既指社会变化的过程，又指社会变化的结果。社会变迁是一个表示一切社会现象特别是社会结构变化的动态过程及其结果的范畴。[②] 由此看来，社会变迁是所有社会现象变化的一个动态过程和结构调整，它意味着国家的社会制度、社会结构和人们的社会生活、生产方式、心理结构、价值观念等各方面整体性与根本性的变革，既包括社会的进步和倒退，又包括社会的整合和解体。在社会结构转型变迁期间，由于各种结构性要素都处于波动之中，因而带有较大的偶然性、流动性和不稳定性。转型过程中，原有的多重社会矛盾没有及时解决，可能又会增加新的社会矛盾，严重危及社会的稳定，这反过来又会影响社会变迁的进程。

农村社会变迁是整个社会变迁中的一个子系统，在中国是一个涉及多数国民的基础性变迁和大面积调整。农村社会变迁始终是中国历史变迁的主体内容，这不仅因为在区位结构中农村占据绝对多数，而且因为农村的生活模式和文化传统，从更深层次上代表了中国历史的传统。[③] 对于整个近代史而言，农村社会变迁的过程其实就是中国近代化的进程。

在近代史的研究中，社会学研究者们在将人类学、经济学、历史学、政治学等多种方法和技术引入中国乡村社会变迁研究的同时，形成了从社会结构、社会关系、社会流动和社会文化等不同视角梳理中国乡村社会变迁研究成果，对于继续深化中国乡村社会变迁研究大有裨益。[④] 农业是农村的主要经济部门，农民是农业和农村的主体，农村是农业和农民赖以存在的空间。因此，传统农村社会的变迁主要包括三个内容：

① 张玉法：《近代中国社会变迁 (1860—1916)》，载《社会科学战线》，2003（1）。
② 郑大华、邵华：《20世纪90年代以来近代中国的社会变迁与文化转型研究述评》，载《教学与研究》，2007（12）。
③ 王先明：《从〈东方杂志〉看近代乡村社会变迁——近代中国乡村史研究的视角及其他》，载《史学月刊》，2004（12）。
④ 耿瑛：《社会学视角下的中国乡村社会变迁研究》，载《东方论坛》，2010（4）。

近代以来中国农村变迁史论（1840—1911）

农业的工业化和产业化、农民身份非农化和乡村生活的城市化。[1]

19世纪后半叶，伴随人口的增长、封建统治阶级的懦弱腐败和外国资本主义的入侵，内忧外患使得晚清社会内部的各种矛盾层出不穷，日益尖锐。晚清政府的自身控制能力减弱，无论是经济、政治、军事还是文化都已无法整合社会上各种力量，为社会转型提供方向指引，从而使得整个社会转型处于无序的自发状态。在清末民初的社会剧变中，农村社会受到的冲击和集聚的矛盾已经是前所未有的了。

二、晚清农村社会转型与变迁的原因与特点

就中国近代社会发展史而言，能够体现社会本身发展变迁基本趋势的线索应该是从传统社会向近代社会的演化。传统社会在中国主要表现为封建性、宗法性、停滞性、封闭性等，而近代社会则表现为民主化、工业化与都市化，社会阶层流动化，教育普及化等。[2]

在社会变迁的过程中，存在三种可能的变迁原因[3]：第一种是社会阶层的垂直流动，即掌握新工具、新思想或实行新制度的人可能成为社会和政治的领导阶层，而那些保留旧工具、旧思想、旧制度的人就会被社会淘汰；第二种产生于文化和观念的冲突，产生了新的价值观念，往往又伴随利益冲突；第三种是社会失调，由于改变者最初未能掌握正确的改变方向，使社会愈变愈乱，或因反对势力太大，不能及时作出有效的改变，产生许多社会问题。社会失调是因，社会问题是果。如果社会问题产生太多，就会造成旧社会的解组，而变迁成一种新社会。

从社会变迁的主体和诱因来看，社会变迁可分为诱致性社会变迁和强制性社会变迁。诱致性社会变迁是指现行社会的演进、变更或替代，是由个人或团体自发倡导、组织和实行的。诱致性社会变迁最显著的特点就是采取非暴力的、非突发式的方式，是一种试探性质的、以个人或团体对社会的需求逐渐诱导制度出台。[4]19世纪60年代兴起的洋务运动，就是在当时内忧外患的压力下，在洋务派的倡导与组织下，以"自强""求富"为目的，在政治、经济、军事、文教领域推行了较全面的改革，迈出了

---

① 夏支平、李勋华：《科学技术与中国传统农村社会的变迁》，载《玉林师范学院学报（哲学社会科学版）》，2009（6）。
② 乔志强、行龙：《近代华北农村社会变迁刍论——兼论地域社会史研究的理论与方法》，载《史学理论研究》，1995（2）。
③ 张玉法：《近代中国社会变迁（1860—1916）》，载《社会科学战线》，2003（1）。
④ 罗群：《论晚清改革的制度变迁》，载《历史教学》，2008（14）。

中国近代化开端的第一步。而强制性社会变迁是以政府为主体、通过政策法令实施的一种制度变迁，或是受外力压迫。戊戌变法即是在维新派的推动下，在光绪皇帝的支持下，由政府颁布一系列政策法令强制推行的。

回顾过去，从晚清开始的社会转型和变迁受到了多种因素影响，晚清时期的社会变迁到底是诱致性还是强制性，业界学者还存在不同观点。邓嗣禹和费正清在20世纪50年代提出"冲击—反应"模式，中国晚清是一个大变动、大转型的时代，这种变动和转型不是起因于一种"内发的力量"，而是源于"外发的压力"——西方的冲击[1]，即强制性社会变迁。西方资本主义渗透和帝国主义侵略始终是近代中国社会大变动、大转型的逻辑起点。还有一部分学者认为，晚清社会的急剧变迁与改革主要源于中国传统农业的落后性、制度的独特性、中国历史发展的停滞性等内在弱点[2]，即属于诱致性社会变迁。中国封建落后的传统制度根深蒂固，以及西方列强的侵略，对晚清农村社会来说，既是转型的阻力，同时又是变迁的动力。其实，晚清农村的社会变迁还受到来自政治、经济、思想等多方面综合性因素影响。

在政治统治方面，封建的中央集权制度逐渐被瓦解，但是清朝统治者仍然不愿意主动放弃集权统治，垂死挣扎，一再错过了推动中国社会转型的最佳时机。在经济活动中，封建社会的自然经济统治地位虽然受到了动摇，但仍然严重阻碍商品经济的发展。在思想方面，儒家思想的统治地位已遭遇多方挑战，不再具有整合民众思想、巩固民众对封建王朝向心力的凝聚作用。[3] 同时，由于政府社会整合能力的削弱，在旧体制解体过程中，偶然性事件增加，从而加剧了社会的失序。

自19世纪后半叶以来，中国逐渐步入由传统农业社会向现代工业社会转变的过渡期，即社会转型期。全国各地的社会转型没有统一的时间表，经济较为发达的沿海地区作为通商口岸能够较早地接触西方先进的社会文化，因而沿海地区起步较早；而中部地区主要是受东部沿海地区的影响，因而要晚一些；西部地区远离东部沿海地区，在接受新事物、社会变迁方面则要更晚一些，部分地区甚至直到中华人民共和国成立后才开始这一进程。从中国社会的变迁及近代化过程看，大致存在四种不同类型的层次，即沿海型、中部型、内地型、边缘型。[4]

① 马敏：《有关中国近代社会转型的几点思考》，载《天津社会科学》，1997（4）。
② 陈会芹、于作敏：《中国早期现代化研究述评》，载《烟台师范学院学报（哲学社会科学版）》，2004（1）。
③ 黎霞：《鄂北晚清乡村社会变迁与社会矛盾》，载《襄樊学院学报》，2009（3）。
④ 乔志强、行龙：《近代华北农村社会变迁刍论——兼论地域社会史研究的理论与方法》，载《史学理论研究》，1995（2）。

沿海型以长江下游和珠江三角洲为典型，是近代中国受到外力冲击最早的地区，也是半殖民地化和近代化发展水平最高的地区，欧风美雨以此为前沿逐渐传入腹地。

中部型以长江中游为代表，这些地区社会近代化起步较沿海稍晚，但由于毗邻沿海，或由于交通地理条件的优越，也很快发展起来。

内地型以华北和四川盆地为代表，其特点是闭塞性较强，与外界联系较少，社会近代化起步较晚，发展程度也非常有限。

边缘型以西南为代表，各方面的社会变迁较上述三种类型均有明显差距。

总体来讲，社会近代化程度和速度存在从沿海到腹地递减的态势。

三、晚清农村社会转型与变迁的主要内容

19 世纪 50 年代以来的晚清是近代中国社会动荡、瓦解与新生的历史时期，也是中国传统社会发生转型的关键时期。要较好地勾勒晚清农村社会变迁的历史全貌，必须将其置入时代发展的浪潮，与中国古代、与城市发展情况作一比较梳理。在国内外双重压力之下，晚清农村的社会性质、社会结构、经济结构乃至思想文化和社会生活都发生了显著变化，呈现向近代社会转型的特点。

（一）社会性质和社会结构上的变化

在鸦片战争开始以前，中国是一个独立、实行高度中央集权的封建国家。鸦片战争后，晚清政府被迫签订了《南京条约》《辛丑条约》等一系列不平等条约，通商口岸的确立、香港领土的割让、领事裁判权的规定、关税税则的修订等一系列条款使中国丧失了很多独立自主权，沦为西方资本主义国家掠夺原材料、倾销商品的殖民地，晚清社会逐渐步入半殖民地半封建化的深渊。

明清以前，虽然历经无数次改朝换代，中国两千多年的封建社会结构并未出现重大变化，官僚、地主、士绅、农民、商人、小手工业者这些基本社会单元发挥了惊人的稳定性。[1] 晚清时期，西方列强发起的第二次鸦片战争、中法战争、中日甲午战争以及清末社会爆发的太平天国农民起义、义和团运动、辛亥革命等，促使中国传统的社会结构逐渐瓦解，发生新的分化组合。随着口岸开放和西方在华商务活动的拓展，出现了依附于资国主义的买办阶级。他们与封建官绅相勾结，损害民族利益，残酷压榨

---

① 蔡国斌：《论鸦片战争以来晚清社会的变化》，载《湖北省社会主义学院学报》，2006（1）。

劳动人民，是殖民地半殖民地国家中反动生产关系的代表，严重阻碍生产力发展和社会进步。资本主义关系在城市社会发生和发展之后，必然会推及、影响农村，并促成农村社会演变。[①] 在传统封建官僚与士绅之中分化出一批新型工商业者，他们与买办一起，构成了新兴的资产阶级。在城市贫民和农民之中也分化出一批从事近代工业生产的产业工人，无产阶级与资产阶级相伴而生。这两股新的社会力量改变了中国传统的社会结构，他们登上政治舞台之后，必然要向封建专制制度发起冲击，要求建立近代社会政治。

（二）经济结构上的变化

中国传统的社会经济结构是以封建地主经济、农民和手工业者的个体经济为主体。在第一次鸦片战争后，中国传统的农业与家庭手工业相结合的小农经济抵抗住了西方洋货的大量涌入。这种以"耕织"结合为基础的小农经济的优势就是农民不仅生产自己需要的农产品，而且生产自己需要的大部分手工业品，无需依赖市场生活。但是好景不长，三大困境预示以农为本的自然经济必然走向解体。首先，清代不断增长的人口使得人均耕地面积越来越少，加之战争破坏，农民无力增加农业投入。农业劳动生产率较低，不敷日益增长的人口支出。其次，自然灾害频频发生，一方面是水、旱、寒潮等灾害性天气时有发生，另一方面是水土流失和河道久未疏浚引起的洪水连年成患。此外，还常有地震、虫害以及瘟疫等，灾荒日益严重，引起大量农民流亡，土地抛荒。第三，捐税、地租、高利贷等沉重的剥削导致农民大量破产。[②] 第二次鸦片战争后，19世纪60年代西方列强借助于坚船利炮，发起了新一轮的商品冲击。廉价的洋纱、洋布、洋油、洋火战胜了中国的土产品，中国传统自然经济终于败下阵来。在工业领域，代表先进生产力的动力机械被引入中国，出现了以机器工业为代表的资本主义经济成分，开办了兵工厂、造船厂、缫丝厂、棉纺厂等一大批近代工业企业。与此同时，进出口贸易及国内商贸流通的发展，促使旧式商业向近代工商业转化，使商贸业在整个社会经济结构中日益占据重要地位。[③] 至此，原先由农业统领天下的经济结构出现了划时代的变化，近代工业和商贸业在经济结构中开始占据一席之地。

进入19世纪90年代，外国资本主义在国内开始大量采购用作工业原材料的农产品，各类经济作物的种植和输出逐渐增加。农民剩余的农产品开始进入流通领域，

---

① 陈旭麓：《近代中国社会的新陈代谢》，136页，上海，上海人民出版社，1992。
② 黎霞：《鄂北晚清乡村社会变迁与社会矛盾》，载《襄樊学院学报》，2009（3）。
③ 蔡国斌：《论鸦片战争以来晚清社会的变化》，载《湖北省社会主义学院学报》，2006（1）。

近代以来中国农村变迁史论（1840—1911）

但流通范围十分有限，农产品交换的地域范围主要是在近距离的产地市场。经济作物如棉花、蓝靛、油菜、芝麻、油桐、烟叶等，除了部分留作家用之外，大都送往市场销售。如湖北宜城县，"当岁晚务闲，闾阎争事纺织……成布虽精细不足而坚密有余，货诸列肆亦足资小民生计"[①]，其棉织品出售所得收入在家庭收入中占有相当的比例。随着自然经济解体、商品化程度提高，农民日益与市场发生紧密联系。近代中国农村商品经济的产生和发展是由于外国资本帝国主义的商品倾销和对原料的掠夺所致。[②] 商品经济的发展在地域上极不平衡，离通商口岸和交通枢纽较近，受洋货冲击较大的农村，商品经济发展程度较高一些；离通商口岸和铁道、河运等交通枢纽较远的地区，自然经济被破坏的程度低一些，甚至有相当部分内地乡村耕织结合的自然经济完整地保留下来。

（三）思想观念和价值观念上的变化

相对于经济上的变化，思想文化和社会观念的变迁是一个更为艰难漫长的过程。晚清社会，孔孟之道、儒家学说依然在社会思想和文化价值观方面占据主流地位，但也遭到了前所未有的冲击。西方资本主义国家试图将先进的西方文化传入中国，"传教士与商人一起东来，但由于传教士比商人更具献身精神，因此，西洋宗教在中国登陆之后，比商品走得更远，甚至深入穷乡僻壤"。[③] 另外，一大批爱国人士兴起了救亡图存的思潮，主动提出向西方学习先进的科技知识，其后，西方民主思想、政治理论被介绍到中国，并为愈来愈多的人所接受。在思想领域，晚清时期先后出现了洋务派与守旧派、维新派与洋务派、革命派与维新派的三次大论战。每一次论战都给传统思想以巨大冲击，在社会上引起强烈震荡。在教育领域，新式学堂从无到有，从小到大，出国留学人员日渐增多。1905 年废除科举制度更是教育上的一次巨大变革。随着教育事业的发展，新型知识分子群体应运而生。他们传播新知识、新思想，突破了孔孟之道的思想藩篱。在他们的带动下，"诗界革命""小说界革命""史学革命"等文化变革先后兴起，为晚清社会变迁带来新的生机。

在西方资本主义价值观念的冲击感染下，人们的思想观念发生了新的变化，从厌洋排外变为崇洋媚外，从贱商到崇商，近代意义上的"重商"思想在晚清萌芽。在根植于封建农业经济基础之上的"重农抑商""重本抑末"的传统观念中，商处于"士、

---

① 李文治：《中国近代农业史资料 第一辑 （1840—1911）》，336 页，北京，生活·读书·新知三联书店，1957。
② 侯银辉：《论近代中国农村的商品经济及其不发达的原因》，载《求索》，1994（4）。
③ 陈旭麓：《近代中国社会的新陈代谢》，140 页，上海，上海人民出版社，1992。

农、工、商"四民之末，人们对商人的认识多半会将其与贪财好利、见利忘义、道德低下联系在一起，由此在社会上普遍形成了"贱商"的社会心理。但近代社会形势急剧变化，西方商品如潮水般涌入中国，充斥各通商口岸。中外贸易的增加，扩大了销售市场，也带来城镇及乡村贸易买卖活动的繁荣，从而带动了整个商业的发展。[1] 专门经营进口商品的洋货店、洋布店、五金店、西药店，专门经营出口生意的丝栈、茶栈，还有钱庄、银号、交通运输业、搬运业等，大批从事商业活动人群的出现，在咸丰同治时期形成了一股从商的热潮。张謇中状元后不愿为官，反而从事经商和工业活动，也反映商人社会地位提高。思想观念和社会价值观念的更新，为中国早期近代化提供了良好的氛围。

（四）社会生活上的变化

生活方式的变化和生活习俗的演变，与社会经济发展有较为密切的关系。在通商口岸开设的影响下，城市经济得到了繁荣，与此同时也对当地农村闭塞守旧的传统观念和生活习俗带来了较大冲击，并促使其逐渐让位于新的顺应近代经济运行的思想观念和社会习俗。一旦突破了旧的生活方式，眼界打开，很多农民便发现传统的谋生手段不敷支用，遂纷纷另辟新径。例如，上海开埠前，周围农村的生活习俗和人们的思想观念，是与自给自足自然经济占主导地位的社会形态相吻合的，"重农务本"的传统观念根植于大多数人的头脑中。上海开埠后，特别是19世纪70年代后，以近代工商业、交通业等为主干的上海城市经济较快发展，与毗邻农村的经济联系大为增强。上海近代城市经济的发展，给当地农村的社会生活带来很大冲击，很多人不再安于厮守土地，而是眼光外移，向往并投入不断发展的都市生活。[2] 如陈炽《续富国策》中所说的"江海通商，食力之民趋之如鹜，每月工资至少数元，以养妻孥，绰有余裕"。机器轧花业的男女工人，多数为远近各乡原手工轧花业者。棉纺织厂女工，多自上海周围二三百里远的乡村而来，缫丝厂也是女工人等，一呼可集。1879年设于浦东陆家嘴的英商祥生船厂家，雇佣工人有约1 400人，至1894年又增至约2 200人。上海县法华乡，"光绪中叶以后，开拓市场，机厂林立，丁男妇女赴厂做工。男工另有种花园、筑马路、做小工、推小车。女工另有做花边、结发网、粘纸锭、帮忙工，生计日多，而专事耕织者日见其少"。[3] 众多农民离开土地进入城市，既扩大了商品消费者的队伍，

---

① 管伟：《19世纪中国传统社会价值观念的变迁》，载《山东省青年管理干部学院学报》，2004（5）。
② 戴鞍钢：《晚清上海农村社会的变动》，载《探索与争鸣》，2012（10）。
③ 黄苇、夏林根：《近代上海地区方志经济史料选辑》，336页，上海，上海人民出版社，1984。

也为资本主义的发展提供了劳动力市场，给城市经济的发展注入新的活力，这些人的生活状况和精神风貌也有明显改观。《1892至1901年海关十年报告》称，在毗邻港区和工厂区的农村，"村农衣着和一般外表有了显著改善，这些村民在走向进步的历程中，已从贫困和不足的状态逐渐改变为中等程度的舒适和富裕状态，特别是妇女和少女更是如此。随便哪个下午，都可以看到闸北或杨树浦路各厂家走出愉快和看来满足的人群，他们当中大部分人的情况能得到改善，同大型地方工业的建立有关"。普通农民的生活方式出现了较为明显的变化，衣、食、住、行、礼仪、习俗等方面均出现了移风易俗的新变化。与此同时，在广大的农村地区，在广大农民中，传统的风俗习惯、生活方式也得到了保持，晚清社会新旧风俗杂陈的现象大量并存。

由上可见，晚清农村社会变动明显，这在很大程度上是受近代城市经济的促动。正是依托城市的发展，周围农村旧有经济结构、思想观念、生活习俗和行为规范的束缚逐渐被打破，也为其农业、手工业等传统经济模式的转型提供了契机、可能和较平衡的途径，从而推动这一地区的社会近代化进程。它从一个侧面较为生动地显示，与外部世界联结的近代城市是引导中国农村推陈出新、逐渐走出传统社会的主要动力，而农村的这种变革则有助于近代城市的进一步发展。

余　论

过去这一百五十年里，中国农业与农村发生了巨大而深刻的变化。政治上，中国经历了由帝制到民国，再到中华人民共和国的历史变迁；经济上，中国由一个相对封闭的小农经济逐渐融入世界资本主义工业经济；技术上，中国由传统经验科学逐步迈向现代实验科学。中国农业与农村是在什么样的历史背景下发生转变的？为什么会发生这样的转变？变化的过程与动因是什么？有什么样的经验与教训？这些都是学术界乃至整个社会应当思考的问题。

一

自鸦片战争到中华民国成立 70 余年间，既是中国近代农村经济社会变迁的起点，也为百年变迁提供了环境和条件。晚清中国农业，一方面是衰落凋敝，另一方面它又是中国传统经济发展的一个巅峰。鸦片战争前后，中国经济仍占世界经济总量的 1/3，远超欧美诸国。在增长速度上，18 世纪前也快于欧洲国家。当时中国并无近代工业与科技，支撑经济规模和近 7 倍人口增长的是中国的传统农业。

应该说，晚清中国的农业不仅没有停滞，而且还是在传统经济的轨道上快速发展，达到了传统经济的极限。16 世纪欧洲文艺复兴后，西欧工业资本主义迅速发展，科技进步日新月异。中国长期采取闭关锁国的政策，对快速变化的世界闭目塞听，故步自封，终于导致两种不同的经济增长方式和文化体系在 19 世纪中期和后期发生激烈碰撞。两次鸦片战争让中国认识到自己的不足和落后，因而有了"师夷人之长技以制夷"的想法和改变。1895 年中日甲午战争则进一步让中国认识到，落后的不仅仅是枪炮制造，也包括教育、制度与文化，从而开启了追求"科学与民主"的历史进程。

中国近代农业与农村的历史变迁就是在这样一个大的历史背景下展开的：在政治上，它涉及政治制度和土地制度的变革；在经济上，它涉及市场经济的发展、世界经

余
论

济的融入及农工商一体化的变革；在技术上，它涉及由传统父授子传的经验型农业向近代实验科学农业的转变；在教育上，它涉及由原来"农者不学""学者不农"的状况向"棉铁救国""科教兴农"的转变；在农村发展条件建设上，改变了原来画地为牢、土楼式的封闭格局，开始构建公铁联运的网络；在农村组织管理上，改变传统的宗族统治、乡贤治理的格局，向农村自治、农村合作社的方向发展。总之，晚清是一个历史大变迁渐次展开、具有历史意义的时代，这种变化在初期虽然细微、缓慢，但整个演化进程不可逆转，为此后民国的建立与发展完成了物质与精神的重要铺垫。

二

以农业为例，一般认为晚清中国农业已经停滞并趋于衰落，这也是中国近代被动挨打的重要原因。然而，大量历史事实表明，清代是中国历史上经济发展最为迅速的历史时期，并于19世纪初期到达世界顶峰（正是晚清开始前），其主要支撑体系就是中国的农业。虽然较之宋元，中国农业生产工具数百年没有什么变化，但在多熟种植、肥料使用、农田水利等精耕细作体系，美洲高产作物引种推广及生态农业等诸多方面，都有长足的发展和重要创新。可以说，中国农业生产的相对优势一直保持到了19世纪中期，其中土地生产率方面的优势大体维持到20世纪。

如图1所示，迟至1820年中国仍然是世界最大经济体，中国的GDP约占世界总量的1/3（32.4%）。1950年美国在世界经济中的地位达到顶峰，所占比重也只有27%，今天则降至24.3%（2017）。从经济增长速度看，整个18世纪，中国经济增长率仍快于欧洲、日本和印度。19世纪中叶以前，中国没有现代工业，经济主体是农业（迟至1890年农业仍占中国经济总量近70%），这样的经济规模和成就，怎么能得出中国农业停滞或衰落的结论？

中国人口西汉时期已接近6 000万。然而，在此后的1400年中，起起伏伏，升升降降，到明初人口仍然只有6 000多万。正是从明代开始，尤其在清代，人口开始出现了历史上罕见的快速而稳定的增长。中国人口似乎首次跳出马尔萨斯（T.R. Malthus）通过"积极抑制"实现平衡的历史怪圈，从明初的6 000多万，增长到清末的4.3亿。400年中人口增长了6倍。没有农业的相应发展这种增长是不可想象的。事实也正是如此，从1400年到1820年，中国耕地面积只增长了3倍，而粮食总产增长了5.3倍，其中粮食单产增长77%，大体与人口增长保持了同步。由此可见，清代中国农业不仅没有衰落或停滞，而且发展最为迅速，较好地支撑了中国人口持续高速增长和中国领先世界的经济规模。中国没有发生工业革命，甚至农业也基本上是沿袭

近代以来中国农村变迁史论（1840—1911）

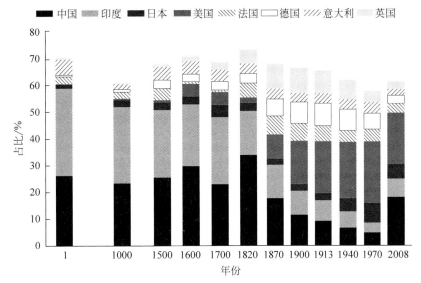

资料来源：Angus Maddison, The Economist. University of Groningen.

图 1 中国在世界经济中比重变化情况（1—2008）

传统模式，那么，农业增长的源泉何在？动因是什么？表现在哪些方面？细致梳理一下，至少有如下几个方面：

（1）提高土地生产率的多熟种植制度的高度发展；

（2）以肥料技术为中心的一系列精耕细作农耕技术的发展；

（3）耐瘠高产美洲作物的引种与推广；

（4）有助稳产高产农田水利建设的发展；

（5）生态农业与多种经营的高度发展。

上述几大方面本卷中已有详细阐释，兹不赘述。如果说中国在近代科学和工业方面自 15 世纪已逐渐落后西方，中国在农业生产方面的相对优势地位却一直保持到了 19 世纪。事实雄辩地证明，中国农民在技术创新与技术利用上能够结合自己的国情作出理性和正确的抉择。

衡量农业生产效率有两个重要指标：一个是劳动生产率，另一个是土地生产率。从这些基本面考察，19 世纪中期以前，中国农业并未落后。欧洲中世纪小麦播种量与收获量之比仅 1∶4，而中国基本在 1∶10 以上，水稻则更高。多数欧洲国家小麦亩产只有 70 斤左右，而中国早在汉代小麦亩产不少地区已达到 130~150 斤。13 世纪英国粮食亩产一般在 80~97 斤。相比之下，中国西汉时粮食亩产已达 264 斤，唐代为 334 斤。16 世纪末，英国小麦每公顷产量 538~673 斤，1700 年增至 940~1 076 斤，低于中国明

余
论

朝的水平。就整个西欧而言，直到 19 世纪中期平均每公顷产量不过 1 000 斤，大体相当于中国同期的水平。

有学者对 18 世纪英格兰和长三角农业单位土地生产率进行过比较，长三角每英亩土地产量为 3 432 磅，而英格兰为 1 290 磅，二者之比为 2.7∶1。迟至 20 世纪 30 年代，中国水稻单产仍比美国高 5%，小麦高 20%。中国是多劳集约、精耕细作类型农业，多熟种植是中国农业的主要特点。卜凯（J. L. Buck）曾对中国"冬小麦—高粱区"和美国中西部"小麦—休闲—小麦区"进行比较，如果将不同复耕指数计算在内，则美国每公顷农业产量只有中国的 1/6。

从劳动生产率看，19 世纪中期以前中国与欧美的差距也不是很大。事实上，17、18 世纪中国传统农业对西欧农业革命还作出了重要贡献。世界耕犁史权威 Paul Leser 认为："整个欧洲农业变化最重要的起点是 18 世纪初。……促成这个变革的动因来自东亚。""铁制犁壁是东亚发明的，18 世纪才由远东传入欧洲。"与此同时传入的还有耧车、扇车、碌碡、辊子等，这些在不同程度上影响了"三圃制农法"的废除。例如据 B. H. S. von Bath 研究，中国耧车经威尼斯—南奥地利—西班牙和法国传入英格兰，后经塔尔（J.Tull）改进成为通行于 18 世纪欧洲的畜力条播机。工业革命的成果并未很快应用于农业，虽然蒸汽机很早就已出现，但在农业生产领域仍然罕见。第一台拖拉机虽然 1892 年就已在美国商业化生产，但到 1914 年总共也只有 1 000 台。应该说整个 18 世纪和 19 世纪欧美农业与中国一样仍然是"牛马时代"。

中国早在汉代就发明了畜力条播机、耧车等高效农业生产工具。之所以宋代以后在农具方面没有大的变化，根本原因在于人口众多、耕地紧缺的矛盾使农业技术创新更加倾向于向充分利用劳力、努力提高土地生产率的方向转变。作物复种指数的提高、美洲作物的推广、农田水利的建设及生态农业的发展都说明了这一时期农业技术创新的特点。著名英国科技史学家李约瑟（Joseph Needham）认为中国科技自 15 世纪开始逐渐落后于欧洲。但他清楚地认识到形成差距的具体时间是不同的，最早在物理学、天文学和数学领域，其次是化学和生物学，医学和农学相对要晚得多。

中国农业竞争力真正开始落后于西方主要发生在 19 世纪中期，尤其是 20 世纪 30 年代以后。19 世纪末至第二次世界大战，西方近代科技和工业成果开始作用于农业机械，大大提高了农业生产率。以美国 19 世纪末叶马拉农具和 20 世纪第一次和第二次农业机械化为典型代表。1700 年以牛为动力一天只能耕地 0.4 公顷；1800 年美国以牛耕和镰刀为动力和工具生产 2 700 公斤小麦需要 373 个工时，到 1960 年使用拖拉机和联合收割机只需要 10 个工时。

表 1　美国农业动力变化情况　　　　　　　　　　　　　　　%

时间 / 年	非生命动力	畜力	人力
1850	5.8	78.8	15.4
1943	94.0	3.0	3.0

资料来源：E.W. Zimmerman.World Resources and Industries. London，1951: 58.

西方近代科技成就作用于土地生产率提高的重要突破始于 20 世纪，尤其是 20 世纪 30 年代以后，主要表现在几个方面：利用杂交优势的作物优化品种，化学肥料的研发使用，植物保护药剂的研发使用，等等。这些技术使欧美发达国家作物单产较之 1800 年提高了四倍。

客观地分析，中国近代被动挨打，并非因为农业落后，而是由于不能正视世界形势变化，经济和社会转型缓慢造成的。文艺复兴之后，英国积极推进工业资本主义发展，到 1760 年，农业产值在国家经济中的比重已经下降到 33%。1600 年仍有超过 75% 的英国劳动力从事农业生产，到 1720 年下降至 50%，1801 年进一步下降至 36%，经济和社会转型基本完成。相比之下，迟至 1949 年，中国农业经济在国民经济中的比重仍高达 70%，农村人口在中国人口中的比重超过 80%。也正是由于经济和社会转型缓慢，中国的地位每况愈下。1840—1950 年，中国 GDP 由占世界总量的 1/3 下降到 1/20，实际人均收入也从 1700 年世界平均水平下降到世界平均水平的 1/4（1978 年）。

现代农业与传统农业不同。传统农业中，生产单元也是消费单元，所有生产要素基本在农业和农村内部就可以解决。现代农业则不同，它依赖大量外部投入，如化肥、农药、机器，等等。这一切都不是农户自己所能生产的，需要一个强大的科技和工业支撑体系。正是这些造成了中国与西方发达国家在农业生产力方面的差异。我们一度将农业生产力的落后归咎于小农经济制度，认为是分散、狭小的小农阻碍了中国农业的发展。要想提升农业生产力，必须改造小农经济制度，实行人民公社。1958 年，在强大政治力量的推动下，仅仅 1 年时间 1.2 亿农户被组织进人民公社。人民公社平均规模上万亩，看起来足够大了，但实际效率却非常低下。如果以 1952 年中国粮食生产率指数为 100，尽管粮食生产总量在增加，其生产率却在下降，1961 年为 65%，1981 年为 34%。此期粮食增长率年平均为 2.4%，仅与人口增长保持同步。1978 年中国改革开放以后，实行家庭联产承包责任制实际上是回归小农经营制度。然而，1978—1984 年，中国农业产出和粮食产量分别增长了 11.8% 和 4.1%，而同期人口增长仅为1.3%。可见，小农经营制度并没有成为中国农业发展或农业现代化的障碍。事实上，此期农业生产率猛增41%，其中土地制度变革或土地制度回归的贡献率高达78%。

表2　传统农业与现代农业的特征

特　征	传统农业	现代农业
主要投入	土地、劳动	资本
农业动力	人力、畜力	机器
肥料来源	粪肥、绿肥	化学肥料
商业性投入比重	0~30%	30%~90%

回顾中国现代化进程，1862年才开始洋务运动；1914年倡导科学与民主，开始发展现代科技和教育体系；1949年农业产值在国民经济中的比重高达60%；直到1978年，中国农村人口在总人口中的比重仍高达82%。可见，中国近代落后的根本原因是经济和社会转型起步晚且进展缓慢。

中国经济和社会真正快速转型是在改革开放以后。中国农业在总体经济中的比重由1949年的60%下降至今不足10%，中国城市化进程由1978年的18%提高到2012年的51%。中国仅用三十年时间经济总量就跃居世界第二，中国农业总量和多个单项指标又重新跃居世界前列。

历史事实表明，清代是中国农业发展最为迅速的历史时期，也是中国传统农业发展的巅峰。如果说在传统农业社会，欧洲乘坐的是牛车，中国乘坐的就是马车，长时间内中国保持相对领先地位。清代，中国农业的马车不仅没有停顿，而且跑得更快了。然而，19世纪以后，西欧改乘汽车了，牛车、马车逐渐淘汰，而中国仍然继续以马车为主要交通工具，尽管中国也在前行，但后劲不足的态势已经越来越明显。

总而言之，晚清是中国农业发展的一个重要历史时期，它继承了中国传统农业中许多好的东西并将其发展到极致。诸如"天、地、人、稼"和谐统一、可持续发展的理念，精耕细作、集约经营的技术体系，有助于激发生产者积极性的农户经营制度，开放包容的技术创新精神，等等。这些在今天的农业和农村发展中都具有弥足珍贵的借鉴意义。

三

虽然晚清农村发生了这样那样的变化，给这个时期中国农村的"死水"中注入了新的元素，然而这些新的活力只是在传统农村社会中荡起一些涟漪，没有从根本上改变什么。到了民国依然如此，直到中华人民共和国成立后，这一切才发生根本转变。

比较而言，晚清城市发生的变化远大于农村。农村仅有的一些变化，也并非都是向好的方面发展，有的反而愈发凋敝了。可见所谓的转型也是一把双刃剑，晚清农村变迁造成了城乡背离等多种不利，这是时代的局限，我们不能求全责备。

此外，如果我们把视角转向基层个体，就会发现这种变化更是微乎其微。这正是近年来颇为流行的微观史研究范式，对一个相对不为人知的个体生命进行细致的研究，旨在展现普通人的生活经历和思想世界，以此来了解晚清农村或许会更加真实。本书已展现这样的端倪，然而专题化的写作模式无疑做得还不够，我们将来的研究愿景就是撼动这种宏大叙事的整体化倾向，眼光向下，正视历史研究中"人"的转向。所以，即使是辛亥革命这样的划时代历史事件，似乎在农村中也未产生甚大影响，如此等等，类似研究不一而足。如果我们觉得自己的研究属于"当局者迷"，那么借助"域外之眼"的旁观者的眼光，似乎就更有说服力了。众所周知，域外汉学的研究从古至今可以分为三个阶段：游记汉学、传教士汉学、当代汉学。其中传教士汉学已经是较为成熟的阶段，他们不仅记述客观，由于长期观察中国人往往能够得出一些真知灼见，其中不乏一些颇有见地的哲学思考。晚清，正是传教士汉学的高潮阶段，一时各种论著如恒河沙数。虽然他们仁者见仁、各说各话，但是笔者可以提炼出一个共同点：晚清，诚如费正清之"冲击—回应"论，具有一定的特殊性。这正是本书的主旨和论纲，但依然是中国传统社会长河的一个小的阶段，即它并没有发生剧变。

之所以如此，根本原因是因为晚清自然与社会环境、传统经济形态、土地制度、农业生产力与农业经营、赋役制度、租佃制度、雇佣制度和息借制度等没有发生根本转变，所以晚清农村变迁局限和不足也就呼之欲出了。这正如20世纪的热点问题、"五朵金花"之一的资本主义萌芽问题的研究，即使真的出现了资本主义萌芽，也不等于中国当时已经开始进入资本主义形成时期。因为"如果没有更新的东西发生，那么这种经济体即使普遍存在，也仍然不能改变社会的性质。然而，当社会上普遍出现纯资本主义性质的经济个体时，那么这种经济个体即使是个别的存在，也应当说它是资本主义形成时期的经济现象"。

直接原因，便是农村凋敝、农民普遍挣扎在死亡线上而"无暇他顾"。1860年来华，在中国生活了50余年的英国传教士麦高温就深刻地洞悉了这一点："由于农民过于贫困，所以他们不得不强迫自己去胜任各种与农业无关的工作……中国的农民从没有用火车、马车、牛车或者其他牲口把货物运走的经历，他们可以想，但因为太穷却不能真的这么做……他们一天三顿都是白粥配腌萝卜或者圆白菜，有时也会变成一些更加便宜的大众食物：咸鱼、豆腐乳、酸豆角和腌黄瓜。在中国的大部分地区，在贫苦百姓的眼里，能吃上一次大米实在是太奢侈了，满打满算，一年也就吃十几回。他们没别的选择，只有以地瓜为主食，配着腌渍的白菜和萝卜一起吃……通常人们住的地方就是田地的某个角落，那里像野地一样荒凉，展示着人民悲苦的生活。在那些干枯的土地下埋葬的，是人们的家以及对家的牵绊，因为收成失利代表着人们只有卖掉妻儿才能保住家……因为没有拉犁的牛，所以只能用家里的妇人替代，有些人家甚至连犁都没得拉，只得挥舞着锄头上阵。"

全书类似记载比比皆是，充满对中国人民的同情。在这样的条件下，农民又如何能真正实现农村的变迁？也许正如麦高温所述："一个民族大部分人都患有消化不良的病，对于人民的性格以及国家的历史变革来说，会造成什么样的影响？"这的确是一个值得思考的问题。

晚清农村，既有传统又有变迁，足以概括晚清70年中国农村走过的历程。"传统"意味着在一系列人为的或非人为的、自愿的或非自愿的因素影响之前，农村保持原有的运作状态，包括社会生产方式和人们心态的原有状态；"变迁"则暗含了在这一切的影响下，传统农村生态与人们思维方式发生改变，传统被或多或少地改变，而这种改变多数是朝着现代化的方向发展，无处不隐含着这两个词的交叉。在晚清中国大环境中，"传统"与"变迁"体现了恰到好处的融合和转化的趋势。

四

小农经济一直是中国传统的经济形式，也是对传统中国展开批判性思考的重要起点。晚清农业经济的新变化深刻影响农村阶级形态与社会形态的变化，它嵌入晚清中国的社会变迁过程当中，从而成为理解中国农村的关键要素。中国是个农业大国，无论过去、现在还是未来，虽然农业与农村面貌有了很大的改观，但不可否认，一些历史的惯性仍然在困扰我们，对我们理解今天农村出现的问题依旧有极大的现实意义。

首先，从农民个体来说，他们从来都是分化的。晚清农民因为农业本身而分化，今天的农民因为外出务工或商业活动而分化。但两个时代的农民却有相同的特点：一是在尽最大可能保留自己耕地的同时从事其他雇佣劳动；二是农民做出选择的依据是尽可能满足自身生活需要，而不是追逐利润。黄宗智把农民束缚于家庭农场与农业雇佣的过程称为小农的半无产化，并把它视为发展资本主义的障碍。而今天，半无产化有了新的历史形式，即中国特色的农民工。虽然农民工已不再是资本主义发展的障碍，但不可否认的是，他们自身在改革开放的红利中获益甚少。

其次，从农村形态来看，今天的农村呈现一种既紧密又松散的复杂格局。相较于传统意义上的农村，它是松散的，无论是互助互惠的礼俗制度还是高度聚合的文化网络都处于式微状态，有人悲叹"礼崩乐坏"，然而农村本来就不是一个"田园牧歌"的社会。而相较于现代化的城市，它又是紧密的，村民内生封闭型的交往互动更多地建立在地缘、血缘等基础上，维持这种互动模式也更多地依靠内化的伦理而不是外在的法律。以宗族为例，今天依然可以看到这个古老的血缘组织以一种改头换面的乡贤形式复辟。由此可见，今天的农村更像是一个具有易变性的复杂场域，而这种易变取决于经济模式的变化。因此，改造农村并不是恢复到"皇权不下县"的双轨社会，而是要通过经济上的有力措施革除糟粕流毒，达到农村面貌革新和农业文化遗产保护的双重目的。

再次，从农村与国家政权的关系看，今天的农村权力结构与晚清有相似之处。虽然晚清农村处于一个国家政权不断强化的阶段，而现在的农村处于一个国家政权逐渐弱化、自治不断强化的阶段。从人员流动层面来说，改革开放之后经历向上流动的农村精英并不居住于村，对村中事务也鲜有关注，计划经济时代的农村领袖也因为年龄、威望等原因逐渐淡出领导层，亦是转型期的"农村权力真空"。从主观目的来说，两个时期竞争农村领导权的个人都更加侧重于个人利益或者是家族利益的考量，而不是为农村整体利益服务。基层政治生态的持续要改变解决"三农"问题的模式，在强调帮扶的同时，更要强调社会净化与重新构建农村社会的联动。

最后，鸦片战争，尤其是甲午战争以后，中国已经认识到在现代经济和科技，乃至政治制度和思想观念方面的落后，先后启动了以"洋务运动"和"戊戌变法"为代表的国家现代化进程；然而，列强的入侵与掠夺、内乱不断及新兴军阀的割据，使得政治上有令难行，经济上捉襟见肘，民心上涣散无力，严重妨碍了国家现代化的努力。这一状况一直延续到民国时期。农村变迁是一个漫长的过程，虽然不同阶段有不同特点，但绝不是非此即彼，凭空突现，前后均有密切的逻辑关联。晚清经济的转型和社会的动荡，是中国近代历史变迁必不可少的发展阶段，它既启动了中国现代化的进程，奠定了近代经济的基础，也为此后更为全面、更为彻底的经济和社会变革提供了思想和文化基础，从"师夷人之长技以制夷"到热情拥抱"德先生"和"赛先生"就是思想观念历史变迁的重要标志。中国已经开始了现代化进程，就只会义无反顾，绝无回头之理。

参 考 文 献

著作文集

（明）李翊.戒庵老人漫笔.北京：中华书局，1982.

（清）葛士浚.皇朝经世文续编.台北：文海出版社，1972.

（清）龚定瀛修，夏子篆.再续高邮州志.光绪九年刊本.

（清）何绍章，杨履泰，等.江苏省丹徒县志.台北：成文出版社，1970.

（清）贺长龄.耐庵奏议存稿.清光绪八年刻本.

（清）金吴澜，李福沂，汪，朱成熙.昆新两县续修合志.光绪七年刻本.

（清）金吴澜，等.江苏省昆新两县续修合志.台北：成文出版社，1970.

（清）李翰章.曾国藩文集.李鸿章，校刊；冯晓林，审订.北京：九州图书出版社，1997.

（清）梁蒲贵，朱延射，等.江苏省宝山县志.台北：成文出版社，1983.

（清）陶澍.陶文毅公全集.清道光二十年两淮淮北士民刻本.

（清）徐润.徐愚斋自叙年谱.台北：商务印书馆，1981.

（清）羊复礼修，梁年，等纂.镇安府志.清光绪十八年刊本.

（清）杨开地修，姚光发纂.重修华亭县志.台北：成文出版社，1970。

（清）杨开第.重修华亭县志.刻本，清光绪五年（1879）.

（清）应宝时，俞樾，等.上海县志.台北：成文出版社，1975.

（清）郑观应.盛世危言.北京：中华书局，2013.

（清）郑种祥.重修常昭合志.光绪三十三年刊本。

［美］G. W. 施坚雅.中国封建社会晚期城市研究——施坚雅模式.王旭，等，译.长春：吉林教育出版社，1991.

［美］卜凯.中国农家经济.张履鸾，译.北京：商务印书馆，1936.

［美］卜凯.中国土地利用.金陵大学农学院，1937.

［美］费正清.剑桥中国晚清史.下卷.北京：中国社会科学出版社，1985.

［美］郝延平.中国近代商业革命.陈潮，等，译.上海：上海人民出版社，1991.

［美］吉尔伯特·罗兹曼.中国的现代化.上海：上海人民出版社，1989.

［美］里默.中国对外贸易.卿汝楫，译.北京：生活·读书·新知三联书店，1958.

［美］马士.东印度公司对华贸易编年史（1635—1834）.广州：中山大学出版社，1958.

［美］威廉·乌克斯.茶叶全书.上海：中国茶叶研究社，1949.

《新疆图志》卷28，实业一.

白鹤文，等.中国近代农业科技史稿.北京：中国农业科技出版社，1995.

包世臣.齐民四术（卷1，上册）.北京：中华书局，2001.

包世臣.说储上篇前序.中国近代经济文选.上海：上海人民出版社，1984.

包伟民.江南市镇及其近代命运.北京：知识出版社，1998.

宾上武，等.来宾县志.铅印本，1936.

蔡无忌等.中国现代畜牧兽医史料.上海：上海科学技术出版社，1956.

曹树基.中国移民史：第六卷（清民国时期）.福州：福建人民出版社，1997.

曹允源，李根源.吴县志.民国二十二年铅印本.

陈伯庄.平汉沿线农村经济调查.上海交通大学研究所，1936.

陈传德，黄世祚，等.嘉定县续志.铅印本，1930.

陈继淹修，许闻诗纂.察哈尔省张北县志.台北：成文出版社，1968.

陈孔立：清代台湾移民社会研究（增订本）.北京：九州出版社，2003.

陈旭麓.近代中国社会的新陈代谢.上海：上海人民出版社，1992.

丛佩远，赵鸣岐.曹廷杰集.北京：中华书局，1985.

戴鞍钢，等.中国地方志经济资料汇编.上海：汉语大词典出版社，1999.

邓拓.中国救荒史.北京：北京出版社，1998.

丁长清，慈鸿飞.中国农业现代化之路——近代中国农业结构、商品经济与农村市场.北京：商务印书馆，2000.

董书城.中国商品经济史.合肥：安徽教育出版社，1990.

范西成，陆保珍.中国近代工业发展史（1840—1927年）.西安：陕西人民出版社，1991.

傅衣凌.明清封建土地所有制论纲.北京：中华书局，2007.

葛剑雄.中国人口发展史.福州：福建人民出版社，1991.

关册·胶州口，光绪三十一年（1905）上卷.

关册·天津口，宣统元年（1909）下卷.

广东省社会科学院历史研究室，等.孙中山全集（第一卷）.北京：中华书局，1981.

广东省社会科学院历史研究室，等.孙中山全集（第九卷）.北京：中华书局，1986.

郭文韬，等.中国近代农业科技史.北京：中国农业科技出版社，1989.

何一民.近代中国城市发展与社会变迁（1840—1949年）.北京：科学出版社，2004.

侯厚吉，等.中国近代经济思想史稿（第2册）.哈尔滨：黑龙江人民出版社，1982.

黄苇，等.近代上海地区方志经济史料选辑.上海：上海人民出版社，1984.

黄宗智.中国农村的过密化与现代化：规范认识危机及出路.上海：上海社会科学院出版社，1992.

简又文.太平天国典制通考.香港：简氏猛进书屋，1958.

蒋猷龙.浙江蚕种生产发展史.浙江蚕业史研究文集（第一集），浙江农科院蚕桑所资料室等编，1980.

康金莉.民国时期中国农业合作金融研究（1923—1949）.北京：科学出版社，2014.

康沛竹.灾荒与晚清政治.北京：北京大学出版社，2002.

李根蟠.中国古代农业.北京：商务印书馆，1998.

李文海，等.近代中国灾荒纪年.长沙：湖南教育出版社，1990.

李文治.明清时代的农业资本主义萌芽问题.北京：中国社会科学出版社，2007.

李文治.中国近代农业史资料（第一辑）（1840—1911）.北京：生活·读书·新知三联书店，1957.

李允俊.晚清经济史事编年.上海：上海古籍出版社，2000.

梁方仲.中国历代户口、田地、田赋统计.上海：上海人民出版社，1980.

辽宁省林学会.东北的林业.北京：中国林业出版社，1982.

廖代茂，杨会国.中华百年祭·经济.重庆：重庆出版社，2006.

林毅夫.制度、技术与中国农业发展.上海：上海三联书店，1994.

凌耀伦，熊甫，裴倜.中国近代经济史.重庆：重庆出版社，1982.

刘大钧.吴兴农村经济.上海：中国经济研究所，1939.

刘登阁，等.西学东渐与东学西渐.北京：中国社会科学出版社，2000.

刘锦藻.清朝续文献通考（卷378）.上海：商务印书馆，1936.

刘真.留学教育——中国留学教育史料（第1册）.台北："国立编译馆"，1980.

刘真.留学教育——中国留学教育史料（第2册）.台北："国立编译馆"，1980.

刘振西，等.隆安县志.铅印本，1934.

罗尔纲.太平天国史.北京：中华书局，2000.

宓汝成.帝国主义与中国铁路.上海：上海人民出版社，1980.

缪启愉.太湖塘浦圩田史研究.北京：中国农业出版社，1985.

莫炳奎.邕宁县志.铅印本，1937.

穆藕初.穆藕初文集.北京：北京大学出版社，1995.

娜拉.清末民国时期新疆游牧社会研究.北京：社会科学文献出版社，2010.

欧仰义，等.贵县志.铅印本，1934.

清实录·文宗实录（三）.北京：中华书局，1986.

任美锷.中国自然地理纲要.北京：商务印书馆，1999.

商务印书馆编译所.大清光绪新法令（第16册）.上海：商务印书馆，1909.

上海工商局机器工业史料组.上海民族机器工业.北京：中华书局，1966.

上海市粮食局，等.中国近代面粉工业史.北京：中华书局，1987.

邵雍.中国近代社会史.合肥：合肥工业大学出版社，2008.

沈元瀚.简明中国近代农业经济史.成都：西南财经大学出版社，1987.

史革新.中国社会通史晚清卷.太原：山西教育出版社，1996.

孙荃芳，等.松江省珠河县志.台北：成文出版社，1974.

孙毓棠：中国近代工业史资料 第一辑（1840—1895年）（上册）.北京：科学出版社，1957.

太平天国历史博物馆.太平天国史料丛编简辑（五）.北京：中华书局，1962.

太平天国历史博物馆编.太平天国印书.南京：江苏人民出版社，1979.

汤尔和.黑龙江.北京：商务印书馆，1931.

汪敬虞.中国近代工业史资料.第二辑（上册）.北京：中华书局，1962.

汪敬虞主编.中国近代经济史（1895—1927）.北京：人民出版社，2012.

王笛.跨出封闭的世界——长江上游区域社会研究（1644—1911）.北京：中华书局，2001.

王红谊，等.中国近代农业改进史略.北京：中国农业科技出版社，2001.

王红谊，章楷，王思明.中国近代农业改进史略.北京：中国农业科技出版社，2001.

王树楠，吴廷燮，金毓黻，等.奉天通志.沈阳：东北文史丛书编辑委员会，1983.

王思明.美洲作物在中国的传播及其影响研究.北京：中国三峡出版社，2010.

王印焕.冀鲁豫农民离村问题研究.北京：中国社会出版社，2004.

王子平 . 灾害社会学 . 长沙：湖南人民出版社，1998.

韦冠英，等 . 贺县志 . 铅印本，1934.

潍坊市坊子区政协文史资料研究委员会 . 坊子区文史资料（第四辑）. 潍坊：潍坊市坊子区政协
　　文史资料研究委员会，1989.

魏露苓 . 洋犁初耕汉家田——晚清西方农业科技的认识传入与推广 . 广州：世界图书出版社广东
　　分社，2012.

吴承明 . 中国资本主义的发展述略 . 中华学术论文集 . 北京：中华书局，1981.

吴大 . 皇华纪程 . 长春：吉林文史出版社，1986.

吴慧 . 中国历代粮食亩产量研究 . 北京：中国农业出版社，1984.

吴申元 . 中国近代经济史 . 上海：上海人民出版社，2003.

吴世勋编 . 河南 . 上海：中华书局，1927.

武同举，等 . 再续行水金鉴 . 南京：水利委员会编印，1942.

熊月之 . 西学东渐与晚清社会 . 上海：上海人民出版社，1994.

徐珂 . 清稗类钞 . 北京：中华书局，1984.

徐绍圣，等 . 安徽农业情形 . 全国农会联合会第一次纪事 . 台北：文海出版社，1966.

徐雪筠，等 . 上海近代社会经济发展概况 . 上海：上海社会科学院出版社，1985.

徐扬杰 . 中国家族制度史 . 北京：人民出版社，1992.

徐义生 . 中国近代外债史统计资料 . 北京：中华书局，1962.

许道夫 . 中国近代农业生产及贸易统计资料 . 上海：上海人民出版社，1983.

许涤新，吴承明 . 旧民主主义革命时期的中国资本主义 . 北京：人民出版社，1990.

严伟，秦锡田，等 . 南汇县续志 . 台北：成文出版社，1983.

严中平，等 . 中国近代经济史统计资料选辑 . 北京：科学出版社，1955.

严中平 . 中国近代经济史（1840—1894）. 北京：人民出版社，2001.

姚贤镐 . 中国近代对外贸易史资料（1840—1895）. 北京：中华书局，1962.

衣保中，等 . 中国东北区域经济 . 长春：吉林大学出版社，2000.

衣保中 . 东北农业近代化研究 . 长春：吉林文史出版社，1990.

于定 . 青浦县续志 . 刻本，1934.

岳琛 . 中国农业经济史 . 北京：中国人民大学出版社，1989.

岳琛主编 . 中国土地制度史 . 北京：中国国际广播出版社，1990.

云南省地方志编纂委员会办公室 . 续云南通志长编 . 昆明：云南民族出版社，2010.

詹玉荣 . 中国农村金融史 . 北京：中国农业大学出版社，1991.

张芳，王思明 . 中国农业科技史 . 北京：中国农业科学技术出版社，2011.

张海林 . 苏州早期城市现代化 . 南京：南京大学出版社，1999.

张怡祖 . 实业录（卷二）· 张季子九录（第三册）. 台北：文海出版社，1983.

张玉法 . 中国现代化的区域研究——山东省（1860—1916）. 济南：山东人民出版社，1994.

章开沅，等 . 苏州商会档案丛编（第1辑）. 武汉：华中师范大学出版社，1991.

章有义 . 中国近代农业史资料（第二辑）（1912—1927）. 北京：生活·读书·新知三联书店，
　　1957.

赵德馨 . 札委张鸿顺等督办农务、工艺学堂 . 张之洞全集（第5册），武汉：武汉出版社，2008.

赵冈，陈钟毅 . 中国经济制度史 . 北京：中国经济出版社，1991.

赵冈 . 清代粮食亩产量研究 . 北京：中国农业出版社，1995.

赵文林，谢淑君 . 中国人口史 . 北京：人民出版社，1988.

郑观应.盛世危言·农功.郑观应集（下册）.上海：上海人民出版社，1988.

郑雅卓.回看一百七十年：重读中国近现代经济史.北京：新华出版社，2010.

中国第一历史档案馆，等.辛亥革命前十年民变档案史料（上册），北京：中华书局，1985.

中国经济统计研究所.吴兴农村经济.中国经济统计研究所，1939.

中国农业遗产研究室.太湖地区农业稿.北京：中国农业出版社，1990.

中国人民银行总行参事室金融史料组.中国近代货币史资料第一辑.北京：中华书局，1964.

中国现代革命史资料丛刊.第一次国内革命战争时期的农民运动资料.北京：人民出版社，1983.

周庆云，等.南浔志.刻本，1928.

朱寿朋.光绪朝东华录（第五册）.北京：中华书局，1958.

朱有主编.中国近代学制史料（第1辑，下）.上海：华东师范大学出版社，1986.

朱玉湘.中国近代农民问题与农村社会.济南：山东大学出版社，1997.

朱震达，吴正，等.中国沙漠概论.北京：科学出版社，1980.

期刊论文

J.H.Reisner.The Church Rural Work.The Chinese Recorder,1924（12）.

包平.二十世纪中国农业教育的历史分期.中国农史，2006（4）.

包平.中日近代农业教育学制比较.中国农史，2004（4）.

宾长初.广西近代圩镇的发展和特点.广西师范大学学报（哲学社会科学版），1991（1）.

蔡国斌.论鸦片战争以来晚清社会的变化.湖北省社会主义学院学报，2006（1）.

曹幸穗.启蒙与体制化：晚清近代农学的兴起.古今农业，2003（2）.

陈铿.明清福建农村市场试探.中国社会经济史研究，1986（4）.

陈蕾艳.浅析中国民间金融的发展.现代商业，2007（17）.

陈忠平.明清时期江南地区市场考察.中国经济史研究，1990（2）.

程明.清代环珠江三角洲地区农村商品经济发展探讨.华南师范大学学报，1990（3）.

慈鸿飞.近代中国镇、集发展的数量分析.中国社会科学，1996（2）.

戴鞍钢.晚清上海农村社会的变动.探索与争鸣，2012（10）.

单强.近代江南乡镇市场研究.近代史研究，1998（6）.

董汝舟.中国农村经济的破产.东方杂志，1932，29（7）.

樊树志.明清长江三角洲的市镇网络.复旦学报，1987（2）.

方行.清代前期农村市场的发展.历史研究，1987（6）.

冯云琴，等.晚清农垦公司简论.石家庄经济学院学报，2000（4）.

葛全胜，戴君虎，等.过去300年中国部分省区耕地资源数量变化及驱动因素分析.自然科学进展，2003（8）.

耕夫.安西的人祸和天灾.东方杂志，1936，33（10）.

耿瑛.社会学视角下的中国乡村社会变迁研究.东方论坛，2010（4）.

龚关.明清至民国时期华北集市的比较分析——与江南、华南等地的比较.中国社会经济史研究，2000（3）.

古棋.乡村建设与乡村教育之改造.东方杂志，1933，30（22）.

管伟.19世纪中国传统社会价值观念的变迁.山东省青年管理干部学院学报，2004（5）.

郭松义.番薯在浙江的引种和推广.浙江学刊，1986（4）.

郭松义.清代地区经济发展的综合分类考察.中国社会科学院研究生院学报,1994(2).

何炳棣.美洲作物的引进、传播及其对中国粮食生产的影响.世界农业,1979(4).

何荣昌.明清时期江南市镇的发展.苏州大学学报,1984(3).

侯银辉.论近代中国农村的商品经济及其不发达的原因.求索,1994(4).

胡昌炽.讲苹果.农林新报,1935(3).

黎霞.鄂北晚清乡村社会变迁与社会矛盾.襄樊学院学报,2009(3).

李国环.论五口通商以后江南地区蚕桑业的发展及其影响.浙江学刊,1984(3).

李金铮,邹晓.二十年来中国近代乡村经济史的新探索.历史研究,2003(4).

李楠.血亲网络对近代东北移民经济差异的影响:1845—1934年.中国人口科学,2012(4).

李琦珂,曹幸穗.东北地区种植结构历史变迁研究.农业考古,2012(6).

李为,等.清代东北地区土地开发及其动因分析.地理科学,2005(1).

李文海.中国近代十大灾荒与社会生活.近代史研究,1990(5).

李秀霞.清末民初我国农业教育的普及与推广.法制与社会,2006(9).

李永芳.清末民初全国农会联合会与农业改良.河南师范大学学报(哲学社会科学版),2009(5).

李占才.铁路对近代中国农业经济的影响.同济大学学报(人文·社会科学版),1997(1).

李中清,秦树才.清代中国西南的粮食生产.史学集刊,2010(4).

林刚.试论大生纱厂的市场基础.历史研究,1985(1).

刘石吉.明清时代江南市镇之数量分析.思与言,1978(2).

刘孝阳.清末农业教育近代化研究.农业考古,2014(3).

龙登高.中国传统市场的整合:11—19世纪的历程.中国经济史研究,1997(2).

罗群.论晚清改革的制度变迁.历史教学,2008(14).

罗晓春.近代对外贸易与江苏省农业结构的变运.中国农史,2001(2).

罗衍军.30年来中国近代乡村经济史研究述评.苏州大学学报,2013(1).

罗振玉.卷首语.农学报,1910(94).

马敏.有关中国近代社会转型的几点思考.天津社会科学,1997(4).

马义平.近代铁路与中原地区农业经济发展探究——以1906—1937年间河南农业经济作物种植及贸易为例.郑州大学学报,2010(2).

满霞,林吉玲.胶济铁路与近代区域社会观念变迁.济南大学学报(社会科学版),2009(3).

闵宗殿,等.晚清时期我国农业的新变化.中国社会经济史研究,1985(4).

闵宗殿,等.我国近代农业的萌芽.农业考古,1984(2).

闵宗殿.明清时期中国南方稻田多熟种植的发展.中国农史,2003(3).

闵宗殿.试论清代农业的成就.中国农史,2005(1).

牟发松.唐代草市略论——以长江中游地区为重点.中国经济史研究,1989(4).

穆祥桐.农工商部农事试验场.中国科技史料,1987(4).

穆兴民,高鹏,等.东北3省人类活动与水土流失关系的演进.中国水土保持科学,2009(5).

钮仲勋,浦汉昕.历史时期承德、围场一带的农业开发与植被变迁.地理研究,1984(1).

彭月才.试论清末农业教育的近代化.铜仁学院学报,2008(1).

强百发.近代中国对西方农书的翻译及其传播研究.安徽农业科学,2007(2).

乔志强,等.近代华北农村社会变迁当论——兼论地域社会史研究的理论与方法.史学理论研究,1995(2).

乔志强,龚关.近代华北集市变迁略论.山西大学学报(哲学社会科学版),1993(4).

曲晓范,周春英.近代辽河航运业的衰落与沿岸早期城镇带的变迁.东北师大学报(哲学社会科学版),1999(4).

任保秋.中国近代农业发展缓慢原因的中长期历史考察.安徽农业科学,2008(17).

任放.二十世纪明清市镇经济研究.历史研究,2001(5).

任放.近三十年中国近代史研究视角的转换——以农村史研究为中心.史学月刊,2011(4).

沈志忠.美国作物品种改良技术在近代中国的引进与利用.安徽史学,2004.

佟屏亚.玉米传入对中国近代农业生产的影响.古今农业,2001(2).

汪巧红,等.简论晚清的重农思潮.农业考古,2009(3).

汪若海.我国美棉引种史略.中国农业科学,1983(4).

王笛.清代四川人口、耕地及粮食问题(下).四川大学学报(哲学社会科学版),1989(4).

王奎.清末农事试验场的创办与农业经济形态的近代化.华南农业大学学报(社会科学版),2007(4).

王利华.晚清兴农运动述评.古今农业,1991(3).

王思明.如何看待明清时期的中国农业.中国农史,2014(1).

王思明.中国近代农业生产结构的变化及其动因分析.南京农业大学学报(社会科学版),2001(1).

王天奖.清代后期农业生产的恢复问题.中国经济史研究,1985(4).

王先明.从《东方杂志》看近代乡村社会变迁——近代中国乡村史研究的视角及其他.史学月刊,2004(12).

王缨.上海植棉史考略.中国农史,1984(1).

文庆.试种美棉成功.东方杂志(实业篇),1907(2).

吴承明.论清代前期我国国内市场.历史研究,1983(1).

吴承明.论我国半殖民地半封建国内市场.历史研究,1984(2).

吴承明.中国近代农业生产力的考察.中国经济史研究,1989(2).

吴量恺.明清时期城市经济的繁荣和商业贸易的发展.华中师范大学学报,1986(2).

吴希庸.近代东北移民史略.东北集刊,1941(2).

吴毅.农村衰败与晚清现代化的受挫.天津社会科学,1996(3).

吴玉伦.近代农业教育在清末的兴起.河北师范大学学报(教育科学版),2009(7).

夏支平,等.科学技术与中国传统农村社会的变迁.玉林师范学院学报(哲学社会科学),2009(6).

谢长法.清末农业科技的引进.琼州大学学报(社会科学版),1998(3).

辛德勇.日本学者松本洪对中国历史植被变迁的开拓性研究.中国历史地理论丛,2012(1).

徐旺生.从间作套种到稻田养鱼、养鸭——中国环境历史演变过程中两个不计成本下的生态应对.农业考古,2007(4).

徐秀丽.中国近代粮食亩产的估计——以华北平原为例.近代史研究,1996(1).

徐正元.中国近代农产商品化的发展与米市的形成.安徽史学,1997(1).

许檀.明清时期城乡市场网络体系的形成及意义.中国社会科学,2000(3).

许檀.明清时期农村集市的发展.中国经济史研究,1997(2).

薛建红.晚清中国农业领域里的变革.农村·农业·农民,1998(10).

严学熙.蚕桑生产与无锡近代农村经济.近代史研究,1986(4).

叶显恩,谭棣华.明清珠江三角洲农业商业化与墟市的发展.广东社会科学,1984(2).

易棉阳,姚会元.近代中国农业金融的转型及其特点.福建论坛(人文社会科学版),2008(1).

原颂周.中国化学肥料问题.农报,1937(2).

袁北星.近代武汉社会生活与思想观念的变迁.江汉论坛,2006(11).

袁森坡.木兰围场.文物集刊,1980(2).

苑朋欣.晚清时期的农业变革及现实启示.中国农学通报,2011(8).

张昌良.清末阻碍中国农业近代化进程的原因.史学月刊,2009（8）.

张福记.乡村危机与近代百年中国政治格局的嬗变.山东师大学报（社会科学版）,1996（3）.

张家炎.粮棉兼重各业发展——清代中期江汉平原作物结构研究.古今农业,1991（3）.

张剑.城市发展与城郊农作物结构变迁——以近代上海为例.上海社会科学院学术季刊,2001(1).

张丽.鸦片战争前的全国生丝产量和近代生丝出口增加对中国近代蚕桑业扩张的影响.中国农史,
　　2008（4）.

张玉法.近代中国社会变迁 (1860—1916).社会科学战线,2003（1）.

章有义.近代中国人口和耕地的再估计.中国经济史研究,1991（1）.

赵泉民.论晚清重农思潮.社会科学研究,2000（6）.

赵泉民.晚清新政与中国农业的现代化.学习与探索,2000（5）.

郑大华,等.20世纪90年代以来近代中国的社会变迁与文化转型研究述评.教学与研究,2007(12).

郑大华.论民国时期西学东渐的特点.中州学刊,2002（5）.

周荣.清前期耕地面积的综合考察和重新估价.中国社会经济史研究,2001（3）.

朱偰.田赋附加税之繁重与农村经济之没落.东方杂志,1933,30（22）.

庄维民.近代山东农作物新品种的引进及其影响.近代史研究,1996（2）.

学位论文

陈晗阳.太平天国《天朝田亩制度》实施问题研究.南京农业大学硕士学位论文,2009.

陈跃.清代东北地区生态环境变迁研究.山东大学博士学位论文,2012

郭欣旺.清末西方农学引进述论——兼论日本学者藤田丰八的作用.南京农业大学硕士学位论文,
　　2004.

黄琳.人类文明演进与人地关系思想的演变.成都理工大学硕士学位论文,2010.

李贻学.中国土地可持续利用的土地政策研究.山东农业大学博士学位论文,2004.

刘椿.中国近代农业现代化研究.南京农业大学博士学位论文,2000.

卢敏生.近代桂东北农民与市场关系研究.桂林:广西师范大学硕士学位论文,2006.

罗峰.农地制度约束下的人地关系.华中师范大学硕士学位论文,2009.

强百发.中国近代农业引智研究.西北农林科技大学硕士学位论文,2006.

陶明明.华北农村向东三省移民问题（1897—1931）.郑州大学硕士学位论文,2011.

王炯.清代土地制度演进分析.河北农业大学硕士学位论文,2011.

游侬.农村金融融资模式研究.长沙:中南大学硕士学位论文,2007.

朱世桂.中国农业科技体制百年变迁研究.南京农业大学博士学位论文,2012.